师生之友

依托2022年
最新考试大纲

黄胜 快速通关

2022年资产评估师考试
资产评估基础辅导与练习

黄 胜 梁美健 张彦欣 编著

航 空 工 业 出 版 社
北 京

内 容 提 要

全书分两篇：主要内容、考试特点及应试策略，以及同步辅导与训练。第二部分同步辅导与练习包括：资产评估概述、资产评估的基础理论、资产评估法律制度与准则、资产评估基本事项、资产评估程序、资产评估方法、资产评估报告与档案、资产评估的职业道德与法律责任、国际和国外评估准则，共九章。每章的辅导与训练包括：本章考情分析、2022 年本章教材变化、本章知识点解读与练习、同步强化训练题以及同步强化训练题参考答案及解析。

图书在版编目（CIP）数据

资产评估实务基础辅导与练习 / 黄胜，梁美健，张彦欣编著 . —北京：航空工业出版社，2021. 6（2022. 4 重印）
（黄胜资产评估师考试辅导快速通关系列丛书）
ISBN 978 － 7 － 5165 － 2615 － 6

Ⅰ . ①资… Ⅱ . ①黄… 梁… 张… Ⅲ . 资产评估－资格考试－自学参考资料 Ⅳ . ① F20

中国版本图书馆 CIP 数据核字（2021）第 112458 号

资产评估基础辅导与练习
Zichan Pinggu Jichu Fudao yu Lianxi

航空工业出版社出版发行
（北京市朝阳区京顺路 5 号曙光大厦 C 座四层 100028）
发行部电话：010 — 85672688　010 — 85672689

廊坊市安次区团结印刷有限公司　　全国各地新华书店经售
2021 年 6 月第 1 版　　2022 年 4 月第 2 次印刷
开本：787×1092　1/16　　字数：612 千字
印张：19.75　　定价：88.00 元

目录

CONTENTS

第一部分

主要内容、考试特点及应试策略

ZICHANPINGGU

一、本课程的主要内容

《资产评估基础》主要内容的逻辑顺序：首先介绍资产评估的基本概念、原则；资产评估基本理论；资产评估法律法规及评估准则。随后介绍资产评估实务通用基础知识，这些通用基础知识将运用于资产评估实务（一）和资产评估实务（二）的具体评估对象的评估中；接着讲解资产评估通用的评估方法，这些方法也将运用到资产评估实务（一）和资产评估实务（二）的各个评估对象的评估中；最后是资产评估职业道德和法律责任，对违规违法行为予以处罚。

资产评估的概述与基本理论	（1）资产评估的基本概念、原则。 （2）资产评估的基础理论，包括劳动价值论、效用价值论、供求理论、市场结构、有效市场理论
资产评估法律法规、准则	（1）《资产评估法》的主要内容及资产评估行业监管体系。 （2）我国资产评估的体系及基本准则的主要内容
资产评估实务通用基础知识（程序、报告与档案）	（1）执行评估的基本程序包括：资产评估业务基本事项、资产评估委托合同、资产评估计划、评估现场调查、收集整理评估资料、评定估算形成结论、编制出具评估报告。 （2）执行资产评估业务必须了解以下基本事项：相关当事人、评估目的、评估对象、评估基准日与报告日、价值类型、评估假设。 （3）资产评估报告基本内容、如何撰写评估报告；资产评估档案的编制与归集、管理
资产评估通用评估方法	包括收益法、成本法和市场法，这三种方法既是本科目的考试重点，同时也属于资产评估实务（一）和资产评估实务（二）的考试重点
职业道德与法律责任	对从业者从职业道德层面进行规范，避免违法违规，对违法者明确法律责任予以处罚
国际和国外评估准则	简单介绍国际上比较有影响力的资产评估准则，尤其是国际评估准则

二、本课程考试特点

（一）题目类型及分数

根据参加考试考生的反馈，本课程考试题日类型包括：单选题、多选题以及综合题，共计100分。

题型	分值	要求
单项选择题	共30题，每题1分	每题的备选项中，只有1个最符合题意

题型	分值	要求
多项选择题	共 15 题，每题 2 分	每题的备选项中，有 2 个或者 2 个以上符合题意，至少有 1 个错项。错选，本题不得分；少选，所选的每个选项得 0.5 分
综合题	共 3 题，40（12+12+16）分	有计算的，要求列出算式、计算步骤。需按公式计算的，应列出公式，计算结果保留两位小数。根据考生回忆，2017–2020 年考题包括： 2017 年第 1 个题目考核“评定估算形成结论”、“资产评估职业道德的基本要求”、“与委托方与相关当事方的关系要求”；第 2 个题目考核市场法的含义、应用前提、评估过程的恰当性以及评估结论的确定；第 3 个题目考核评估报告分类、内容及撰写、违法责任 2018 年第 1 个题目是考资产评估法（法定评估及委托）、资产评估方法的选择及评估合同的条款。第 2 个题目是市场法的具体方法及指标的选择。第 3 个题目是收益法的运用。 2019 年第 1 个题目 12 分，是第四、六、七章的结合：法定业务委托、评估方法与结论、评估结论的使用；第 2 个题目 12 分，考核第六章的市场法：两种评估方法的选择、市场法参照物选择以及差异调整；第 3 题 16 分，考核第七章资产评估报告：报告的要素、具体要素涉及评估目的、评估对象、价值类型、评估依据和评估结论。 2020 年第 1 个题目是关于评估报告找错；第 2 个题目是评估委托、收益法的运用、评估结论的责任以及追溯性评估的应用；第 3 个题目是关于 2020 年疫情下发布《资产评估专家指引第 10 号——在新冠肺炎疫情期间合理履行资产评估程序》的法律地位，是否降低了评估报告出具的条件？以及评估现场工作受阻、应对、现场调查工作的手段及核查方式。 2021 年第 1 个综合题考核市场法的前提条件及对应案例的适用性，并进一步考核有效市场分类以及应用（首次在第二章考综合题）；第 2 个题目考核股权转让评估中法定评估的范围及要求；第 3 个题目考核资产评估项目及评估报告存在的问题（格式、内容以及评估要素、方法运用中存在的问题）

（二）命题规律

考核重点应该在资产评估法、资产评估监管、执行评估的基本程序、基本事项；资产评估报告基本内容及如何撰写；资产评估通用评估方法以及违反职业道德和法律法规的责任。这些重点考核的内容是可以任意组合，随机出题的，2017–2021 年的考题特点也体现了这一点。

2021 年首次在“第 2 章资产评估基础理论”涉及到综合题，所以这部分内容大家务必认真掌握，应该还有不少出综合题的空间。我们之前只是提示大家本章内容可能出综合题。

（三）2022 年命题预测

应该从题型到分值构成，都和 2018–2021 年保持连续。综合题的难度也和 2018–2021 年相当。

三、2022 年教材变化（从文字内容看变化不太大，从涉及考点看变化比较大）

（一）特别重要变化（涉及综合题）

第六章资产评估方法

第一节市场法

新增市场法理论基础，删除市场法原理；优化改写价值比率法的内容，“可比参照物与可比标准的确定”增加④资本结构相同或相似，勘误“表 6–1 价值比例类型”的内容。

第二节收益法

“收益法的概念”调整为“收益法的概念及基本理论公式”，大幅度增加了股利、股权现金流量以及企业现金流量的公式。

大幅度调整增加资产预期收益的类型，“净利润、净现金流量和利润总额”改为“计量口径指标（3种）、投资口径指标（2种）、是否扣税（2种）”。

折现率给出根据基本理论公式的推导计算式子，并将折现率是一种“期望投资报酬率”调整为“投资回报率”，估算折现率的方法资本资产定价模型公式调整，增加“企业特有风险调整系数”，删除“市场法”。

第八章资产评估的职业道德与法律责任

第二节资产评估的法律责任

二、民事责任（二）民事责任的相关法律规定“4.《证券法》的相关规定”，根据2022年最新法规新增“过错”情形的解释：过错包括两种情形：①行为人故意制作、出具存在虚假陈述的信息披露文件，或者明知信息 披露文件存在虚假陈述而不予指明、予以发布；②行为人严重违反注意义务，对信息披露 文件中虚假陈述的形成或者发布存在过失。

二、民事责任（二）民事责任的相关法律规定“5.《最高人民法院关于审理证券市场因虚假陈述引发的民事赔偿案件的若干规定》的相关规定”的内容更新为2022年的最新法规。

（二）比较重要变化（涉及选择题）

第一章资产评估概述（变化很大）

第一节资产评估的基本概念和特点（整体大幅度优化改写）。

第二节资产评估的原则

“二、评估经济技术原则”删除了“（七）外在性原则”。

第三章资产评估法律制度与准则

第五节 我国资产评估准则

增加了最新“《体育无形资产评估指导意见》”，更新了“我国资产评估准则的发展”和“我国资产评估准则体系的框架”的相关内容。“我国资产评估准则体系的框架”新增“4.资产评估专家指引”“5.资产评估准则术语”的相关内容。其余的无实质性变化。

第四章资产评估基本事项

第一节资产评估相关当事人

“一、评估委托人”(一)评估委托人的概念 1.涉及国有资产的评估业务，增加了“在目前国有资产管理实践中，有些地方、企业的国有资产管理部门也将国有资产出租或承租行为的租金纳入了需要进行评估的情形”；删除“2.涉及非现金资产出资的评估业务”及相关内容。

第二节资产评估目的

“一、资产评估目的的概念与作用”(二)资产评估目的的作用，优化扩充“有限责任公司拟变更设立股份有限公司”，并增加“股东转让股权”，事实上是对两种业务进行对比。“二、常见评估目的”(三)公司设立、增资 3.债权转股权的相关内容全部删除。

第三节资产评估对象和评估范围

“一、资产评估对象”(二)资产评估对象的组成 1.企业价值评估的评估对象的组成，增加“对于合伙企业，包括(全部或部分)有限合伙人(LP)权益和(全部或部分)普通合伙人(GP)权益等”，三、常见经济行为对应的评估对象及范围“(二)公司设立、增资”中删除了“债转股”的相关内容。

第四节资产评估基准日与报告日

调整为本章最后一节“第六节资产评估基准日与报告日”

追溯性评估的概念，“如果评估基准日选择的是现时性评估报告评估结论使用有效期之前的日期，则该类型评估通常为追溯性评估”改为“评估基准日选择的是过去的某个日期，在评估工作日之前，相距通常不少于一年的时点，属于追溯性评估”。

第五节价值类型

“二、价值类型的作用”(一)市场价值，彻底改写了对市场价值解释的内容，大幅度优化扩充了“(三)在用价值”“(五)残余价值”的内容。优化改写了“四、价值类型的选择”的“(二)投资价值类型的选择”“(四)清算价值类型的选择”“(五)残余价值类型的选择”的内容。

第六节资产评估假设

“二、常见的资产评估假设”(一)常见的资产评估假设的内涵，优化改写了“5.强制清算假设”。

第五章资产评估程序。

第八节编制出具评估报告

“一、资产评估报告的审核 ”(一)评估报告审核的形式与要求“3.项目审核人员承担的职责”新增“⑤审核评估结论”。

第九章国际和国外资产评估准则

第一节国际评估准则

删除国际评估准则第一版的介绍，改写国际评估准则2020的变化、新增国际评估准则2022的变化。

新增“国际评估准则体系”内容介绍；

国际评估准则术语由18个增加为33个名词，而且有4个词及内容做了优化；

优化了“三、国际评估准则框架”中的“(三)评估师、(五)专业胜任能力、(六)背离”的内容。

“国际评估准则104——价值类型”新增“14.价值分配”及相关内容；

“国际评估准则105——评估基本方法和具体方法”的“5.收益法的具体方法–折现现金流量法”(1)现金流类型，新增“④货币⑤预测中包含的现金流类型”及相关解释

资产准则由七项改为八项，增加“国际评估准则230——存货”，改写了““国际评估准则200——企业及企业权益”“国际评估准则220——非金融负债”的引言，“国际评估准则220——非金融负债”的“(1)逆向法”改为“(1)自上而下法”，新增“4.特殊考虑”。

第二节国外评估准则

“三、英国评估准则”新增“2021年11月发布了最新版本的红皮书”；

(三)非重要变化

第一章资产评估概述(变化很大)

第三节我国资产评估行业的发展

“一、我国资产评估行业的发展历史”增加了我国首例资产评估业务的内容，

“二、我国资产评估行业发展特点(一)我国资产评估行业发展情况”更新了评估机构、执业资产评估师、行业收入的数据。

第二章资产评估的基础理论

第五节有效市场理论

“四、有效市场理论的主要作用”整体改写，增加了“(三)有效市场理论与资本市场监管”。

第三章资产评估法律制度与准则

第二节 资产评估法的主要内容

三、评估专业人员(一)评估专业人员的概念，“评估类职业资格保留2项，分别是资产评估师和房地产估价师”改为“评估类职业资格保留3项，分别是资产评估师、房地产估价师和矿业权评估师”。

第四节 我国国有资产评估管理

“二、我国国有资产评估管理的有关规定”“(四)行政单位和事业单位国有资产评估管理”和“(五)境外国有资产评估管理”，各增加一个段落。

四、应试策略

（一）重难点与应试策略

把握教材重点知识点，不断归纳总结，强化练习等。尤其是现在机考，两套试题对教材的覆盖面比较宽，所以需要全面复习。

本书重难点是第3~8章，可以任意组合出案例综合题，需要系统全面掌握。

“第2章资产评估基础理论”很可能会继续考核综合题。

（二）学习方法建议

本课程法规性的内容较多，要加强总结和理解记忆。第二章的内容相对比较难以理解，要避免死记硬背，多分析思考，才能够应对各种理论运用的综合题。

第二部分

同步辅导及训练

第一章

资产评估概述

本章考情分析

本章考单项选择题和多项选择题，估计分值一般在 6 分左右。在考试中应重点关注价格与价值的关系、价值理论，资产评估的原则、作用。了解资产评估的领域。

比较重要考点（★★）：

（1）价值理论；

（2）资产评估的经济技术原则、工作原则；

（3）资产评估的特点；

（4）资产、资产评估的概念。

一般考点（★）：

（1）我国资产评估行业发展历史；

（2）我国资产评估行业现状、特色；

（3）我国资产评估在市场经济中的地位和作用。

2022 年本章教材变化

第一节资产评估的基本概念和特点（整体大幅度优化改写）。

拓展了“资产评估概念”的解释的每一条内容，改写了对“资产”的解释的三条内容以及资产评估的特点。

第二节资产评估的原则

“二、评估经济技术原则”删除了“（七）外在性原则”。

第三节我国资产评估行业的发展

“一、我国资产评估行业的发展历史”增加了我国首例资产评估业务的内容，

“二、我国资产评估行业发展特点（一）我国资产评估行业发展情况”更新了评估机构、执业资产评估师、行业收入的数据。

本章知识点解读与练习

本章共涉及 4 个知识点。

【知识点1】资产评估、资产的概念（★★）

一、知识点精讲

（一）资产评估

1. 资产评估的概念

一般角度（自觉或不自觉执行）	资产评估就是估计和判断资产的价值。 市场交易中人们自觉或者不自觉地运用资产评估的理论、方法，根据自己掌握的信息，对交易对象进行价值判断
专业角度	资产评估是由资产评估专业人员和评估机构依据一定的执业标准对资产的价值进行评定估算的专业化活动
法律角度	《中华人民共和国资产评估法》指出评估机构及其评估专业人员根据委托对不动产、动产、无形资产、企业价值、资产损失或者其他经济权益进行评定、估算，并出具评估报告的专业服务行为

2. 法律角度的资产评估

主体	资产评估机构及其评估专业人员
客体	资产评估的对象，包括不动产、动产、无形资产、企业价值、资产损失或者其他经济权益。 资产损失是指因某些外部原因，如房屋拆迁、环境及侵权损害等，对资产造成的价值贬损。 其他经济权益是指资产权利人拥有的未涵盖在前述分类中，但符合法律法规要求，并且可以用货币计量的经济权益
法律性质	资产评估专业服务受到委托人与资产评估机构依法订立的资产评估委托合同的约束。这种约束既包括对资产评估服务行为本身的约束，也包括对资产评估业务委托和受托双方当事人的约束。 资产评估机构和评估专业人员的评估行为受到法律保护，并对依法出具的资产评估报告承担相应的法律责任
内容及成果	内容：资产评估机构及其评估专业人员对评估对象的价值进行评定估算。 成果：由资产评估机构出具的，系统性、规范性的资产评估报告

（二）资产

1.含义

资产是特定权利主体拥有或控制的，预期能够给该权利主体带来经济利益的经济资源。

2.基本特征

资产必须是特定主体所拥有或控制的（拥有或支配的前提条件）	（1）特定主体可以是自然人、法人或其他组织。 （2）对资产的拥有或控制主要体现在对资产产权的界定和保护上。 依法取得拥有或控制资产的权利是特定主体能够拥有或支配相关资产的前提条件。 资产的产权是经济所有制关系的法律表现形式，它包括财产的所有权，以及构成所有权的资产占有权、使用权、收益权和处分权等。 （3）拥有或控制相关某项资产也可以是不拥有该项资产的所有权 可以是完全拥有其所有权，也可以是不拥有该项资产的所有权，但是却能依据合法程序实施控制。 （4）资产的产权类型不同，为权利人带来的经济利益通常也会存在差异 例如，资产的所有权价值一般会高于其使用权的价值。

续表

能够为特定主体带来未来经济利益的经济资源	经济资源既可以是实体，也可体现为无形的权利。 其所具有的能够带来未来经济利益的潜在能力，是特定主体愿意拥有或控制这种资源的主要动因。 这种利益可以表现为两个方面：一是资产本身给特定主体带来的利益，二是通过所有权或控制权的变动给特定主体带来的利益。 资产的价值取决于其能够带来的未来经济利益的能力，资产评估就是通过适当的方法量化这种能力，反映资产的价值
资产是经济资源	（1）资产是经济资源应从两个方面予以理解： 第一，经济资源具备有用性和稀缺性特点。 第二，资产的价值应当能够用货币计量和反映。 （2）“资产是经济资源”意味着资产的价值应当能够运用货币计量和反映，要求资产能够给特定主体带来的效用或利益必须是可量化的，否则就不能确认为资产评估中的资产

（三）资产评估的特点

咨询性	1.咨询性含义及规定 资产评估报告使用人应当正确理解评估结论。评估结论不等同于评估对象可实现价格，评估结论不应当被认为是对评估对象可实现价格的保证。 2.咨询性的原因 评估专业人员对评估对象在评估基准日特定目的下价值的专业意见、形成资产评估结论，它是建立在一定的假设条件基础上，并可能受到一些限制条件的影响。 资产评估报告通常作为交易定价或其他经济行为的价值参考，最终的成交价取决于当事人的决策动机、谈判地位和谈判技巧等综合因素
鉴证性	指资产评估是由资产评估机构及其评估专业人员对资产的价值进行鉴别和举证的活动。 资产评估以经济分析理论和专项资产价值识别技术为基础，对资产及其价值进行分辨、识别和判断，并提供关于资产及其价值结论的理论和事实支撑。这种鉴证活动会成为资产评估为当事人各方进行决策提供的参考依据，资产评估机构及其评估专业人员应当对其评估行为承担相应的专业责任、民事责任和刑事责任
专业性	1.资产评估机构形成专业化分工，使得评估活动专业化； 2.资产评估机构及其评估人员对资产价值的估计判断，也应建立在专业技术知识和经验的基础之上
公正性	1.资产评估是按法定的准则进行的，具有公允的行为规范和业务规范（技术保证）。 2.评估机构及其评估专业人员通常是与业务没有利害关系的第三方（组织保证）

二、选编例题

【例1·多选题】以下有关法律角度的资产评估的说法正确的有（　　）。

A. 资产评估是依法订立的资产评估委托合同

B. 资产评估专业服务仅仅对资产评估服务行为本身的约束，对委托人缺乏约束

C. 资产的所有权价值一般会高于使用权的价值

D. 资产评估的对象不包括资产损失

E. 资产评估服务的成果是资产评估机构出具的系统性、规范性的资产评估报告

【例2·单选题】下列有关资产的说法，正确的有（　　）。

A. 能够具有有用性的资产就是经济资源

B. 能够给特定主体带来效用或利益的资产就是资产评估中所涉及的资产

C. 能够为特定主体带来未来经济利益的的经济资源，这种利益就表现为资产本身给特定主体带来的利益

D. 资产的价值取决于其能够带来的未来经济利益的能力，资产评估就是通过适当的方法量化这种能力，反映资产的价值

【例3·单选题】下列关于资产产权的说法中，错误的是（　　）。

A. 依法取得资产的完整产权是特定主体能够控制和支配相关资产的前提条件

B. 只有控制权而无所有权的资产可以作为企业的资产加以确认

C. 行使资产权利会受到分设权利的限制

D. 对资产的拥有和控制主要体现在对资产产权的界定和保护上

【例4·单选题】（2020真题）根据《资产评估法》，下列关于资产评估的说法中，错误的是（　　）。

A. 资产评估的主体是指资产评估业务的委托人

B. 资产评估的服务成果是资产评估报告

C. 资产评估的客体是资产评估对象，包括资产损失和其他经济权益

D. 资产评估是受资产评估委托合同约束的专业服务

知识点1选编例题答案

1.【答案】CE

【解析】资产评估专业服务受到委托人与资产评估机构依法订立的资产评估委托合同的约束，所以不能够说资产评估师委托合同，A表述不正确；资产评估专业服务既包括对资产评估服务行为本身的约束，也包括对资产评估业务委托和受托双方当事人的约束，所以B不正确；C表述正确，需要关注资产评估的对象，包括不动产、动产、无形资产、企业价值、资产损失或者其他经济权益，所以D说法不正确。注意E说法正确，注意区分资产评估服务的内容和成果的不同。

2.【答案】D

【解析】资产评估中的资产是经济资源，必须具有有用性和稀缺性，而且资产的价值应当能够用货币计量和反映，所以A、B不正确；能够为特定主体带来未来经济利益的的经济资源，这种利益可以表现为两个方面：一是资产本身给特定主体带来的利益（使用获利），二是通过所有权或控制权的变动给特定主体带来的利益（转让获利），所以C不正确；注意选择D正确。

3.【答案】A

【解析】依法取得拥有或控制资产的权利是特定主体能够拥有或支配相关资产的前提条件，A错误。企业只有控制权而无所有权的资产，如特许经营权、采矿权等，由于能够为企业带来持续的经济利益，也应作为企业的资产加以确认。资产评估中的资产边界应当以经济资源的控制权为依据，B正确。相对于完整产权，被分离设定了部分权利的有限产权的权利人，行使资产权利就会受到分设权利时所承诺义务的限制，C正确。对资产的拥有或控制主要体现在对资产产权的界定和保护上，D正确。

4.【答案】A

【解析】资产评估的主体是评估机构及其评估专业人员，所以A的说法错误。

【知识点2】资产评估的原则（★★）

一、知识点精讲

资产评估原则是规范资产评估行为和业务执行的规则或标准。资产评估原则包括工作原则和经济技术原则两个层面。

（一）资产评估的工作原则

资产评估的工作原则就是独立、客观、公正。这也是对他们从事资产评估的职业道德要求。

《资产评估法》第四条和《资产评估基本准则》的资产评估机构及其资产评估专业人员的“基本遵循”都做了相关规定，作出这些规定，是由资产评估工作的性质决定的。

资产评估的工作原则，一方面是由资产评估工作的性质决定的。另一方面，坚持独立、客观、公正原则有利于资产评估机构及其资产评估专业人员维护专业形象，赢得社会信任，得到健康可持续的发展。

（二）资产评估的经济技术原则

预期收益原则 （收益法）	资产的价值应当基于其对未来收益的预期加以决定，资产评估专业人员判断资产价值的一个最基本的依据
贡献原则 （源自边际收益原理）	根据经济学边际收益原理，各生产要素价值的大小可依据其对总收益的贡献来衡量。 1.是预期收益原则在某种情况下的具体应用，是预期收益原则的一种具体化。 2.主要适用于构成某整体资产的各组成要素资产的贡献，或者是当整体资产缺少该项要素资产将蒙受的损失。 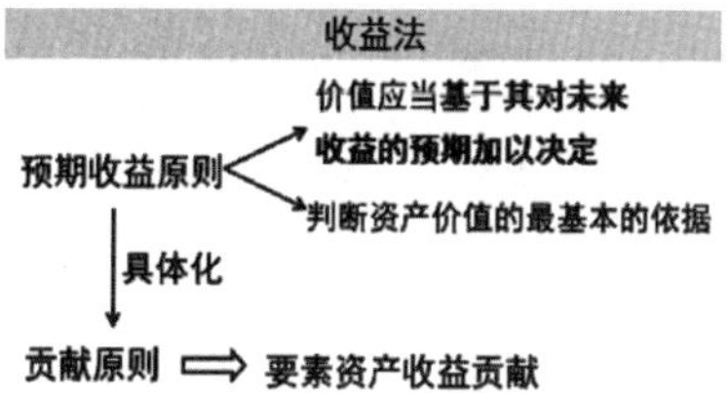
替代原则 （市场法）	1.任何理性的投资者对具有相同效用的物品，必定选择价格较低的；在价格相同时，必定选择效用较大的。 2.替代原则即价格最低的同质商品对其他同质商品具有替代性，即相同效能的资产，最低价格的资产需求最大。 3.如果具有相同使用价值和质量的商品，具有不同的交换价值或价格，买方会选择价格较低的。当然，作为卖方，如果可以将商品卖到更高的价格水平上，他会在较高的价位上出售商品
供求原则	假定在其他条件不变的前提下，商品的价格随着需求的增长而上升，随着供给的增加而下降。均衡价格是由需求和供给共同作用的结果 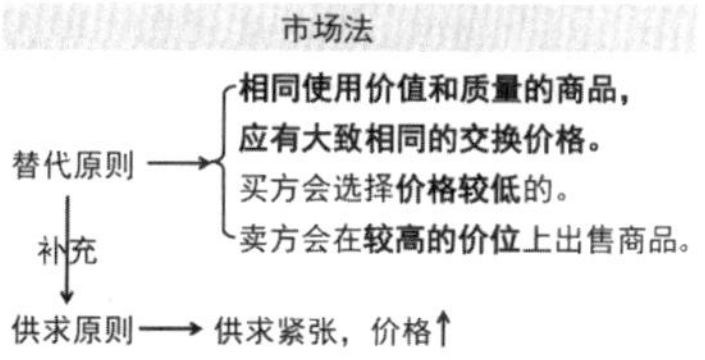
最高最佳使用原则 （源自价值理论）	最高最佳用途的确定，一般需要考虑以下几个因素： 1.反映法律上许可的要求，必须考虑该项资产使用的法律限制； 2.确定该用途技术上是否可能，必须是市场参与者认为合理的用途； 3.确定该用途财务上的可行性
评估时点原则	资产评估时，需要假定市场条件固定在某一时点，这一时点就是评估基准日。它为资产评估提供了一个时间基准。 评估时点原则也是对交易假设和公开市场假设的一种反映

二、选编例题

【例 1 · 单选题】下列有关资产评估的经济技术原则的说法中，错误的是（　　）。

A. 贡献原则指某一项资产的价值取决于它对所在资产组合的贡献

B. 预期收益原则指资产的价值不仅取决于其过去的生产成本和销售价格，也取决于对未来收益的预期

C. 替代原则指在同一市场上，如果具有相同使用价值质量的产品具有不同的交换价值或价格，买方会选择价格较低的产品

D. 评估时点原则是对交易假设和公开市场假设的一种反映

【例 2 · 多选题】在资产评估中最高最佳使用原则的条件有（　　）。

A. 法律上不存在限制　　　　B. 财务上可行

C. 用途不变　　　　D. 技术上可行

E. 与会计分期一致

【例 3·单选题】下列关于资产评估经济技术原则的说法中，错误的是（　　）。

A. 最高最佳使用原则强调商品在交换时，应以最高最佳用途及利用方式实现其价值

B. 基于替代原则，卖方和买方的交易选择会使同质商品的交换价值趋向一致

C. 资产的价值需要体现其最大价值实现的方式进行估值，是贡献原则的体现

D. 确定评估基准日和规定评估结论使用时效是评估时点原则的要求

【例 4·多选题】（2020 真题）在确定资产最高最佳用途时，一般需要考虑的因素包括（　　）。

A. 该用途技术上的可行性

B. 该用途与现用途的一致性

C. 该项资产使用的法律限制

D. 该用途财务上的可行性

E. 该资产是否具有可替代性

知识点 2 选编例题答案

1.【答案】B

【解析】贡献原则主要是指某一资产或资产某一构成部分的价值，取决于它对所在资产组合或完整资产整体价值的贡献，选项 A正确。预期收益原则指资产的价值不在于过去的生产成本或销售价格，而是应当基于其对未来收益的预期加以决定，选项 B错误。在同一市场上，具有相同使用价值和质量的商品，应有大致相同的交换价格。如果具有相同使用价值和质量的商品，具有不同的交换价值或价格，买方会选择价格较低的，选项 C正确。评估时点原则是对交易假设和公开市场假设的一种反映，选项 D正确。

2.【答案】ABD

【解析】最高最佳用途的确定，一般需要考虑以下几个因素：（1）反映法律上许可的要求，必须考虑该项资产使用的法律限制；（2）确定该用途技术上是否可能，必须是市场参与者认为合理的用途；（3）确定该用途财务上的可行性，必须考虑在法律上允许且技术上可能的情况下，使用该资产能否产生足够的收益或现金流量，从而在补偿使资产用于该用途所发生的成本后，仍然能够满足市场参与者所要求的投资回报。

3.【答案】C

【解析】资产的价值需要体现其最大价值实现的方式进行估值，体现的是最高最佳使用原则，不是贡献原则的体现，所以选项 C的说法错误。

4.【答案】ACD

【解析】最高最佳用途的确定，一般需要考虑以下几个因素：（1）反映法律上许可的要求，必须考虑该项资产使用的法律限制；（2）确定该用途技术上是否可能，必须是市场参与者认为合理的用途；（3）确定该用途财务上的可行性。所以正确答案是 ACD。

【知识点 3】我国资产评估行业的发展、地位与作用（★）

一、知识点精讲

（一）我国资产评估行业的发展历史

资产评估产生	1978 年党的十一届三中全会作出对国家经济管理体制和国有企业经营管理方式进行改革的重大决策，为防止国有资产流失，作为国有资产管理的必备程序和保护国有资产权益的专业手段，**资产评估应运而生**。 1988 年 3 月，大连会计事务所对大连炼铁厂与香港企荣贸易有限公司合资过程中投资的建筑和机电设备出具了一份评估报告，这是我国首例资产评估业务
成立资产评估中心	1990 年原国家国有资产管理局成立了资产评估中心，负责资产评估项目和资产评估行业的管理工作

续表

资产评估机构资格准入制度	20 世纪 90 年代初原国家国有资产管理局负责管理资产评估行业，建立了资产评估机构资格准入制度，建立了资产评估收费管理制度，编写了资产评估专业培训教材
《国有资产评估管理办法》(法制化的标志，评估法前最高法规)	1991 年国务院第 91 号令发布的《国有资产评估管理办法》，是我国第一部规范国有资产评估和资产评估行业管理的行政法规，标志着我国资产评估行业走上法制化的道路。 《国有资产评估管理办法》规定：凡是涉及国有资产产权或经营主体发生变动的经济行为都要进行评估，同时还规定全国资产评估管理的政府职能部门是国有资产管理部门，将审批评估机构纳入国有资产管理部门的职责范围
成立资产评估协会(新里程，政府直接管理与行业自律管理相结合)	1993 年民政部批复成立资产评估协会，开启了我国资产评估行业发展的新里程。 1993 年中国资产评估协会成立大会召开，标志着中国资产评估行业已经开始成为一个独立的中介行业，我国资产评估行业管理体制也开始走向政府直接管理与行业自律管理相结合的道路
取消审批制度，实行核准制和备案制	国务院办公厅转发了财政部《关于改革国有资产评估行政管理方式加强资产评估监督管理工作意见的通知》，对国有资产评估管理方式进行重大改革，取消财政部门对国有资产评估项目的立项确认审批制度，实行财政部门的核准制或财政部门、集团公司及有关部门的备案制
资产评估行业独立	2003 年国务院设立国有资产监督管理委员会，财政部有关国有资产管理的部分职能划归国务院国资委。基本实现了国有资产评估管理与资产评估行业管理的分离，表明我国资产评估行业成为一个独立的专业服务行业
考试调整为水平类，通过《中华人民共和国资产评估法》	2014 年资产评估师职业资格调整为水平评价类职业资格。 2016 年十二届全国人大常委会第二十一次会议审议通过了《中华人民共和国资产评估法》，自 2016 年 12 月 1 日起施行
《资产评估行业财政监督管理办法》及评估准则更新	2017 年 4 月 21 日，财政部出台《资产评估行业财政监督管理办法》(财政部令第 86 号)，为在财政部门实施监督管理的资产评估行业落实资产评估法的管理要求提供了依据。 2017 年 8 月 23 日财政部发布《资产评估基本准则》,9 月 8 日中国资产评估协会发布修订后的 25 项资产评估执业准则和职业道德准则，实现了资产评估准则的与时俱进
2019 年修订《中华人民共和国证券法》	落实“放管服”要求，除规定从事证券投资咨询服务业务应当经国务院证券监督管理机构核准之外，取消了从事其他证券服务业务必须经过国务院证券监督管理机构和有关部门批准的规定，要求会计师事务所、律师事务所以及从事资产评估、资信评级、财务顾问、信息技术系统服务的机构从事证券服务业务应当报国务院证券监督管理机构和国务院有关主管部门备案。该法还要求资产评估等证券服务机构勤勉尽责、恪尽职守，按照相关业务规则为证券的交易及相关活动提供服务，并提高了对证券服务机构未履行勤勉尽责义务的违法处罚幅度

(二) 我国资产评估行业现状与特色

1.我国资产评估行业发展情况

评估机构和人员	截至 2021 年底，全国资产评估机构有 6122 家 ,执业资产评估师有 42524 人。2020 年度业务收入总额 253.88 亿元
资产评估理论	我国的资产评估行业在基本理论与原理、基本评估方法方面上与国际评估行业保持趋同和一致，在具体操作和参数上的某些方面体现了我国社会主义市场经济的特色
行业自律组织	中国资产评估协会是我国资产评估行业的自律组织
国际交流	中国资产评估协会在多个重要国际评估组织担任要职 ,在我国评估行业参与行业国际规则制定，反映我国评估行业发展诉求，维护我国国家利益和在评估行业权益方面发挥了重要作用

2.我国资产评估行业发展特点

(1) 改革开放催生了我国资产评估行业；

(2) 服务国有企业成为资产评估行业发展壮大的基础；

（3）产权市场的形成促进了资产评估行业的发展；
（4）金融市场的建立加快了资产评估行业发展；
（5）政府主导推动了资产评估行业走向规范。

（三）我国资产评估在市场经济中的地位与作用（经济体制改革的重要专业支柱）

在市场经济中的地位	1.资产评估是市场经济不可或缺的专业服务行业； 2.资产评估是现代服务业的重要专业组成部分； 3.资产评估是我国经济体制改革逐步深化的重要专业支撑力量
在市场经济中的作用	1.促进市场资源优化配置； 2.服务资本市场； 3.规范经济秩序； 4.维护各类资产权利主体的合法权益； 5.维护公共利益和对外开放环境下的国家利益

二、选编例题

【例1·单选题】标志着我国资产评估行业走上法制化的道路，我国第一部对资产评估行业进行政府管理的最高行政法规是（　　）。

A.《国有资产评估管理办法》　　B.《中华人民共和国资产评估法》
C.《资产评估报告内容与格式的暂行规定》　D.《资产评估机构审批管理办法》

【例2·多选题】以下有关我国资产评估理论的说法正确的有（　　）。

A. 初步形成具有中国特色的资产评估理论框架
B. 主要是在资产评估行业在基本理论与原理、基本评估方法等方面体现了中国社会主义市场经济的特色
C. 从价值理论的经济学基本论点出发
D. 形成了资产评估的基本要素和基本原理
E. 主要是在具体操作和参数上的某些方面体现了中国社会主义市场经济的特色

知识点3 选编例题答案

1.**【答案】**A
【解析】注意当前最高法律法规是《中华人民共和国资产评估法》。

2.**【答案】**ACDE
【解析】注意ACD的正确说法。我国的资产评估行业在基本理论与原理、基本评估方法等方面与国际评估行业保持趋同和一致，在具体操作和参数上的某些方面体现了中国社会主义市场经济的特色。所以E正确，B不正确。

同步强化训练题

一、单项选择题

1.（2021真题）甲企业开采矿山损害了乙林场生态环境，对乙林场带来经济损失。有关部门委托资产评估机构对该环境损害造成的经济损失进行价值评估，作为要求甲企业进行环境损害赔偿的依据，下列关于本次资产评估专业服务的说法中正确的是（　　）。

A. 本次资产评估的主体是甲企业
B. 本次资产评估的对象是乙林场
C. 本次资产评估的客体是环境损害造成的经济损失

D. 经济损失评估不属于《资产评估法》所规定的业务范畴

2. 下列关于资产的说法中，错误的是（ ）。

A. 资产的边界应当以经济资源的控制权为依据

B. 资产的产权是与所有权相关的权利束，具有可分解性

C. 资产的产权通常包括占有权、使用权、收益权和处分权

D. 资产只能以所有权作为界定依据

3.（2005 真题）资产评估中确认资产的基本标准之一是看其是否具有（ ）。

A. 历史成本　B. 历史收益　C. 预期成本　D. 预期收益

4. 根据资产评估的经济技术原则，决定资产评估中价值估算、评定最主要因素是（ ）。

A. 生产费用　B. 预期收益　C. 收益水平　D. 账面价值

5. 资产评估时应当合理选择评估基准日，这体现了（ ）。

A. 贡献原则　B. 评估时点原则　C. 供求原则　D. 预期收益原则

6. 在资产评估的过程中，既需要考虑资产的购建成本，又需要考虑资产的效用。这体现的是资产评估的（ ）。

A. 供求原则　B. 替代原则　C. 贡献原则　D. 预期收益原则

7. 在资产评估的过程中，资产的价值不在于过去的生产成本或销售价格，而是应当基于其对未来收益的预期加以确定，这是资产评估的（ ）。

A. 独立性原则　B. 替代原则　C. 贡献原则　D. 预期收益原则

8. 在同一市场上，买者会选择价格较低者，这体现了资产评估的（ ）。

A. 贡献原则　B. 替代原则　C. 外在性原则　D. 供求原则

9. 下列不属于资产评估工作原则的是（ ）。

A. 独立性原则　B. 客观原则　C. 专业性原则　D. 公正原则

10. 在资产评估的过程中，要考虑某一资产或资产的某一构成部分对所有资产组合或完整资产整体价值的贡献，或者根据当缺少它时对整体价值的影响程度来确定。这体现了资产评估的（ ）。

A. 供求原则　B. 贡献原则　C. 替代原则　D. 外在性原则

11.（2021 真题）下列关于资产评估替代原则的说法中，错误的是（ ）。

A. 任何理性的的投资者对于具有相同效用的商品，必定选择价格较低的

B. 同一市场上具有相同使用价值和质量的商品应有大致相同的价格

C. 同一市场上价格最低的同质商品对其他同质商品具有代性

D. 同一市场上具有相同效用的商品总是在最低价格上成交

12. 最新的《中华人民共和国资产评估法》由（ ）审议通过。

A. 政治协商会议　B. 全国人大常委会　C. 国务院　D. 财政部

13. 从一定意义上来看，贡献原则是（ ）在某种情况下的具体应用。

A. 预期收益原则　B. 替代原则　C. 供求原则　D. 外在性原则

14. 决定了资产评估机构及其资产评估专业人员在开展资产评估业务中应当坚持独立、客观、公正等工作原则的是（ ）。

A. 资产评估工作的性质　B. 资产评估的专业性

C. 资产评估机构的选择　D. 资产评估人员的专业性

15. 在资产评估过程中，资产的价值不在于过去的生产成本或销售价格，而是应当基于其对未来收益的预期加以决定，这体现的是资产评估的（ ）。

A. 预期收益原则　B. 贡献原则　C. 评估时点原则　D. 最高最佳使用原则

二、多项选择题

1. 以下属于资产评估的特点是（ ）。

A. 咨询性　B. 动态性

C. 社会性　　D. 鉴证性

E. 公正性

2. 以下有关资产评估的特点的说法正确的有（　　）。

A. 审计履行鉴证职能，资产评估则主要履行咨询职能，但评估结果一经政府认定或运用，就有了鉴证属性

B. 资产评估的公正性是靠技术保证和组织保证实现的

C. 资产评估服务于市场，具有独立、客观、公正性，所以资产评估具有社会性的特点

D. 资产评估的结果是建立在一定的假设条件基础上，最终的成交价取决于当事人的决策动机、谈判地位和谈判技巧等综合因素，所以资产评估具有咨询性的特点，不应当被认为是对评估对象可实现价格的保证

E. 资产评估要捕捉的是交易时点所显现的资产价值，由于资产价值因其交易环境、要素配置条件的不同而不断变化，因此资产评估具有动态性的特点

3. 以下属于资产评估的经济技术原则的是（　　）。

A. 供求原则　　B. 贡献原则

C. 替代原则　　D. 独立性原则

E. 外在性原则

4. 服务于我国证券市场和上市公司的主要专业力量包括（　　）。

A. 资产评估师　　B. 独立财务顾问

C. 注册会计师　　D. 律师

E. 会计师

5. 资产评估的资产具有（　　）基本特征。

A. 过去的事项或交易形成的资源

B. 必须是主体拥有或控制的

C. 能够给特定主体带来未来经济利益流入

D. 资产必须能以货币计量

E. 资产是经济资源

6. 下列关于我国资产评估在市场经济中的作用，说法正确的有（　　）。

A. 促进市场资源优化配置　　B. 服务资本市场发展

C. 规范经济秩序　　D. 帮助确定资产价格

E. 维护公共利益和对外开放环境下的国家利益

7. 下列属于资产评估的对象的是（　　）。

A. 房屋　　B. 空气

C. 专利权　　D. 企业价值

E. 资产损失

8. 资产评估原则包括（　　）。

A. 工作原则　　B. 经济技术原则

C. 合法性原则　　D. 合理性原则

E. 及时性原则

9. 下列关于评估时点原则的说法中，正确的有（　　）。

A. 资产评估具有动态性特点，资产的价值会随着时间因素的变化而变化，因此必须选取一个评估基准日

B. 不需要设置评估基准日，任何时点都可以是评估时点

C. 从理论上说，资产评估是对动态资产价格的现实静态反映

D. 评估时点原则也是对交易假设和公开市场假设的一个反映

E. 评估基准日为“特定的时间点”，评估师的价值意见为该时点的价值意见，价值标准是该时间点适用的价值标准

10. 资产的产权是与资产所有权相关的权利束，并且具有可分解性，通常包括对资产的（　　）。

A. 占有权　　B. 使用权

C. 收益权　　D. 处分权

E. 控制权

同步强化训练题参考答案及解析

一、单项选择题

1.【答案】C

【解析】资产评估机构及其评估专业人员是资产评估的主体，所以A不正确。资产评估的客体是指资产评估的对象，包括不动产、动产、无形资产、企业价值、资产损失或者其他经济权益，所以BD不正确，C的表述正确。

2.【答案】D

【解析】资产评估中的资产不应仅以所有权作为界定依据。企业只有控制权而无所有权的资产，如特许经营权、采矿权等，由于能够为企业带来持续的经济利益，也应作为企业的资产加以确认。资产评估中的资产边界应当以经济资源的控制权为依据。所以A正确，D不正确。

3.【答案】D

【解析】资产评估中的资产或作为资产评估对象的资产其内涵更接近于经济学中的资产，即特定权利主体拥有或控制的并能给特定权利主体带来未来经济利益的经济资源。

4.【答案】B

【解析】从估值的角度，资产价值的高低取决于给它的所有者预期收益的高低。收益越多价值越高。资产效用指的是资产的预期收益。

5.【答案】B

【解析】资产评估基准日是评估业务中重要的基础，也是评估基本原则之一的评估时点原则在评估实务中的具体体现。

6.【答案】A

【解析】均衡价格是由需求和供给共同作用的结果，在均衡价格中，生产费用和效用是影响价格的两个均等因素，所以资产评估既需要考虑资产的购建成本，又需要考虑资产的效用。

7.【答案】D

【解析】资产之所以有价值是因为它能为其拥有者或控制者带来未来经济利益，

8.【答案】B

【解析】替代原则即价格最低的同质商品对其他同质商品具有替代性，即相同效能的资产，最低价格的资产需求最大。

9.【答案】C

【解析】资产评估工作原则包括独立性原则、公正、客观性原则。

10.【答案】B

【解析】根据经济学边际收益原理，各生产要素价值的大小可依据其对总收益的贡献来衡量。贡献原则是预期收益原则在某种情况下的具体应用，是预期收益原则的一种具体化。主要适用于确定构成某整体资产的各组成要素资产的贡献，或者是当整体资产缺少该项要素资产将蒙受的损失。

11.【答案】D

【解析】作为一种市场规律，在同一市场上，具有相同使用价值和质量的商品，应有大致相同的交换价格。所以B正确，D不正确。

12.【答案】B

【解析】本题考查法律基本知识；《中华人民共和国资产评估法》由十二届全国人大常委会第

二十一次会议审议通过。应该注意的是《中华人民共和国资产评估法》是资产评估领域最高的法律法规。

13.【答案】A

【解析】根据经济学边际收益原理，各生产要素价值的大小可依据其对总收益的贡献来衡量。从一定意义上来看，贡献原则是预期收益原则在某种情况下的具体应用。

14.【答案】A

【解析】资产评估工作的性质决定了资产评估机构及其资产评估专业人员在开展资产评估业务中应当坚持独立、喜观、公正、科学等工作原则。

15.【答案】A

【解析】资产之所以有价值，是因为它能够为其拥有或控制者带来未来经济利益。因此在资产评估过程中，资产的价值不在于过去的生产成本或销售价格，而是应当基于其对未来收益的预期加以决定。因此预期收益原则是资产评估专业人员判断资产价值的一个最基本的依据。

二、多项选择题

1.【答案】ADE

【解析】资产评估的特点包括咨询性、鉴证性、专业性、公正性，所以ADE正确。

2.【答案】BD

【解析】鉴证性是指资产评估是由资产评估机构及其评估专业人员对资产的价值进行鉴别和举证的活动，并不需要政府认定才具备鉴证性，所以A不正确；资产评估的特点包括咨询性、鉴证性、专业性、公正性，所以CE不正确。

3.【答案】ABC

【解析】资产评估的技术性原则包括：供求原则、贡献原则、替代原则、评估时点原则、预期收益原则、最高最佳使用原则。

4.【答案】ABCD

【解析】资产评估师已经与独立财务顾问、注册会计师、律师一起成为服务于我国证券市场和上市公司的主要专业力量。所以E不正确。

5.【答案】BCE

【解析】资产的基本特征包括：（1）资产是特定主体所拥有或控制的（拥有或支配的前提条件）；（2）能够为特定主体带来未来经济利益；（3）资产是经济资源，所以BDE正确。

6.【答案】ABCE

【解析】我国资产评估在市场经济中的作用包括：（1）促进市场资源优化配置；（2）服务资本市场；（3）规范经济秩序；（4）维护国有资产等各类资产权益；（5）维护公共利益和对外开放环境下的国家利益。资产评估是帮助进行资产估值，但是无法确定价格，所以D不正确。

7.【答案】ACDE

【解析】资产评估的客体是指资产评估的对象，包括不动产、动产、无形资产、企业价值、资产损失或者其他经济权益。空气不能够被特定对象拥有和控制，所以B不正确。

8.【答案】AB

【解析】资产评估原则是规范资产评估行为和业务执行的规则或标准。资产评估原则包括工作原则和经济技术原则两个层面。

9.【答案】ACDE

【解析】资产评估具有动态性特点，资产的价值会随着时间因素的变化而变化，因此必须选取一个评估基准日。为了使资产评估得以操作，同时又能保证资产评估结果可以被市场检验，在资产评估时，必须假定市场条件固定在某一时点，这一时点就是评估基准日。所以选项B的说法不正确。

10.【答案】ABCD

【解析】资产的产权是与资产所有权相关的权利束，并且具有可分解性，通常包括对资产的占有权、使用权、收益权和处分权。

第二章

资产评估的基础理论

本章考情分析

从历年考试题目分析，本章考试题型多为单项选择题、多项选择题，不过2021年涉及到综合题，估计分值一般在10分左右。在考试中应重点关注劳动价值论、效用价值论、供求理论的概念及内容；市场结构的分类、有效市场的形成及假说的检验。

比较重要考点（★★）：

（1）有效市场的形态（分类标准、检验及用途）。

（2）不同结构的市场的概念、条件或特点、供需曲线及生产决策；

（3）需求、供给及影响因素；

（4）均衡价格、供求定理；

（5）劳动价值论的使用价值和价值、商品的价值规律；

（6）效用价值论的边际效用和边际效用递减规律；

一般考点（★）：

（1）需求函数、需求表及需求曲线；

（2）供给函数、供给表及供给曲线。

2022年本章教材变化

第五节 有效市场理论

“四、有效市场理论的主要作用”整体改写，增加了“（三）有效市场理论与资本市场监管”。

本章知识点解读与练习

本章共涉及5个知识点。

【知识点 1】劳动价值论（★★）

一、知识点精讲

（一）劳动价值论的主要内容

1.商品的两因素（商品的使用价值与价值）

（1）使用价值、交换价值与价值

种类	含义	表现	关系
使用价值	物品和服务能够满足人们某种需要的属性，即物品和服务的有用性，由自然属性决定。任何商品需要具有某种使用价值	自然属性不同，它的使用价值也会不同，同一种商品还可以兼有各种自然属性，具有多种使用价值	商品的使用价值是交换价值的物质承担者
交换价值	商品能够通过买卖同其他商品相交换的属性。 价值交换从本质上看，是生产者之间的劳动交换，商品中凝结了抽象劳动	表现为一种使用价值同另一种使用价值相交换的量的比例关系。 交换价值是相对的，不同的交换对象有不同的交换价值。并且会因时因地而发生变化	交换价值是价值的表现形式
商品价值	凝结在商品中无差别的一般人类劳动	商品按价值交换，从本质上看，是生产者之间的劳动交换。它体现着商品生产者之间的生产关系	价值是交换价值的基础

（2）使用价值、交换价值和价值的关系

①商品是用来交换的劳动产品

商品的使用价值是交换价值的物质承担者，价值是交换价值的基础，交换价值是价值的表现形式。

②商品是使用价值和价值的对立统一体

商品是用来交换的劳动产品。商品包含使用价值和价值两个要素，商品是使用价值和价值的对立统一体。

一方面，二者是统一的，是互相依存、互为条件的。作为商品，必须同时具有使用价值和价值两个因素。

另一方面，二者又是对立的，是相互排斥、互相矛盾的。使用价值和价值的矛盾是商品的内在矛盾，只有通过交换，才能使商品的内在矛盾得到解决。

商品生产者生产商品是为了取得价值，而商品购买者则是为了取得商品的使用价值。卖者必须让渡商品的使用价值，买者必须支付商品的价值。商品的使用价值和价值，两者不能兼得，要得到一方，必须以放弃另一方为前提。

③使用价值和价值的矛盾是商品的内在矛盾，只有通过交换，才能使商品的内在矛盾得到解决。

2.劳动的二重原理（具体劳动与抽象劳动）

（1）具体劳动与抽象劳动

商品是由劳动创造的。商品的两要素是由生产商品的劳动二重性决定的，即商品的使用价值和价值是由生产商品的具体劳动和抽象劳动决定的。

劳动两属性	含义	意义
具体劳动（创造商品的使用价值）	即从劳动的具体形态考察的劳动。劳动的具体形态包括劳动目的、劳动对象、劳动工具、操作方法、劳动成果等	不同商品之所以具有不同的使用价值，除了其构成的物质要素各有其特殊的自然属性外，还因为生产它们的劳动力各有其特殊的具体形式

续表

抽象劳动（创造了商品的价值）	抽象掉生产商品劳动的具体形式，则所有劳动都是人们的体力和脑力的支出，这是无差别的一般人类劳动	（1）抽象劳动是同质的、无差别地形成商品价值的劳动，是价值的实体或价值的唯一源泉，反映着商品生产者之间的经济关系。 （2）商品中所凝结的都是没有质的差别的一般人类劳动，使各种不同使用价值的商品在价值上可以比较，并能按一定比例相互交换

【注意】商品是由劳动创造的。商品的两要素是由生产商品的劳动二重性决定的。

（2）具体劳动与抽象劳动的关系

具体劳动和抽象劳动是同一劳动的两种属性，具体劳动和抽象劳动是生产商品的同一劳动过程从不同角度去观察的两个方面。抽象劳动和具体劳动在时间上、空间上都是不可分割的。

3. 商品价值量的决定

（1）个别劳动时间、社会必要劳动时间与商品的价值量的决定

	含义	与价值的关系
个别劳动时间	商品的生产者由于生产的主客观条件不同，所耗费的劳动时间也会不同。各个商品生产者实际耗费的劳动时间就是个别劳动时间	由个别劳动时间形成的价值是商品的个别价值
社会必要劳动时间	就是①在现有的社会正常的生产条件下，②在社会平均的劳动熟练程度和③劳动强度下制造某种使用价值所需要的劳动时间	商品的价值量只能由生产商品的社会必要劳动时间决定

形成商品价值实体的劳动作为人类无差别的劳动，本身具有一般性。因此，决定商品价值量的劳动时间只能是一般的劳动时间，即社会必要劳动时间。

（2）劳动生产率和价值量

①劳动生产率含义及影响因素

劳动生产率是指劳动者在一定时间内生产某种使用价值的效率。劳动生产率的高低是由众多因素决定的。其中主要有：劳动者的平均熟练程度，科学技术的发展水平及其在生产中的应用程度，生产过程的社会结合形式，劳动对象的状况以及自然条件等。

②社会劳动生产率越高，单位商品价值量越小

在同样的劳动时间内具有较高生产率的活劳动，可以创造较多的使用价值（即生产更多商品）；但由于不管生产力发生了什么变化，同一劳动在同样的时间内提供的价值量总是相同的（马克思观点，可以理解为生产力水平的高低决定同样时间内具体劳动创造使用价值数量的多少，可以理解为一个人（抽象劳动）在同一天的价值总量不变）；从而包含在单位产品中的价值量相应减少。

也就是说，社会劳动生产率越高，单位商品的社会必要劳动时间越少，单位商品价值量越小。因此，确定商品价值量的社会必要劳动时间不是凝固不变的，它是随着劳动生产率的变化而变化的。

③个别企业劳动生产率越高，在同样的劳动时间里，获取更高的价值

但由于所形成的总价值量（因为是同样的劳动时间）不变，因而包含在单位产品中的（个别）价值量相应减少。但是，在社会必要劳动时间决定价值的经济中，劳动生产率高的个别价值在还原为社会价值时，会还原为更高的价值。因此企业就力图提高生产效率，在同样的劳动时间里，获取更高的价值。

4.价值规律

（1）价值规律的基本要求

商品的价值量由生产商品的社会必要劳动时间决定，以此为基础进行商品等价交换。

价值规律对市场经济中的个别劳动耗费和社会劳动的使用都具有制约作用：单个商品的价值量是由生产该商品的社会必要劳动时间决定的。一种商品总量的价值量是由生产该商品总量的社会必要劳动时间决定的。

（2）价值规律发挥作用的形式是价格围绕价值波动

（3）价格总是围绕价值上下波动的，这种背离现象不是对价值规律的否定

首先，因为商品价格围绕价值上下波动始终是以价值为基础的；

其次，从商品交换的总体来看，价格的涨落会相互抵消，商品的平均价格和价值是相等的；

最后，价格的变动也会影响供求关系，在价格的不断波动中，供求趋于平衡，使价格接近价值可见，价格受供求关系的影响，围绕价值上下波动，是商品经济条件下价值规律作用的形式。

（4）价值规律具有三个重要作用

第一，自发地调节生产资料和劳动力在社会各部门之间的分配。这种调节作用是通过价格围绕价值的上下波动和市场竞争实现的。

第二，刺激生产者的积极性（技术创新，加强经营管理，提高劳动生产率）。

第三，优胜劣汰，导致生产者两极分化。

在市场经济条件下，劳动生产率水平高的商品生产者就会获利多、发展快，在市场竞争中处于有利地位。

（二）对劳动价值论的认识

1. 商品的价值量由社会必要劳动时间决定。

2. 商品是使用价值和价值的统一体，价值能够存在的前提条件是必须具有使用价值，没有使用价值的商品也就没有价值。

3. 价值是交换价值的基础和内容，交换价值是价值的表现形式。

4. 商品的价值要转化为价格就必须依靠市场。

一个有序的市场环境至少应当具备两个必要条件：一是在商品交换中充分体现价值规律，严格实行等价交换的原则；二是要拥有比较完善的商品市场和要素市场，并建立比较完备的市场体系。

5. 认清价值的本质是无差别的人类劳动，不能简单以市场价格代替价值。

（三）劳动价值论的发展过程

1.理论发展简介

<table>
<tr><th colspan="2">威廉·配第</th><th colspan="2">亚当·斯密</th><th>大卫·李嘉图</th><th>马克思</th></tr>
<tr><td colspan="2">1662年，《赋税论》认为：商品价值源于劳动，劳动决定价值，其他部门的劳动只有在以其产品与金银相交换的前提下才间接决定价值</td><td colspan="2">1776年，《国富论》认为：区分特定物品的效用（使用价值），占有某物而取得的对它种货物的购买力（交换价值）；提出劳动是衡量一切商品交换价值的真实尺度</td><td rowspan="3">（1）仅仅认可劳动决定价值，劳动既包括活劳动和物化劳动。商品价值量和耗费劳动量成正比，和劳动生产率成反比，并把复杂劳动归结为倍加的简单劳动（非劳动二重性）。
（2）认识到商品价值决定于社会必要劳动量，但不适当地把适用于农业产品价值决定的法则，即由最不利条件的土地产品耗费劳动决定价值的法则视为普遍法则</td><td rowspan="3">（1）劳动分为具体劳动和抽象劳动，前者构成商品的使用价值，后者形成商品的价值，真正劳动二重性）；
（2）商品的价值是由直接导致该商品生产的工人的活劳动和间接凝结在商品中的物化劳动构成，用社会必要劳动时间（无差别人类劳动）来衡量；
（3）随着社会的发展和技术的不断进步，生产某一产品所需的社会必要劳动时间会不断减少，其价值量会逐渐下降</td></tr>
<tr><td rowspan="2">概念体系</td><td>自然价格（即商品），劳动生产率的高低与商品价值量成反比例</td><td rowspan="2">三种价值规定理论</td><td rowspan="2">（1）决定商品价值量（真实价格或交换价值）的是生产商品所耗费的劳动（劳动决定价值）。
（2）决定商品价值的劳动是该商品在交换中购买到的劳动或能支配的劳动（购买到的劳动决定价值）。
（3）构成真实价格的各部分即商品价值由工资、利润、地租三种收入构成（三种收入决定商品价值）。
【说明】前两种理论适用于资本主义以前的简单商品经济</td></tr>
<tr><td>政治价格（市场价格）</td></tr>
</table>

2.马克思的劳动价值论的意义

（1）马克思的劳动价值论为剩余价值论奠定了理论和道义的基础。

马克思的劳动价值论科学地揭示了劳动与资本的根本对立，阐述了劳动是价值的唯一源泉，为其剩余价值论奠定了理论和道义的基础。

（2）劳动价值论是分析社会主义市场经济的理论基石和有效办法。

实践中的以公有制为主体的多种类产权结构，以按劳分配为主体的多形式分配结构，都可以运用发展的马克思主义劳动价值论来解析，从而从思想与操作层面促进公有主体型和劳动主体型的社会主义市场经济的良性发展。

3.社会主义市场经济条件下劳动价值论呈现出新的特点

（1）脑力劳动在社会生产中的地位和作用越来越重要；

（2）个别劳动平均化为社会必要劳动的外延进一步扩大；

（3）管理部门成为价值创造中的重要部分；

（4）科学技术在价值创造中的作用越来越大。

【注意】中国特色社会主义立足于中国的基本国情，发展进步的前提仍然是人的劳动，其特色来源于“人”与“生产资料”结合的特殊方式。

党的十七大提出，逐步提高居民收入在国民收入分配中的比重，提高劳动报酬在初次分配中的比重，正是劳动价值论在中国特色社会主义社会中的生动再现。

中国特色社会主义市场经济理论是以中国特色社会主义理论为背景，以马克思主义经济理论为指导，以社会主义经济发展实践为基础而发展的经济理论，是中国实行社会主义市场经济并逐步建立和完善社会主义市场经济体制具体实践的能动反映。

二、选编例题

【例1·单选题】下列关于交换价值的说法中，正确的是（　　）。

A. 每种商品具有唯一的交换价值

B. 交换价值是使用价值的表现形式

C. 交换价值是价值的基础

D. 不同的交换对象有不同的交换价值，并且会因时因地而发生变化

【例2·单选题】下列关于劳动价值论的说法中，正确的是（　　）。

A. 确定商品价值量的劳动时间是规定不变的

B. 价值是由凝结在商品中的无差别人类劳动决定的

C. 商品是价值和使用价值的统一体，没有价值的商品也没有使用价值

D. 决定商品价值量的劳动时间为个别劳动时间

【例3·单选题】关于劳动价值论的下列表述中，不正确的是（　　）。

A. 商品的价值量由生产商品的社会必要劳动时间决定

B. 商品是使用价值和价值的对立统一体

C. 可以同时获得使用价值和价值

D. 价格围绕价值上下波动

知识点1选编例题答案

1.**【答案】**D

【解析】交换价值是相对的，不同的交换对象有不同的交换价值。并且会因时因地而发生变化，所以A错误，D正确。选项C错误。交换价值是价值的表现形式，价值是交换价值的基础。

2.**【答案】**B

【解析】决定商品价值量是社会必要劳动时间。随着社会的发展和技术的不断进步，生产某一产品所需的社会必要劳动时间会不断减少，选项A错误，选项D错误。价值是凝结在商品中的无差别的

人类劳动。选项B正确。没有价值的商品也可能有使用价值，选项C错误。

3.【答案】C

【解析】选项B正确，由于使用价值和价值是对立统一的，所以不可能同时获得使用价值和价值，因此C说法错误。

【知识点2】效用价值论（★★）

一、知识点精讲

（一）效用价值论的主要内容

1.效用含义（满足欲望的能力，非客观性）及效用价值论的含义

效用是指商品或劳务满足人的欲望的能力，或者说，效用是指消费者在消费商品后所感受到的满足程度。

一种商品或劳务对消费者是否有效用，取决于消费者是否有消费的欲望以及这种商品或劳务是否具有满足消费者的欲望的能力。

效用价值论是一种用人们对物品的主观心理评价来解释价值形成过程的经济理论，以主观心理感受解释商品价值的本质、源泉及尺度，因此又被称为主观价值论。

2.边际效用递减规律

边际效用（MU）	边际效用是指在一定时间内消费者增加一个单位商品或者劳务的消费所得到的增加的效用量或增加的满足，也就是每增加一个单位商品或劳务的消费所得到的总效用增量
边际效用递减	（1）人们希望得到生活享受，其生活目标是把自己的生活享受提到尽可能高的水平，即追求生活享受总量的最大化。 （2）所有的享受中都有两个共同特征： 其一，如果我们连续不断地满足同一种享受，那么同一种享受的量就会不断递减，直至最终得到饱和。 其二，享受重复进行得越快，初始感到的享受量则越少，感到是享受的持续时间也就越短。 （3）边际效用递减规律 每增加一个单位商品或劳务，消费者心理上会感到增加的满足或效用越来越小。即随着商品或劳务消费量的增加，总效用递减的速度不断增加。 也就是说，给定商品消费组合的情况下，一种商品消费数量固定不变，另一种商品消费数量不断增加，则随着另一种商品消费量的增加，该商品的边际效用递减。
消费者均衡与效用最大化（UMP）	（1）消费者均衡是研究如何把既定的收入分配在各种商品的购买中以获得最大的效用。也可以说，它是研究消费者如何在预算、价格、偏好等条件不变的情况下，使得自己买到的产品组合实现效用最大化。 （2）消费者效用最大化原则是表示消费者选择最优的一种商品组合，使得自己花费在各种商品上的最后一元钱所带来的边际效用相等（即购买的各种商品的边际效用与价格之比相等），最后等于每一元货币带来的边际效用。 $P_1Q_1+P_2Q_2=\omega$，$MU_1/P_1=MU_2/P_2=\lambda$

3.效应价值论与商品价值（来源、价值量的确定及价格形成规律）

商品价值的来源	（1）价值应分为主观价值和客观价值。 （2）主观价值是物主对财货的主观心理评价，其根源在于物品的有用性和稀缺性。（这是物品具有价值必须满足的两个条件）。 （3）客观价值指的是一件物品实现某种客观结果的力量或能力。在这个意义上，客观价值并不属于经济关系，而是属于纯粹技术关系。 庞巴维克用客观交换价值一词指物品在交换中的客观价值，即用它交换其他经济物品的数量

续表

价值量的确定	(1)物品的价值量必须是由决定这一商品的福利的量决定的，决定于最后单位物品能满足人的最不重要的欲望（边际欲望、边际效用、最小效用）的大小。 (2)边际效用的大小是由需求和供给的关系决定的（有用性和稀缺性是决定物品价值的最终因素）
价格形成的基本规律	在同一市场中，在信息对称的假定下，买卖双方对同质商品的竞价形成边际对偶，其主观评价决定均衡价格

（二）对效用价值论的认识

1. 商品的价值是由人们对商品效用的主观评价决定的。

价值产生于人们对物品效用的主观评价，开辟了从需求的角度衡量价值的观点，可以用效用的大小来衡量其价值量，也为均衡价值论提供了理论基础。

2. 由于效用价值是主观的评价，运用效用价值对资产进行评估往往带有一定的主观性，导致评估出的价值与客观价值存在一定的差异。

3. 边际效用价值论过于强调商品效用带给人的主观上的满足，忽略了交换和交换背后的社会经济关系，过分夸大了效用的作用。

（三）理论产生过程

1. 理论的产生（17–18 世纪）

代表学者	代表作及观点	
巴尔本	商品的价值由效用决定，没有用的东西是没有价值的	
加里安尼	《货币论》《商业与管理》	物品的价值取决于物品的效用和稀缺性
孔狄亚克	《商业与政府的相互关系》	物品的价值取决于需要的强度和物品的稀缺性
劳埃德、朗菲尔德	用边际效用解释价值，认为价值是某物品交换其他物品的能力	

2. 理论的发展（19 世纪上半叶，以消费者心理感觉为基础的效用价值理论）

代表学者	代表作及观点	
萨伊	《政治经济学概论》	效用是价值的基础，没有用的东西，谁也不会给予价值
戈森	满足需求的三条定理	(1)欲望或效用递减定理：随着物品占有量的增加，人的欲望或物品的效用是递减的； (2)边际效用相等定理:在物品有限条件下，为使人的欲望得到最大限度满足，务必将这些物品在各种欲望之间作适当分配，使人的各种欲望被满足的程度相等； (3)在原有欲望已被满足的条件下，要取得更多享乐量，只有发现新享乐或扩充旧享乐

3. 理论的成熟（19 世纪 70–80 年代，边际效用分析法的价值理论）

代表学者	代表作及观点	
杰文斯	《政治经济学数学理论通论》	随着一个人所消费的任一商品数量的增加，各自所用的最后一部分商品的效用或福利在程度上是减少的，而价值是人们对物品最后效用程度的估价
门格尔	《国民经济学原理》	商品的价值取决于人们对它的效用评价
瓦尔拉斯	价值的起源应归之于稀少性，即数量有限的物品对人们的有用性	
庞巴维克	(1)价值来源于物品的效用，即来源于物品满足人们欲望的能力。 (2)一切物品都有效用，但并非都具有价值。当物品只具有为人类利益服务的一般能力时，它只具有效用，没有价值。 (3)物品要有价值，必须既有效用，又有稀缺性	

二、选编例题

【例 1 · 单选题】按照效应价值论的观点，下列说法中错误的是（　　）。

A. 价值是商品的内在属性，不是由人的主观评价形成的心理范畴

B. 一种物品具有价值，必须满足有用性和稀缺性两个条件

C. 效用价值论从需求的角度衡量物品的价值，这种价值分为主观价值和客观价值

D. 人们可以用效用的大小而不是劳动价值衡量商品的价值，效用是价值的源泉

【例 2 · 多选题】按照效应价值论的观点，下列说法中正确的是（　　）。

A. 效应价值论认为边际效用递增

B. 价值应分为主观价值和客观价值，商品价值来源于客观价值

C. 在同一市场中，在信息对称的假定下，买卖双方对商品的竞价形成边际对偶，其主观评价决定均衡价格

D. 边际效用价值论忽略了交换和交换背后的社会经济关系，过分夸大了效用的作用

E. 运用效用价值对资产进行评估往往带有一定的主观性，导致评估出的价值与客观价值存在一定的差异

【例 3 · 多选题】（2019 真题）效用价值论认为价值不是商品的内在属性，价值应分为（　　）。

A. 外在价值　　B. 抽象价值

C. 内在价值　　D. 主观价值

E. 客观价值

知识点 2 选编例题答案

1. **【答案】**A

【解析】效用价值论认为价值不是商品的内在属性，而是人的主观评价形成的一种心理范畴。选项 A错误。

2. **【答案】**DE

【解析】A的正确说法是：效应价值论认为边际效用递减。B的正确说法是：价值应分为主观价值和客观价值，商品价值来源于主观价值。C的正确说法是：在同一市场中，在信息对称的假定下，买卖双方对同质商品的竞价形成边际对偶，其主观评价决定均衡价格。

3. **【答案】**DE

【解析】效用价值论认为价值不是商品的内在属性，而是人的主观评价形成的一种心理范畴。该理论认为一切价值只不过是表明了某种关系，价值应分为主观价值和客观价值，所以选项 DE说法正确。

【知识点 3】供求理论（★★）

一、知识点精讲

（一）需求理论

1.需求及影响需求的因素

（1）需求的定义

供求理论是在古典经济学供求理论基础上发展起来的均衡价格理论。它把供求关系数量化，成为西方微观经济学的基础和核心理论。

（有效）需求是指在一定时期内，在每一价格水平下，消费者愿意并且能够购买的某种商品的数量。

（2）影响需求的因素

影响因素	影响方式
商品的自身价格	一般情况下商品价格与需求量呈负相关关系。

续表

影响因素	影响方式
互补品的价格	①互补品是需要共同使用才能完整发挥其使用功能的商品； ②商品的需求量与其互补品价格呈现反方向变动（互补是共赢关系）
替代品的价格	①替代品的使用价值接近，可以相互替代满足人们的同一需求； ②商品的需求量与其替代品价格呈现同方向变动（替代是输赢关系）
对商品价格变动的预期	消费者预期某种商品价格会下降，造成该商品需求量减少。（买涨不买跌）
消费者的收入水平	①一般而言，如果其他条件不变，消费者收入提高，会增加对商品的需求量，该商品称为正常商品。 ②但是收入水平增加并不会增加消费者对所有商品的需求。 ③劣等商品的需求量与消费者收入呈反方向变化（消费升级劣等商品需求减少）
消费者的选择偏好	需求量与偏好程度（并非一成不变）同方向变化，消费者喜好某种商品，就会增加对其需求的数量

此外，影响商品需求的因素还包括：人口的数量、结构和年龄，政府的消费政策、社会文化习俗等。

2.需求函数、表及曲线（单一商品）

需求函数	通用需求函数	表示一种商品的需求数量与其各种影响因素之间的关系。 数学表达式为：$D=f(a, b, c, d, \cdots, n)$ 公式中：$a, b, c, d, \cdots, n$代表影响需求数量的各因素
	价格以外因素不变	$Q_d=f(P)$，公式中：P为商品的价格；Q_d为商品的需求量。
需求表	表示某种商品的价格与需求量相互关系的数字序列表	
需求曲线	（1）根据需求表画出的反映商品价格与需求量关系的曲线（注意横纵轴与一般数学图形不一样）。 （2）需求曲线特征 ①需求量与市场价格成反比（商品需求的一般规律）。 ②需求曲线是一条由左上向右下倾斜的曲线，需求曲线向右下方倾斜，是由于边际效应递减规律的作用	

3.需求曲线变化分析

（1）需求量的变动（当影响需求的其他因素不变，仅仅是商品价格出现变动时）

此时需求曲线不移动，该商品的需求量会沿着需求曲线发生移动，表现为同一条需求曲线上相应点的移动。

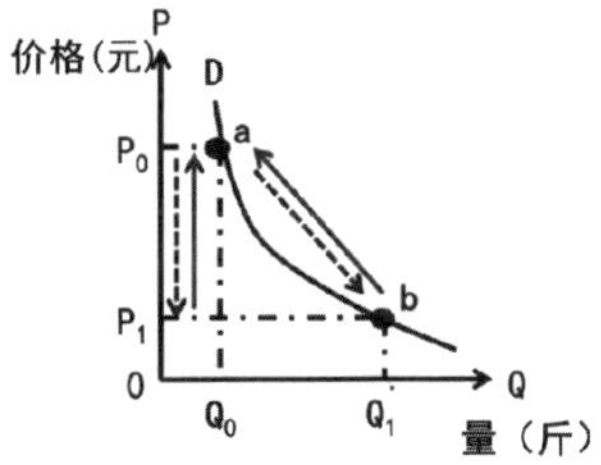

价格变化引起的需求曲线变化

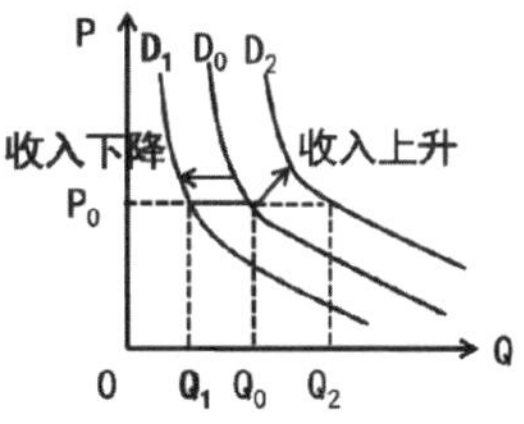

消费者收入变化引起的需求曲线变化

①随着消费者收入的减少，需求量相应减少，需求曲线向左移动；②反之，消费者的收入增加时，需求曲线将向右移动。

（2）需求的变动（当商品的价格不变，影响需求的其他因素发生变化时）

该商品需求数量的变动表现为需求曲线的位置发生移动。

需求变动，需求曲线移动总结表

影响需求因素	需求减少，曲线向左移动	需求增加，曲线向右移动
替代品价格	替代品价格下降	替代品价格上升
互补品价格	互补品价格上升	互补品价格下降

续表

影响需求因素	需求减少，曲线向左移动	需求增加，曲线向右移动
未来价格预期	预期未来价格下跌	预期未来价格上升
消费者收入	收入减少	收入增加
未来收入预期	预期未来收入减少	预期未来收入增加
消费偏好	人们更加讨厌此商品	人们更加喜欢此商品
消费者数量	市场中买者减少	市场中买者增加

4.需求关系的特殊情形（违背需求量与其价格成反比）

（1）替代效应、收入效应和总效应（两种商品下的消费决策，教材采用希克斯分解）

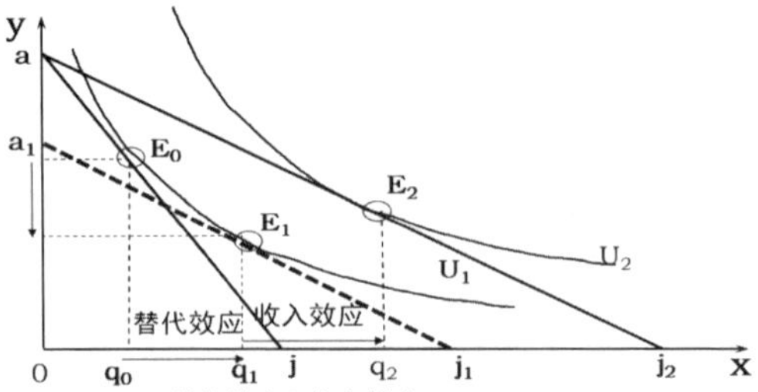

替代效应和收入效应

上图是反映正常商品价格下降时所产生的收入效应和替代效应的分析示意图，x和 y分别表示两种商品，横轴和纵轴分别代表 x、y两种商品的数量。

当 x商品的价格下降时，其预算线由 aj，变动到 aj_2，导致其对商品 x的需求量由 q_0 增加到 q_2，（q_2-q_0）是由于商品 x的价格下降所引起的该商品需求量变动的总效应（组合变化及总数量变化）。

其中，（q_2-q_1）属于收入效应，是由于商品 x价格下降，使得消费者的实际收入水平提高，从而增加对商品 x的需求量（效用曲线由 U_1 变为 U_2）；（q_1-q_0）属于替代效应，是由于商品 x价格下降，使得商品 x相对于价格不变的商品 y更为便宜，从而消费者会增加对商品 x的购买而减少对商品 y的购买（效用曲线由 U_1 不变，消费组合变化）。

	含义	对正常商品的影响	对低档商品的影响
替代效应（消费组合变化）	某种产品价格变化而其他产品价格不变时，产品之间的相对价格会发生变化，导致消费者在保持总效用不变（价格变化前后效用水平不变，效用曲线为 U_1）的前提下，用相对更便宜的产品替代相对更贵的产品，从而引起该产品需求数量的变化	替代效应与价格变动方向相反，使价格上升的商品需求量减少	替代效应与价格变动方向相反
收入效应（消费组合变化基础上实现平移）	指在消费者货币收入不变的情况下，当某种产品的价格改变时，消费者的实际收入（即购买能力或支付能力，效用曲线由 U_1 变为 U_2）随之发生改变，造成对该产品的需求量发生变化。当该产品价格上升时，收入效应会减少其需求量，而当该产品价格下降时，收入效应会增加其需求量	收入效应与价格变动方向相反。比如商品价格下降，而引起实际收入增加导致需求量增加的现象	收入效应也与价格变动方向相同
总效应	总效应等于替代效应和收入效应之和		多数情况下，低档商品替代效应作用大于收入效应作用

【说明】替代效应下，组合中价格变化商品自身的需求曲线是不移动的，但是组合中另外商品的

需求曲线是会发生移动的，也就是需求曲线变化中的需求变动。完全互补情况下，希克斯分解规律：替代效应为零，总效应为收入效应。

（2）需求关系的特殊情形

	需求量与价格的特征	替代效应与收入效应
吉芬商品	现象：发生饥荒土豆价格上升时，需求量反而出现增加。 原因：靠工资生活的低收入者在食物价格上涨时增加了对廉价主食的依赖和需求，在特定条件下，需求量与价格同方向变化的特殊低档物品	①替代效应与价格变动方向相反。 ②吉芬商品收入效应作用很大，并且超过了替代效应的作用，从而使总效应与价格变动方向相同。 ③所以吉芬商品的需求曲线最后呈现出向右上方倾斜的现象
凡勃伦效应	具有显示财富效应的商品，消费者对其需求程度会因其标价提高而增加，商品定价价格越高越能畅销	需求量是随商品价格的上升而上升的

（3）正常商品及三种特殊商品的替代效应和收入效应对比表

商品的需求量与其价格成反比，是商品需求的一般规律。但经济学家在研究中，也发现了需求关系存在特殊的情形，如低档商品、吉芬商品和凡勃伦效应。

商品类别	替代效应与价格的关系	收入效应与价格的关系	总效应与价格的关系	需求曲线的形状
正常商品	反方向变化 （价格下降，替代效应为正）	反方向变化 （价格下降，收入效应为正）	反方向变化 （价格下降总效应为正）	向右下方倾斜 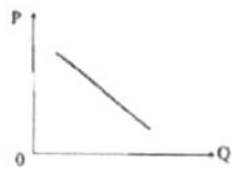
低档商品	反方向变化 （同上）	同方向变化 （价格下降，收入效应为负）	反方向变化（价格下降，替代应大于收入效应绝对值，总效应为正）	向右下方倾斜 
吉芬商品（特殊低档商品）	反方向变化 （同上）	同方向变化 （同上，但是更大）	同方向变化 （与上相反）	向右上方倾斜 
显示财富效应的商品（凡勃伦效应）	凡勃伦效应需求规律是：当商品比如旅游产品或者服务价格上升的时候，该商品被认为是质量的提高，对该商品的需求量也会上升。		同方向变化 （凡勃伦商品的需求量是随商品价格的上升而上升）	

（二）供给理论

1.供给及影响供给的因素

（1）供给的含义

（有效）供给是指生产者在一定时期内，在各种可能的价格水平下愿意并且能够生产销售的某种产品的数量。

（2）影响商品的供给数量的主要因素

影响因素	对供给的影响
商品的自身价格	一般情况下商品价格与供给量呈正相关关系

续表

影响因素	对供给的影响
与其相关的其他商品的价格	互补品的价格上升（应该是市场需求促进的），会导致本商品的供给增加，互补品必须同时生产，从而导致互补品以及本商品供给增加（互补是共赢关系）。 替代品的价格上升（应该是市场需求促进的），会导致替代品的供应加大，生产资料和供应商生产能力一定的情况下，替代品的供应上升，从而挤占本商品的供应量，导致本商品供给减少（替代是输赢关系）
对商品价格变动的预期	生产者预期某种商品价格会上涨，往往会扩大生产，增加供给
生产商数量	供应一定时期及区域市场的某种商品的生产商数量增加，一般会增加该商品的供给量
生产的成本	在其他条件不变时，生产成本降低会增加商品利润，从而刺激厂商增加商品的供给量
生产的技术水平	生产技术水平提高通常有利于提高效率或降低成本，从而增加生产者的利润空间，增加商品的供给量

此外，政府政策等其他因素也会影响商品的供给量。

2.供给函数、表与曲线

供给函数	通用供给函数	表示一种商品的供给数量与其各种影响因素之间的关系。 其数学表达式为：$S=f(a, b, c, d, \cdots, n)$ 公式中：$a, b, c, d, \cdots, n$代表上述影响供给数量的各因素
	价格以外因素不变	$Q_S=f(P)$，公式中：P为商品的价格；Q_S为商品的供给量。
供给表	表示某种商品的价格与供给量相互关系的数字序列表	
供给曲线	（1）根据供给表画出的反映商品价格与供给量关系的曲线（注意横纵轴与一般数学图形不一样）。 （2）供给曲线的特点： ①供给量与市场价格成正比。②“供给曲线”是一条由左下向右上上扬的曲线	

3.供给曲线变化

（1）供给量的变动（当影响供给的其他因素不变，仅仅是商品价格出现变动时）

此时供给曲线不移动，该商品的供给量会沿着供给曲线发生移动，表现为同一条供给曲线上相应点的移动。

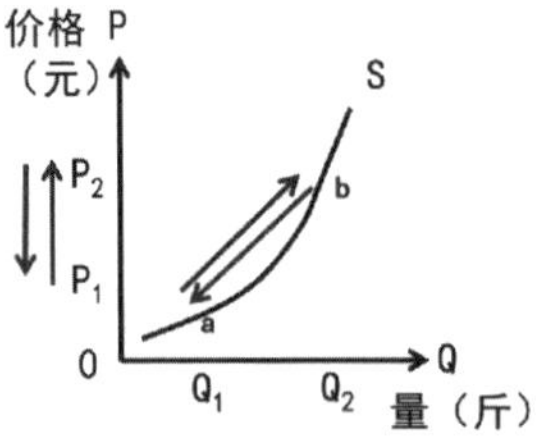

价格变动对供给量的影响

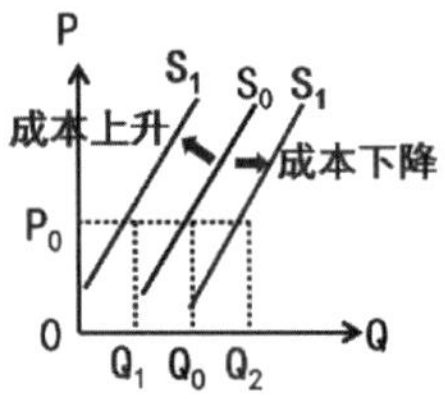

生产成本变化与供给曲线变化

（2）供给的变动（当商品的价格不变，影响供给的其他因素发生变化时）

该商品供给数量的变动表现为供给曲线的位置发生移动。

以生产成本发生变化为例：商品价格不变的情况下，随着生产成本提高，生产者因利润空间下降，而减少供给数量，供给曲线向左移动。反之，生产成本降低，生产者增加供给，供给曲线向右移动。

供给变动，供给曲线移动总结表

影响供给因素	供给减少，供给向左移动	供给增加，供给向右移动
与其相关的其他商品的价格（互补品）	价格下降	价格上升
与其相关的其他商品的价格（替代品）	价格上升	价格下降

续表

影响供给因素	供给减少，供给向左移动	供给增加，供给向右移动
对商品价格变动的预期	价格会下降	价格会上涨
生产的成本（生产资源的价格）	成本上升	成本下降
供给者的数量	生产商数量减少	生产商数量增加
生产的技术水平	生产技术水平下降	生产技术水平提高

（三）供求均衡

1.市场均衡的概念

均衡	指经济体系的各种影响力量在相关制约中所达到的相对静止并保持不变的状态
市场均衡	市场均衡指的是影响市场供求的力量达成平衡的状态
局部均衡	指单个市场或部分市场的供求与价格之间的关系所处的相对静止状态，它不考虑市场之间的相互联系和影响
一般均衡	指经济社会中所有市场的供求与价格之间的关系所处的相对静止状态

2.均衡价格

（1）商品的均衡价格是在市场供求两种力量博弈下形成的，是在供求双方竞争中通过市场机制自发形成的。

（2）均衡价格 P_0、均衡数量 Q_0 与均衡点 E

商品的市场需求量与市场供给量相等时所对应的价格，也是该商品的需求曲线与供给曲线相交时对应的价格，这一交汇点被称为均衡点（E）。

与均衡点对应的价格和供求量分别称作均衡价格和均衡数量。

商品在均衡点对应的供给数量和需求数量都等于其均衡数量（Q_0）。

（3）市场机制的作用下，供求不相等的非均衡状态会逐步消失，商品的市场价格会趋近均衡价格水平。

①市场价格高于均衡价格

供大于求，市场出现商品过剩或超额供给。

在市场自发调节下，超额供给会导致商品价格下降，供给方也会减少供应量，使价格回落到均衡价格水平。

②市场价格低于均衡价格

商品供不应求，形成商品短缺，超额需求会引发商品价格上涨，供应方也会增加供应量，使价格提升至均衡价格水平。

（四）供求定理

1.供给的变动和均衡价格的变动

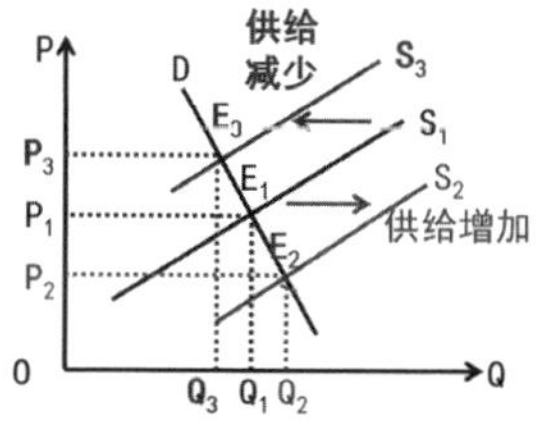

供给的变动和均衡价格的变动

①如果需求不变，供给量增加使供给曲线向右下方移动，导致均衡价格下降，均衡数量增加；②相反，供给量减少会使供给曲线向左上方移动，使得均衡价格上升，均衡数量减少。

2.需求的变动和均衡价格的变动

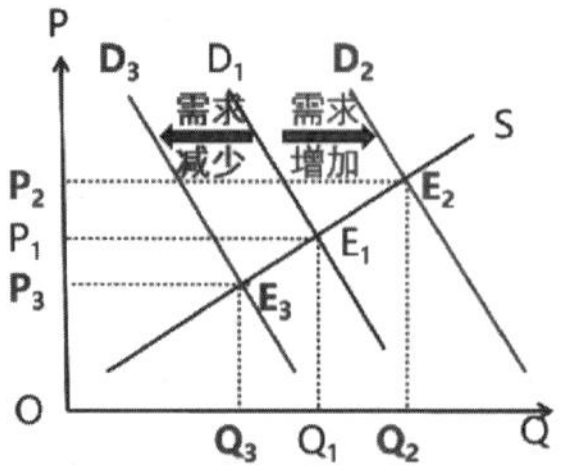

需求的变动和均衡价格的变动

①如果供给不变，需求量增加使需求曲线向右上方移动，导致均衡价格上升，均衡数量增加；
②相反，需求量减少使需求曲线向左下方移动，使得均衡价格下降，均衡数量减少。

3.需求和供给的同时变动（供求定理）

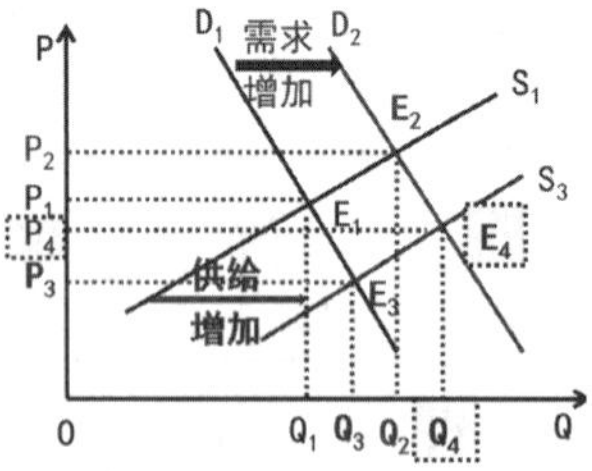

需求和供给的同时变动

①在其他条件不变时，需求变动分别引起均衡价格和均衡数量的同方向变动；
②供给变动将引起均衡价格的反方向变动和均衡数量的同方向变动；
③需求和供给同时作用下的均衡价格和均衡数量，取决于需求和供给各自变动的幅度。

二、选编例题

【例 1 · 单选题】（2021 真题）下列关于供给及其影响因素的说法中，错误的是（　　）。
A. 生产成本提高，其他条件不变，厂商会减少商品的供给量
B. 生产技术水平提高，其他条件不变，厂商会增加商品的供给量
C. 一般情况下，某种商品价格越高，供给量越大；价格越低，供给量越小
D. 供给是指生产者在一定期间内希望生产销售的某种产品数量

【例 2 · 单选题】（2018 真题）下列关于需求理论的说法中，正确的是（　　）。
A. 商品的需求量与其互补品价格呈同方向变化
B. “吉芬商品”是指其价格上升需求量也增加的具有炫耀性的商品
C. “凡勃伦效应”是指特殊低档商品价格上升需求量随之增大的现象
D. 商品的需求量与其替代品的价格呈同方向变动

【例 3 · 多选题】（2018 真题）根据供求理论，下列属于影响商品供给量因素的有（　　）。
A. 生产的成本　　B. 商品的自身价格
C. 对商品价格变动的预期　　D. 消费者的收入水平
E. 生产的技术水平

知识点 3 选编例题答案

1.【答案】D
【解析】供给是指生产者在一定时期内，在各种可能的价格水平下愿意并且能够生产销售的某种产品的数量。

2.【答案】D
【解析】某种商品价格提高，会引起与其形成互补关系商品需求量的降低，商品的需求量与其互补品价格呈现反方向变动。所以选项 A 不正确。经济学中的“吉芬商品”指的就是在特定条件下，需

求量与价格同方向变动的特殊低档商品。炫耀性商品指的是凡勃伦理论。所以选项B不正确。“凡勃伦效应”反映了人们通过彰显其身份地位的炫耀性消费，追求心理满足的经济现象。具备凡勃伦效应的商品与价格的关系不同于一般的商品供求规律，凡勃伦商品的需求量是随商品价格的上升而上升的。所以选项C不正确。替代品价格提高，会引起被替代商品需求量的增加，商品的需求量与其替代品价格呈现同方向变动。所以选项D正确。

3.【答案】ABCE

【解析】商品的供给数量主要受以下因素影响：（1）商品的自身价格；（2）生产的成本；（3）生产的技术水平；（4）与其相关的其他商品的价格；（5）对商品价格变动的预期；（6）生产商数量。政府政策等其他因素也会影响商品的供给量。所以选项ABCE是正确答案。

【知识点4】市场结构理论（★★）

一、知识点精讲

（一）市场结构的划分与企业利润最大化条件

1. 从市场结构特征看，决定市场类型划分的主要因素有

（1）厂商的数量；

（2）产品的差别程度；

（3）厂商对市场价格的影响能力；

（4）行业进出难易。

2. 根据不同的市场结构特征划分市场

市场类型		厂商数量	产品差别程度	厂商对价格的影响能力	行业进出	代表（或近似）行业
完全竞争		很多	完全同质	没有影响能力	自由	农产品
不完全竞争市场	垄断竞争	很多	同种、但有差别	影响能力小	比较容易	轻工业产品、零售业、服务业
	寡头垄断	少数	差别寡头行业有差别/纯粹寡头行业无差别	有一定能力，但要考虑其他对手反应；厂商实力不对等时，领导型寡头有率先定价优势	有明显进入障碍	钢铁、汽车、石油
	完全垄断	唯一	没有相近的替代产品	可以控制和操纵市场价格（除非受到政府的价格管制）	极为困难或不可能	自然垄断、特许专营行业

3. 企业利润最大化条件

（1）数学推导

π表述厂商的利润，TR表示总收入，TC表示总成本

则 $\pi = TR(Q) - TC(Q)$

要求 π的最大值时的销售量，则有 $\partial \pi / \partial Q = 0$，就是边际利润 $= 0$

【说明】这个大家作为结论记住。

从而有 $\partial \pi / \partial Q = \partial TR(Q) / \partial Q - \partial TC(Q) / \partial Q$

【说明】这是微积分的内容，缺乏高等数学知识的同学不要深究，接受就可以了。

$\partial TR(Q) / \partial Q = MR$，就是边际收入，$\partial TC(Q) / \partial Q = MC$，就是边际成本

从而有 $\partial \pi / \partial Q = MR - MC = 0$

也就是 $MR = MC$时，

实现了利润最大化。

（2）结论分析（可以理解是对数学推导的经济逻辑解释）

MR>MC时，每增加一个单位产品增加的收益大于零，必然扩大生产；

MR<MC时，每增加一个单位产品增加的收益小于零，必然减少生产；

当 MR＝ MC时，生产达到最优，实现了利润最大化。

（二）完全竞争市场

1.概念与条件

概念	是指不受任何阻碍和干扰、充分竞争的市场结构（农产品市场接近）
条件	（1）有大量的买者和卖者（单一买者或单独卖者不能决定市场价格）。 （2）每个厂商提供的都是完全同质的商品。 （3）各种资源能够自由流动，不存在任何阻碍和干扰。 （4）信息畅通、完全

2.完全竞争市场的需求与均衡（做了必要补充）

需求曲线	整个行业	完全竞争市场，价格是由整个行业的供给和需求曲线决定的，整个行业的需求曲线是一条向右下方倾斜的曲线，供给曲线是一条向上方倾斜的曲线，两条曲线交点的价格就是整个行业的均衡价格 P_E（与一般商品的供需一样）
	单个厂商	完全竞争市场，单个厂商是价格的接受者（即按照整个行业的均衡价格 P_E供给产品），因此产品的需求曲线是一条水平线，所对应的价格是整个行业的供求均衡价格。P_E也可以变化，但是是受市场整体影响，不是个别厂商能够影响的
完全竞争厂商的收益曲线	在完全竞争市场，厂商和消费者都是价格接受者。 给定商品价格 *P*，厂商的销售量为 *Q*，则有： 厂商总收益（TotalRevenue）：*TR*（*Q*）＝ *PQ* 总成本（TotalCost）*TC*（*Q*）同样是 *Q*的函数。 厂商的利润 π＝ *TR*（*Q*）— *TC*（*Q*） 平均收益（*AR*）=*TR*（*Q*）/*Q*=*P* 边际收益（MarginalRevenue，MR）б TR（*Q*）/б*Q*＝ *P* 边际收益是增加一个产品获得的收益 显然，平均收益（*AR*）＝边际收益（*MR*）＝单位产品价格（*P*） 从而，厂商的平均收益曲线（*AR*）、边际收益曲线（*MR*）和需求曲线重合。 完全竞争市场的厂商遵循边际收益(MarginalRevenue，MR)等于边际成本(MarginalCost，MC)的原则实现利润最大化或亏损最小化目标，即 MR — MC 厂商利润最大化： π＝ *TR*（*Q*）— *TC*（*Q*）＝ *PQ* — *TC*（*Q*） бπ/б*Q*＝ 0 *MR*＝ *MC*＝ *AR*＝ *P*（四位一体）	
完全竞争厂商的生产决策	厂商实现最大利润的均衡条件	厂商实现最大利润的均衡条件是边际收益等于边际成本（MarginalCost，MC），即 *MR*=*MC* 此时，产量为最优产量（利润最大化，或者亏损最小化）
	短期生产决策	在短期，厂商在生产规模不变的情况下（从而长期固定的成本无法改变）： 可通过调整产量使边际收益等于短期边际成本（事实上就是平均可变成本），实现利润最大化； 如果处于亏损状态，厂商通过比较平均收益和平均可变成本决定是否继续生产（当平均收益小于平均可变成本时须停止生产）
	长期生产决策	在长期，厂商可以调整生产规模： 从而，通过调整全部生产要素（包括长期固定的成本）使边际收入等于长期边际成本，达到利润最大化。完全竞争市场的厂商调整全部生产要素的决策，可以是选择最优的生产规模，也可以是决定进入或退出某行业。 有厂商进入或退出，整个行业产量的变化可能会影响生产要素市场的需求，使成本不变行业、成本递增行业和成本递减行业的生产要素价格分别保持不变、上升和下降

续表

消费者收入水平、生产技术、政府政策等因素对厂商需求曲线的影响	使众多消费者的需求量和众多生产者的供给量发生变化，并形成新的均衡价格时，在完全竞争市场又会形成一条与该均衡价格对应的新的水平线（厂商需求曲线）

（三）垄断竞争市场（现实中最多的市场类型）

概念	是介于完全竞争和完全垄断之间的市场结构。它既有垄断，也有竞争，而不像完全竞争市场或完全垄断市场那样偏于一端
条件	（1）行业中存在着大量的厂商，无法对市场形成控制。 （2）厂商生产有差别的同种产品，产品之间既有差别，又可相互替代。 （3）厂商生产规模较小，不存在进入和退出障碍
需求曲线	（1）垄断竞争厂商的需求曲线是向右下方倾斜的，但是较为平坦。 （2）通常被区分为主观需求曲线（*d*）和实际需求曲线（*D*）。 ① *d*需求曲线（或预期的需求曲线）是厂商单独调整价格所对应的需求曲线，也就是垄断竞争厂商主观认为本企业调整价格，其他竞争厂商不调整价格时的需求曲线； ② *D*需求曲线（或份额需求曲线）是所有厂商都以相同方式改变价格的条件下单个厂商所对应的需求曲线。 （3）*d*需求曲线和*D*需求曲线的一般关系。 ①生产集团内所有厂商都以相同方式改变产品价格，市场价格变化使*d*需求曲线，沿着*D*需求曲线发生平移； bd需求曲线和D需求曲线的交汇点反映垄断竞争市场的供求相等状态； cd需求曲线较D需求曲线更为平坦，反映出两者所对应的需求弹性差异，即：*d*曲线大于*D*曲线
均衡	（1）在短期，仍然通过调整产量和价格使边际收益等于短期边际成本，实现利润的最大化。 （2）在长期，厂商可以通过调整生产规模使边际收入等于长期边际成本，追求利润的最大化。 由于厂商进出行业比较容易，长期均衡时垄断竞争厂商的利润一定为零。 垄断竞争厂商在长期均衡时的产量会小于完全竞争厂商在长期均衡条件下的理想产量，单个垄断竞争厂商存在未被利用的多余生产能力

【特别注意】包括垄断竞争市场在内的所有非完全竞争厂商都没有供给曲线，因为他们都不满足商品的价格与其供给量存在一一对应关系的条件。

（四）寡头垄断市场

1.概念、成因及分类

概念	又称寡头市场，是包含了垄断和竞争因素、与完全垄断更接近的市场结构，是由少数卖方（寡头）起主导作用的市场状态
形成原因	（1）追求规模经济效益促使行业生产向大规模厂商集中； （2）少数厂商控制了行业基本生产资源的供给； （3）缘于法律或政策的推动等等
分类	（1）按照产品特征可分为纯粹寡头市场和差别寡头市场。 （2）根据寡头厂商数量分为双头垄断、三头垄断和多头垄断。 （3）依据厂商的行动方式分为有勾结（合作）寡头和独立（不合作）寡头

2.寡头垄断市场的典型模型

（1）产品同质寡头的竞争博弈分类

	产量博弈	价格博弈
同时（同时公布）	古诺模型（双头模型） （都考虑对方影响，各自公布产量）	伯特兰德模型（n个寡头产品完全替代） （都考虑对方影响，各自公布价格）

	产量博弈	价格博弈
序列（先后公布）	斯塔克伯格模型（领导者考虑跟随者的反应先确定产量，然后追随者确定产量）	价格领导模型（领导型厂商率先确定价格，其他厂商跟随定价）

【说明】现实世界也存在产品有一定差异情况下，上述模型的运用。

（2）各类寡头市场模型特点及生产决策

分类	特点	生产决策
古诺模型（双头模型）	两个实力相当厂商的寡头垄断	每个厂商都以自己的产量去适应对方已确定的产量，在已知对方产量的情况下，各自确定能给自己带来最大利润的产量
伯特兰德模型（价格竞争）	n个寡头企业的产品是完全替代品	当企业制定其价格时，认为其他企业的价格不会因它的决策而改变。企业的行为就同在完全竞争的市场结构中一样，价格等于边际成本
斯塔克伯格模型（冯·斯塔克伯格）	一个是实力相对雄厚、居于支配地位的“领导者”；另一个则成为前者的“追随者”	领导型厂商在了解并考虑追随型厂商对其决策的反应方式基础上做出追求自身利润最大化的产量决策；追随者厂商则在领导型厂商所确定产量的前提下做出有利于自身利润最大化的产量决策
价格领导模型	同“领导者—追随者模型”	领导型厂商率先确定价格，其他厂商跟随定价
价格领导模型分类	支配型价格领先	由行业中占支配地位的寡头按照利润最大化原则确定产品售价，其余寡头据此确定各自的产销量
	成本最低型价格领先	由行业中成本最低的寡头按照利润最大化原则确定其产品产销数量和价格，其他寡头按同一价格销售各自的产品
	晴雨表型价格领先	由行业中获取信息、判断市场趋势等方面有公认特殊能力的寡头确定产品价格，其他寡头根据该价格相应调整自身的产品价格

【说明】在寡头垄断市场，各寡头厂商都拥有可以影响竞争对手决策的市场份额，每个寡头做出涉及产量、价格的决策前都需了解或判断其他竞争对手可能的反应。

（3）古诺模型与伯特兰德模型的均衡分析

①古诺模型（产量竞争）

设市场反需求函数为P（Q），P'（Q）<0，市场中存在2个厂商，分别生产 q_1 和 q_2 且每个厂商的成本函数为C（q）＝cq（教材简化，没有考虑成本不同的情形），c>0。

厂商1和厂商2的产量共同决定商品市场价格，P（Q）=P（q_1+q_2）。

厂商1预测厂商2的产量为。

对厂商1来说，利润最大化问题是：$\pi_1 = q_1 \times P(q_1 + \hat{q}_2) - C(q_1)$

同理，厂商2预测厂商1的产量为。

对厂商2来说，利润最大化问题是：$\pi_2 = q_2 \times P(q_2 + \hat{q}_1) - C(q_2)$

$6\pi_2/6q_2 = MR_2 - MC_2 = 0$

理性预期均衡，即各个厂商猜测的对手的产量都正确，$q_1 = \hat{q}_1$，$q_2 = \hat{q}_2$

最后联立以上公式得出均衡产量。

②伯特兰德模型（价格竞争）

伯特兰德模型是价格竞争模型，该模型假定：当企业制定其价格时，认为其他企业的价格不会因它的决策而改变，并且n个（为简化，这里取 n= 2）寡头企业的产品是完全替代品。

厂商 1 和厂商 2 的价格分别为 P_1 和 P_2，边际成本都等于 C。根据该模型的假定，厂商 1 和厂商 2 的产品是完全替代品，所以消费者的选择就是价格较低的企业的产品；如果厂商 1 和厂商 2 价格相等，则两个厂商平分需求。

于是，每个企业的需求函数为：

$$Q_1(P_1,P_2)=\begin{cases}Q_{P_1} & \text{当}0<P_1<P_2\\ \frac{1}{2}Q_{P_1} & \text{当}0<P_1=P_2\\ 0 & \text{当}0<P_2<P_1\end{cases}$$

此，两个企业会竞相削价以争取更多的顾客。

当 $P_1=P_2=C$时，达到均衡，即伯特兰德均衡。

只要有一个竞争对手存在，企业的行为就同在完全竞争的市场结构中一样，价格等于边际成本。

此时，每个企业的利润函数为：

$$\pi_1=\begin{cases}(P_1-C)Q_{P_1} & \text{当}0<P_1<P_2\\ \frac{1}{2}(P_1-C)Q_{P_1} & \text{当}0<P_1=P_2\\ 0 & \text{当}0<P_2<P_1\end{cases}$$

【说明】伯特兰德均衡，在实践中，二者如果产品无差异化，则寡头企业事实上会形成价格联盟，让价格高于边际成本，双方都实现更多盈利；或者二者产品存在一定差异，从而各自价格会有差异，也能够实现更多利润。

（五）完全垄断市场

概念	与完全竞争市场对立的市场类型，行业中只有唯一的供给者
条件	1.只有唯一的供给厂商和众多的需求者； 2.厂商生产和销售的商品没有替代品； 3.其他厂商无法进入该行业
形成原因	1.竞争和规模经济要求引起生产和资本的集中，使得单独厂商控制了行业生产所需的全部资源。 2.专利保护使得拥有生产专利的厂商可在规定的保护期内独家垄断产品生产。 3.国家基于财政、国家安全和社会管理需要，通过法律规定和行政措施授予厂商独家生产经营权，使其形成垄断。 4.厂商利用现行进入行业的条件或凭借所拥有的自然、地理优势，控制了行业生产资源，阻碍其他厂商进入行业，形成了对行业生产经营的自然垄断
需求曲线	垄断市场只有一个厂商，市场的需求曲线也是垄断厂商的需求曲线，该曲线也是向右下方倾斜的。 垄断厂商的销售量与市场价格呈反向变动关系
决策	1.短期决策：垄断厂商在生产规模不变情况下，通过调整产量和价格，使边际收益等于短期边际成本，达到利润最大化。 2.长期决策：垄断厂商可以通过调整生产规模，使边际收入等于长期边际成本，实现最大的利润。与完全竞争厂商不同，由于排除了其他厂商的加入，垄断厂商可以通过调整规模在长期内获得更大的利润，其长期均衡的利润总大于短期均衡的利润

二、选编例题

【例 1 · 多选题】（2021 真题）从市场结构特征看，下列项目中，属于决定市场类型划分的主要因素有（　　）。

A. 产品的差异程度　　　　B. 厂商的数量

C. 行业进出的难易程　　D. 厂商对市场价格的影响能力

E. 厂商的技术水平

【例 2 · 单选题】(2018 真题) 下列关于垄断竞争市场特征的说法中，错误的是 ( )。

A. 垄断竞争市场上有数量众多的厂商，单个厂商对市场的影响能力很小，无法对市场形成控制

B. 垄断竞争市场上的厂商为市场提供大量的产品，这些产品与该行业中的同类产品相比，既有差别性又有可替代性

C. 垄断竞争市场上厂商的规模偏小，进入或退出所在行业较为自由，没有形成行业壁垒

D. 垄断竞争市场上的厂商遵循平均收益等于平均成本的原则实现利润最大化目标

【例 3 · 单选题】现实生活中，零售业和服务业比较符合 ( ) 市场类型的特点。

A. 完全竞争　　B. 垄断竞争　　C. 寡头垄断　　D. 完全垄断

【例 4 · 多选题】根据市场结构划分市场类型的理论，完全竞争市场必须具备的条件有 ( )。

A. 厂商提供的产品无差异　　B. 厂商生产和销售的商品没有替代品

C. 信息畅通、完全　　D. 资源能够自由流动

E. 有大量的买者和卖者

【例 5 · 多选题】关于完全竞争市场的说法，正确的有 ( )。

A. 个别企业的需求曲线和整个行业的需求曲线相同　　B. 所有企业都是价格的接受者

C. 个别企业的需求曲线是一条平行于横轴的水平线　　D. 不同企业生产的产品存在差别

E. 整个行业的需求曲线都向下倾斜

知识点 4 选编例题答案

1.【答案】ABCD

【解析】从市场结构特征看，决定市场类型划分的主要因素有：(1) 厂商的数量；(2) 产品的差别程度；(3) 行业进出难易；(4) 厂商对市场价格的影响能力。

2.【答案】D

【解析】在垄断竞争市场，厂商短期内仍然通过调整产量和价格使边际收益等于短期边际成本，实现利润的最大化；如果处于亏损状态，厂商同样需要通过比较平均收益和平均可变成本来决定是否继续生产。在长期，厂商可以通过调整生产规模使边际收入等于长期边际成本，追求利润的最大化，所以选项 D的说法错误。

3.【答案】B

【解析】与基于理论假设、在现实中很难成立的完全竞争市场和完全垄断市场不同，垄断竞争市场相对更具经济现实性。垄断竞争市场的竞争特质高于其垄断属性，比较接近完全竞争市场结构。在现实生活中，零售业和服务业比较符合垄断竞争市场组织的特点。

4.【答案】ACDE

【解析】完全竞争市场必须具备以下条件：有大量的买者和卖者、每个厂商提供的都是完全同质的商品 (厂商之间提供的商品完全没有差别)、各种资源能够自由流动、信息畅通、完全。

5.【答案】BCE

【解析】CE正确，A肯定就不正确。B正确。完全竞争市场，不同企业生产的产品没有差异，所以 D不正确。为了大家更好理解完全竞争市场，补充两段话 (辅导书 39 页补充了这个内容)：(1) 完全竞争市场，价格是由整个行业的供给和需求曲线决定的，整个行业的需求曲线是一条向右下方倾斜的曲线，供给曲线是一条向上方倾斜的曲线，两条曲线交点的价格就是整个行业的均衡价格 PE (与一般商品的供需一样)。(2) 完全竞争市场，单个厂商是价格的接受者 (即按照整个行业的均衡价格 PE供给产品)，因此产品的需求曲线是一条水平线，所对应的价格是整个行业的供求均衡价格。这样大家很容易判断 E正确。

【知识点 5】有效市场理论（★★）

一、知识点精讲

（一）有效市场理论的形成

时间及人物	代表作	贡献
1889 年 乔治·吉布森	《伦敦、巴黎和纽约的股票市场》	初步描述了类似有效市场的思想
1889 年 路易斯·巴切利尔	《投机理论》	市场收益是独立同分布的随机变量的结论，发现股票收益率波动的数学期望值总是为零，提出了股价遵循公平游戏模型
1953 年 莫里斯·乔治·肯德尔	《经济时间序列分析，第一篇：价格》	发现股票价格遵循随机游走规律
1965 年保罗·萨缪尔森 1966 年伯努瓦·曼德尔布罗特		研究了公平游戏模型与随机游走理论的关系，论述了有效市场与公平游戏模型之间的关系
尤金·法玛 2013 年诺贝尔奖	1965 年《股票市场价格行为》	首次提出“有效市场”的概念。 在有效市场中，存在着大量理性的、追求利益最大化的投资者。他们积极参与竞争，每一个人都试图预测单个股票未来的市场价格，每一个人都能轻易获得当前的重要信息。在一个有效市场上，众多精明投资者之间的竞争导致这样一种状况：在任何时候，单个股票的市场价格都反映了已经发生的以及尚未发生、但市场预期会发生的事情
	1970 年《有效资本市场：理论与实证研究回顾》	提出了有效市场假说以及研究市场有效性的完整理论框架

（二）有效市场理论

1.有效市场的假设、观点

假设前提	（1）市场上的投资者都是理性的经济人，都以追求利益最大化为行动目标，投资人都力图利用所获信息谋取最高的利润。 （2）与投资相关的信息都以随机方式进入市场，信息的发布各自独立。 （3）市场对信息的反应迅速而准确，股票价格因而反映了市场的全部信息。 （4）整个市场完全竞争，有大量投资者参与，大家都是价格的接受者
观点	有效市场假说认为，价格完全反映了全部所获得信息的证券市场是有效市场。 信息有效、投资者理性和市场理性的统一造就了有效的市场

2.有效市场形态（即分类）

三个层级的信息		（1）反映了证券历史价格的信息：如已发生的股票交易数量、价格、回报率等。 （2）已公开的所有信息：除上述反映证券历史价格的信息外，还包括上市公司公开披露的信息，已公开的行业信息和证券市场及公司分析信息，有关的经济、政治新闻等信息。 （3）所有的可知信息：除上述已公开信息外，还包括未公开的内部及私人信息
分类	弱式有效市场	股票的市场价格已充分反映了股票所对应的历史价格信息，历史资料无法影响股票的未来价格，也无法准确预测股票价格，投资者无法利用股票的历史交易信息获得超额收益
	半强式有效市场	股票的市场价格已充分反映了全部已公开信息，投资者无法利用已公开信息获得超额收益，技术分析和基本分析都不再有效，但掌握内幕信息可能获得超额利润
	强式有效市场	股票市场价格已充分反映了已知的全部信息，投资者无法利用已知的信息获得超额收益，不仅任何分析手段都失效，甚至连垄断、利用内幕信息也无法获取超出投资对象风险水平之上的收益

3.有效市场假说的检验

弱式有效市场	原理	技术分析对股票价格（收益）的预测是否有用
	方法	（1）股票价格的时间序列分析 （2）股票价格变化的随机性分析 （3）检验股票交易策略的有效性
半强式有效市场	原理	基本分析对股票价格（收益）的预测是否有用
	方法	事件检验法
强式有效市场	原理	内幕消息是否有用
	方法	对专业投资机构（如共同基金）或可能知悉内幕信息人士的投资行为和绩效进行研究，研究他们是否具有对某类投资信息的垄断权，对投资信息的反应是否快于其他投资者，投资绩效表现是否优于市场平均水平

4.对有效市场的另一种界定：外在效率和内在效率

资产市场分类	含义	衡量外在效率的方法
资本市场的内在效率	反映其运行效率，指市场的组织机构和服务设施，能否使交易者以最短时间和最低成本达成交易	（1）了解证券价格能否伴随信息变化自由变动； （2）研究市场信息的披露状况，能否使与证券有关信息充分披露，让每个投资者能在相同时间获得等量等质的信息
资本市场的外在效率（又称信息效率）	反映其资金配置效率，指资本市场价格能否及时迅速对市场信息作出反应	

（三）有效市场理论的局限

“特例”现象	小公司效应	小规模组公司的股票具有相对高的收益率
	时间效应	股票收益率与时间有关，比如一月份、周末效应、季度波动收益较高
	账面市值比效应	账面市值比高的股票在次年的收益率高于账面市值比低的股票
相关假设的不同看法	理性经济人	（1）现实市场的投资者并非都具有各项理性预期 （2）具有不同预期的投资者使得市场价格，在不断地随机波动中趋向均衡
	信息相关假设	信息的获取和使用并非完全免费，信息也不能及时、全面被投资者接受

（四）有效市场理论的主要作用

1.有效市场理论与证券投资

市场类型	价格特征	交易策略及有效性			
		技术分析	基本分析	内幕消息	组合管理
无效市场	当前的价格就不能完全反映历史价格信息，因此未来的价格变化就会对过去的价格信息作出反应	有效	有效	有效	积极进取
弱式有效	过去的历史价格信息就已完全反映在当前的价格中，未来的价格变化将与当前及历史价格无关公开信息未被当前价格完全反映	无效	有效	有效	积极进取
半强式有效	针对当前已公开的资料信息，目前的价格是合适的，已公布的基本面信息无助于分析人员挑选价格被高估或低估的证券。 未来的价格变化与当前已知的公开信息毫无关系，而是纯粹依赖于未来新的公开信息	无效	无效	有效	积极进取
强式有效	所有信息都将完全在市场中得到反映	无效	无效	无效	消极保守

2.有效市场理论与金融理论发展

法玛将经济学的竞争均衡理论引入对资本市场研究，指明了收益和风险的均衡关系。

有效市场假说与资本结构理论（MM）、资本资产定价模型（CAPM）相互紧密依赖，通过市场效率和均衡模型相互为用、彼此促进，推动了金融理论的发展。

MM理论的发展部分地依赖于以有效性为基础的竞争经济理论的发展，同时有效市场理论的进一步发展又使市场均衡模型得到深化和发展。

3.有效市场理论与资本市场监管

有效市场理论及其检验为资本市场监管有力的理论依据。

通过比较相对成熟资本市场和新兴资本市场的实证结果差异，有助于发现两种不同发展阶段的资本市场在市场表现、交易规则、监管制度、投资理性等很多方面的差异。

近年来，监管部门依法从严对包括资产评估机构在内的中介机构和上市公司等各类市场主体进行监管，督促中介机构发挥好把关作用，从源头提高上市公司质量，提高资本市场的有效性。

（五）各种信息、分析方法与市场类别的关系表

信息获取渠道及方法	技术分析 如K线图	基本分析 如报表分析	违规	市场类别	各类市场类型的必备条件
信息类别	历史交易信息	公开信息	内幕消息		
是否有效影响股票价值	√	√	√	无效市场	历史交易信息有效，则确定为无效市场
是否有效影响股票价值	×	√	√	弱势有效	历史信息无效及公开和内幕信息有效
	×	×	√	半强势有效	历史及公开信息效、以及内幕消息有效
	×	×	×	强势有效	历史、公开及内幕信息都无效
有效信息与市场	历史信息有效只支持无效市场	公开信息有效支持无效和弱势市场	内幕消息有效支持无效、弱势和半强势	【说明】不支持某类市场的信息表现，就是与该类市场对应因素信息相反的信息表现。 比如，不支持弱势有效，包括历史信息（技术分析）有效，公开（基本分析）及内幕消息无效	
无效信息与市场	历史信息无效势、半强势及强势有效	公开信息无效支持强势及强势有效	内幕消息无效仅仅支持强势有效		

二、选编例题

【例1·单选题】根据有效市场假说，下列关于有效市场形态的说法中，错误的是（　　）。

A.在强式有效市场，股票市场价格已充分反映了已知的全部信息，但投资者通过掌握高超的股票技术分析手段，仍然可能获取超额收益

B.在弱式有效市场，股票的市场价格已充分反映了股票所对应的历史价格信息，历史资料无法有效影响股票的未来价格

C.在半强式有效市场，股票的市场价格已充分反映了全部已公开信息，投资者无法利用已公开信息获取超额收益，但掌握内幕信息可能获得超额利润

D.在强式有效市场，股票市场价格已充分反映了已知的全部信息，投资者无法利用已知的信息获得超额收益，这些信息包括内幕信息

【例2·单选题】根据证券价格对市场信息的反映程度，有效市场理论将有效市场划分为三种形

态，下列不属于这种分类的是（　　）。

A. 弱式有效市场　　B. 半弱式有效市场

C. 半强式有效市场　　D. 强式有效市场

【例 3·单选题】（2018 真题）下列关于有效市场假说前提条件的说法中，错误的是（　　）。

A. 市场对信息的反应迅速而准确，股票的价格反映了市场的全部信息

B. 市场上的投资者是理性的经纪人，力图利用所获信息谋求最高的利润

C. 市场是垄断竞争的，参与的投资者能赚取高于平均水平的超额利润

D. 与投资者相关的信息以随机的方式进入市场，信息的发布各自独立

【例 4·多选题】根据有效市场理论，下列属于证券市场外在效率衡量因素的有（　　）。

A. 与证券有关的信息充分披露，每个投资者能在相同的时间获得等量等质的信息

B. 证券市场上的交易者能以最短时间和最低成本达成交易

C. 证券市场的服务设施完备

D. 证券价格能随着信息变化自由变动

E. 证券市场的组织机构健全

知识点 5 选编例题答案

1.【答案】A

【解析】在强式有效市场中，股票技术分析手段无法获得超额收益，选项 A 不正确。

2.【答案】B

【解析】有效市场理论，根据证券价格对市场信息的反映程度，将有效市场划分为弱式有效市场、半强式有效市场和强式有效市场三种形态。

3.【答案】C

【解析】有效市场假说的前提条件：（1）市场上的投资者都是理性的经济人，都以追求利益最大化为行动目标，投资人都力图利用所获信息谋取最高的利润。（2）与投资相关的信息都以随机方式进入市场，信息的发布各自独立。（3）市场对信息的反应迅速而准确，股票价格因而反映了市场的全部信息。（4）整个市场完全竞争，有大量投资者参与，大家都是价格的接受者。

4.【答案】AD

【解析】衡量一个证券市场是否具有外在效率，一要了解证券价格能否伴随信息变化自由变动；二要研究市场信息的披露状况，能否使与证券有关信息充分披露，让每个投资者能在相同时间获得等量等质的信息。

同步强化训练题

一、单项选择题

1.（2021 真题）下列关于垄断竞争市场特征的说法中，错误的是（　　）。

A. 垄断竞争市场的代表性行业包括轻工业、零售业、服务业

B. 垄断竞争市场中，厂商生产的是存在差别的同种商品

C. 垄断竞争市场中存在垄断因素，有明显的进入障碍

D. 垄断竞争市场中，单个厂商决策不用考虑其他竞争对手的反应

2. 以下有关各种价值理论的核心表述不正确的是（　　）。

A. 劳动价值论的核心是商品的价值是由劳动决定的

B. 效用价值论的核心是商品的价值是由人们对商品效用的主观评价决定的

C. 均衡价格理论的核心是商品价值是由供求决定的

D. 均衡价格理论的核心是商品价值是由商品本身的供求决定的

3. 劳动价值论认为，生产商品的劳动具有具体劳动和抽象劳动的二重性，以下说法正确的是（ ）。

A. 具体劳动和抽象劳动是生产同一商品时的两次劳动

B. 具体劳动和抽象劳动是生产商品劳动的两个方面

C. 具体劳动和抽象劳动是生产商品的两种劳动

D. 具体劳动和抽象劳动是生产不同商品的劳动

4. 下列关于劳动价值论的表述，不正确的是（ ）。

A. 商品的价值量取决于生产商品的社会必要劳动时间

B. 商品是使用价值和价值的对立统一体

C. 商品的价值量与劳动生产率成反比

D. 具体劳动形成商品的价值，抽象劳动形成商品的使用价值

5. 一旦市场均衡实现以后，如果市场价格偏离均衡价格，通过供求力量的相互作用，市场就会出现自动回复均衡的趋势。这体现的是（ ）。

A. 劳动价值论　B. 效用理论　C. 均衡价格理论　D. 相关资产评估准则

6. 价值是人们对商品效用的主观评价，只有人们在主观上认为有用的商品，才有价值。这个说法体现的理论是（ ）。

A. 劳动价值论　B. 效用理论　C. 均衡价格理论　D. 相关资产评估准则

7. 以下选项中，关于商品和商品使用价值的说法正确的是（ ）。

A. 同一种商品只有一种使用价值

B. 只要具有使用价值的物品就可以成为商品

C. 使用价值是物品和服务能够满足人们某种需要的属性

D. 直接满足生产者需要的生产者自己生产物品也属于商品

8. 以下选项中，关于商品的价值、使用价值、交换价值的说法正确的是（ ）。

A. 价值是交换价值的表现形式

B. 商品的价值是交换价值的基础

C. 商品的交换价值是使用价值的物质承担者

D. 商品是使用价值和价值是统一的，是互相依存、互为条件的，二者并不排斥和矛盾

9. 基于劳动价值论，以下选项中，关于商品价值量的决定的说法正确的是（ ）。

A. 商品的价值量可能由个别劳动时间决定，但是商品交换不由个别劳动时间决定

B. 商品的价值量是由产品生产者的劳动时间决定的

C. 由产品生产者的劳动时间估算商品的价值量，必须扣除设备故障等浪费掉的时间

D. 商品的价值量只能由生产商品的社会必要劳动时间决定

10. 按照效应价值论的观点，下列说法中错误的是（ ）。

A. 效用价值论从需求的角度衡量物品的价值，这种价值分为主观价值和客观价值

B. 一种物品具有价值，必须满足有用性和稀缺性两个条件

C. 效应价值论认为边际效用递增

D. 人们可以用效用的大小而不是劳动价值衡量商品的价值，效用是价值的源泉

11. 在19世纪70年代之前，德国经济学家戈森系统阐述边际效用价值论并为边际效用价值论奠定了理论基础。在1854年，他提出了人类满足需求的戈森定理，以下不属于戈森定理的是（ ）。

A. 欲望或效用递减定理

B. 边际效用相等定理

C. 在原有欲望已被满足的条件下，要取得更多享乐量，只有发现新享乐或扩充旧享乐

D. 物品的价值取决于物品的效用和稀缺性

12. 一般均衡指的是（　　）。

A. 一般均衡不考虑市场之间的相互联系和影响

B. 单个市场的供求与价格之间的关系所处的相对静止状态

C. 部分市场的供求与价格之间的关系所处的相对静止状态

D. 经济社会中所有市场的供求与价格之间的关系所处的相对静止状态

13. 按照需求理论的观点，下列观点正确的是（　　）。

A. 需求曲线是一条由左下向右上倾斜的曲线，当商品价格保持不变，消费者收入减少时，需求曲线将向右移动

B. 需求曲线是一条由左上向右下倾斜的曲线，当商品价格保持不变，消费者收入增加时，需求曲线将向左移动

C. 需求曲线是一条由左上向右下倾斜的曲线，当商品价格保持不变，消费者收入增加时，需求曲线将向右移动

D. 需求曲线是一条由左下向右上倾斜的曲线，当商品价格保持不变，消费者收入减少时，需求曲线将向左移动

14. 正常物品价格上升导致需求减少的原因在于（　　）。

A. 替代效应使得需求量增加，收入效应使得需求量减少

B. 替代效应使得需求量增加，收入效应使得需求量增加

C. 替代效应使得需求量减少，收入效应使得需求量减少

D. 替代效应使得需求量减少，收入效应使得需求量增加

15. 以下吉芬商品的有关说法正确的是（　　）。

A. 替代效应与价格变动相同，收入效应与价格变动同方向，收入效应大于替代效用

B. 替代效应与价格变动相反，收入效应与价格变动反方向，收入效应大于替代效用

C. 替代效应与价格变动相反，收入效应与价格变动同方向，收入效应小于替代效用

D. 替代效应与价格变动相反，收入效应与价格变动同方向，收入效应大于替代效用

16. 以下影响需求的因素中，一般情况下，导致需求上升的有（　　）。

A. 商品的价格上升　　　　B. 互补品的价格上升

C. 替代品的价格上升　　　　D. 消费者预期某种商品价格会下降

17. 当出租车租金上涨后，对公共汽车服务的（　　）。

A. 需求量下降　　　　B. 需求量增加

C. 需求量不变　　　　D. 需求量变化不确定

18. 一般情况下，下列哪一项会导致某种商品需求曲线向左移动（　　）。

A. 消费者收入增加　　　　B. 互补品价格上升

C. 替代品价格上升　　　　D. 该商品的价格下降

19. 现实经济社会真正符合该市场的条件并不存在。但是研究该市场，可以获得自由市场机制及其资源配置的基本原理，为研究和评价其他类型市场的竞争和效率提供借鉴，该市场是（　　）

A. 完全竞争市场　　　　B. 垄断竞争市场

C. 完全垄断市场　　　　D. 寡头垄断市场

20. 完全竞争市场上的企业之所以是价格接受者，是因为（　　）。

A. 它对价格有较大程度的控制

B. 它生产了所在行业绝大部分产品

C. 它的产量只占行业的全部产量的一个很小的份额

D. 该行业只有很少数量的企业

21. 寡头垄断厂商的产品（　　）。

A. 同质的　　　　B. 有差异的

C. 既可以是同质的，也可以是有差异的　　D. 以上都不对

22. 下列哪一项不是划分市场结构的标准（　　）。

A. 利润的高低　　B. 行业的市场集中程度

C. 行业的进入限制　　D. 产品差别

23. 下列哪一个不是垄断竞争的特征（　　）。

A. 企业数量很少　　B. 进出该行业容易

C. 存在产品差别　　D. 企业忽略其竞争对手的反应

24. 完全竞争市场，厂商实现利润最大化的途径不包括（　　）。

A. 在短期，厂商在生产规模不变的情况下，可通过调整价格使边际收益等于短期边际成本

B. 遵循边际收益（MR）等于边际成本（MC）的原则实现利润最大化或亏损最小化目标

C. 只能够通过调整成本，无法通过调整价格，实现利润最大化。

D. 在长期，厂商可以通过调整全部生产要素使边际收入等于长期边际成本

25. 市场类型包括完全竞争市场和三种不完全竞争市场，以下关于各种市场的需求曲线的说法不正确的有（　　）。

A. 完全竞争市场对厂商产品的需求曲线是一条水平线

B. 垄断竞争厂商的需求曲线是向右下方倾斜的，向右下方倾斜的需求曲线较为平坦

C. 完全垄断市场只有一个厂商，市场的需求曲线也是垄断厂商的需求曲线，该曲线也是向右下方倾斜的

D. 完全竞争市场对厂商产品的需求曲线也符合一般需求曲线的特点，是像右下方倾斜的

26. 下列有关完全竞争市场的说法不正确的有（　　）。

A. 完全竞争市场对厂商产品的需求曲线是一条水平线，所对应的价格是整个行业的供求均衡价格

B. 完全竞争市场，厂商的平均收益曲线和需求曲线重合

C. 完全竞争市场，厂商的边际收益曲线和需求曲线重合

D. 根据边际收益递减规律，完全竞争市场，厂商的平均收益曲线高于边际收益曲线

27. 每个厂商都以自己的产量去适应对方已确定的产量，在已知对方产量的情况下，各自确定能给自己带来最大利润的产量，属于寡头垄断市场的典型模型中的（　　）。

A. 古诺模型（双头模型）　　B. 伯特兰德模型（价格竞争）

C. 领导者 –追随者模型　　D. 价格领导模型

28. 如果资本市场半强式有效，下列说法不正确的是（　　）。

A. 投资者通过技术分析不能获得超额收益

B. 投资者运用估价模型不能获得超额收益

C. 投资者通过基本面分析不能获得超额收益

D. 投资者利用非公开信息不能获得超额收益

29. 如果股票价格的变动与历史股价相关，资本市场（　　）。

A. 无效　　B. 弱式有效　　C. 半强式有效　　D. 强式有效

30. 第一个提出了劳动时间决定商品价值的原理，从而奠定了古典政治经济学基础的人是（　　）。

A. 亚当・斯密　　B. 威廉・配第　　C. 大卫李嘉图　　D. 马克思

31. 马克思认为商品的价值是用（　　）来衡量的。

A. 工人的活劳动　　B. 商品中的物化劳动

C. 社会必要劳动时间　　D. 具体劳动

32. 劳动价值论认为，商品的价值量与生产该商品的社会必要劳动时间成（　　），与劳动生产率成（　　）。

A. 正比，正比　　B. 正比，反比　　C. 反比，反比　　D. 反比，正比

33. 下列不属于垄断竞争型市场特点的是（　　）。

A. 生产者众多，各种生产资料可以流动

B. 生产的产品同种但不同质

C. 这类行业初始投入资本较大，阻止了大量中小企业的进入

D. 企业对其产品的价格有一定的控制能力

34. 下列市场结构中，介于完全竞争和完全垄断之间，而且厂商数量最少的市场是（　　）。

A. 纯粹竞争市场　　B. 完全垄断市场　　C. 寡头垄断市场　　D. 垄断竞争市场

35. 要求投资者有明确的投资预期，都以追求个人经济利益最大化为目标的是（　　）。

A. 理性经济人假设　　B. 信息相关假设

C. 自利行为假设　　D. 创造价值假设

36.Banz（1981）以纽约证券交易所的股票为样本所作的研究发现，小规模组公司的股票具有相对高的收益率，说明股票收益率与公司大小有关，这个特例现象是指（　　）。

A. 时间效应　　B. 市场价值效应　　C. 账面市值比效应　　D. 小公司效应

37.（2019 真题）下列有关市场假说检验的说法中，支持弱式有效市场假说成立的结论是（　　）。

A. 内幕消息对股票价格的预测没有用　　B. 外部信息对股票价格的预测没有用

C. 基本信息对股票价格的预测没有用　　D技术分析对股票价格的预测没有用

38.（2019 真题）人们把那些具有显示财富效应的商品，对其定价越高越畅销的特殊经济现象及需求规律，称作（　　）。

A. 凡勃伦效应　　B. 吉芬商品　　C. 收入效应　　D. 替代效应

39.（2019 真题）下列关于垄断竞争中主观需求曲线（d）与实际需求曲线（D）的一般关系的说法中，正确的是（　　）。

A. 主观需求曲线较实际需求曲线平坦，反映两者之前的供给弹性差异

B. 主观需求曲线较实际需求曲线陡峭，反映两者之间的供给弹性差异

C. 主观需求曲线较实际需求曲线平坦，反映两者之前的需求弹性差异

D. 主观需求曲线较实际需求曲线陡峭，反映两者之前的需求弹性差异

40.（2019 真题）效用理论所衡量的主观价值中，是基于（　　）。

A. 需求的视角　　B. 供给的视角　　C. 平衡的视角　　D. 社会的视角

41.（2020 真题）下列关于有效市场假说检验的说法中，错误的是（　　）。

A. 如果基本分析对股票价格预测有用，则意味着半强式有效市场假说不成立

B. 如果实证研究结论支持依靠内幕信息能获得超额收益的观点，则说明强式有效市场假说不成立

C. 如果技术分析对股票价格预测有用，则意味着弱式有效市场假说不成立

D. 如果做事件研究发现公司基本面事件未能引起股价快速反应，则说明半强式有效市场假说成立

42.（2020 真题）下列关于商品需求及其影响因素的说法中，正确的是（　　）。

A. 某种商品价格提高会引起其互补商品需求量的提高

B. 某种商品价格提高会引起其替代商品需求量的降低

C. 某商品的有效需求是消费者购买该商品的意愿

D. 收入水平增加并不会增加对所有商品的需求

43.（2020 真题）下列关于供给曲线的说法中，正确的是（　　）。

A. 商品价格不变，随着生产成本的提高，供给曲线向左移动

B. 商品价格不变，随着商品数量的增加，供给曲线向左移动

C. 一般情况下，供给曲线向右下方倾斜

D. 供给曲线体现了边际效用递减规律

44.（2020 真题）下列关于完全垄断市场的说法中，错误的是（　　）。

A. 完全垄断市场中，厂商生产和销售的产品没有替代品

B. 完全垄断市场中，厂商控制了行业的生产销售和价格

C. 石油行业形成了自然资源行业垄断，是完全垄断市场行业的代表

D. 其他生产厂商无法进入处于完全垄断市场中的行业

45. 法玛将资本市场有效程度分为弱势、半强势和强势有效三类，其对应市场的股票价格对信息的反映范围越来越大。下列各项中，意味着连弱式有效市场的有效程度都达不到的是（　　）。

A. 基本分析对股票价格（收益）的预测有用

B. 技术分析对股票价格（收益）的预测无用

C. 技术分析对股票价格（收益）的预测有用

D. 基本分析对股票价格（收益）的预测无用

二、多项选择题

1.（2021 真题）下列关于市场的需与均衡的说法中，正确的是（　　）。

A. 包括垄断竞争市场在内的所有非完全竞争厂商都没有供给曲线

B. 完全竞争市场的需求曲线同时也是厂商需求曲线，向右下方倾斜

C. 垄断竞争厂商可以通过调整产品销售量来影响价格，其需求曲线向右下方倾斜

D. 完全垄断市场厂商需求曲线是一条水平线，对应的价格是整个行业的供求均衡价格

E. 垄断竞争厂商有两条需求曲线，都向右下方倾斜

2. 以下有关各种价值理论的表述不正确的有（　　）。

A. 效用价值理论认为，价值是人们对商品效用的主观评价，只有人们在主观上认为有用的商品，才有价值。

B. 均衡价格理论认为需求价格和供给价格共同决定均衡价格，与生产费用无关

C. 均衡价格理论认为需求价格和供给价格共同决定均衡价格，与边际效用无关

D. 均衡价格理论认为一个市场供给和需求的影响因素和其他市场上的影响因素彼此是独立的

E. 劳动价值论认为商品的价值量与生产该商品的社会必要劳动时间成正比，与劳动生产率成反比

3. 劳动价值论认为，使用价值和价值的关系是（　　）。

A. 使用价值是交换价值的物质承担者

B. 使用价值的存在不以价值的存在为前提

C. 有使用价值的东西一定有价值

D. 没有使用价值的东西一定没有价值

E. 没有使用价值的东西不一定没有价值

4. 以下有关劳动价值论的说法正确的说法是（　　）。

A. 商品的价值量与劳动生产率成反比，所以商品生产者提高劳动生产率将降低商品的价值量，因此商品生产者不应该提高劳动生产率

B. 商品的价值量与生产该商品的社会必要劳动时间成正比，所以商品生产者应该刻意增加生产商品的劳动时间，以提高商品的价值量

C. 商品的价值量与劳动生产率成反比，所以在社会整体劳动生产率不变的情况下，个别商品生产者提高劳动效率，能够生产更多相同价值量的商品，从而获取更多价值，因此商品生产者需要提高劳动生产率

D. 商品的价值量与生产该商品的社会必要劳动时间成正比，所以在社会整体生产该商品的社会必要劳动时间不变的情况下，个别商品生产者提高劳动效率，可以减少生产单个商品的劳动时间，从而能够生产更多相同价值量的商品，从而获取更多价值，因此商品生产者需要提高劳动生产率

E. 劳动价值论认为价值规律调节生产资料和劳动力在生产部门的分配，刺激商品生产者改进生产工具，提高劳动生产率

5. 按照均衡价格理论的观点，决定价值量大小的决定性因素包括（　　）。

A. 一般人类劳动耗费的抽象劳动　　B. 其他商品的价格和市场的供求关系

C. 商品本身的供求关系　　D. 商品本身劳动的成

E. 商品未来发挥的效用

6. 以下有关说法正确的是（　　）。

A. 价格是个事实，价值不是一个事实

B. 如果市场价格偏离均衡价格，通过供求力量的相互作用，市场就会出现自动恢复均衡的趋势，这是价值规律的体现

C. 使用价值是“物的有用性”，构成了商品交换的基础

D. 价值是商品的社会属性，但不可比较

E. 具体劳动生产不同质的产品，创造使用价值

7. 劳动价值论认为，商品的价值量只能由生产商品的社会必要劳动时间决定，社会必要劳动时间的确定需要考虑的因素包括（　　）。

A. 生产该商品的实际劳动时间　　B. 现有的社会正常的生产条件

C. 社会平均的劳动熟练程度　　D. 社会平均的劳动强度

E. 生产该商品过程中的异常损害

8. 有关边际效用递诚规律说法正确的有（　　）。

A. 随着商品或劳务消费量的增加，总效用不断减少

B. 每增加一个单位商品或劳务，消费者心理上会感到增加的满足或效用越来越小

C. 每增加一个单位商品或劳务，商品的客观价值，即一件物品实现某种客观结果的力量或能力也会下降

D. 随着商品或劳务消费量的增加，总效用增加的速度不断递减，而且递减的速度不断增加

E. 每增加一个单位商品或劳务，商品的客观价值总量也就增加一个单位

9. 消费者均衡是研究如何把既定的收入分配在各种商品的购买中以获得最大的效用。下列关于消费者在消费均衡中遵循的原则表述正确的是（　　）。

A. 消费者使得自己花费尽可能多的钱让其某种需要的效用达到最大

B. 消费者使得购买的各种商品的边际效用与价格之比相等

C. 使得自己花费在各种商品上的最后一元钱所带来的边际效用，最后等于每一元货币带来的边际效用

D. 消费者效用最大化原则，是假设在预算、价格、偏好等条件不变的情况下，使得自己买到的产品组合实现效用最大化

E. 消费者使得自己花费在各种商品上的最后一元钱所带来的边际效用相等

10. 商品的需求量随商品价格的上升而上升的有（　　）。

A. 正常商品　　B. 吉芬商品

C. 低档商品　　D. 高档奢侈品

E. 价格在 30 万左右的小汽车

11. 根据供求理论，影响的商品需求量的因素一般包括（　　）。

A. 生产商的自身数量　　B. 消费者的收入水平

C. 对商品价格变动的预期　　D. 商品的价格

E. 消费者的选择爱好

12. 一般情况下，某种商品的供给曲线的移动是由于（　　）。

A. 商品价格的变化　　B. 互补品价格的变化

C. 生产技术条件的变化　　D. 产量的变化

E. 生产这种商品的成本的变化

13. 根据供求定理，均衡价格就是（　　）。

A. 供给量接近于需求量时的价格

B. 供给价格等于需求价格，同时供给量也等于需求量时的价格

C. 供给曲线与需求曲线交点时的价格

D. 供给等于需求时的价格

E. 市场供求两种力量博弈，尚未达到稳定状态的价格

14. 一般情况下，需求的变动引起（　　）。

A. 均衡价格同方向变动

B. 均衡价格反方向变动

C. 均衡数量同方向变动

D. 均衡数量反方向变动

E. 变动规律难以确定

15. 根据不同的市场结构特征对市场进行分类，以下属于不完全竞争市场的是（　　）。

A. 完全垄断市场

B. 垄断竞争市场

C. 寡头垄断市场

D. 完全竞争市场

E. 营销市场

16. 以下有关垄断竞争厂商的需求曲线说法中，正确的有（　　）。

A. 垄断竞争厂商的需求曲线是向右下方倾斜的，与一般的需求曲线特征没有不同

B. 垄断竞争厂商的需求曲线通常被区分为主观需求曲线（d）和实际需求曲线（D）

C. 垄断竞争厂商的 d需求曲线（或预期的需求曲线），是厂商忽略其他厂商影响下的需求曲线

D.d需求曲线和 D需求曲线的交汇点反映垄断竞争市场的供求相等状态

E.d需求曲线较 D需求曲线更为平坦

17. 以下有关垄断竞争的需求与均衡的说法中，正确的有（　　）。

A. 包括垄断竞争市场在内的所有非完全竞争厂商都没有供给曲线

B. 在短期，只能够通过调整价格使边际收益等于短期边际成本，实现利润的最大化

C. 在长期，厂商可以通过调整全部生产要素使边际收入等于长期边际成本，追求利润的最大化

D. 长期均衡时垄断竞争厂商的利润一定为零

E. 单个垄断竞争厂商存在未被利用的多余生产能力

18. 采用领导型厂商率先确定价格，其他厂商跟随定价的生产决策的寡头垄断市场的典型模型有（　　）。

A. 成本最低型价格领先模型

B. 伯特兰德模型（价格竞争）

C. 领导者 –追随者模型

D. 支配型价格领先模型

E. 晴雨表型价格领先模型

19. 法玛根据历史信息、公开信息和内部信息这三类信息，将资本市场的有效程度分为（　　）

A. 弱式有效资本市场

B. 半强式有效资本市场

C. 完全无效资本市场

D. 强式有效资本市场

E. 完全竞争资本市场

20. 根据有效市场假说的前提包括（　　）。

A. 市场上的投资者都是理性的经济人

B. 与投资相关的信息都以随机方式进入市场，信息的发布各自独立

C. 市场对信息的反应迅速而准确，股票价格因而反映了市场的全部信息

D. 整个市场完全竞争，有大量投资者参与，大家都是价格的接受者

E. 投资者能够获得所有公开的信息

21. 一种商品或劳务对消费者是否有效用，取决于（　　）。

A. 消费者是否有消费的欲望

B. 商品的外观
C. 商品的内在价值
D. 这种商品或劳务是否具有满足消费者的欲望的能力
E. 商品的自然属性
22. 下列各项中，属于垄断竞争市场主要条件的有（　　）。
A. 生产集团的厂商为市场提供大量有差别的同种产品
B. 一个生产集团存在数量众多的厂商，无法对市场形成控制
C. 厂商生产规模较小，进出生产集团较为自由
D. 产品之间不具有替代性
E. 一个生产集可以对市场形成控制
23. 关于信息相关假设，下列说法中正确的有（　　）。
A. 有效市场理论要求，市场参与者之间不存在信息占有不对称，信息加工不同步，信息解释差异
B. 新信息完全随机出现，信息的获取、传输和运用是自由而高效的，信息在市场中充分且均匀分布
C. 有效市场理论所要求的内容里面所暗含的假设是：信息的获取成本为零
D. 有效市场理论所要求的内容里面所暗含的假设是：信息的获取成本比较少
E. 要求信息来源可靠
24. 关于完全竞争市场的说法，正确的有（　　）。
A. 个别企业的需求曲线和整个行业的需求曲线相同
B. 所有企业都是价格的接受者
C. 个别企业的需求曲线是一条平行于横轴的水平线
D. 不同企业生产的产品存在差别
E. 整个行业的需求曲线都向下倾斜
25. 下列各项中，属于寡头垄断市场形成的主要原因的有（　　）。
A. 追求规模经济效益促使行业生产向大规模厂商集中
B. 重要原材料集中
C. 少数厂商控制了行业基本生产资源的供给
D. 缘于法律或政策的推动
E. 消费者需求多样
26. 垄断市场的条件主要有（　　）。
A. 只有唯一的供给厂商和众多的需求者
B. 厂商生产和销售的商品没有替代品
C. 其他厂商无法进入该行业
D. 其他厂商只有少数可以进入该行业
E. 有可以替代的商品
27. 价格领导模型是寡头垄断市场的典型模型，价格领导形式通常包括（　　）。
A. 成本最高型价格领先
B. 支配型价格领先
C. 成本最低型价格领先
D. 晴雨表型价格领先
E. 消费型价格领先
28.（2018 真题）根据有效市场理论，下列属于证券市场外在效率衡量因素的有（　　）。
A. 与证券有关的信息充分披露，每个投资者能在相同的时间获得等量等质的信息
B. 证券市场上的交易者能以最短时间和最低成本达成交易
C. 证券市场的服务设施完备
D. 证券价格能随着信息变化自由变动
E. 证券市场的组织机构健全
29.（2019 真题）有效市场理论实证研究中所发现的“特例”现象主要有（　　）。

A. 大公司效应　　B. 小公司效应

C. 账面市值比效应　　D. 边际效应

E. 时间效应

30.（2019 真题）从市场结构特征看，决定市场类型划分的主要因素有（　　）。

A. 厂商的数量　　B. 行业的规模

C. 行业进出的难易程度　　D. 厂商的规模

E. 产品的差异程度

31. 下列各项中，意味着市场至少达到弱式有效市场假说的是（　　）。

A. 基本分析对股票价格（收益）的预测有用

B. 技术分析对股票价格（收益）的预测无用

C. 技术分析对股票价格（收益）的预测有用

D. 基本分析对股票价格（收益）的预测无用

E. 内幕消息对股票价格（收益）的预测无用

三、综合分析题

1.（2021 真题）国有独资甲公司拟进行增资扩股，甲公司的股东委托资产评估机构对甲公司进行价值评估。甲公司的主要资产是其所持有的 A上市公司 35%的股权，该上市公司经审计的最近会计年度的每股净资产为 9 元。资产评估机构在对甲公司进行资产评估时，采用市场法确定甲公司所持有的 A上市公司股权的价值。资产评估专业人员收集了 A上市公司在评估基准日前 30 个交易日的交易数据，计算得到每日股票交易加权平均价格的算术平均值为每股 12 元，并拟以每股 12 元乘以甲公司持有 A上市公司的股票数量作为甲公司所持有 A上市公司股权的价值。对此，委托人认为，上市公司存在尚未公开的利好内幕信息，可能对股票价格产生影响，因此其所持有的 35%上市公司股权可能被低估。

（1）应用市场法的前题条件是什么？请结合该前提条件，分析在确定甲公司所持有的 A上市公司股权价值时选用市场法的适用性（4 分，本问需要学完第 6 章做，但是大家也看得懂）。

（2）根据有效市场理论，证券市场可以分为哪几种形态？在什么市场形态下，委托人将增资时机选在内幕信息公开后更为有利？为什么？（8 分）

同步强化训练题参考答案及解析

一、单项选择题

1.【答案】C

【解析】垄断竞争市场的厂商生产规模较小，不存在进入和退出障碍。

2.【答案】D

【解析】注意 AB表述正确。均衡价格理论的核心是商品价值是由供求关系决定的，均衡价格理论强调，商品的价值除了与（1）商品本身的供求有关，还受（2）市场中劳动的成本、（3）商品未来发挥的效用、（4）其他商品的价格和（5）市场的供求关系等因素的影响。所以 D表述不准确。

3.【答案】B

【解析】商品的使用价值和价值是由生产商品的具体劳动和抽象劳动决定的。具体劳动和抽象劳动是生产商品的同一劳动过程从不同角度去观察的两个方面。抽象劳动和具体劳动在时间上、空间上都是不可分割的。所以 B正确。

4【答案】D

【解析】具体劳动形成商品的使用价值，抽象劳动形成商品的价值，因此选项 D错误。

5.【答案】C

【解析】均衡价格理论认为，需求和供给分别代表了资产的效用和生产费用，边际效用决定需求，生产费用决定供给，由边际效用决定的需求和由生产费用决定的供给两者的均衡，决定了价格，即均衡价格。一旦市场均衡实现以后，如果市场价格偏离均衡价格，通过供求力量的相互作用，市场就会出现自动回复均衡的趋势。

6.【答案】B

【解析】效用理论认为，价值是人们对商品效用的主观评价，只有人们在主观上认为有用的商品，才有价值。

7.【答案】C

【解析】一种商品还可以兼有各种自然属性，具有多种使用价值，所以A不正确。空气等具有使用价值，但是不能够成为商品，商品不行具有能够通过买卖同其他商品相交换的属性，即交换价值，所以B不正确。直接满足生产者需要的生产者自己生产物品不能够进入交换，所以不属于商品。

8.【答案】B

【解析】交换价值是价值的表现形式，所以A不正确。商品的使用价值是交换价值的物质承担者，所以C说法错误。商品是使用价值和价值的对立统一体；一方面，二者是统一的，是互相依存、互为条件的；另一方面，二者又是对立的，是相互排斥、互相矛盾的。所以D不正确。

9.【答案】D

【解析】商品的价值量不可能由个别劳动时间决定，商品交换也不由个别劳动时间决定，所以A不正确。商品的价值量只能由生产商品的社会必要劳动时间决定，所以BC不正确，D正确。

10.【答案】C

【解析】效应价值论认为边际效用递减，所以C说法错误。

11.【答案】D

【解析】ABC是戈森提出的满足需求的三条定理，即戈森定理。D是不是戈森的观点。

12.【答案】D

【解析】A、B、C属属于局部均衡。

13.【答案】C

【解析】需求曲线是一条由左上向右下倾斜的曲线，当商品价格保持不变，消费者收入增加时，同样的价格下，需要的商品数量增加，需求曲线向右移动。

14.【答案】C

【解析】正常商品的替代效应与价格反方向变化，收入效应与价格也反方向变化，所以C正确。

15.【答案】D

【解析】吉芬商品的替代效应与价格变动相反，但是收入效应与价格变动同方向，而且收入效应大于替代效用，从而价格上涨，需求量反而上升。所以D是正确选项。大家注意掌握正常商品、低档品及吉芬商品的收入效应、替代效应。

16.【答案】C

【解析】一般情况下商品价格与需求量呈负相关关系，所以A不正确。互补品是需要共同使用才能完整发挥其使用功能的商品，商品的需求量与其互补品价格呈现反方向变动，所以B不正确。商品的需求量与其替代品价格呈现同方向变动，所以C正确。消费者预期某种商品价格会下降，会降低当期购买的欲望，造成该商品需求量减少，所以D不正确。

17.【答案】B

【解析】商品的需求量与其替代品价格呈现同方向变动，出租车和公共汽车服务是替代品。

18.【答案】B

【解析】根据需求的影响因素，消费者收入增加，需求会增加，从而需求曲线向右边移动，所以A错误。互补品价格上升，会导致商品需求下降，从而需求曲线向左边移动，所以B正确。商品的需求量与其替代品价格呈现同方向变动，替代品价格上升，从而商品需求上升，从而需求曲线向右边移动，所以C不正确。商品的价格下降，需求会增加，这个变化是需求曲线规律的体现，所以D错误。

19.【答案】A

【解析】注意这个题目的提干，可以单独出考试题目。

20.【答案】C

【解析】完全竞争市场有无数买者和卖者，单个企业是价格接受者，它的产量只占行业的全部产量的一个很小的份额。

21.【答案】C

【解析】寡头垄断市场中每个公司的产品无独特性，并且竞争者的数量有限。它的特点是:基本上是同质产品，如基本的化学制品或汽油。相对少的销售者，如一些大的公司和许多小的跟随大公司的公司。明显无弹性行业的需求曲线。

22.【答案】A

【解析】从市场结构特征看，决定市场类型划分的主要因素有：厂商的数量（市场集中度与厂商数量相关）、产品的差别程度、行业进出难易；厂商对市场价格的影响能力，所以A正确。

23.【答案】A

【解析】垄断竞争市场的厂商数量很多，产品同种，但有差别，厂商对价格影响能力小，行业进出比较容易，代表性行业包括轻工业产品、零售业、服务业等。

24.【答案】A

【解析】在短期，厂商在生产规模不变的情况下，可通过调整产量使边际收益等于短期边际成本，实现利润最大化。完全竞争市场，厂商无法影响价格。所以A不正确。

25.【答案】D

【解析】A说法正确，所以D不正确。

26.【答案】D

【解析】完全竞争市场，厂商的平均收益曲线、边际收益曲线和需求曲线重合。所以D不正确。同时注意A的说法正确，从而完全竞争市场的厂商对价格没有影响力，只能够接受市场价格，并基于整个价格进行生产决策。

27.【答案】A

【解析】注意掌握寡头垄断市场的每一类典型模型的特点及生产决策。

28.【答案】D

【解析】如果市场半强式有效，技术分析、基本分析和各种估价模型都是无效的，各种投资基金就不能取得超额收益，所以选项ABC的说法正确。如果市场半强式有效，现在的股票市价能充分反映所有可公开的信息，但是不能反映非公开信息，因此，利用非公开信息（内部信息）是可以获得超额收益的，所以选项D的说法不正确。

29.【答案】A

【解析】判断证券市场弱式有效的标志是有关证券的历史信息对证券的现在和未来价格变动没有任何影响。反之，如果有关证券的历史信息对证券的价格变动仍有影响，则证券市场尚未达到弱式有效。所以本题答案为选项A。

30.【答案】B

【解析】1662年，威廉·配第（Willan Petty）发表的《赋税论》等一系列论文中，把商品价值的源泉归于劳动，第一个提出了劳动时间决定商品价值的原理，从而奠定了古典政治经济学的基础。

31.【答案】C

【解析】马克思认为，商品的价值是由直接导致该商品生产的工人的活劳动和间接凝结在商品中的物化劳动构成，它是用社会必要劳动时间来衡量的。

32.【答案】B

【解析】商品的价值量与生产该商品的社会必要劳动时间成正比，与劳动生产率成反比。

33.【答案】C

【解析】ABD是垄断竞争市场的特点；C是寡头垄断市场的特点，所有正确答案是C。

34.【答案】C

【解析】垄断竞争市场是介于完全竞争和完全垄断之间的市场结构。它既有垄断，也有竞争，不像完全竞争市场或完全垄断市场那样偏于一端。垄断竞争市场的行业中存在着大量的厂商，而寡头垄断市场又称寡头市场，它的主要特点是少数厂商垄断了某行业市场。所以应该选择C。

35.【答案】A

【解析】理性经济人假设要求投资者有明确的投资预期，都以追求个人经济利益最大化为目标。股票价格波动是投资人基于完全信息集的理性预期结果，投资人的智力水平、分析能力和对信息的解释不存在差异。

36.【答案】D

【解析】对有效市场理论实证研究中所发现的“特例”现象主要有小公司效应、时间效应、账面市值比效应，Banz（1981）以纽约证券交易所的股票为样本所作的研究发现，小规模组公司的股票具有相对高的收益率，说明股票收益率与公司大小有关，这是指的小公司效应。

37.【答案】D

【解析】在弱式有效市场，股票的市场价格已充分反映了股票所对应的历史价格信息，历史资料无法影响股票的未来价格，也无法准确预测股票价格，投资者无法利用 股票的历史交易信息获得超额收益。技术分析手段不再有效，基本分析还可能对投资者有所帮助。所以正确答案是D。

38.【答案】A

【解析】美国经济学家托斯丹·邦德·凡勃伦发现，具有显示财富效应的商品，消费 者对其需求程度会因其标价提高而增加，商品定价越高越能畅销。这种“凡勃伦效应”反映了人们通过彰显其身份地位的炫耀性消费，追求心理满足的经济现象。所以正确答案是A。

39.【答案】C

【解析】需求曲线较D需求曲线更为平坦，反映出两者所对应的需求弹性差异，即 d曲线大于D曲线。所以正确答案是C。

40.【答案】A

【解析】效用价值论认为，商品的价值是由人们对商品效用的主观评价决定的。价值产生于人们对物品效用的主观评价，开辟了从需求的角度衡量价值的观点，可以用效用的大小来衡量其价值量，也为均衡价值论提供了理论基础。所以正确答案是A。

41.【答案】D

【解析】基本分析对股票价格（收益）的预测是否有用，有用则意味着不支持半强式有效市场假说，所以选项A正确；实证研究支持了依靠内部信息能获得超额收益的观点，说明强式有效市场假说在实际市场尚未得到支持，所以选项B不正确；技术分析对股票价格（收益）的预测是否有用，有用则意味着不支持弱式有效市场假说，所以选项C不正确；事件研究法就是检验反映公司基本面的事件发生时，能否引起股价的快速反应。如果能引起股价的快速反应，表明投资人不能利用新的基本面公开信息获得超额利润，基本分析失灵，半强式有效市场假说成立，所以选项D不正确。

42.【答案】D

【解析】某种商品价格提高，会引起其互补品需求量的降低，商品的需求量与其互补品价格呈现反方向变动，所以选项A不正确；某种商品价格提高，会引起其替代品需求量的增加，商品的需求量与其替代品价格呈现同方向变动，所以选项B不正确；有效需求是指在一定时期内，在每一价格水平下，消费者愿意并且能够购买的某种商品的数量，所以选项C不正确。

43.【答案】A

【解析】商品价格不变的情况下，随着生产成本提高，生产者因利润空间降，而减少供给数量，供给曲线向左移动。反之，生产成本降低，生产者增加供给，供给曲线向右移动，所以选项A说法正确，B说法不正确；由于供给量与市场价格成正比，“供给曲线”是一条向右上方倾斜的曲线，所以选项C说法不正确；需求曲线向右下方倾斜，体现了边际效用递减规律，所以选项D说法不正确。

44.【答案】C

【解析】石油行业属于寡头垄断，所以选项C说法不正确。

45.【答案】C

【解析】弱势有效市场，则历史交易的信息，也就是技术分析无效，但是基于公开信息的基本面分析有效，以及基于内幕消息的交易有效（满足三个条件）。因此如果技术分析是有效，肯定达不到弱势有效市场，显然C正确，B不正确；但是基本分析有用，只能够说明没有达到半强势强势有效，但是无法确定是否达到弱势有效，所以A不是正确答案；如果基本分析无用，说明市场起码达到了半强势有效，肯定是达到了比起更低一级效率的弱势有效，因此D不是正确答案。

二、多项选择题

1.【答案】ACE

【解析】本题有一定难度，需要全面掌握四种市场的需求曲线才能够应对。包括垄断竞争市场在内的所有非完全竞争厂商都没有供给曲线，因为他们都不满足商品的价格与其供给量存在一一对应关系的条件；所以A正确。完全竞争市场，价格是由整个行业的供给和需求曲线决定的，整个行业的需求曲线是一条向右下方倾斜的曲线，供给曲线是一条向上方倾斜的曲线；但是完全竞争市场，单个厂商是价格的接受者（即按照整个行业的均衡价格PE供给产品），因此产品的需求曲线是一条水平线，所对应的价格是整个行业的供求均衡价格；所以B错误。垄断竞争厂商可以通过调整产品的销售量来影响其价格，其向右下方倾斜的需求曲线较为平坦；所以C正确。完全垄断市场只有一个厂商，市场的需求曲线也是垄断厂商的需求曲线，该曲线也是向右下方倾斜的；所以D错误。垄断竞争厂商有两条需求曲线（主观需求曲线（d）和实际需求曲线（D）），都向右下方倾斜；所以E正确。

2.【答案】BCD

【解析】均衡价格理论认为需求价格和供给价格共同决定均衡价格，实际上就是边际效用和生产费用共同决定均衡价格，边际效用决定需求，生产费用决定供给。所以B、C不正确。均衡价格理论认为一个市场供给和需求的影响因素和其他市场上的影响因素彼此不是独立的，市场之间存在相互联系和相互依赖。所以D不正确。注意AE说法正确。

3.【答案】ABD

【解析】使用价值是自然属性，价值是社会属性，使用价值是交换价值的物质承担者，价值寓于使用价值之中，使用价值和价值的实现是以二者的分离为条件的，二者是矛盾统一体，即不可兼得、相互排斥，只有通过交换才能得到解决。

4.【答案】CDE

【解析】特别注意理解CD的正确说法。CD正确，则AB肯定错误。E与CD说法一致，与AB说法相互矛盾，E显然正确

5.【答案】BCE

【解析】均衡价格理论强调，商品的价值除了与（1）商品本身的供求有关，还受市场中（2）劳动的成本、（3）商品未来发挥的效用、（4）其他商品的价格和（5）市场的供求关系等因素的影响。

6.【答案】AE

【解析】美国《专业评估执业统一准则》（USPAP）价格概念是："某项资产的询价、报价或支付的金额"指出价格是个事实，《国际评估准则2013》指出价值不是一个事实。所以A说法正确。如果市场价格偏离均衡价格，通过供求力量的相互作用，市场就会出现自动恢复均衡的趋势，这是均衡价格理论的观点，不是价值规律的观点。所以B不正确。使用价值是"物的有用性"，能够满足人的某种需要，体现商品的自然属性，但不可比较。价值是凝结在商品中的无差别的人类劳动，是商品的社会属性，构成了商品交换的基础。所以CD不正确。E说法正确。

7.【答案】BCD

【解析】社会必要劳动时间，就是在现有的社会正常的生产条件下，在社会平均的劳动熟练程度

和劳动强度下制造某种使用价值所需要的劳动时间。所以BCD正确。AE都指的是生产个别商品的时间因素，所以AE不正确。

8.【答案】BD

【解析】D说法正确，所以A显然错误。客观价值指的是一件物品实现某种客观结果的力量或能力；各种客观价值并不属于经济关系，而是属于纯粹技术关系。所以客观价值不会随商品或劳务的增加而增加，会保持不变。所以C错误，从而E说法正确，但是E说法与边际效用递诚规律规律无关，所以E不是正确选项。B说法显然正确。

9.【答案】BCDE

【解析】消费者均衡是研究如何把既定的收入分配在各种商品的购买中以获得最大的效用。也可以说，它是研究消费者如何在预算、价格、偏好等条件不变的情况下，使得自己买到的产品组合实现效用最大化。消费者效用最大化原则是表示消费者选择最优的一种商品组合，使得自己花费在各种商品上的最后一元钱所带来的边际效用相等（即购买的各种商品的边际效用与价格之比相等），最后等于每一元货币带来的边际效用。所以BCDE正确，A错误。

10.【答案】BD

【解析】吉芬商品的替代效应与价格变动相反，但是收入效应与价格变动同方向，而且收入效应大于替代效用，从而价格上涨，需求量反而上升。所以B正确。凡勃伦效应发现具有显示财富效应的商品，消费者对其需求程度会因其标价提高而增加，商品定价价格越高越能畅销，所以D正确。正常商品和低档商品价格上升都会导致需求减少，而价格在30万左右的小汽车属于正常商品，所以ADE不正确。

11.【答案】BCDE

【解析】供求理论认为消费者对某种商品的需求量主要受以下因素影响：商品的自身价格、消费者的收入水平、与其相关的其他商品的价格、消费者的选择偏好和对商品价格变动的预期。生产商的数量是商品的供给量的影响因素。

12.【答案】BCE

【解析】供给曲线的移动是由非商品自身价格因素引起的供给量的变化。

13.【答案】BC

【解析】商品的市场需求量与市场供给量相等时所对应的价格，也是该商品的需求曲线与供给曲线相交时对应的价格，这一交汇点被称为均衡点（E）。所以BC正确，AD不正确。均衡价格是市场区域稳定下的价格。市场机制的作用下，供求不相等的非均衡状态会逐步消失，商品的市场价格会趋近均衡价格水平，所以E不正确。

14.【答案】AC

【解析】需求变动分析，指的就是仅仅需求变动，供给不变情况下的规律；需求变动将会导致均衡价格和均衡交易量按同方向变动。

15.【答案】ABC

【解析】根据不同的市场结构特征，可以把市场划分为完全竞争市场、垄断竞争市场、寡头垄断市场和完全垄断市场。垄断竞争市场、寡头垄断市场和完全垄断市场，又称为“不完全竞争市场”。所以ABC正确。

16.【答案】BCDE

【解析】垄断竞争厂商的需求曲线是向右下方倾斜的，向右下方倾斜的需求曲线较为平坦，所以A不正确。d需求曲线（或预期的需求曲线）是厂商单独调整价格所对应的需求曲线，D需求曲线（或份额需求曲线）是所有厂商都以相同方式改变价格的条件下单个厂商所对应的需求曲线，所以C正确。

17.【答案】ADE

【解析】包括垄断竞争市场在内的所有非完全竞争厂商都没有供给曲线，因为他们都不满足商品的价格与其供给量存在一一对应关系的条件。所以A正确，特别注意A的说法。在短期，仍然通过调整产量和价格使边际收益等于短期边际成本，实现利润的最大化，所以B不正确（因为垄断竞争市场厂商对价格和产量都有一定影响力）。在长期，厂商可以通过调整生产规模使边际收入等于长期边际成本，追求利润的最大化，所以C说法不正确；注意和完全竞争市场的厂商不同，完全竞争市场厂商是通过调整全生产要素实现利润最大化。由于厂商进出行业比较容易，长期均衡时垄断竞争厂商的利润一定为零，所以D说法正确。垄断竞争厂商在长期均衡时的产量会小于完全竞争厂商在长期均衡条件下的理想产量，单个垄断竞争厂商存在未被利用的多余生产能力，所以E正确。

18.【答案】ADE

【解析】价格领导模型的生产决策采用领导型厂商率先确定价格，其他厂商跟随定价的方法。价格领导模型包括三类：支配型价格领先、成本最低型价格领先、晴雨表型价格领先。所以ADE正确。另外注意领导者–追随者模型的生产决策是领导型厂商在了解并考虑追随型厂商对其决策的反应方式基础上做出追求自身利润最大化的产量决策；追随者厂商则在领导型厂商所确定产量的前提下做出有利于自身利润最大化的产量决策。

19.【答案】ABD

【解析】法玛根据历史信息、公开信息和内部信息这三类信息，将资本市场分为三种有效程度：（1）弱式有效资本市场，指股价只反映历史信息的市场；（2）半强式有效资本市场，指股份不仅反映历史信息，还能反映所有的公开信息的市场；（3）强式有效市场，指股价不仅能反映历史的和公开的信息，还能反映内部信息的市场。所以选项ABD是答案。

20.【答案】ABCD

【解析】有效市场假说的前提包括：（1）市场上的投资者都是理性的经济人，都以追求利益最大化为行动目标，投资人都力图利用所获信息谋取最高的利润。（2）与投资相关的信息都以随机方式进入市场，信息的发布各自独立。（3）市场对信息的反应迅速而准确，股票价格因而反映了市场的全部信息。（4）整个市场完全竞争，有大量投资者参与，大家都是价格的接受者。所以答案是ABCD。

21.【答案】AD

【解析】一种商品或劳务对消费者是否有效用，取决于消费者是否有消费的欲望以及这种商品或劳务是否具有满足消费者的欲望的能力。

22.【答案】ABC

【解析】垄断竞争市场的主要条件包括：（1）行业中存在着大量的厂商，无法对市场形成控制；（2）厂商生产有差别的同种产品，产品之间既有差别，又可相互替代；（3）厂商生产规模较小，不存在进入和退出障碍。所以ABC正确。

23.【答案】ABC

【解析】有效市场理论要求，市场参与者之间不存在信息占有不对称、信息加工不同步、信息解释差异；新信息完全随机出现，信息的获取、传输和运用是自由而高效的，信息在市场中充分且均匀分布。这里面所暗含的假设是：信息的获取成本为零。所以选项D不正确。

24.【答案】BCE

【解析】E正确，肯定A就不正确。BC正确。完全竞争市场，不同企业生产的产品没有差异，所以D不正确。

25.【答案】ACD

【解析】寡头垄断市场形成的原因与完全垄断市场相似，主要有：追求规模经济效益促使行业生产向大规模厂商集中；少数厂商控制了行业基本生产资源的供给；缘于法律或政策的推动等等。所以ACD正确。

26.【答案】ABC

【解析】垄断市场的条件主要有：1.只有唯一的供给厂商和众多的需求者；2.厂商生产和销售的商

品没有替代品；3.其他厂商无法进入该行业。所以ABC正确。

27.【答案】BCD

【解析】价格领导模型通常有三种形式：支配型价格领先、成本最低型价格领先和晴雨表型价格领先。所以BCD正确。

28.【答案】AD

【解析】衡量一个证券市场是否具有外在效率，一要了解证券价格能否伴随信息变化自由变动；二要研究市场信息的披露状况，能否使与证券有关信息充分披露，让每个投资者能在相同时间获得等量等质的信息，所以选项AD是正确答案。

29.【答案】BCE

【解析】有效市场理论实证研究中所发现的“特例”现象主要有：小公司效应、时间效应、账面市值比效应，所以选项BCE说法正确。

30.【答案】ACE

【解析】从市场结构特征看，决定市场类型划分的主要因素有：①厂商的数量 ②产品的差别程度；③行业进出难易；④厂商对市场价格的影响能力，所以选项ACE说法正确。

31.【答案】ABE

【解析】弱式有效市场假说的检验原理：弱势有效是历史信息（技术分析就是针对历史信息）无效，但是公开信息（技术分析就是针对公开信息）和内幕信息有效，显然技术分析无用，则说明市场起码达到弱势有效，所以B是正确答案；技术分析有效，则说明市场肯定没有达到弱势有效，所以C不是正确答案。而达到半强势有效以及强势有效的市场，肯定已经达到了弱势有效市场，因此技术分析无效，肯定达到了弱势有效市场。如果基本分析无效，市场至少达到了半强势有效，当然也能够弱势有效，因为此时技术分析肯定也是无效的，所以D是正确答案。如果内幕消息有效，市场肯定达到了强势有效，此时市场肯定是达到和超越弱势有效的，因此E是正确答案。基本分析有用，只能够说明市场没有达到半强势有效，并不能够确定市场是否达到弱势有效，因此A不是正确答案。

三、综合分析题

1.【答案】(1)市场法的应用前提包括：①评估对象的可比参照物具有公开的市场，以及活跃的交易；②有关交易的必要信息。

甲公司所持有的A公司为上市公司是本次评估对象，显然存在公开的市场，交易也活跃，而且也能够获得其股票的交易价格资料，所以采用市场法本身是没有问题的。

但是运用市场法，获得可比对象的交易价格必须是客观公允的，否则就需要进行交易情况修正。虽然“收集了A上市公司在评估基准日前30个交易日的交易数据，计算得到每日股票交易加权平均价格的算术平均值为每股12元”，采用这种方法，消除了市场价格的异常波动，使得价格更具有代表性、合理性。

但是，由于上市公司存在尚未公开的利好内幕信息，可能对股票价格产生影响。所以直接采用每股12元的价格作为评估基础，是不合理的，还需要进一步考虑这种内幕信息对价格的影响，如果无法调整该影响，则不能够采用市场法。

(2)根据有效市场理论，证券市场可以分为弱势有效市场、半强势有效市场和强势有效市场。

在市场没有达到强势有效市场时，委托人将增资时机选在内幕信息公开后更为有利。因为弱势有效市场，交易价格只体现了历史交易信息，公开信息（公司的财务信息等）和内幕消息的影响都没有体现的交易价格之中；而半强势有效市场市场，交易价格也是体现了历史交易信息，公开信息（公司的财务信息等），同样内幕消息的影响没有体现的交易价格之中。所以如果市场没有达到强势有效，有利于委托人的内幕消息不能体现在交易价格中，会使得股票交易价格偏低。

只有强势有效市场，才有历史交易信息，公开信息（公司的财务信息等）和内幕消息，都能够体现的价格中，价格才真正客观公允。所以，在市场没有达到强势有效市场时，委托人将增资时机选在内幕信息公开后更为有利。

第三章

资产评估法律制度与准则

本章考情分析

本章主要考单项选择题、多项选择题，也可能涉及到综合题。估计分值一般在 8 分左右。

重要考点（★★★）：

（1）国有资产评估管理（国有资产评估管理有关规定文件）。

（2）资产评估法（评估业务类型、专业人员、评估机构）。

（3）资产评估监管（行政监管中的评估专业人员的监管、资产评估机构的备案管理、监督检查和调查处理）。

比较重要考点（★★）：

（1）我国资产评估准则。

一般考点（★）：

（1）资产评估法律体系。

（2）资产评估监管（评估机构自主管理）。

（3）资产评估监管（行政监管中的监管范围、行政监管原则与监管职责范围）。

2022 年本章教材变化

第二节 资产评估法的主要内容

三、评估专业人员（一）评估专业人员的概念，“评估类职业资格保留 2 项，分别是资产评估师和房地产估价师”改为“评估类职业资格保留 3 项，分别是资产评估师、房地产估价师和矿业权评估师”。

第四节 我国国有资产评估管理

“二、我国国有资产评估管理的有关规定”“（四）行政单位和事业单位国有资产评估管理”和“（五）境外国有资产评估管理”，各增加一个段落。

第五节 我国资产评估准则

增加了最新“《体育无形资产评估指导意见》”，更新了“我国资产评估准则的发展”和“我国资产评估准则体系的框架”的相关内容。“我国资产评估准则体系的框架”新增“4. 资产评估专家指引”“5. 资产评估准则术语”的相关内容。其余的无实质性变化。

本章知识点解读与练习

【知识点 1】资产评估法律制度体系（★）

一、知识点精讲

资产评估法律制度体系，是以《资产评估法》为统领，由（1）相关法律（2）行政法规（3）财政部门规章、规范性文件以及（4）自律管理制度共同组成的全面、系统、完备的资产评估法律制度体系。

相关法律	1.包括《公司法》《证券法》《刑法》《公路法》《企业国有资产法》《城市房地产管理法》《拍卖法》《政府采购法》《合伙企业法》和《保险法》等。 2.主要规定涉及国有资产产权转让、抵押、股东出资、股票和债券发行、房地产交易等业务，必须要进行评估
行政法规	1.包括《国有土地上房屋征收与补偿条例》《国有资产评估管理办法》《社会救助暂行办法》《全民所有制工业企业转换经营机制条例》《土地增值税暂行条例》《森林防火条例》《证券公司监督管理条例》《民办教育促进法实施条例》《金融机构撤销条例》《矿产资源勘查区块登记管理办法》《矿产资源开采登记管理办法》《探矿权采矿权转让管理办法》《国务院关于股份有限公司境内上市外资股的规定》《中外合作经营企业法实施细则》《股权发行与交易管理暂行条例》《全民所有制小型工业企业租赁经营暂行条例》等。 2.涉及房屋征收补偿、矿产资源开采、金融机构抵押贷款、金融机构撤销等多种业务，必须要进行评估
财政部门规章、规范性文件	2017 年财政部出台《资产评估行业财政监督管理办法》（财政部令第 86 号）、《关于做好资产评估机构备案管理工作的通知》、《资产评估基本准则》；人力资源和社会保障部、财政部修订发布了《资产评估师职业资格制度暂行规定》和《资产评估师职业资格考试实施办法》
行业自律管理制度	2016 年 12 月，新的《中国资产评估协会章程》正式生效（2017 年又修订）。随后中国资产评估协会组织修订发布了会员管理办法、25 项执业准则和职业道德准则等

二、选编例题

【例 1·单选题】以下属于资产评估法律制度体系中的行业自律管理制度的是（　　）。

A.《中国资产评估协会章程》

B.《资产评估行业财政监督管理办法》

C.《关于做好资产评估机构备案管理工作的通知》

D.《资产评估师职业资格制度暂行规定》

【例 2·单选题】《国有土地上房屋征收与补偿条例》《国有资产评估管理办法》属于（　　）。

A. 法律文件　　B. 行政法规

C. 财政部门规章、规范性文件　　D. 行业自律管理制度

【例 3·多选题】按规定，以下经济活动必须要进行评估的是（　　）。

A. 国有资产产权转让　　B. 房地产交易

C. 房屋征收补偿　　D. 机器设备交易

E. 金融机构抵押贷款

【例 4·单选题】（2019 真题）下列关于资产评估法律制度体系的说法中，正确的是（　　）。

A. 资产评估的法律制度体系由《资产评估法》以及其他相关法律、行政法规共同组成

B. 资产评估的法律制度体系由《资产评估法》以及其他相关法律共同组成

C. 资产评估的法律制度体系由《资产评估法》以及其他相关法律、行政法规、部门规章、规范性文件共同组成

D. 资产评估的法律制度体系由《资产评估法》以及其他相关法律、行政法规、部门规章、规范性文件、资产评估行业自律管理制度共同组成

知识点1选编例题答案

1.【答案】A

【解析】本题考查资产评估法律制度体系中行业自律管理制度的知识；选项BCD属于财政部门规章、规范性文件。

2.【答案】B

【解析】本题考查资产评估法律制度体系中行政法规的内容。

3.【答案】ABCE

【解析】我国法律规定涉及国有资产产权转让、抵押、股东出资、股票和债券发行、房地产交易等业务，必须要进行评估。行政法规规定对涉及房屋征收补偿、矿产资源开采、金融机构抵押贷款、金融机构撤销等多种业务，必须要进行评估。

4.【答案】D

【解析】《资产评估法》颁布施行后，相关部门和评估行业在以往颁布的与资产评估有关的法律法规基础上，积极推进相关配套制度建设，形成了以《资产评估法》为统领，由相关法律、行政法规、部门规章、规范性文件以及自律管理制度共同组成的全面、系统、完备的资产评估法律制度体系。所以D为正确答案。

【知识点2】资产评估法（★★★）

一、知识点精讲

（一）法律调整范围

评估对象	基本规定	资产评估对象按照资产形态包括不动产、动产、无形资产、企业价值、资产损失或者其他经济权益
	具体说明	无形资产评估是针对特定主体拥有或控制的，没有实物形态，能陆续发挥作用且能带来经济利益的非货币性资产的评估。包括专利权、商标权、著作权、商誉等资产的评估。
		企业价值评估是针对特定目的下企业整体价值、股东全部权益价值或者部分权益价值进行评定、估算并出具评估报告。
		资产损失评估包括自然灾害损失评估、侵权损失评估以及保险公估等
评估主体	从事评估活动的主体是评估机构及其评估专业人员；评估机构是依法设立的从事评估业务的专业机构，评估专业人员包括评估师和其他具有评估专业知识及实践经验的评估从业人员。评估专业人员应当加入评估机构，才能从事评估业务	

（二）评估业务类型

自愿进行的评估	（1）自然人（中国公民和外国人）、法人或者其他组织需要确定评估对象价值的，除法律法规另有规定，可以自愿委托评估机构进行评估。 （2）自愿评估的特点是： ①委托人自愿委托； ②评估业务由评估机构承接（评估专业人员不能够直接承接）； ③评估报告可以由评估师和其他评估专业人员签署
法定评估	（1）涉及国有资产或者公共利益等事项，法律、行政法规规定需要评估的，应当依法委托评估机构评估。 （2）法定评估的特点是： ①涉及国有资产或者公共利益； ②法律、行政法规规定需要评估； ③应当依法选择评估机构评估； ④至少两名相应专业类别的评估师承接业务，且评估报告必须由至少两名评估师签署； ⑤法定评估档案保存期限为不少于30年，其他为不少于15年

（三）评估专业人员

1.评估专业人员的概念

（1）评估专业人员包括评估师和其他具有评估专业知识及实践经验的评估从业人员。

（2）评估师是通过评估师资格考试，取得评估师资格的评估专业人员。

（3）根据2003年《关于加强和规范评估行业管理的意见》规定，国家设置的评估师专业类别有资产评估、土地估价、矿业权评估、房地产估价、旧机动车鉴定估价和保险公估六大类别。

（4）2021年人力资源和社会保障部公布的《国家职业资格目录（2021年版）》对专业技术人员资格目录进行了调整，评估类职业资格保留3项，分别是资产评估师、房地产估价师和矿业权评估师。

2.从业权利

（1）要求委托人提供相关的权属证明、财务会计信息和其他资料，以及为执行公允的评估程序所需的必要协助	评估执业需要相关的权属证明、财务会计信息和其他资料作为基础性资料，缺乏这些资料，评估执业活动就无法进行。 这些资料应当由委托人及时向评估专业人员提供，评估专业人员根据执业需要有权要求委托人提供这些资料。 委托人拒绝提供或者不如实提供执行评估业务所需的权属证明、财务会计信息和其他资料的，评估机构有权依法拒绝其履行合同的要求。同时，评估专业人员还有权要求委托人提供为执行公允的评估程序所需的必要协助
（2）依法向有关国家机关或者其他组织查阅从事业务所需的文件、证明和资料	对于评估执业所需的有些文件、证明和资料，委托人无法提供，需要向有关国家机关或者其他组织查阅，有关国家机关或者其他组织对于评估专业人员依法进行评估执业的正当要求应予支持配合。 评估专业人员应当对评估活动中使用的有关文件、证明和资料的真实性、准确性、完整性进行核查和验证。为进行核查和验证，也可以依法向有关国家机关或者其他组织查阅相关文件、证明和资料
（3）拒绝委托人或者其他组织、个人对评估行为和评估结果的非法干预	委托人不得串通、唆使评估机构或者评估专业人员出具虚假评估报告。委托人或者其他组织、个人非法干预评估行为和评估结果的，评估专业人员有权拒绝。 委托人要求出具虚假评估报告或者其他非法干预评估结果情形的，评估机构有权解除合同
（4）依法签署评估报告	评估报告一经签署，就可以提交委托人或者评估报告使用人使用，评估专业人员必须对其签署的评估报告负责。 虽然签署评估报告是评估专业人员的权利，但是，评估专业人员也不能随便签署，应当依法进行。《资产评估法》对评估专业人员签署评估报告的程序和相关法律责任进行了明确规定。
（5）法律、行政法规规定的其他权利	除了《资产评估法》规定的权利外，评估专业人员在评估活动中还享有相关法律、行政法规规定的其他权利

3.从业义务

（1）诚实守信，依法独立、客观、公正从事业务	这是评估专业人员在评估活动中应当遵守的基本原则。 评估专业人员依法独立、客观、公正从事业务，既是评估职业道德规范，也是很多法律法规规定上的一般要求
（2）遵守评估准则，履行调查职责，独立分析估算，勤勉谨慎从事业务	评估准则是评估专业人员执业必须遵循的职业规范，包括评估基本准则、评估执业准则和职业道德准则。 “勤勉谨慎从事业务”是专业服务行业通常应当履行的义务，这些规定的重要性在于要求评估专业人员应当认真履行必要情况下的现场调查等职责，在独立分析估算基础上编制评估报告
（3）完成规定的继续教育，保持和提高专业能力	评估是智力性专业服务行业，评估专业人员为了保持和提高专业能力，胜任评估工作，需要完成规定的继续教育

续表

（4）对评估活动中使用的有关文件、证明和资料的真实性、准确性、完整性进行核查和验证	《资产评估法》规定委托人除应当对其提供的权属证明、财务会计信息和其他资料的真实性、完整性和合法性负责外； 还规定评估专业人员应当对评估活动中使用的有关文件、证明和资料的真实性、准确性、完整性进行核查和验证
（5）对评估活动中知悉的国家秘密、商业秘密和个人隐私予以保密	这是评估专业人员独立、客观、公正从事业务的必然要求，也是遵守《保守国家秘密法》和《反不正当竞争法》等的必然要求。 国家秘密是指关系国家安全和利益，依照法定程序确定，在一定时间内只限一定范围的人员知悉的事项。 商业秘密是指不为公众所知悉、能为权利人带来经济利益、具有实用性并经权利人采取保密措施的技术信息和经营信息。 个人隐私是指不愿让他人知道的个人生活中的秘密事项
（6）与委托人或者其他相关当事人及评估对象有利害关系的，应当回避	实行回避制度有利于保证评估活动的公正性。 评估专业人员与委托人或者其他相关当事人及评估对象有利害关系的，应当主动回避，向评估机构说明情况，不负责该项评估业务的办理。 这里的“其他相关当事人”是指委托人之外，与该项评估活动有关的公民、法人
（7）接受行业协会的自律管理，履行行业协会章程规定的义务	评估专业人员作为所加入评估协会的会员，应当接受协会的自律管理，履行协会章程规定的义务
（8）法律、行政法规规定的其他义务	这属于兜底条款，《资产评估法》和其他法律、行政法规规定的评估专业人员应当履行的义务。评估专业人员都应当积极履行

4.从业禁止行为

（1）私自接受委托从事业务、收取费用	评估专业人员从事评估业务，应当加入评估机构。 只有评估机构才能正式接受委托从事评估业务，评估专业人员只能接受评估机构委派从事指定的评估业务，不能私自接受委托从事业务，更不能私自收取费用
（2）同时在两个以上评估机构从事业务	评估专业人员从事评估业务，应当加入评估机构，并且只能在一个评估机构从事业务
（3）采用欺骗、利诱、胁迫或者贬损、诋毁其他评估专业人员等不正当手段招揽业务	采用欺骗、利诱、胁迫或者贬损、诋毁其他评估专业人员等手段招揽业务，有违独立、客观、公正的原则，属于不正当竞争行为
（4）允许他人以本人名义从事业务，或者冒用他人名义从事业务	评估专业人员从事评估业务必须守住“诚实信用”的底线，允许他人以本人名义从事业务，或者冒用他人名义从事业务，都有违“诚实信用”的原则，会对评估秩序造成扰乱
（5）签署本人未承办业务的评估报告	签署本人未承办业务的评估报告，是一种严重不讲信用、不负责任的表现，必须予以禁止
（6）索要、收受或者变相索要、收受合同约定以外的酬金、财物或者谋取其他不正当利益	作为专业服务人员，不得向委托人索取约定服务费用之外的不正当利益，是评估专业人员的基本职业道德要求。 《资产评估法》将这一要求上升为法律规范，明确评估专业人员不得索要、收受合同约定以外的酬金、财物或者谋取其他不正当利益，这是保证评估专业人员能够独立、客观、公正从事业务的必然要求
（7）签署虚假评估报告或者有重大遗漏的评估报告	所谓虚假评估报告，是指评估专业人员或者评估机构故意签署、出具的不实评估报告。 所谓有重大遗漏的评估报告，是指因评估专业人员或者评估机构的过失而对应当考虑的重要事项有遗漏的评估报告。 评估专业人员签署虚假评估报告或者有重大遗漏的评估报告，等于违反了基本的诚实守信和勤勉尽责义务，是严重违反职业道德的行为，更要为法律所禁止。 评估专业人员因签署虚假评估报告被追究刑事责任的，终身不得从事评估业务

续表

（8）违反法律、行政法规的其他行为	这属于兜底条款，评估专业人员除不得有《资产评估法》规定的禁止性行为外还不得有违反法律、行政法规的行为。 评估专业人员违反上述规定的，由有关评估行政管理部门给予责令停止从业、没收违法所得的处罚，构成犯罪的，依法追究刑事责任

（四）评估机构

1.组织形式

合伙形式	一般规定	（1）普通合伙企业由普通合伙人组成，合伙人对合伙企业债务承担无限连带责任。国有独资公司、国有企业、上市公司以及公益性的事业单位、社会团体不得成为普通合伙人。企业名称中应标明“普通合伙”字样。 （2）特殊普通合伙企业指一个合伙人或者数个合伙人在执业活动中因故意或者重大过失造成合伙企业债务的，应当承担无限责任或者无限连带责任，其他合伙人以其在合伙企业中的财产份额为限承担责任。合伙人在执业活动中非故意或者重大过失造成的合伙企业债务以及合伙企业的其他债务，由全体合伙人承担无限连带责任。特殊的普通合伙企业必须在其企业名称中标明“特殊普通合伙”字样，以区别于普通合伙企业
	设立要求	（1）有两个以上合伙人。合伙人为自然人的，应当具有完全民事行为能力； （2）有书面合伙协议； （3）有合伙人认缴或者实际缴付的出资； （4）有合伙企业的名称和生产经营场所； （5）法律、行政法规规定的其他条件
公司形式	有限责任公司	应当具备下列条件 （1）股东符合法定人数（50 人以下），董事为 3 人以上 13 人以下； （2）有符合公司章程规定全体股东认缴的出资额； （3）股东共同制定公司章程； （4）有公司名称，建立符合有限责任公司要求的组织机构； （5）有公司住所。 **【注意】**：企业名称中应标明有限责任公司或者有限公司字样
	股份有限公司	（1）发起人符合法定人数（应当有 2 人以上 200 人以下为发起人，其中须有半数以上的发起人在中国境内有住所）；董事为 5 人以上 19 人以下 （2）有符合公司章程规定的全体发起人认购的股本总额或者募集的实收股本总额； （3）股份发行、筹办事项符合法律规定； （4）发起人制订公司章程，采用募集方式设立的经创立大会通过； （5）有公司名称，建立符合股份有限公司要求的组织机构； （6）有公司住所。 **【注意】**：公司名称中标明股份有限公司或者股份公司字样

2.《资产评估法》的特别规定

设立资产评估机构显然需要遵守合伙企业法和公司法，《资产评估法》还做了特别规定：

合伙形式	公司形式
合伙形式的评估机构，应当有 2 名以上评估师；其合伙人三分之二以上应当是具有 3 年以上从业经历且最近 3 年内未受停止从业处罚的评估师	公司形式的评估机构，应当有 8 名以上评估师和 2 名以上股东，其中三分之二以上股东应当是具有 3 年以上从业经历且最近 3 年内未受停止从业处罚的评估师
评估机构的合伙人或者股东为 2 名的，2 名合伙人或者股东都应当是具有 3 年以上从业经历且最近 3 年内未受停止从业处罚的评估师	

3.设立程序

（1）向工商行政管理部门申请办理登记；

（2）向有关资产评估行政管理部门备案；

（3）有关资产评估行政管理部门将备案情况向社会公告。

4. 评估机构的权利

托人拒绝提供或者不如实提供执行评估业务所需的权属证明、财务会计信息和其他资料的，评估机构有权依法拒绝其履行合同的要求	（1）委托人应当为评估机构提供有关权属证明、财务会计信息和其他资料，并对其提供的权属证明、财务会计信息和其他资料的真实性、完整性和合法性负责。 （2）将委托人如实提供执行评估业务所需的权属证明、财务会计信息和其他资料作为先履行的义务，评估机构可以享有后履行抗辩权，依法拒绝从事虚假评估业务。 （3）在委托人拒绝提供或者不如实提供执行评估业务所需的权属证明、财务会计信息和其他资料这两种情形下，评估机构都可以主张后履行抗辩权，有权拒绝委托人履行合同的要求
委托人要求出具虚假评估报告或者有其他非法干预评估结果情形的，评估机构有权解除合同	（1）委托人往要求出具虚假评估报告或者其他非法方式进行干预，使评估机构不能独立、客观、公正地开展评估业务。 （2）在这种情况下，有必要对评估机构的单方解除合同权作出规定。而且评估机构在行使法定单方解除合同权时，无须承担赔偿损失的责任

5.评估机构的责任

评估机构不得有下列行为	（1）不得利用开展业务之便，谋取不正当利益； （2）不得允许其他机构以本机构名义开展业务，或者冒用其他机构名义开展业务； （3）不得以恶性压价、支付回扣、虚假宣传，或者贬损、诋毁其他评估机构等不正当手段招揽业务； （4）不得受理与自身有利害关系的业务；不得分别接受利益冲突双方的委托，对同一评估对象进行评估； （5）不得出具虚假评估报告或者有重大遗漏的评估报告； （6）不得聘用或者指定不符合《资产评估法》规定的人员从事评估业务； （7）不得有违反法律、行政法规的其他行为。 评估机构违反上述规定的，由有关评估行政管理部门依法给予责令停业、没收违法所得、罚款的处罚；情节严重的，由工商行政管理部门吊销营业执照；构成犯罪的，依法追究刑事责任
加强评估机构内部管理	（1）评估机构应当依法接受监督检查，如实提供评估档案以及相关情况。 （2）评估机构应当建立健全内部管理制度，对本机构的评估专业人员遵守法律、行政法规和评估准则的情况进行监督，并对其从业行为负责。 （3）评估机构违反这一规定的，依法予以处罚。同时，评估专业人员违反《资产评估法》的规定，给委托人或者其他相关当事人造成损失的，由其所在的评估机构依法承担赔偿责任。 （4）评估机构履行赔偿责任后，可以向有故意或者重大过失的评估专业人员追偿
完善风险防范机制	评估机构根据业务需要建立职业风险基金或者自愿办理职业责任保险，完善风险防范机制

（五）评估程序

程序	要求
委托人选择评估机构	委托人选择评估机构应当遵守以下原则： （1）自愿原则 委托人有按照自己的意愿选择评估机构的权利，任何单位和个人不得非法限制或者干预。 （2）委托人选择的必须是符合《资产评估法》规定的评估机构。 （3）协商委托 ①评估事项涉及两个以上当事人的，由全体当事人协商委托评估机构。 ②协商委托，要有共同的意思表示（当事人要与评估事项相关而且是全体当事人） （4）委托开展法定评估业务，委托人应当依法选择评估机构（依据《资产评估法》及有关法律、法规和规章等对选择评估机构的程序性规定）
订立评估委托合同	评估委托合同一般应采取书面的形式

续表

承办评估业务的评估专业人员	对受理的评估业务，评估机构应当指定至少两名评估专业人员承办。 属于法定评估业务的，评估机构应当指定至少两名评估师承办。 委托人有权要求与相关当事人及评估对象有利害关系的评估专业人员回避
评估专业人员对评估对象进行现场调查，收集、核查验证、分析整理评估资料	评估专业人员应当能够根据评估业务具体情况对收集的评估资料进行必要分析、归纳和整理，形成评定估算的依据。 （1）由于收集的评估资料难免存在失真的情况，要对失真的材料进行鉴别和剔除 （2）要对收集的评估资料信息、数据的合理性、相关性进行分析，以提高评估资料的可靠性 （3）在对资产信息资料进行识别后，根据不同的评估专业类别对资产信息资料进行筛选、整理和分类
评估方法选择、评估结论形成、评估报告编制	评估实践中，评估基本方法主要有市场法、收益法和成本法。 恰当选择评估方法，除依据评估准则只能选择一种评估方法外，应选择两种以上评估方法。 评估专业人员应当在执行评定估算程序后，根据法律、法规和评估准则的要求编制评估报告。评估机构应当对评估报告进行内部审核。 评估报告由至少两名承办该项业务的评估专业人员签名并加盖评估机构印章，属于法定评估业务的，由至少两名承办该项业务的评估师签名并加盖评估机构印章
评估档案保管期限	评估档案的保存期限不少于 15 年，属于法定评估业务的，评估档案的保存期限不少于 30 年。 《资产评估法》规定的评估档案保管期限，是法定最低期限

（六）评估行业协会

1.协会的性质、设立和会员入会

协会性质	（1）从组织性质上看，评估行业协会是自律性组织。 （2）从法人分类上看，评估行业协会是社团法人。 中国资产评估协会是资产评估行业的全国性自律管理组织，具有社团法人资格。 （3）评估行业协会实行会员制 评估行业协会的会员分为单位会员和个人会员，包括评估机构和评估专业人员，其中，评估专业人员包括评估师和其他具有评估专业知识及实践经验的评估从业人员。 （4）评估行业协会对会员实行自律管理 一方面，维护会员的合法权益；另一方面，规范会员从事评估业务的行为，推动评估行业健康有序发展
协会设立	（1）评估行业按照专业领域设立全国性评估行业协会，根据需要设立地方性评估行业协会。青岛市除外都设立了省级的资产评估协会； （2）评估行业协会要有章程 ①评估行业协会章程是评估行业协会内部管理和活动的根本准则，属于协会的重大事项，应当由会员代表大会通过； ②评估行业协会章程是应当报登记管理机关核准。核准，就是审核后批准（民政部核准或者当地民政部门核准）； ③评估行业协会的章程应当报评估行政管理部门备案。备案，就是把情况用书面形式报告给主管部门，供存档备查。资产评估行业协会的章程应当报财政部门备案
会员入会	（1）评估机构和评估专业人员加入评估行业协会是法定义务，评估行业协会的自律管理覆 盖了所有评估机构和评估专业人员。 （2）评估机构和评估专业人员加入协会，对其自身发展也有很多好处：①接受协会的监督，规范自己的从业行为，有利于提高信誉，提高行业影响力和知名度；②评估行业协会能为会员提供帮助和服务

2.协会的职责

（1）制定会员自律管理办法，对会员实行自律管理。

（2）依据评估基本准则制定评估执业准则和职业道德准则。

（3）组织开展会员继续教育。

（4）建立会员信用档案，将会员遵守法律、行政法规和评估准则的情况记人信用档案，并向社会公开。

（5）检查会员建立风险防范机制的情况。

（6）受理对会员的投诉、举报，受理会员的申诉，调解会员执业纠纷

（7）对评估机构和评估专业人员违反法律、行政法规和评估准则的行为，委托人或者其他相关当事人可以向评估行业协会投诉，其他人可以向评估行业协会举报。

（8）规范会员从业行为，定期对会员出具的评估报告进行检查，按照章程规定对会员给予奖惩，并将奖惩情况及时报告有关评估行政管理部门。

评估行业协会自律管理的重要内容就是对会员进行奖惩，通过奖优罚劣，促进评估行业的健康发展。评估行业协会应当将会员的奖惩情况及时报告有关评估行政管理部门。

（9）保障会员依法开展业务，维护会员合法权益。

（10）法律、行政法规和章程规定的其他职责。

全国性评估行业协会按照国家规定组织实施评估师资格全国统一考试。

3.评估行业协会之间的沟通协作、会费管理及对协会的监督

评估行业协会之间的沟通协作	对于不同评估专业领域之间存在一些共性的要求，评估行业协会可以根据需要制定共同的行为规范，对评估机构及其评估专业人员从事评估业务活动进行统一要求
会费管理	（1）会费的标准 评估行业协会不能从事营利性活动，因此，会员交纳的会费成为评估行业协会经费的重要来源甚至唯一来源 各评估行业协会章程往往将按时足额交纳会费规定为会员的义务甚至是成为会员的条件，对不交纳会费的会员要进行惩戒。 会费标准属于评估行业协会的重大事项，应当由会员代表大会来决定。 （2）会费的收取、使用应当接受监督。 （3）不得侵占、私分和挪用会费
对协会的监督	（1）评估行业协会应当接受有关评估行政管理部门的监督和社会监督。 评估行政管理部门的监督属于行政监督，就财政部管理的资产评估行业而言，各级资产评估协会要接受财政部门的监督。社会监督包括新闻媒体监督、社会公众的监督等。 （2）评估行业协会违反《资产评估法》规定的，由有关评估行政管理部门给予警告，责令改正；拒不改正的，可以通报登记管理机关，即民政部门，由其依法给予处罚。 （3）评估行业协会工作人员滥用职权、玩忽职守或者徇私舞弊的，依法给予处分；构成犯罪的，依法追究刑事责任

（七）评估行政管理部门的监督管理

1.评估行政管理部门的含义

（1）指负责各个评估领域业务管理的政府主管部门。

（2）不同的评估专业接受不同政府主管部门的监督管理，如资产评估行业接受财政部门的监督管理。

（3）各个评估领域的资产评估行业行政管理层级由相关领域自行规范，财政部管理的资产评估行业的行政监管部门分为财政部和各省、自治区、直辖市、计划单列市财政厅（局）（简称：省级财政部门）。

2.评估行政管理部门的职责

组织制定各自领域的评估基本准则和评估行业监督管理办法	（1）这项职责由国务院有关评估行政管理部门负责。 评估准则是开展评估业务活动的行为规范，包括评估基本准则和依据基本准则制定的评估执业准则和职业道德准则。 评估基本准则在整个评估准则体系中占有重要地位，需要由国务院有关评估行政管理部门制定，如资产评估基本准则由财政部制定。 （2）国务院有关评估行政管理部门可以根据职责分工，对相关领域的评估规定监督管理办法，依法对评估机构、评估专业人员、评估行业协会遵守法律法规、评估基本准则等情形开展监督管理。 如2017年，财政部根据《资产评估法》的规定，制定了《资产评估行业财政监督管理办法》
负责对各自领域评估行业的监督管理，对评估机构和评估专业人员的违法行为实施行政处罚，将处罚情况通报有关评估行业协会，并依法向社会公开	（1）评估行政管理部门的监督管理权限包括监督权和管理权两部分 ①管理权侧重于行政管理，通过制定规章制度和行业发展规划，加强行业扶持力度，促进行业健康有序发展。 ②监督权侧重于事后监管，对评估机构、评估专业人员、评估行业协会遵守法律法规情况进行监督检查，发现违法行为依法予以查处。 （2）《资产评估法》对评估行政管理部门的监督管理权做了较为全面的规定 ①如评估专业人员违反规定，从事“从业禁止行为”，评估行政管理部门可以处以警告、责令停业、没收违法所得等行政处罚。 ②评估机构违反《资产评估法》有关规定的，评估行政管理部门可以采取责令停止违法活动、责令改正、警告、罚款、没收违法所得、责令停业等措施，情节严重的，由工商行政管理部门吊销营业执照。构成犯罪的，依法追究刑事责任。 ③评估行业协会违反《资产评估法》有关规定的，由评估行政管理部门给予警告、责令改正，拒不改正的，可以通报登记管理机关，由其依法给予处罚
负责对各自领域的评估行业协会实施监督检查，对检查中发现的问题和针对协会的投诉、举报，进行调查处理	（1）评估行政管理部门在开展对评估行业协会的监督检查中发现了违法行为，应当及时启动相应的调查处理程序。 （2）评估行政管理部门收到公民、法人或者其他组织针对评估行业协会的投诉、举报后，经过初步梳理，符合案件调查条件的，应当及时启动调查程序。 （3）经过调查处理程序后，评估行政管理部门认为有关评估行业协会有违反《资产评估法》规定行为的，处理分为两个阶段： ①由评估行政管理部门先行处理，可以给予警告，责令其改正； ②评估行业协会拒不改正的，可以由评估行政管理部门通报登记管理机关，由登记管理机关依据《社会团体登记管理条例》等规定给予行政处罚

3.对评估行政管理部门的履职要求

（1）不得违反《资产评估法》规定，对评估机构依法开展业务进行限制

应当严格执法，认真履行法定职责，确保评估行业健康有序发展。

应当树立起权力边界意识，不得对评估机构依法开展业务进行限制，切实保障评估机构的经营自主权。

（2）不得与评估行业协会、评估机构存在人员或资金关联。

（3）不得利用职权为评估机构招揽业务

【说明】对于评估行政管理部门工作人员滥用职权、玩忽职守或者徇私舞弊的，依法给予处分；构成犯罪的，依法追究刑事责任。

二、选编例题

【例1·单选题】（2021真题）下列关于资产评估机构的义务和责任的说法中，正确的是（　　）。

A.资产评估机构可以根据业务需要建立职业风险基金或者自愿购买职业责任保险

B.因委托人提供虚假资料导致资产评估机构出具了虚假评估报告，资产评估机构不承担责任

C.资产评估机构可以允许其从事资产评估业务的子公司以本机构的名义开展资产评估业务

D. 资产评估专业人员违反规定执业给相关当事人造成损失的，应当由执业人员履行赔偿责任后向资产评估机构追偿

【例2·单选题】以下不属于资产损失评估内容的是（　　）。

A. 自然灾害损失评估　B. 侵权损失评估　C. 人为伤害评估　D. 保险公估

【例3·多选题】下列关于合伙制资产评估机构的说法中，正确的有（　　）。

A. 合伙人对合伙企业债务承担无限连带责任

B. 应当有2名以上的评估师

C. 企业名称中应标明“普通合伙”字样

D. 三分之二以上合伙人应当是最近三年内未受停止从业处罚的评估师

E. 三分之一以上的合伙人应当是具有3年以上从业经历的评估师

【例4·多选题】以下属于法定评估特点的是（　　）。

A. 涉及国有资产或者公共利益

B. 法律、行政法规规定需要评估

C. 应当依法选择评估机构评估

D. 至少两名相应专业类别的评估师承接业务，且评估报告必须由至少两名评估师签署

E. 法定评估档案保存期限为不少于50年

【例5·单选题】（2019真题）在《资产评估法》规定的公司形式资产评估机构的最低股东人数中，具有3年以上从业经历且最近3年内未受停止从业处罚的评估师的比例不能低于（　　）。

A. 五分之四　B. 四分之三　C. 三分之二　D. 二分之一

知识点2选编例题答案

1.【答案】A

【解析】资产评估机构不得出具虚假评估报告或者有重大遗漏的评估报告，所以B不正确。给委托人或者其他相关当事人造成损失的，由其所在的评估机构依法承担赔偿责任，评估机构履行赔偿责任后，可以向有故意或者重大过失的评估专业人员追偿，所以D不正确。

2.【答案】C

【解析】本题考查资产评估法评估对象的基本知识。

3【答案】BD

【解析】普通合伙企业合伙人对合伙企业债务承担无限连带责任，特殊普通合伙企业指一个合伙人或者数个合伙人在执业活动中因故意或者重大过失造成合伙企业债务的，应当承担无限责任或者无限连带责任，其他合伙人以其在合伙企业中的财产份额为限承担责任。故A不正确。合伙形式的评估机构，应当有2名以上评估师;其合伙人三分之二以上应当是具有3年以上从业经历且最近3年内未受停止从业处罚的评估师。故BD正确，E不正确。普通合伙企业的名称中应标明“普通合伙”字样，而合伙制资产评估机构包括普通合伙和特殊普通合伙两种形式，故C不正确。本题在随后2020年考题中以单选题形式出现。所以题目在于质量而不完全靠数量，大家做题要注意看每个选项对应的知识点。

4.【答案】ABCD

【解析】本题考查法定评估的基本特点；法定评估的特点是：（1）涉及国有资产或者公共利益；（2）法律、行政法规规定需要评估；（3）应当依法选择评估机构评估；（4）至少两名相应专业类别的评估师承接业务，且评估报告必须由至少两名评估师签署；（5）法定评估档案保存期限为不少于30年，其他为不少于15年。

5.【答案】C

【解析】公司形式的评估机构，应当有8名以上评估师和2名以上股东，其中三分之 二以上股东

应当是具有3年以上从业经历且最近3年内未受停止从业处罚的评估师。所以C为正确答案。

【知识点3】资产评估监督（★★★）

一、知识点精讲

（一）财政部门的监管范围

监管法律及分工	监管法规依据	《资产评估法》、《资产评估行业财政监督管理办法》
	资产评估监管部门	财政部门监管资产评估领域，具有综合性特征
监管业务范围	1.财政部颁布的《资产评估行业财政监督管理办法》明确的监管业务范围 （1）资产评估机构及其资产评估专业人员根据委托，对单项资产、资产组合、企业价值、金融权益、资产损失或者其他经济权益进行评定、估算，并出具资产评估报告的专业服务行为。 （2）财政部门对资产评估行业实施监督管理。 财政部门监管的资产评估行业、资产评估专业人员、资产评估机构和资产评估协会。 2.2021年版《国家职业资格目录》 目前我国的评估行业包括资产评估师、房地产估价师、矿业权评估师三种资格，资产评估师由财政部负责监督管理，房地产估价师由住房和城乡建设部、自然资源部负责监督管理，矿业权评估师由自然资源部负责监督管理。其中，财政部门监管资产评估领域具有综合性特征	

（二）监管原则与监管职责范围

监管原则	行政监管（财政部门）、行业自律（资产评估协会）与机构（资产评估机构）自主管理相结合
财政部门的监管职责范围	1.负责统筹财政部门对全国资产评估行业的监督管理； 2.制定有关监督管理办法； 3.制定资产评估基本准则； 4.指导和督促地方财政部门实施监督管理； 5.对资产评估机构从事证券期货相关资产评估业务实施监督管理
资产评估专业人员的监管	1.资产评估专业人员包括资产评估师（含珠宝评估专业，下同；指通过评估师考试的人员）和具有资产评估专业知识及实践经验的其他资产评估从业人员（资产评估机构自主评价认定）。 2.资产评估专业人员从事资产评估业务，应当加入资产评估机构并且只能在一家机构任职 3.资产评估专业人员应当与评估机构签订劳动合同，建立社会保险缴纳关系，按照国家有关规定办理人事档案存放手续。 4.应当遵守法律、行政法规和《资产评估行业财政监督管理办法》的规定，执行资产评估准则及资产评估机构的各项规章制度，依法签署资产评估报告，不得签署本人未承办业务的资产评估报告或者有重大遗漏的资产评估报告。 5.未取得资产评估师资格的人员，不得签署法定资产评估业务资产评估报告。 6.资产评估专业人员应当接受资产评估协会的自律管理和资产评估机构的自主管理。 7.加入资产评估协会的资产评估专业人员，平等享有章程规定的权利

（三）资产评估机构备案管理

备案程序要求	备案申请	资产评估机构应当自领取营业执照之日起30个工作日内，通过备案信息管理系统向所在地省级财政部门备案。 提交下列材料： 1.资产评估机构备案表； 2.统一社会信用代码（重要变化）； 3.资产评估机构合伙人或者股东以及执行合伙事务的合伙人或者法定代表人三年以上从业经历、最近三年接受处罚信息等基本情况； 4.在该机构从业的资产评估师、其他专业领域的评估师和其他资产评估从业人员情况； 5.资产评估机构质量控制制度和内部管理制度

续表

备案程序要求	备案审批	对于备案材料不齐全或者不符合规定形式的资产评估机构，财政部门在接到备案申请材料 5 个工作日内一次性告知申请人需要补正的全部内容，并予以指导。资产评估机构应当根据要求，在 15 个工作日内补正。逾期不补正的，视同未备案
	备案结果公布	材料完备且符合要求的，省级财政部门收齐备案材料即完成备案，并在 20 个工作日内将信息以公函编号向社会公开。公开的信息包括： 1.资产评估机构名称及组织形式； 2.资产评估机构的合伙人或者股东的基本情况； 3.资产评估机构执行合伙事务的合伙人或者法定代表人； 4.申报的资产评估专业人员基本情况
	分支机构备案	资产评估机构设立分支机构的，由资产评估机构向其分支机构所在地省级财政部门备案，提交以下材料： 1.资产评估机构设立分支机构备案表； 2.分支机构统一社会信用代码（重要变化）； 3.资产评估机构授权分支机构的业务范围； 4.分支机构负责人三年以上从业经历、最近三年接受处罚信息等基本情况； 5.资产评估师、其他专业领域的评估师和其他资产评估从业人员情况
变更备案要求	资产评估机构的名称、执行合伙事务的合伙人或者法定代表人、合伙人或者股东、分支机构的名称或者负责人发生变更，以及发生机构分立、合并、转制、撤销等重大事项，应当自变更之日（需要变更工商登记的，自工商变更登记完成之日）起 15 个工作日内，向有关省级财政部门办理变更手续	
合并或者分立	资产评估机构办理合并或者分立变更手续的，应当提供合并或者分立协议。合并或者分立协议应当包括的事项有： 1.合并或者分立前资产评估机构评估业务档案保管方案； 2.合并或者分立前资产评估机构职业风险基金或者执业责任保险的处理方案； 3.合并或者分立前资产评估机构资产评估业务、职业责任的承继关系	
转制	合伙制资产评估机构转为公司制资产评估机构，或者相反的转制行为，办理变更手续应当提供合伙人会议或股东（大）会审议通过的转制决议	
迁移经营场所	资产评估机构跨省级行政区划迁移经营场所，应当书面告知迁出地省级财政部门。	
注销备案	有下列行为之一的，省级财政部门予以注销备案： 1.注销工商登记的； 2.被工商行政管理机关吊销营业执照的； 3.主动要求注销备案的	
信息管理	1.注销备案的资产评估机构及其分支机构的资产评估业务档案，应当按照《中华人民共和国档案法》和资产评估档案管理的有关规定予以妥善保管。 2.财政部建立统一的备案信息管理系统，备案信息管理系统实行全国联网，并与其他相关行政管理部门实行信息共享。 3.资产评估机构未按本办法规定备案的，依法承担法律责任	

（四）监督检查

职责划分	财政部	1.制定资产评估人员、机构、协会和相关业务监督的具体办法； 2.组织开展专项检查； 3.监督评估机构从事证券期货的评估业务情况； 4.检查评估协会的职责情况（并抽查）； 5.指导和督促地方财政部门的监督工作（并抽查）

续表

职责划分	省级财政部门	1.对评估机构重点检查内容（检查结果公开并报财政部门） （1）资产评估机构持续符合资产评估法第十五条规定条件的情况； （2）办理备案情况； （3）资产评估执业质量情况 2.对地方资产评估协会重点检查（报财政部门） （1）地方资产评估协会章程的制定、修改情况； （2）指导会员落实准则情况； （3）检查会员执业质量情况； （4）开展会员继续教育、人信用档案、风险防范等情况； （5）机构会员年度信息管理情况
工作要求	1.财政部门开展监督检查工作，应当由本部门两名以上执法人员组成检查组； 2.财政部认定虚假资产评估报告和重大遗漏资产评估报告，应当以资产评估准则为依据，组织相关专家进行专业技术论证或委托协会组织专家提供技术支持； 3.发现资产评估专业人员、机构和协会存在违法情形的，应当按照资产评估法等法律移送司法机关处理； 4.当事人对行政处理、处罚决定不服的，可以依法申请行政复议或者提起行政诉讼	

（五）调查处理

投诉举报主体与范围	1.违法开展法定资产评估业务的； 2.资产评估专业人员违反资产评估法第十四条规定； 3.资产评估机构未按照规定备案或备案后未持续符合资产评估法第十五条规定条件； 4.资产评估机构违反资产评估法第二十条规定； 5.资产评估机构违反规定，受理与合伙人或股东存在利害关系的业务； 6.资产评估机构违反规定，分支机构未在资产评估机构授权范围内从事资产评估业务，并以资产评估机构的名义出具资产评估报告
对投诉举报的处理	1.在法定资产评估业务中，委托人或者被评估单位有资产评估法第五十二条规定行为的，资产评估的相关当事人可以向委托人或被评估单位所在地省级财政部门进行投诉、举报； 2.投诉、举报应当通过书面形式实名进行，并如实反映情况，提供相关证明材料； 3.财政部门接到投诉、举报的事项，应当在15个工作日内做出是否受理的书面决定。 4.对于投诉、举报事项不属于财政部门职责的；已由公安机关、检察机关立案调查或者进入司法程序的；属于资产评估协会自律管理的投诉、举报事项，财政部不予受理； 5.财政部门受理投诉、举报，应当采用书面审查的方式及时进行处理，必要时可以成立由本部门两名以上执法人员和聘用的专家组成的调查组，进行调查取证。 6.对投诉、举报的调查，调查组有权进入被投诉举报单位现场调查，查阅、复印有关凭证、文件等资料，询问被投诉举报单位有关人员； 7.有关证据可能灭失或以后难以取得的情况下，经财政部门负责人批准，调查组可以先行登记保存，并在7个工作日内及时做出处理决定； 8.财政部门根据调查处理具体情况，应当采取书面形式答复实名投诉人、举报人

二、选编例题

【例1·单选题】（2021真题）下列关于行政监管部门对资产评估行业监督检查的说法中，错误的是（　　）。

A. 财政部门开展资产评估行业监督检查，应当由本部门两名以上执法人员组成检查组，必要时组织相关专家提供专业技术支持

B. 证监会负责对资产评估机构从事证券服务相关资产评估业务情况和中国资产评估协会履行职责情况等实施监督检查

C. 省级财政部门负责对本行政区域内资产评估机构和地方资产评估协会实施监督检查，并将检查情况向财政部报告

D. 财政部统一部署对资产评估行业的监督检查，并负责制定监督检查的具体办法

【例2·单选题】以下不属于针对资产评估机构监管要求的是（　　）。

A. 必须依法采用合伙或者公司形式

B. 要求资产评估机构建立健全质量控制制度和内部管理制度

C. 应当有8名以上的评估师

D. 应当建立执业风险基金或购买执业保险

【例3·单选题】以下不属于资产评估行业监管原则的是（　　）。

A. 行政监管　　B. 行业自律　　C. 成本效益原则　　D. 机构自主管理

【例4·多选题】（2018真题）下列关于资产评估机构备案管理的说法中，正确的有（　　）。

A. 资产评估机构法律代表人发生变更应当在变更之日起15个工作日向有关省级财政主管部门备案

B. 新设资产评估机构应当在领取营业执照3个月内向所在地省级财政主管部门备案

C. 资产评估机构发生分立、合并、转制、撤销等重大事项应当向有关省级财政主管部门备案

D. 资产评估机构跨省级行政区划迁移经营场所应当在迁出地省级财政主管部门办理备案

E. 新设资产评估机构向所在地省级财政部门备案需提供统一社会信用代码

知识点3选编例题答案

1.**【答案】**B

【解析】财政部统一部署对资产评估行业的监督检查，包括监督检查资产评估机构从事证券期货相关资产评估业务情况，所以B不正确。

2.**【答案】**C

【解析】本题考查对资产评估机构、人员与协会监管的知识；选项C是公司形式评估机构的设立条件，而合伙制评估机构无须符合此标准。故选项C错误。

3.**【答案】**C

【解析】本题考查资产评估行业监管原则。

4.**【答案】**ACE

【解析】资产评估机构的名称、执行合伙事务的合伙人或者法定代表人、合伙人或者股东、分支机构的名称或者负责人发生变更，以及发生机构分立、合并、转制、撤销等重大事项，应当自变更之日起15个工作日内，向有关省级财政部门办理变更手续。因此选项AC正确。资产评估机构应当自领取营业执照之日起30日内，通过备案信息管理系统向所在地省级财政部门备案，提交材料。因此选项B不正确。资产评估机构跨省级行政区划迁移经营场所，应当书面告知迁出地省级财政部门。资产评估机构在办理完迁入地工商登记手续后15个工作日内，向迁入地省级财政部门办理迁入备案手续。因此选项D不正确。资产评估机构领取营业执照后向其分支机构所在地省级财政部门备案，需提供统一社会信用代码。故E选项正确。

【知识点4】我国资产评估行业自律管理与自主管理（★）

一、知识点精讲

（一）资产评估行业自律管理

1. 接受财政部门监督，不得损害国家利益和社会公共利益；

2. 资产评估协会通过制定章程规范协会内部管理和活动；

3. 资产评估协会应当及时向财政部门报告会员信用档案、会员自律检查情况及奖惩情况；

4. 资产评估协会对资产评估机构及其资产评估专业人员进行自律检查；

5. 资产评估协会应当结合自律检查工作，对资产评估机构及其分支机构按照规定每年3月31日之前报送的材料进行分析，发现不符合法律、法规的情况需要及时向有关财政部门报告；

6. 资产评估协会应当与其他评估专业领域行业协会加强沟通协作，建立会员、职业、奖惩等相关信息的共享机制；

（二）资产评估机构的自主管理

1. 资产评估机构应当依法采用合伙或者公司形式，并符合资产评估法第十五条规定的条件；

2. 资产评估机构从事资产评估业务，应当遵循资产评估准则，履行资产评估程序，加强内部审核，严格控制职业风险；

3. 资产评估机构开展法定资产评估业务，应当制定至少两名资产评估师承办；

4. 资产评估机构应当遵守独立性原则和资产评估准则规定的资产评估业务回避要求，不得受理与其合伙人或者股东存在利害关系的业务；

5. 资产评估机构应当建立健全质量控制制度和内部管理制度；

6. 资产评估机构应当指定一名取得资产评估师资格的本机构合伙人或者股东专门负责执业质量控制；

7. 资产评估机构根据业务需要建立职业风险基金管理制度，或者自愿购买职业责任保险，完善职业风险防范机制；

8. 集团化发展的资产评估机构，应当在质量控制、内部管理、客户服务、企业形象、信息化等方面，对设立的分值机构实行统一管理，或者对集团成员实行统一政策；

9. 资产评估机构和分支机构加入资产评估协会，平等享有章程规定的权利，履行章程规定的义务；

10. 资产评估机构和分支机构应当在 3 月 31 日之前，分别向所加入的资产评估协会报送以下资料：（1）资产评估机构或分支机构基本情况；（2）上年度资产评估项目重要信息；（3）资产评估机构建立职业风险基金或者购买职业责任保险情况。

二、选编例题

【例 1 · 单选题】以下关于资产评估行业自律管理说法错误的是（　　）。

A. 资产评估协会通过制定章程规范协会内部管理和活动

B. 资产评估协会应当及时向财政部门报告会员信用档案、会员自律检查情况及奖惩情况

C. 资产评估协会应当结合自律检查工作，对资产评估机构及其分支机构按照规定每年 1 月 31 日之前报送的材料进行分析，发现不符合法律、法规的情况需要及时向有关财政部门报告

D. 资产评估协会对资产评估机构及其资产评估专业人员进行自律检查

【例 2 · 单选题】以下关于资产评估机构的自主管理说法错误的是（　　）。

A. 资产评估机构应当依法采用合伙或者公司形式

B. 资产评估机构应当指定一名取得资产评估师资格的本机构合伙人或者股东专门负责执业质量控制

C. 资产评估机构开展法定资产评估业务，应当制定至少一名资产评估师承办

D. 集团化发展的资产评估机构，应当在质量控制、内部管理、客户服务、企业形象、信息化等方面，对设立的分值机构实行统一管理，或者对集团成员实行统一政策

知识点 4 选编例题答案

1.【答案】C

【解析】本题考查资产评估行业的自律管理固定；资产评估协会应当结合自律检查工作，对资产评估机构及其分支机构按照规定每年 3 月 31 日之前报送的材料进行分析，发现不符合法律、法规的情况需要及时向有关财政部门报告。

2.【答案】C

【解析】本题考查资产评估机构的自主管理的知识；资产评估机构开展法定资产评估业务，应当制定至少两名资产评估师承办。

【知识点5】我国国有资产评估管理（★★）

一、知识点精讲

（一）我国国有资产评估管理的基本概念与法律体系

国有资产概念	指国家对企业各种形式的出资所形成的权益，国有资产属于国家所有即全民所有
国有资产按资产表现形态分类	1.企业国有资产包括金融企业国有资产和非金融企业国有资产； 2.行政事业性国有资产是国家机关和事业单位依法占有、使用和处分的国有资产； 3.资源性国有资产是国家依法拥有的自然资源，大多数自然资源属于国家所有
管理权限划分	1.国务院代表国家行使国有资产所有权。 国务院确定的①关系国民经济命脉和②国家安全的大型国家出资企业，③重要基础设施和④重要自然资源等领域的国家出资企业，由国务院代表国家履行出资人职责。 2.其他的国家出资企业，由地方人民政府代表国家履行出资人职责。 【说明】国家出资企业，是指国家出资的国有独资企业、国有独资公司，以及国有资本控股公司、国有资本参股公司
法律体系	包括法律、部门规章以及地方性法规，法律包括《企业国有资产法》《民法典》《土地管理法》《矿产资源法》等

（二）我国国有资产评估管理有关规定文件

企业国有资产评估管理（国务院国资委发布）	2005年颁布《企业国有资产评估管理暂行办法》； 2006年颁布《关于加强企业国有资产评估管理工作有关问题的通知》； 2009年印发《关于企业国有资产评估报告审核工作有关事项的通知》； 2010年制定《中央企业资产评估项目核准工作指引》； 2013年制定《企业国有资产评估项目备案工作指引》； 2016年印发《关于建立中央企业资产评估项目公示制度有关事项的通知》
金融企业国有资产评估管理（财政部发布）	2007年颁布《金融企业国有资产评估监督管理暂行办法》； 2011年印发《关于金融企业国有资产评估监督管理有关问题的通知》
中央文化企业国有资产评估管理（财政部发布）	2007年颁布《中央文化企业国有资产评估管理暂行办法》； 2017年印发《关于中央文化企业国有资产评估管理的补充通知》
行政单位和事业单位国有资产评估管理（财政部发布）	2006年颁布《行政的那位国有资产管理暂行办法》； 2006年颁布《事业单位国有资产管理暂行办法》； 2021年国务院颁布《行政事业性国有资产管理条例》 规定行政事业单位在资产配置、使用和处置时，资产价值较高的按照国家有关规定进行资产评估。行政事业单位对无法进行会计确认入账的资产，可以根据需要组织专家参照资产评估方法进行进估价，并作为反映资产状况的依据。 除国家另有规定外，行政事业单位将行政事业性国有资产进行转让、拍卖、置换、对外投资等，应当按照国家有关规定进行资产评估
境外国有资产评估管理（国务院国资委发布）	2011年颁布《中央企业境外国有产权管理暂行办法》； 2017年颁布《中央企业境外投资监督管理办法》《企业国有资产评估项目备案工作指引》； 2017年《国有企业境外投资财务管理办法》； 对投资规模较大或者对企业发展战略具有重要意义的境外投资，国有企业应当分别组织开展内部和外部财务可行性研究，并要求承担可研的团队和机构独立出具书面报告； 对投资 标的价值，应当依法委托具有能力的资产评估机构进行评估。境外投资企业（项目）重大财务事项，包括但不限于合并、分立、终止、清算，资本变更，重大融资，对外投资、对外担保，重大资产处置，重大资产损失，重大税务事项等，涉及资产评估的，应当按照《资产评估法》等有关规定执行，境外国家（地区）法律法规另有规定的除外

（三）我国国有资产评估项目管理方式

1. 备案制和核准制

	适用对象	管理者	审核要求	目的
核准制	国务院或者省级人民政府批准实施的重大经济行为涉及的评估事项，以及各级政府认为的其他重要评估事项	履行出资人职责的机构	对评估报告进行合规性和合理性审核	（1）保证国有资产的评估项目符合相关的法律、法规规定 （2）保证评估结果的公允性，防止国有资产流失
备案制	经履行出资人职责的机构、国家出资企业及其各级子企业批准的经济行为涉及的评估事项	有备案权限的部门		
核准文件、备案表的作用	（1）国有资产监督管理机构批复的资产评估项目核准文件和经国有资产监督管理机构或所出资企业确认备案的资产评估项目备案表的 （2）主要作用是企业办理产权登记、股权设置和产权转让等相关手续的必备文件			

【说明】备案和核准的差异的核心在于使用对象不同，前者级别更高。

2. 评估报告与评估结果使用要求

		参考交易价格	参考交易价格低于90%
产权交易中	基本要求	应当以经核准或备案的资产评估结果为作价参考依据	当交易价格低于评估结果的90%时，（1）应当暂停交易，（2）在获得原经济行为批准机构同意后方可继续交易
	《企业国有资产交易监督管理办法》	法规要求必须进行资产评估的产权转让事项，产权转让价格应以经核准或备案的评估结果为基础确定。 首次正式信息披露的转让底价，不得低于经核准或备案的转让标的评估结果	信息披露期满未征集到意向受让方的，可以延期或在降低转让底价、变更受让条件后重新进行信息披露。降低转让底价或变更受让条件后重新披露信息的，披露时间不得少于20个工作日。 新的转让底价低于评估结果的90%时，应当经转让行为批准单位书面同意
	《金融企业国有资产转让管理办法》	首次挂牌价格不得低于经核准或者备案的资产评估结果	首次挂牌未能征集到意向受让方的，转让方可以根据转让标的企业情况确定新的挂牌价格并重新公告。 如新的挂牌价格低于资产评估结果的90%，应当重新报批
交易合同生效后		产权交易机构应当将交易结果通过交易机构网站对外公告，公告内容包括转让标的评估结果、转让底价、交易价格。 采取非公开协议转让方式转让企业产权，转让价格不得低于经核准或备案的评估结果	

（四）我国国有资产评估项审核与评审的依据（依据资产评估准则）

1. 我国国有资产评估项目审核

	法规依据	审核的内容
审核的内容	《金融企业国有资产评估监督管理暂行办法》	财政部门组织专家，应当对申请材料进行审查
	《中央文化企业国有资产评估管理暂行办法》 《企业国有资产评估管理暂行办法》 《金融企业国有资产评估监督管理暂行办法》	应当对评估过程（程序）是否符合相关评估准则的规定进行审核
	《中央文化企业国有资产评估管理暂行办法》	重点审核评估报告等十个方面是否符合评估准则的规定

续表

	法规依据	审核的内容
中央企业盒子重点审查内容	《中央企业资产评估项目核准工作指引》国资委聘请的专家执行	评估基准日的选择是否符合有关评估准则的规定要求； 评估过程是否符合相关评估准则的规定； 评估机构在评估过程中是否履行了必要评估程序，评估过程是否完整，是否存在未履行评估准则规定的必要评估步骤的行为； 评估方法是否符合相关评估准则的规定要求； 评估报告是否符合《企业国有资产评估报告指南》规定要求

2.《企业国有资产评估项目备案工作指引》

承诺函	评估委托方、评估机构、被评估企业（产权持有单位）均应当按照评估准则的相关规定出具承诺函。	
备案管理单位审核内容	备案内容	法规依据及关注重点
	相关行为的合规性、评估结果的合理性等进行审核	《企业国有资产评估管理暂行办法》《企业国有资产评估报告指南》等企业国有资产评估管理法规和相关评估准则
	审核评估程序实施过程和情况	应当重点关注评估机构在评估过程中是否履行了必要评估程序，评估过程是否完整，是否存在未履行评估准则规定的必要评估步骤的行为
	审核评估方法	重点关注评估方法选择是否合理，是否符合相关评估准则的规定要求
	审核签字盖章	对照《企业国有资产评估报告指南》等规定，关注评估报告签字盖章是否齐全、规范、清晰。
境外项目	额外关注出具的评估或估值报告	应当关注其是否明示了所依据的评估准则，是否合理参考了境内评估准则及要求等

二、选编例题

【例1·单选题】（2021真题）下列关于我国国有资产评估项目审核与评审的说法中，错误的是（　　）。

A.《企业国有资产评估项目备案工作指引》不适用于境外国有资产评估或估值报告的审核与评审

B.国有资产评估项目的委托人、评估机构、被评估单位均应当按照资产评估准则的规定出具承诺函

C.财政部依照《金融企业国有资产评估监督管理暂行办法》组织专家对金融企业国有资产评估报告进行评审

D.《企业国有资产评估报告指南》等资产评估准则是我国国有资产评估项目审核与评审的重要依据

【例2·单选题】以下有关我国国有资产评估管理的基本概念与目的说法，错误的是（　　）。

A.根据资产表现形态的差异，可以将国有资产划分为企业国有资产、行政事业性国有资产以及资源性国有资产

B.国有资产是指国家对企业各种形式的出资所形成的权益。国有资产属于国家所有即全民所有

C.财政部代表国家行使国有资产所有权

D.国有资产评估的管理目的，是为了保护国有资产权益，降低代理管理成本，实现国有资产保值增值

【例3·多选题】我国国有资产评估项目管理实行（　　）。

A.核准制　　B.注册制

C.立项确认审批制　　D.备案制

续表

E. 机构管理制

【例 4·单选题】企业进行涉及资产评估相应的经济行为时，应当以经核准或备案的资产评估结果为作价参考依据。当交易价格低于评估结果的（　　）时，应当暂停交易。

A.50%　　B.75%　　C.80%　　D.90%

知识点 5 选编例题答案

1.【答案】A

【解析】《企业国有资产评估项目备案工作指引》规定审核境外评估及估值机构出具的评估或估值报告，应当关注其是否明示了所依据的评估准则，是否合理参考了境内评估准则及要求等；所以 A说法不正确。

2.【答案】C

【解析】本题考查我国国有资产评估管理的基本概念与目的；国务院代表国家行使国有资产所有权。本题选项 A，在 2018 年以多选题形式出现了。

3.【答案】AD

【解析】本题考查我国国有资产评估项目管理方式；我国国有资产评估项目管理实行核准制和备案制。

4.【答案】D

【解析】本题考查我国资产评估结果使用要求；企业进行涉及资产评估相应的经济行为时，应当以经核准或备案的资产评估结果为作价参考依据。当交易价格低于评估结果的 90%时，应当暂停交易，在获得原经济行为批准机构同意后方可继续交易。

【知识点 6】我国资产评估准则（★★）

一、知识点精讲

（一）准则简介、发展与制定机制

准则概述	2016 年全国人大常委会审议通过《中华人民共和国资产评估法》； 财政部依据《资产评估法》制定了资产评估基本准则； 中国资产评估协会依据资产评估基本准则制定了资产评估执业准则和资产评估职业道德准则
发展	2001 年，财政部发布《资产评估准则—无形资产》，这是我国资产评估行业的第一项准则，标志着我国资产评估准则建设迈出了第一步。 2004 年，财政部发布《资产评估准则—基本准则》和《资产评估职业道德准则—基本准则》。两项基本准则确立了我国资产评估准则的基本理念和基本要求，奠定了整个资产评估准则体系的基础。 2007 年，涉及主要评估程序和主要执业领域的资产评估准则基本建成，初步构建了资产评估准则体系。 2007 年 11 月，财政部发布了中国资产评估准则体系。 2016 年，《资产评估法》规定了评估准则的制定和实施方式，并对资产评估准则的规范主体、重要术语、评估程序、评估方法以及评估报告等内容作出了规定。 2017 年，财政部和中国资产评估协会对资产评估准则进行了全面修订后重新发布，构建了包括 1 项基本准则、1 项职业道德准则和 25 项执业准则在内的新的资产评估准则体系。 截至 2022 年 1 月，资产评估准则体系包括 32 项准则
准则制定机制 制定主体	资产评估法规定国务院有关评估行政管理部门组织制定评估基本准则和评估行业监督管理办法。 财政部作为资产评估行业的行政管理部门，负责组织制定资产评估基本准则。 中国资产评估协会作为资产评估行业的自律管理组织，负责依据资产评估基本准则制定资产评估执业准则和资产评估职业道德准则
咨询组织	财政部组织成立了资产评估准则委员会，中国资产评估协会组织成立了资产评估准则技术委员会

续表

制定程序	分为立项、起草、公开征求意见、审议和发布五个阶段
更新机制	动态更新机制，由中国资产评估协会在财政部的指导下，结合执业需求和监管需求，及时制定新的资产评估准则项目，对已发布的资产评估准则不定期进行修订

（二）我国资产评估准则框架体系

1. 准则体系框架介绍

<table>
<tr><td>基本准则</td><td colspan="2">（1）资产评估基本准则是财政部依据《资产评估法》和《资产评估行业财政监督管理办法》等制定的，是资产评估机构、资产评估专业人员执行各种资产类型、各种评估目的资产评估业务的基本规范，是各类资产评估业务中所应当共同遵守的基本规则。
（2）资产评估基本准则是中国资产评估协会制定资产评估执业准则和资产评估职业道德准则的依据。
（3）资产评估基本准则明确了资产评估准则适用的业务范围，提出了资产评估业务的基本遵循，规定了资产评估业务的基本操作要求、资产评估报告编制要求和资产评估档案的管理要求。</td></tr>
<tr><td rowspan="3">执业准则
（三个层次）</td><td>第一层次
资产评估具体准则</td><td>（1）分为程序性和实体性准则。
（2）程序性准则是关于资产评估机构、资产评估专业人员通过履行一定的专业程序完成评估业务、保证评估质量的规范。
（3）实体性准则针对不同资产类别的特点，分别对不同类别资产评估业务中的资产评估机构、资产评估专业人员的技术操作提供指导</td></tr>
<tr><td>第二层次
资产评估指南</td><td>针对出资、抵押、财务报告、保险等特定评估目的的评估业务，以及某些重要事项制定的规范</td></tr>
<tr><td>第三层次
资产评估指导意见</td><td>已在具体准则中设置了准则的资产，其细类资产的评估规范和资产评估业务中某些具体问题的指导性文件</td></tr>
<tr><td>道德准则</td><td colspan="2">资产评估职业道德准则从专业能力、独立性、与委托人和其他相关当事人的关系、与其他资产评估机构及资产评估专业人员的关系等方面对资产评估机构及其资产评估专业人员应当具备的道德品质和体现的道德行为进行了规范</td></tr>
</table>

2. 准则体系之外的补充（教材放在准确体系框架标题之下，但是框架图中不包括）

专家指引 （非强制标准，共 14 个）	除资产评估准则体系外，为指导资产评估机构及其资产评估专业人员执行特定业务，履行特定程序，中国资产评估协会归纳总结评估实践中科学合理的做法，制定资产评估专家指引。 但是由于评估业务因经济行为、交易目的不同存在复杂多样的情况，专家指引中有些技术方法要求不适用于所有业务，因此，其不作为评估机构执业的强制性标准，仅作为参考，评估机构可以根据具体情况采用其他适当的做法
准则术语 （不属于评估准，共 72 项）	收录术语来源于不同的资产评估准则类文件，主要包括三类： 一是评估行业专有术语，需要从评估视角解释或说明，如评估对象、评估范围等； 二是作为经济类术语，在评估领域有特殊含义，需要重新界定或定义，如市场价值、工作底稿等； 三是作为经济类术语，行业内外已经达成共识，可直接使用的重要术语，如折现率等

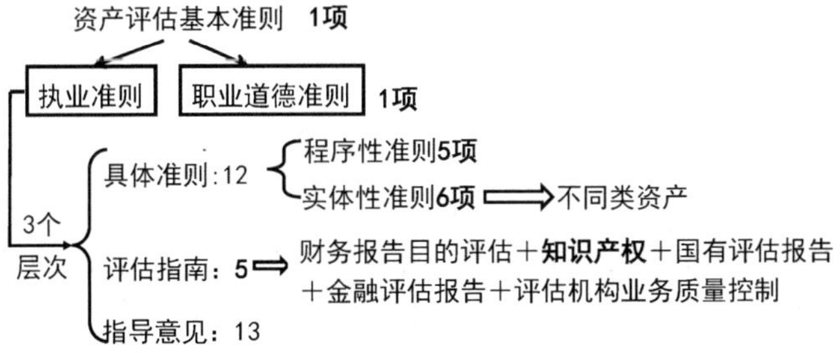

（三）我国资产评估准则体系的特点

1. 我国的资产评估准则体系是综合性体系。

2. 我国资产评估准则体系专业性准则和程序性准则并重。

二、选编例题

【例 1・单选题】（　　）规定了评估准则的制定和实施方式。

A.《资产评估法》　　B.《资产评估操作规范意见（试行）》

C.《资产评估报告内容与格式的暂行规定》　　D.《资产评估机构审批管理办法》

【例 2・多选题】审议拟发布的准则，针对准则的制定和实施提供咨询意见，对重大或专业问题提供咨询意见，组织专题研究，推动国际交流的主体包括（　　）。

A. 监管部门　　B. 评估报告使用者

C. 资产评估准则委员会　　D. 资产评估准则技术委员会

E. 评估执业界

【例 3・单选题】我国资产评估职业道德准则的制定部门是（　　）。

A. 财政部　　B. 财政部资产评估准则委员会

C. 财政部和资产评估协会　　D. 中国资产评估协会

【例 4・单选题】在资产评估准则动态更新机制下，由（　　）结合执业需求和监管需求对已发布的资产评估准则不定期进行修订。

A. 财政部　　B. 财政部资产评估准则委员会

C. 财政部和资产评估协会　　D. 中国资产评估协会

【例 5・多选题】我国资产评估执业准则体系在纵向关系上包括（　　）等层次。

A. 基本准则　　B. 职业道德基本准则

C. 具体准则　　D. 评估指南

E. 指导意见

【例 6・多选题】我国资产评估准则体系中的程序性准则主要包括（　　）等。

A. 企业价值评估准则　　B. 评估报告准则

C. 评估档案准则　　D. 无形资产评估准则

E. 机器设备评估准则

【例 7・多选题】资产评估执业准则规范的行为主体包括（　　）。

A. 资产评估机构　　B. 有关行政管理部门的工作人员

C. 资产评估专业人员　　D. 被评估单位

E. 资产评估委托人

【例 8・单选题】（2020 真题）我国资产评估行业的第一项资产评估准则是（　　）。

A.《资产评估准则——评估报告》　　B.《资产评估准则——基本准则》

C《资产评估准则——无形资产》　　D.《资产评估准则——不动产》

知识点 6 选编例题答案

1.【答案】A

【解析】本题考查我国资产评估准则的制定机制。

2.【答案】CD

【解析】本题考查我国资产评估准则的制定机制。

3.【答案】D

【解析】资产评估法规定国务院有关评估行政管理部门组织制定评估基本准则和评估行业监督管理办法财政部作为资产评估行业的行政管理部门，负责组织制定资产评估基本准则中国资产评估协会作为资产评估行业的自律管理组织，负责依据资产评估基本准则制定资产评估执业准则和资产评估职业道德准则。2018年考了与本题非常接近的题目。

4.【答案】D

【解析】我国已初步建立了资产评估准则动态更新机制，由中国资产评估协会在财政部的指导下，结合执业需求和监管需求，及时制定新的资产评估准则项目，对已发布的资产评估准则不定期进行修订。

5.【答案】CDE

【解析】资产评估执业准则包括资产评估具体准则、资产评估指南和资产评估指导意见，所以CDE正确。职业道德准则和执业准则是平行关系，所以B不正确。具体准则、指南和指导意见是基于基本准则制定的，老制度认为属于更高一个层次的准则体系，老制度认为A正确，但是按照今年的教材，A不属于正确答案。

6.【答案】BC

【解析】程序性准则是关于资产评估机构、资产评估专业人员通过履行一定的专业程序完成评估业务、保证评估质量的规范，包括资产评估程序、资产评估委托合同、资产评估档案、资产评估报告等。

7.【答案】AC

【解析】资产评估执业准则是中国资产评估协会依据资产评估基本准则制定的资产评估机构及其资产评估专业人员在执行资产评估业务过程中应当遵循的程序规范和技术规范。

8.【答案】C

【解析】财政部发布《资产评估准则—无形资产》，这是我国资产评估行业的第一项准则，标志着我国资产评估准则建设迈出了第一步，所以C说法错误。这种题目丢分可以原谅。

同步强化训练题

一、单项选择题

1. 以下不属于资产评估准则的是（　　）。

A. 森林资源资产评估准则　　B. 资产评估指南

C. 资产评估职业道德准则　　D. 资产评估专家指引

2.（2018真题）下列关于国有资产组成的说法中，正确的是（　　）。

A. 由企业国有资产和行政事业性国有资产组成

B. 由企业国有资产、行政事业性国有资产和金融国有资产组成

C. 由企业国有资产、行政事业性国有资产和文化国有资产组成

D. 由企业国有资产、行政事业性国有资产和资源性国有资产组成

3.（2020真题）下列关于资产评估项目管理方式的说法中，错误的是（　　）。

A. 省级人民政府批准实施的重大经济行为所涉及的评估事项应当实行核准制

B. 国家出资企业批准实施的重大经济行为所涉及的评估事项应当实行核准制

C. 各级政府认为重要的评估事项应当实行核准制

D. 国务院批准实施的重大事项应当实行核准制

4.（2020真题）财政部依据《资产评估法》制定的对资产评估行业实行行政监管的规定是（　　）。

A.《资产评估机构审批和监督管理办法》　　B.《资产评估行业财政监督管理办法》

C.《资产评估机构审批管理办法》　　D.《国有资产评估管理办法》

5.（2020真题）下列资产评估准则中，属于程序性准则的是（　　）。

A.《资产评估执业准则——无形资产》

B.《以财务报告为目的的评估指南》

C.《资产评估执业准则——资产评估委托合同》

D.《资产评估职业道德准则》

6. 以下不属于资产评估法律制度体系中的财政部门规章、规范性文件的是（　　）。

A.《资产评估行业财政监督管理办法》

B.《关于做好资产评估机构备案管理工作的通知》

C.《资产评估基本准则》

D.《国有资产评估管理办法》

7. 以下有关资产评估机构组织形式和设立条件说法错误的是（　　）。

A. 评估机构分为两种组织形式，即合伙形式和公司形式

B. 合伙形式包括普通合伙和特殊普通合伙

C. 公司形式包括有限责任公司和股份有限公司

D. 公司形式的评估机构，应当有 8 名以上评估师和 2 名以上股东，其中三分之一以上股东应当是具有 3 年以上从业经历且最近 3 年内未受停止从业处罚的评估师

8. 以下关于评估专业人员的说法正确的是（　　）

A. 评估专业人员指通过评估师资格考试，取得评估师资格的评估人员

B. 评估专业人员有权依法向有关国家机关或者其他组织查阅从事业务所需的文件

C. 评估专业人员可同时在两个以上的评估机构从事业务

D. 评估专业人员可不加入评估机构，自行从事评估业务

9. 以下有关资产评估程序说法正确的是（　　）。

A. 评估机构应当制定至少一名评估专业人员承办，属于法定评估业务的，评估机构应当制定至少两名评估师承办。

B. 评估档案的保存期限不少于 10 年，属于法定评估业务的，评估档案的保存期限不少于 15 年。

C. 委托人有权自主选择符合资产评估法规的评估机构，任何单位和个人不得非法限制或者干预

D. 属于法定评估业务的，由承办该项业务的评估师签名或者加盖评估机构印章

10. 以下有关资产评估程序说法错误的是（　　）。

A. 评估事项涉及两个以上当事人的，由全体当事人协商委托评估机构

B. 评估机构应当制定至少两名评估专业人员承办，属于法定评估业务的，评估机构应当制定至少两名评估师承办

C. 评估机构应当对评估报告进行内部审核，评估报告由承办该项业务的评估专业人员签名并加盖评估机构印章

D. 评估档案的保存期限不少于 10 年，属于法定评估业务的，评估档案的保存期限不少于 15 年。

11. 以下有关资产评估机构备案程序要求的说法错误的是（　　）。

A. 资产评估机构应当自领取营业执照之日起 30 个工作日内，通过备案信息管理系统向工商登记地所在的设区的省级以上财政部门备案

B. 财政部门在接到备案申请材料 5 个工作日内一次性告知申请人需要补正的全部内容，并予以指导

C. 材料完备且符合要求的，省级财政部门收齐备案材料即完成备案，并在 10 个工作日内将信息以公函编号向社会公开

D. 资产评估机构设立分支机构的，由资产评估机构向其分支机构所在地省级财政部门备案，同时提交纸质材料

12. 以下有关资产评估机构备案管理的说法错误的是（　　）。

A. 资产评估机构的名称、执行合伙事务的合伙人或者法定代表人、合伙人或者股东、分支机构的名称或者负责人发生变更，以及发生机构分立、合并、转制、撤销等重大事项，应当自变更之日起 15 个工作日内，向有关省级财政部门办理变更手续

B. 合伙制资产评估机构转为公司制资产评估机构，或者相反的转制行为，办理变更手续应当提供合伙人会议或管理层会议审议通过的转制决议

C. 资产评估机构跨省级行政区划迁移经营场所，应当书面报纸迁出地省级财政部门

D. 评估机构被工商行政管理机关吊销营业执照的，省级财政部门予以注销备案

13. 以下有关资产评估行业监督管理的职责中，属于省级财政部职责的是（　　）。

A. 制定资产评估人员、机构、协会和相关业务监督的具体办法

B. 组织开展专项检查

C. 检查评估协会的职责情况

D. 办理备案情况

14. 以下有关对投诉举报的处理说法错误的是（　　）。

A. 财政部门接到投诉、举报的事项，应当在 10 个工作日内做出是否受理的书面决定

B. 财政部门受理投诉、举报，应当采用书面审查的方式及时进行处理，必要时可以成立由本部门两名以上执法人员和聘用的专家组成的调查组，进行调查取证

C. 有关证据可能灭失或以后难以取得的情况下，经财政部门负责人批准，调查组可以先行登记保存，并在 7 个工作日内及时做出处理决定

D. 财政部门根据调查处理具体情况，应当采取书面形式答复实名投诉人、举报人

15. 下列不属于资产评估法规定评估行业协会的职责是（　　）。

A. 依据评估基本准则制定评估执业准则和职业道德准则

B. 组织开展会员继续教育

C. 检查会员建立风险防范机制的情况

D. 将会员的投诉、举报、申诉，移交给财政部

16. 国有资产评估项目核准，其核准的对象不包括（　　）。

A. 国务院批准实施的重大经济行为涉及的评估事项

B. 各级政府认为的其他重要评估事项

C. 县级政府批准实施的重大经济行为涉及的评估事项

D. 省级人民政府批准实施的重大经济行为涉及的评估事项

17. 我国资产评估发展伊始，其主要的目的是基于（　　）。

A. 维护国有资产权益　　B. 维护市场经济秩序

C. 维护企业权益　　D. 维护民营企业利益

18. 下列选项中，对资产评估机构的自主管理的主要内容错误的有（　　）。

A. 资产评估机构应当依法采用合伙或者公司形式

B. 资产评估机构从事资产评估业务，应当遵守资产评估准则，履行资产评估程序，加强内部审核，严格控制执业风险

C. 资产评估机构不得受理与其合伙人或者债权人存在利害关系的业务

D. 资产评估机构和分支机构加入资产评估协会，平等享有章程规定的权利，履行章程规定的义务

19. 已完成备案的资产评估机构或者分支机构有以下（　　）行为时，省级财政部门不应该予以注销备案。

A. 注销工商登记　　B. 被工商行政管理机关吊销营业执照

C. 主动要求注销备案　　D. 迁出该省去往其他省开展业务

20. 依据《资产评估法》制定了资产评估基本准则的是我国的（　　）。

A. 财政部　　B. 商务部　　C. 教育部　　D. 司法部

21. 根据资产评估具体准则的分类，《资产评估准则——无形资产》属于（　　）。

A. 实体性准则　　B. 程序性准则　　C. 指导性准则　　D. 指南性准则

22.《资产评估准则——不动产》属于我国资产评估准则体系中的（　　）。

A. 基本准则　　B. 具体准则　　C. 程序性准则　　D. 指导意见

23. 关于资产评估指南的说法，正确的是（　　）。

A. 资产评估指南不包含在资产评估准则体系中

B. 资产评估指南是对资产评估具体准则的解释

C. 资产评估指南对资产评估指导意见具有指导性

D. 资产评估指南是对特定评估目的、特定资产类别评估业务等的规范

24. 根据我国资产评估准则体系的架构安排,《资产评估准则——评估报告》属于资产评估准则体系中的(　　)。

A. 基本准则　　B. 具体准则　　C. 评估指南　　D. 评估指导意见

25. 中国资产评估协会于 2008 年发布并于 2011 年修订的用于指导企业国有资产评估报告撰写方面的评估准则，在我国评估准则体系中属于(　　)。

A. 评估指南　　B. 评估指导意见　　C. 基本评估准则　　D. 具体评估准则

26. 为了对准则制定工作提供组织保障，财政部设立(　　)，负责审议准则制定计划，指导准则起草工作，审议准则稿，协调准则实施。

A. 资产评估审议委员会　　B. 资产评估准则委员会

C. 资产评估准则技术委员会　　D. 资产评估准则咨询委员会

二、多项选择题

1.(2021 真题)下列事项中，属于中央企业资产评估项目公示内容的有(　　)。

A. 资产评估明细表　　B. 评估机构选聘方式

C. 公示反馈意见处理方式　　D. 评估程序履行情况

E. 经济行为批准文件

2.(2021 真题)根据《资产评估法》，下列关于资产评估主体的说法中，错误的有(　　)。

A. 资产评估主体是指资产特定权利的拥有人

B. 资产评估主体是指资产评估机构及其资产评估专业人员

C. 资产评估主体是指资产评估业务的委托人

D. 资产评估主体是指资产评估机构、资产评估专业人员及其他从业人员

E. 资产评估主体是指被评估资产的产权持有人

3. 以下属于资产评估法律制度体系的有(　　)。

A. 相关法律、行政法规　　B. 资产评估公司的质量控制制度

C. 财政部门规章　　D. 财政部门规范性文件

E. 自律管理制度

4. 以下属于资产评估从业人员权利的有(　　)。

A. 要求委托人提供相关资料　　B. 向有关国家机关或者其他组织查阅资料

C. 拒绝委托人或其他组织个人的干预　　D. 依法签署评估报告

E. 自主接受评估业务委托的权利

5. 以下属于资产评估从业人员义务的有(　　)。

A. 诚实守信，依法独立，客观公正　　B. 依法签署评估报告

C. 完成继续教育，保持和提高专业能力　　D. 核查和验证资料真实性、准确性、完整性

E. 对国家秘密、商业秘密和个人隐私予以保密

6. 以下属于资产评估从业禁止行为的有(　　)。

A. 私自接受委托业务

B. 同时在两个以上评估机构从事业务

C. 财政部门应该加强对资产评估事务所的监督管理

D. 允许他人以本人名义从事业务，或冒用他人名义从事业务

E. 签署虚假或具有重大遗漏的评估报告

7. 以下属于财政部对于我国资产评估行业监管范围的是(　　)。

A. 负责统筹财政部门对全国资产评估行业的监督管理

B. 制定有关监督管理办法

C. 制定资产评估基本准则

D. 指导和督促地方财政部门实施监督管理

E. 负责资产评估行业的自律管理

8. 根据《资产评估法》和《资产评估行业财政监督管理办法》的规定，财政部对全国资产评估行业进行行政监管，下列关于财政部监管职责的说法中，正确的是（　　）。

A. 财政部指导和监督地方财政部门实施资产评估行业监督管理

B. 财政部具体组织制定资产评估基本准则和具体准则

C. 财政部具体组织制定资产评估行业监督管理办法

D. 财政部统一部署资产评估行业检查工作

E. 指导和敦促地方财政部门实施监督管理

9. 以下属于资产评估行业协会职责的是（　　）。

A. 评估行政管理部门违反《资产评估法》规定的，由有关评估行业协会处罚

B. 依据评估基本准则制定评估执业准则和职业道德准则

C. 组织开展会员继续教育

D. 建立会员信用档案，将会员遵守法律行政法规和评估准则的情况记入信用档案

E. 检查会员建立风险防范机制的情况

10. 以下属于财政部对资产评估专业人员的监管要求的有（　　）。

A. 资产评估专业人员从事资产评估业务，应当加入资产评估机构并且只能在一家机构任职

B. 资产评估专业人员应当与评估机构签订劳动合同，建立社会保险缴纳关系

C. 资产评估专业人员应当遵守法律、行政法规

D. 未取得资产评估师资格的人员，不得签署评估报告

E. 资产评估专业人员应当接受资产评估协会的自律管理和资产评估机构的自主管理

11. 设立资产评估机构和设立资产评估机构分支机构时，要求提交材料不同的是（　　）。

A. 营业执照复印件

B. 备案表

C. 从业的资产评估师、其他专业领域评估师和其他资产评估从业人员情况

D. 资产评估机构授权分支机构的业务范围

E. 机构质量控制制度和内部管理制度。

12. 程序性准则是关于注册资产评估师通过履行一定的专业程序完成评估业务、保证评估质量的规范。下列准则中，属于程序性准则的是（　　）。

A.《珠宝首饰评估程序指导意见》

B.《资产评估执业准则——资产评估档案》

C.《资产评估执业准则——资产评估委托合同》

D.《金融不良资产评估指导意见》

E.《资产评估执业准则——资产评估程序》

13. 我国资产评估准则框架体系的执业准则分为三个层次，其分别为（　　）。

A. 资产评估具体准则

B. 程序性准则

C. 实体性准则

D. 资产评估指南

E. 资产评估指导意见

14. 下列各项内容中，属于资产评估准则体系组成内容的有（　　）。

A. 资产评估具体准则

B. 资产评估基本准则

C. 资产评估指导意见

D. 资产评估操作规范意见

E. 资产评估指南

15. 根据我国资产评估行业的惯例和国际上的通行做法，在我国资产评估准则体系中属于实体性准则的有（　　）。

A.《资产评估准则——评估报告》　　B.《资产评估准则——机器设备》

C.《资产评估准则——无形资产》　　D.《资产评估准则——基本准则》

E.《资产评估准则——企业价值》

16. 下列关于我国资产评估具体准则构成的说法中，错误的有（　　）。

A. 资产评估具体准则是由执业准则和职业道德准则构成

B. 资产评估具体准则是由执业准则、实体性准则和程序性准则三个层次构成

C. 资产评估具体准则是由程序性准则、实体性准则和职业道德准则三个层次构成

D. 资产评估具体准则是由执业准则、评估指南和评估指导意见三个层次构成

E. 资产评估具体准则是由程序性准则和实体性准则构成

17. 在我国资产评估准则体系中，资产评估具体准则包括（　　）。

A.《企业价值评估指导意见》　　B.《资产评估准则——无形资产》

C.《资产评估准则——委托合同》　　D.《资产评估准则——基本准则》

E.《资产评估准则——工作底稿》

三、综合题

1.（2021 真题）某中央国有独资企业集团（简称：集团）对其境内外子企业的业务进行重组。具体包括：（1）将其境外全资子企业甲公司所属的 A、B两家子企业的股权进行转让，其中 A公司的股权在当地对外转让，B公司的股权转让给集团的境内控股子企业乙公司；（2）上述转让完成后，将甲公司的全部股权划入集团的另外一家境外全资子企业丙公司。

在进行上述业务重组过程中，与资产评估相关的做法如下：（1）甲公司在转让 A、B公司股权时，聘请境外专业机构分别出具了 A公司和 B公司的股权估值报告，作为确定转让价格的依据；（2）集团在将甲公司的股权划入丙公司时，以经审计的股东权益账面价值划入，未委托评估机构进行资产评估。

（1）甲公司在转让 A、B公司股权时，与资产评估相关的做法是否符合规范，请作出评价。

（2）将甲公司的股权划入丙公司时，与资产评估相关的做法是否符合规范，请作出评价。

2. 甲公司为国有独资企业，其所属的两个全资子公司 A和 B为优势互补性企业，历史经营业绩良好，为发挥战略协同优势，甲公司将 A、B两公司合并成立了乙公司，乙公司设立后，甲公司拟引进民营企业丙以现金方式对乙公司进行增资，为确定增资后乙公司的股权比例，甲、乙、丙三公司拟共同委托一家资产评估机构对乙公司进行评估，甲、乙、丙三公司认为乙公司成立时间较短，没有连续的经营记录，也缺乏相关交易案例，因此三方同意只使用资产基础法对乙公司进行评估，并与资产评估机构在资产评估委托合同中予以约定。

【要求】（1）本项目中 A、B两公司合并成立，乙公司时是否需要进行资产评估？说明理由。

（2）甲、乙、丙共同委托一家评估机构对乙公司进行资产评估的行为是否恰当，并说明理由。

同步强化训练题参考答案及解析

一、单项选择题

1.**【答案】**D

【解析】准则体系包括资产评估基本准则、资产评估职业道德准则以及资产评估职业准则（包括资产评估具体准则、资产评估指南和资产评估指导意见），资产评估专家指引和资产评估准则属于，不属于资产评估准则，所以正确答案是 D。注意选择 A属于资产评估具体准则中的实体性准则。

2.**【答案】**D

【解析】根据资产表现形态的差异，可以将国有资产划分为企业国有资产、行政事业性国有资产

以及资源性国有资产。所以D为正确答案。

3.【答案】B

【解析】国家出资企业批准实施的重大经济行为所涉及的评估事项应当实行备案制，所以C说法错误。

4.【答案】B

【解析】根据《资产评估行业财政监督管理办法》，财政部门对资产评估行业监督管理实行行政监管、行业自律与机构自主管理相结合的原则。所以B是正确答案。

5.【答案】C

【解析】选项A属于实体性准则；选项B属于资产评估指南；选项D属于资产评估执业道德准则。

6.【答案】D

【解析】本题考查财政部门规章、规范性文件的内容；选项D属于行政法规。

7.【答案】D

【解析】本题考查评估机构组织形式和设立条件的知识；公司形式的评估机构，应当有8名义上评估师和2名以上股东，其中三分之二以上股东应当是具有3年以上从业经历且最近3年内未受停止从业处罚的评估师。

8.【答案】B

【解析】《资产评估行业财政监督管理办法》规定，资产评估专业人员包括资产评估师和具有资产评估专业知识及实践经验的其他资产评估从业人员。故选项A错误。资产评估专业人员从事资产评估业务，应当加人资产评估机构，并且只能在一个资产评估机构从事业务。故CD选项错误。《资产评估法》规定拥有依法向有关国家机关或者其他组织查阅从事业务所需的文件、证明和资料的从业权力。

9.【答案】C

【解析】本题考查评估程序的基本知识；评估机构应当制定至少两名评估专业人员承办，属于法定评估业务的，评估机构应当制定至少两名评估师承办；评估档案的保存期限不少于15年，属于法定评估业务的，评估档案的保存期限不少于30年；属于法定评估业务的，由承办该项业务的评估师签名并加盖评估机构印章。

10.【答案】D

【解析】本题考查评估程序的基本知识；评估档案的保存期限不少于15年，属于法定评估业务的，评估档案的保存期限不少于30年。

11.【答案】C

【解析】本题考查资产评估机构备案程序要求的知识；机构备案材料完备且符合要求的，省级财政部门收齐备案材料即完成备案，并在20个工作日内将信息以公函编号向社会公开。

12.【答案】B

【解析】本题考查资产评估机构备案管理规定的知识；合伙制资产评估机构转为公司制资产评估机构，或者相反的转制行为，办理变更手续应当提供合伙人会议或股东（大）会审议通过的转制决议。

13.【答案】D

【解析】本题考查财政部和省级财政部对资产评估行业监督的职责分工；选项ABC属于国家财政部的职责。

14.【答案】A

【解析】本题考查财政部对投诉举报的处理；财政部门接到投诉、举报的事项，应当在15个工作日内做出是否受理的书面决定。

15.【答案】D

【解析】资产评估法规定评估行业协会的职责包括：（1）制定会员自律管理办法，对会员实行自律管理；（2）依据评估基本准则制定评估执业准则和职业道德准则；（3）组织开展会员继续教育；（4）建立会员信用档案，将会员遵守法律、行政法规和评估准则的情况记入信用档案，并向社会公开；（5）检查会员建立风险防范机制的情况；（6）受理对会员的投诉、举报，受理会员的申诉，调解会员执业纠纷；（7）规范会员从业行为，定期对会员出具的评估报告进行检查，按照章程规定对会员给予奖惩，并将奖惩情况及时向有关评估行政管理部门报告；（8）保障会员依法开展业务，维护会员合法权益；（9）法律、行政法规和章程规定的其他职责。

16.【答案】C

国有资产评估项目核准，是指对于国务院或者省级人民政府批准实施的重大经济行为涉及的评估事项以及各级政府认为的其他重要评估事项，履行出资人职责的机构对评估项目进行管理，以保证国有资产的评估项目符合相关的法律、法规规定，并行使出资人权利对评估机构提交的评估报告进行合规性和合理性审核，以保证评估结果的公允性，保证国有资产不流失。

17.【答案】A

【解析】改革开放催生了中国资产评估行业。资产评估行业的产生是源自于我国改革开放，并直接服务于对外开放、国企改制等改革的重点领域。随着国有企业对外合资合作、承包租赁、兼并、破产等经济行为日益增多，国有企业采用账面价值与境外企业合资合作，国有资产流失现象日益凸显，引起社会的广泛关注，重估国有资产价值的呼声非常强烈，从而产生了首例评估业务。

18.【答案】C

【解析】资产评估机构应当遵守独立性原则和资产评估准则规定的资产评估业务回避要求，不得受理与其合伙人或者股东存在利害关系的业务。

19.【答案】D

【解析】迁出该省去往其他省开展业务的，省级财政部门不应予以注销备案。资产评估机构跨省级行政区划迁移经营场所，应当书面告知迁出地省级财政部门。资产评估机构在办理完迁入地工商登记手续后 15 个工作日内，向迁入地省级财政部门办理迁入备案手续。迁入地省级财政部门办理迁入备案手续后通知迁出地的省级财政部门，迁出地的省级财政部门应同时予以公告。

20.【答案】A

【解析】本题考查《资产评估法》的基本概念。

21.【答案】A

【解析】本题考查我国资产评估职业准则的三层次概念。

22.【答案】B

【解析】本题考查具体准则的概念；主要包括企业价值评估准则、无形资产评估准则、不动产评估准则、机器设备评估准则、珠宝首饰艺术品评估准则等都属于具体准则。

23.【答案】D

【解析】本题考查我国资产评估职业准则的概念；资产评估指南包括对特定评估目的、特定资产类别（细化）评估业务以及对资产评估中某些重要事项的规范。

24.【答案】B

【解析】本题考查我国资产评估准则体系的构成；《资产评估准则——评估报告》属于具体准则里的程序性准则。

25.【答案】A

【解析】企业国有资产评估报告指南发布日期是2008年11月28日，2011年修订，所以本题为选项A。

26.【答案】B

【解析】为充分调动各方力量参与，保证资产评估准则制定工作的顺利进行，财政部组织成立了资产评估准则委员会，中国资产评估协会组织成立了资产评估准则技术委员会。

二、多项选择题

1.【答案】BCDE

【解析】2016 年《关于建立中央企业资产评估项目公示制度有关事项的通知》要求中央企业建立资产评估项目公示制度。公示内容一般包括经济行为批准文件、评估机构选聘方式、评估机构及评估师资质、评估程序履行情况、评估报告摘要和特别事项说明、评估结果汇总表、评估资料查阅方式、公示反馈意见收集及处理方式等。

2.【答案】ABCE

【解析】资产评估主体是指资产评估机构、资产评估专业人员及其他从业人员，所以D表述严谨正确，B表述都不够严谨，“是指”应该是要求表述严谨才正确，ACE显然错误。

3.【答案】ACDE

【解析】本题考查资产评估法律制度体系；资产评估法律制度体系，是以《资产评估法》为统领，由（1）相关法律（2）行政法规（3）财政部门规章、规范性文件以及（4）自律管理制度共同组成的全面、系统、完备的资产评估法律制度体系。资产评估公司的质量控制制度不属于法律制度体系的内容，所以B不正确。

4.【答案】ABCD

【解析】本题考查资产评估从业人员的权力，ABCD属于资产评估从业人员的权力。不容许资产评估专业人员私自接受委托业务。所以E不正确。

5.【答案】ACDE

【解析】本题考查资产评估从业人员义务的知识；评估人员的从业义务包括：1.诚实守信，依法独立，客观公正；2.遵守评估准则，独立分析估算，勤勉谨慎；3.完成继续教育，保持和提高专业能力；4.核查和验证资料真实性、准确性、完整性；5.对国家秘密、商业秘密和个人隐私予以保密；6.与委托人或其评估对象有利害关系的应该回避；7.接受行业协会的自律管理；8.法律法规规定的其他义务。不容许资产评估专业人员私自接受委托业务，所以B不正确。

6.【答案】ABDE

【解析】本题考查资产评估从业禁止行为的知识；从业禁止行为包括：1.私自接受委托业务；2.同时在两个以上评估机构从事业务；3.采用欺骗、利诱、胁迫或者贬损，诋毁其他专业人员等不正当手段承揽业务；4.允许他人以本人名义从事业务，或冒用他人名义从事业务；5.签署未承办的评估报告；6.索要收受合同以外的酬金、财务；7.签署虚假或具有重大遗漏的评估报告；8.违反法律法规的其他行为。C选项与本题无关。

7.【答案】ABCD

【解析】本题考查财政部对于我国资产评估行业的监管范围。E属于资产评估协会的职责。

8.【答案】ACDE

【解析】根据资产评估法，作为国务院资产评估行政管理部门的财政部对全国资产评估行业进行行政监管，具体组织制定评估基本准则和评估行业监督管理办法。根据《资产评估行业财政监督管理办法》（财政部令第86号），财政部负责全国资产评估行业的监督管理，指导和督促地方财政部门实施资产评估行业监督管理，统一部署资产评估行业检查工作，负责对资产评估机构从事证券期货相关评估业务实施监督管理。具体准则由资产评估协会制定。故B选项错误。

9.【答案】BCDE

【解析】本题考查资产评估行业协会职责的知识；评估行业协会的职责包括：（1）制定会员自律管理办法，对会员实行自律管理；（2）依据评估基本准则制定评估职业准则和职业道德准则；（3）组织开展会员继续教育；（4）建立会员信用档案，将会员遵守法律行政法规和评估准则的情况记入信用档案；（5）检查会员建立风险防范机制的情况；（6）受理对会员的投诉、举报，受理会员的申诉，调解会员执业纠纷；（7）规范会员从业行为，定期对会员出具的评估报告进行检查；（8）保障会员依法开展业务，维护会员合法权益；（9）法律、行政法规和章程规定的其他职责。A不正确，A的正确说法是：评估行业协会违反《资产评估法》规定的，由有关评估行政管理部门处罚。

10.【答案】ABCE

【解析】本题考查财政部对资产评估专业人员的监管要求；要求包括：（1）资产评估专业人员从事资产评估业务，应当加入资产评估机构并且只能在一家机构任职；（2）资产评估专业人员应当与评估机构签订劳动合同，建立社会保险缴纳关系；（3）资产评估专业人员应当遵守法律、行政法规；（4）未取得资产评估师资格的人员，不得签署法定资产评估业务的评估报告（5）资产评估专业人员应当接受资产评估协会的自律管理和资产评估机构的自主管理；（6）加入资产评估协会的资产评估专业人员，平等享有章程规定的权利。

11.【答案】DE

【解析】资产评估机构向所在地省级财政部门备案，要求提交的材料包括：（1）资产评估机构备案表；（2）统一社会信用代码；（3）资产评估机构合伙人或者股东以及执行合伙事务的合伙人或者法定代表人三年以上从业经历、最近三年接受处罚信息等基本情况；（4）在该机构从业的资产评估师、其他专业领域的评估师和其他资产评估从业人员情况；（5）资产评估机构质量控制制度和内部管理制度。

资产评估机构由资产评估机构向其分支机构所在地省级财政部门备案，要求提交的材料包括：（1）资产评估机构设立分支机构备案表；（2）分支机构统一社会信用代码；（3）资产评估机构授权分支机构的业务范围；（4）分支机构负责人三年以上从业经历、最近三年接受处罚信息等基本情况；（5）在该分支机构从业的资产评估师、其他专业领域评估师和其他资产评估从业人员情况。

12.【答案】BCE

【解析】本题考查我国资产评估职业准则的具体准则概念；企业价值评估准则、无形资产评估准则、不动产评估准则、机器设备评估准则、珠宝首饰艺术品评估准则等属于具体准则中的实体性准则；答案BCE属于程序性准则。

13.【答案】ADE

【解析】本题考查我国资产评估准则框架体系；我国资产评估准则框架体系的三个层次依次为：资产评估具体准则（分为程序性准则和实体性准则）、资产评估指南、资产评估指导意见。

14.【答案】ABCE

【解析】本题考查我国资产评估准则体系的构成。

15.【答案】BCE

【解析】根据我国资产评估行业的惯例和国际上的通行做法，实体性准则主要包括企业价值评估准则、无形资产评估准则、不动产评估准则、机器设备评估准则、珠宝首饰艺术品评估准则等。

16.【答案】ABCD

【解析】资产评估具体准则分为程序性准则和实体性准则两个部分。程序性准则是关于资产评估机构及其资产评估专业人员通过履行一定的专业程序完成评估业务、保证评估质逊的规范。实体性准则是针对不同资产类别的特点，分别对不同类别资产评估业务中的资产评估机构及其资产评估专业人员的技术操作提供指导。

17.【答案】BC

【解析】本题考查具体准则的概念；企业价值评估准则、无形资产评估准则、不动产评估准则、机器设备评估准则、珠宝首饰艺术品评估准则等属于具体准则中的实体性准则；资产评估程序准则、资产评估委托合同准则、资产评估档案准则、资产评估报告准则等属于程序性准则。并没有工作底稿准则，只有资产评估档案准则，所以E不正确。正确答案是BC。

三、综合题

1.【答案】（1）本题涉及中央国有独资企业集团，其境外全资子企业甲公司所属的A、B两家子企业，可以看出集团、甲公司、A、B子企业都是国有独资企业。A公司的股权在当地对外转让、包括让给集团的境内控股子企业乙公司（因为只是控股，该公司很可能存在非国有股份），属于必须进行评估的法定资产评估业务。根据《中华人民共和国资产评估法》，法定评估应当依法选择评估机构评估（合乎中国的公司法和资产评估事务所的备案要求），至少两名相应专业类别的评估师承办业务，并且评估报告必须由至少两名评估师签署。境外专业机构显然不满足《资产评估法》对法定评估业务的评估主体的要求，所以甲公司在转让A、B公司股权时，聘请境外专业机构分别出具了A公司和B公司的股权估值报告，作为确定转让价格的依据是不符合规范的，应该重新聘请符合《资产评估法》要求的评估主体，按照我国的评估法规及准则标准进行评估。

（2）根据《企业国有资产评估管理暂行办法》，企业有下列行为之一的，可以不对相关国有资产进行评估：经各级人民政府或其国有资产监督管理机构批准，对企业整体或者部分资产实施无偿划转；国有独资企业与其下属独资企业（事业单位）之间或其下属独资企业（事业单位）之间的合并、资产（产权）置换和无偿划转。甲公司、丙公司均为集团的境外全资子企业，股权进行无偿划转，可以不进行评估，直接以经审计的股东权益账面价值划入是可行的。

2.【答案】（1）可以不进行资产评估。

根据《企业国有资产评估管理暂行办法 》，企业有下列行为之一的，可以不对相关国有资产进行评估：经各级人民政府或其国有资产监督管理机构批准，对企业整体或者部分资产实施无偿划转；国有独资企业与其下属独资企业（事业单位）之间或其下属独资企业（事业单位）之间的合并、资产（产权）置换和无偿划转。本题属于第二种情形，可以不进行评估。

（2）不恰当。

资产评估法第二十条规定，评估机构不得分别接受利益冲突双方的委托，对同一评估对象进行评估。这也是保障资产评估执业独立性的法律要求，有利于防止资产评估机构在利益冲突双方的不同诉求面前，有失客观公正；也可以防范利益冲突双方在彼此不知情的情况下同时委托同一家资产评估机构，资产评估机构在利益驱动下分别接受双方委托的现象发生。

按照法规原文“不得分别接受利益冲突双方的委托，对同一评估对象进行评估”，如果从这句话字面意思的确可以共同委托。不过，民营和国有企业不能够说没有利益冲突，如果共同委托，相对而言风险比较大。

第四章

资产评估基本事项

本章考情分析

本章可以考客观题和综合题，估计分值在 10 分左右。

重要考点（★★★）

（1）资产评估相关当事人的构成、权利及义务。

（2）资产评估目的的作用及确定。

（3）资产评估常见经济行为的类型、评估目的、评估对象及评估范围。

（4）资产评估对象及其组成和确定。

（5）资产评估范围的类别及确定。

（6）资产评估基准日与资产评估报告日的区别、作用及法律意义。

（7）主要价值类型的种类、特征及选择。

（8）资产评估假设的作用及常见评估假设的内涵与使用。

比较重要考点（★★）

（1）资产评估结论的使用期限。

（2）资产评估基准日的选择和期后事项的处理原则。

（3）价值类型的作用。

一般考点（★）

（1）现实性评估、追溯性评估和预测性评估的差异。

2022 年本章教材变化

第一节 资产评估相关当事人

一、评估委托人（一）评估委托人的概念：增加了“在目前国有资产管理实践中，有些地方、企业的国有资产管理部门也将国有资产出租或承租行为的租金纳入了需要进行评估的情形。”删除了原“2. 涉及非现金资产出资的评估业务”段落。

第二节 资产评估目的

一、资产评估的目的的概念（二）资产评估目的的作用：改写了该标题下第 2 自然段的内容。（三）公司设立、增资：删除了原”3. 债权转股权“的全部内容。

二、常见的资产评估的目的（七）司法：改写了该标题下第 1 自然段的内容。

第三节 资产评估对象和评估范围

一、资产评估对象（二）资产评估对象的组成：企业价值评估对象的组成，增加了“对于合伙企业，包括（全部或部分）有限合伙人（LP）权益和（全部或部分）普通合伙人（GP）权益等。”

二、资产评估范围（二）企业价值评估涉及的范围：优化了该标题下第 2 自然段。

三、常见经济行为对应的评估对象及范围（三）公司设立、增资：删除了原“债权转股权”段落内容。并对该部分最后一句话进行了勘误。

第四节 资产评估价值类型

三、价值类型的种类：改写了市场价值、投资价值、在用价值、残余价值的部分内容。

第四节 资产评估价值类型

四、价值类型的选择：改写了市场价值类型的选择、投资价值类型的选择、清算价值类型的选择、残余价值类型的选择中的部分内容。

第五节 资产评估假设

二、常见的资产评估假设：优化改写了有关持续经营假设、有序清算假设、强制清算假设的部分内容。（二）常见的资产评估假设的应用：优化改写了例题 29、31、32 的部分内容。

第六节 资产评估基准日与报告日

一、资产评估基准日：改写了追溯性评估的部分内容。

本章知识点解读与练习

【知识点 1】资产评估相关当事人（★★★）

资产评估的相关当事人包括委托人和其他资产评估报告使用人、资产评估机构、资产评估专业人员、产权持有人（或被评估单位）等。其中，“资产评估机构”和“资产评估专业人员”有关的内容已在本教材第三章体现，本章仅介绍资产评估所涉及的其余相关当事人。

一、知识点精讲

（一）评估委托人

1.评估委托人的概念

（1）一般规定

①评估委托人是与资产评估机构就资产评估专业服务事项签订委托合同的民事主体。

委托人可以是一个，也可以是多个，可以是法人也可以是自然人。

②资产评估业务分为法定评估业务和非法定评估业务。

对于法定评估业务，委托人的确定需要符合国家有关法律、法规的规定。

对于非法定评估业务，委托人的确定可以基于自愿协商的原则进行。

（2）不同评估业务的委托人（★★★）

评估业务	经济行为	评估委托人
涉及证券服务的资产评估业务	①为证券发行、上市、挂牌、交易的主体及其控制的主体、并购标的等制作、出具资产评估报告； ②为证券公司及其资产管理产品制作、出具资产评估报告；	①一般情况下资产评估应当由拟上市或上市公司委托资产评估； ②由拟上市或上市公司与经济行为的其他当事人共同委托。

续表

涉及证券服务的资产评估业务	③财政部、证监会规定的其他业务。 其中，为拟上市和已上市公司所提供的资产评估是其中影响最大的业务领域。主要包括服务于公司制改建、证券发行、并购重组、资产转让、担保、财务报告等经济行为	③如果拟上市公司或已上市公司为国有控股企业，或者相关经济行为涉及国有资产，委托人的确定还应当满足国有资产评估管理的有关规定
涉及司法活动的资产评估业务	①为司法机关审判提供司法鉴定或者为执行司法判决提供处置参考价的资产评估业务	为司法机关审判提供司法鉴定的资产评估业务，由人民法院或具有委托职权的当事人委托。 在司法执行中对需要拍卖、变卖的财产需要通过资产评估确定处置参考价时，人民法院应当委托资产评估机构进行评估
	②为司法诉讼当事人的诉讼请求提供协助的资产评估业务	可以由诉讼举证方委托

（3）涉及国有资产的评估业务，评估委托人的特别规定

经济行为	评估委托人
①整体或者部分改建为有限责任公司或者股份有限公司； ②以非货币资产对外投资； ③合并、分立、破产、解散； ④非上市公司国有股东股权比例变动； ⑤产权转让； ⑥资产转让、置换； ⑦整体资产或者部分资产租赁给非国有单位； ⑧以非货币资产偿还债务； ⑨资产涉讼； ⑩收购非国有单位的资产； ⑪接受非国有单位以非货币资产出资； ⑫接受非国有单位以非货币资产抵债； ⑬法律、行政法规规定的其他需要进行资产评估的事项。	产权持有单位： ①经济行为事项涉及的评估对象属于企业法人财产权范围的，由企业委托； ②经济行为事项涉及的评估对象属于企业产权等出资人权利的，按照产权关系，由企业的出资人委托。 ③企业接受非国有资产等涉及非国有资产评估的，一般由接受非国有资产的企业委托
国有及国有控股企业、国有实际控制企业增加资本的行为	增资企业（指的是需要增加资本的国有及国有控股企业、国有实际控制企业）

【说明】在目前国有资产管理实践中，有些地方、企业国有资产管理部门也将国有资产出租或承租行为的租金纳入了需要进行评估的情形。

2. 评估委托人的权利与义务（★★★）

（1）权利

①自主选择符合资产评估法规定的评估机构。

②要求与相关当事人及评估对象有利害关系的评估专业人员回避。

③当评估委托人对资产评估报告结论、评估金额、评估程序等方面有不同意见时，可以要求评估机构解释。

④评估委托人认为评估机构或者评估专业人员违法开展业务的，可以向有关评估行政管理部门或者行业协会投诉、举报，有关评估行政管理部门或者行业协会应当及时调查处理，并答复评估委托人。

（2）义务

①应当对提供的权属证明、财务会计信息和其他资料的真实性、完整性和合法性负责（最基本的义务）。

真实是指所提供的相关资料的内容必须反映评估对象的实际情况，不得弄虚作假；

完整是指提供的相关资料种类应当齐全、内容应当完整不得有遗漏；

合法是指所提供的资料的内容和形式应当符合法定要求。

②不得对评估行为和评估结果进行非法干预，不得串通、唆使评估机构或者评估专业人员出具虚假评估报告。

③应按照合同约定向评估机构支付费用，不得索要、收受或者变相索要、收受回扣。

④应当按照法律规定和评估报告载明的使用范围使用评估报告。

不得滥用评估报告及评估结论。使用评估报告应当符合评估目的的要求，不得将评估报告的结论用作其他目的，或者提供给其他无关人员使用。

除非法律法规有明确规定，评估委托人未经评估机构许可，不得将资产评估报告全部或部分内容披露于任何公开的媒体上。

⑤委托人应当为资产评估机构及其资产评估专业人员开展资产评估业务提供必要的工作条件和协助；委托人应当根据资产评估业务需要，负责资产评估机构及其资产评估专业人员与其他相关当事人之间的协调。

（二）产权持有人（或被评估单位）及其权利与义务（★★★）

概念	1.指评估对象的产权持有人。 2.当评估对象为股权或所有者权益时 “产权持有人”是指股权或所有者权益的拥有者。与相关股权或所有者权益对应的被投资单位则被称为被评估单位。 3.委托人与产权持有人可能是同一主体，也可能不是同一主体
权利与义务	1.没有单独规范产权持有人（或被评估单位）权利与义务的相关条款； 2.作为签约主体的产权持有人的权利及义务可以在资产评估委托合同中直接约定； 3.对不作为资产评估委托合同签订方的产权持有人配合资产评估的要求，一般通过对委托人的协调义务及责任加以实现

（三）报告使用人及其权利与义务（★★★）

1.概念

（1）评估报告使用人，是指法律、行政法规明确规定的，或者资产评估委托合同中约定的有权使用资产评估报告或评估结论的当事人。

（2）除委托人、资产评估委托合同中约定的其他资产评估报告使用人和法律、行政法规规定的资产评估报告使用人之外，其他任何机构和个人不能成为资产评估报告的使用人。

资产评估委托合同应当明确资产评估报告使用人，如果存在委托人以外的其他使用人，资产评估委托合同应当明确约定。应在资产评估报告中明确披露评估报告使用人（如何约定）。

从委托人处获得评估报告的当事人并不当然成为资产评估委托及成果使用的主体，根据客户披露义务而获得评估报告的当事人，也不能作为资产评估报告使用人（进一步明确非报告使用人）。

（3）评估报告使用人可以是具体的单位或个人，也可以是某一类的使用人，如委托人指定的代理人（律师等）或合作伙伴等。当使用人的具体名称无法确定时，可以按照类型加以明确。

2.权利与义务

（1）评估报告使用人有权按照法律规定、资产评估委托合同约定和资产评估报告载明的使用范围和方式使用评估报告或评估结论。

（2）评估报告使用人未按照法律、法规或资产评估报告载明的使用范围和方式使用评估报告的，评估机构和评估专业人员将不承担责任。

（3）资产评估机构和资产评估专业人员不承担非评估报告使用人使用评估报告的任何后果和责任。

二、选编例题

【例1·单选题】（2021真题）下列关于明确业务基本事项的说法中，错误的是（ ）。

A. 资产评估专业人员应当在承接业务前与委托方人明确资产评估报告的使用人，并在资产评估委托合同中予以约定

B. 资产评估专业人员应当明确委托人是否存在评估付费与经济行为实现挂钩的要求，并不得承接有此类要求的资产评估业务

C. 对于所有第三方委托业务，资产评估专业人员应当与委托人明确该评估委托是否征得产权持有人或管理者同意，并作为承接资产评估业务的先决条件

D. 资产评估专业人员应当与委托人明确其拟采用的价值类型，以利于委托人合理理解评估结论

【例2·单选题】（2021真题）民营控股甲上市公司拟通过发行股份收购乙国有企业的股权，由A资产评估机构对被收购股权进行评估，作为收购委托方正确的是（ ）。

A. 可以由甲上市公司和乙国有企业作为联合委托人

B. 可以由乙国有企业单独作为委托人

C. 可以由甲上市公司单独作为委托人

D. 可以由甲上市公司和乙国有企业的出资人作为联合委托人

【例3·单选题】下列有关评估委托人权利与义务的选项中，不属于评估委托人权利的是（ ）。

A. 自主选择符合《资产评估法》规定的评估机构

B. 要求与相关当事人及评估对象有利害关系的评估专业人员回避

C. 对其提供的权属证明、财务会计信息和其他资料的真实性、完整性和合法性负责

D. 当评估委托人对资产评估报告结论等方面有不同意见时，可以要求评估机构解释

【例4·单选题】X公司委托甲评估机构对Y公司股权进行评估，评估目的是股权收购，资产评估委托合同中约定X公司是资产评估报告使用人，下列说法正确的是（ ）。

A.X公司的关联公司Z，可以使用该资产评估报告

B.W公司也想收购Y公司，因此W公司也可以使用该评估报告

C.X公司得到该资产评估报告后，将其提交给银行V，意图取得以被收购股权质押的贷款，银行V可以接受和使用该评估报告

D. 甲评估机构及其评估专业人员不会对资产评估委托合同约定的报告使用人之外的任何人使用该评估报告的后果承担责任

【例5·多选题】（2020真题）下列经济事项中，需要进行评估的有（ ）。

A. 某国有独资企业所属的两个全资子公司之间的资产置换

B. 国有控股企业收购非国有企业

C. 国有企业拟以非货币资产对外投资

D. 两个国有控股公司合并

E. 国有独资企业与国有控股企业之间的资产置换

知识点1选编例题答案

1.【答案】C

【解析】ABD的说法都正确。注意C选项不正确，存在例外情形："对于司法等部门依法需要对特定资产进行强制性评估的行为，评估委托不需要以产权持有人或资产管理者的同意为先决条件，资产评估专业人员执行此类业务时应当充分考虑相关当事人的不配合行为可能对评估执业产生的影响"。

评估机构洽谈人员应该根据对评估目的的理解，结合资产评估准则，选择恰当的价值类型。就价值类型的选择、定义及对应的假设前提与委托人达成一致。

2.【答案】D

【解析】(1)《企业国有资产评估管理暂行办法》规定了各级国有资产监督管理机构履行出资人职责的企业及其各级子企业应当对相关资产进行评估的经济行为。包括与非国有单位的经济行为：①接受非国有单位以非货币资产出资；②收购非国有单位的资产；③接受非国有单位以非货币资产抵债；④整体资产或者部分资产租赁给非国有单位；因此，本业务属于"与非国有单位的经济行为"，而且涉及到"产权转让"，所以属于法定评估业务。(2)经济行为事项涉及的评估对象属于企业产权等出资人权利的，按照产权关系，由企业的出资人委托；企业接受非国有资产等涉及非国有资产评估的，一般由接受非国有资产的企业委托；本题属于企业股权转让，与出资人的权利直接相关，所以需要由"乙国有企业的出资人委托"。(3)涉及国有资产评估核准或备案业务的资产评估委托人可以是多个，但委托人中必须包括国有资产评估管理规定所要求的委托主体；所以不能够只有民营控股甲上市公司单独作为委托人，因此选项D是正确答案。

3.【答案】C

【解析】《评估委托人应当对其提供的权属证明、财务会计信息和其他资料的真实性、完整性和合法性负责，这是评估委托人应履行的最基本的义务，因此不属于委托人权利的内容。

4.【答案】D

【解析】资产评估机构和资产评估专业人员不承担非评估报告使用人使用评估报告的任何后果和责任。

5.【答案】BCDE

【解析】《企业国有资产评估管理暂行办法》第七条企业有下列行为之一的，可以不对相关国有资产进行评估：①经各级人民政府或其国有资产监督管理机构批准，对企业整体或者部分资产实施无偿划转；②国有独资企业与其下属独资企业（事业单位）之间或其下属独资企业（事业单位）之间的合并、资产（产权）置换和无偿划转。要特别注意这个条款，并结合《企业国有资产评估管理暂行办法》教材第六条（在第四章第一节）关于需要评估的范围一起掌握。

【知识点2】资产评估目的（★★★）

一、知识点精讲

（一）资产评估目的的概念与作用（★★★）

概念	所谓资产评估目的，实际就是资产评估业务对应的经济行为对资产评估结果的使用要求，或资产评估结论的具体用途
作用	1.直接或间接地决定和制约着资产评估的条件以及价值类型的选择。 2.可能会对评估对象的确定、评估范围的界定、价值类型的选择以及潜在交易市场的确定等方面产生影响

（二）常见的评估目的（★★★）

1.转让

（1）转让经济行为所对应的评估目的是确定转让标的资产的价值，为转让定价提供参考。 （2）引发资产评估的转让行为主要包括资产的收购、转让、置换、抵债等。 （3）法定评估由国家法律法规规定；非法定评估由市场参与者自愿委托。 （4）分类，涉及国有资产的转让评估与不涉及国有资产的转让评估（分类1）；涉及上市公司的转让评估和不涉及上市公司的转让评估（分类2）

续表

涉及国有资产的转让评估	（1）经济行为包括国有产权转让、资产转让、资产置换、以非货币资产偿还债务，以及收购非国有资产等； （2）由国有资产当事主体委托的资产评估需要满足国有资产评估的监管要求。 （3）报告内容及披露方面除要满足《资产评估执业准则—资产评估报告》的要求外，还应当符合《企业国有资产评估报告指南》或《金融企业国有资产评估报告指南》的规定
涉及上市公司的转让评估	（1）包括转让上市公司股权，上市公司法人资产的转让、置换、抵债以及上市公司收购股权或其他资产等行为涉及的资产评估业务。 （2）需要满足资本市场的监管规定和信息披露要求。 （3）执行相关资产评估业务的机构应当在国务院证券监督管理机构和国务院财政主管部门完成证券评估服务备案

2.抵（质）押

贷款发放前设定抵（质）押权的评估	（1）评估目的是了解用于抵押或者质押资产的价值，作为确定发放贷款的参考依据。 （2）常见于房地产抵押、知识产权质押、珠宝质押目的等评估
实现抵（质）押权的评估	（1）当借款人到期不能偿还贷款时，贷款提供方作为抵（质）押权人可以依法要求将抵（质）押品拍卖或折价清偿债务，以实现抵（质）押权。 （2）评估目的是确定抵（质）押品的价值，为抵（质）押品折价或变现提供参考
贷款存续期对抵（质）押品价值动态管理所要求的评估	（1）通常由金融机构要求评估机构在规定时间，以及市场发生不利变化时对抵（质）押品进行价值评估 （2）评估目的是监控抵（质）押品的价值变化，为贷款风险防范提供参考

3.公司设立、增资

非货币资产出资行为	非货币资产出资评估。	（1）评估目的是为确定可出资资产的价值提供参考。 （2）资产评估的评估结论用于揭示出资财产的市场价值，可以保障企业的股东、债权人以及社会公众的利益。 （3）商誉作为不可确指的无形资产只能依附于企业整体存在，不可独立转让
	企业增资扩股中确定股东出资金额和股权比例的评估。	（1）评估目的是为确定股东出资金额和股权比例提供参考。 （2）非上市公司国有股东的股权比例发生变动时应当对该非上市公司的股东权益进行资产评估。 （3）《公司法》修订后实行资本认缴制的公司，在办理与出资相关的公司登记时，市场监督管理部门不再要求其提交资产评估报告和验资证明，资产评估报告成为由被出资企业留存的备查文件。 （4）对仍有实收资本要求的企业，例如以募集方式设立的股份有限公司，公司登记时还需要提交由依法设立的验资机构出具的验资证明，涉及非货币资产出资的验资机构一般需要取得相关资产评估报告
发行股份购买资产	（1）发行股份购买资产的实质是采用非货币资产对股份公司进行增资的行为 （2）评估目的是评估标的资产的价值，为上市公司确定资产购买价格和股票发行方案提供参考。	

4.企业整体或部分改建为有限公司或股份公司

公司制改建	（1）是按照《公司法》要求将非公司制企业改建为有限责任公司或股份有限公司。 （2）主要指国有企业的改制，要求通过资产评估合理确定国有资本金的价值。 （3）改制企业以企业的实物、知识产权、土地使用权等非货币财产折算为国有资本出资或者股份的，资产评估目的是为确定国有资本出资额或者股份数额提供参考依据
有限责任公司变更为股份有限公司	（1）按照《公司法》的规定，有限责任公司变更为股份有限公司的，公司变更前的债权、债务由变更后的公司承继。有限责任公司变更为股份有限公司时，折合的实收股本总额不得高于公司净资产额。 （2）评估的实质是评估有限责任公司用于折股的资产的市场价值扣除负债价值后是否不低于其对应的审计后的净资产账面价值。

续表

有限责任公司变更为股份有限公司	（3）评估目的是核实企业用于折股的审计后净资产的账面价值是否不低于其市场价值，防止虚折股权/股份的情况发生。 （4）如果有限责任公司改建股份有限公司过程中，发生引进战略投资者等导致拟改建公司的国有股东股权比例发生变化的情况，在上述股权比例变化的环节对拟改建公司的股东权益价值进行评估，评估目的为确定股东出资金额和股权比例提供参考

5.财务报告（服务于会计计量和财务报告编制的资产评估）

（1）服务于合并对价分摊、资产减值测试、投资性房地产和金融工具等资产的公允价值计量等评估业务。

（2）评估目的是为会计核算和财务报表编制提供相关资产、资产组等评估对象的公允价值或可收回金额等特定价值的专业意见。

（3）相关会计准则

会计准则中的《企业会计准则第 3 号——投资性房地产》《企业会计准则第 8 号—资产减值》《企业会计准则第 11 号——股份支付》《企业会计准则第 20 号——企业合并》《企业会计准则第 22 号——金融工具确认和计量》以及《企业会计准则第 1 号——存货》《企业会计准则第 9 号——职工薪酬》《企业会计准则第 10 号——企业年金基金》《企业会计准则第 21 号——租赁》《企业会计准则第 39 号——公允价值计量》等都可能涉及财务报告目的的评估。

6.税收

核定税基、确定计税价格、关联交易转让定价等税收领域都对资产评估产生了需求。主要业务包括：

确定非货币资产投资的计税价值	（1）按照税法规定，以非货币性资产对外出资，应当确认非货币性资产转让所得的，要求企业取得用于投资的非货币性资产的资产评估报告。 （2）评估目的是为核定非货币资产计税申报价值的公允性提供资产价值做参考
确定非货币资产持有或流转环节所涉税种的税基	（1）非货币性资产的持有或流转可能会涉及流转税、所得税、财产税和土地增值税等税种。 （2）对纳税申报不合理、未制定计税价格标准且价值不易按照通常方法确定的非货币性资产，税收征管部门会要求提供资产评估报告。 （3）评估目的是根据涉税情形，确定相关非货币性资产的应税流转或所得额、财产价值或增值额，为税收征管部门确定相关计税基准提供参考
抵税财物处置环节的资产评估	（1）对抵税财物的拍卖，按照规定，除有市场价或可依照通常方法确定价格之外的拍卖对象应当委托评估。 （2）评估目的是确定相关财物的价值，为确定拍卖保留价提供参考

7.司法

（1）主要业务

广义含义上的司法评估一般可以分为两类，司法鉴证评估（Forensic Valuation)和诉讼协助评估(Litigation Support Valuation)。

狭义含义的司法评估仅指司法鉴证评估。司法鉴证评估一般由法院直接委托，评估结论是司法立案、审判、执行的重要依据。

司法鉴证评估服务内容主要包括：

司件审判中揭示与诉讼标的相关的财产（权益）价值及侵权（损害）损失数额等	①这类业务主要包括刑事案件定罪量刑中对相关损失的估算和民事诉讼中对诉讼标的财产(资产)或权益价值、侵权损害损失额的评估。 ②评估目的是揭示相关财产（权益）价值及侵权（损害）损失金额，为司法审判提供参考依据

续表

民事判决执行中帮助确定拟拍卖、变卖执行标的物的处置价值	①人民法院确定财产处置参考价，可以采取当事人议价、定向询价、网络询价、委托评估等方式。法律、行政法规规定必须委托评估、双方当事人要求委托评估或者网络询价不能或不成的，人民法院应当委托评估机构进行评估。 ②资产评估的目的就是确定涉案执行财产的价值，为人民法院在司法执行中确定财产处置参考价提供专业意见

（2）具有下列情形之一，人民法院应当委托评估机构进行评估：

①涉及国有资产或者公共利益等事项的；

②《企业国有资产法》《公司法》《合伙企业法》《证券法》《拍卖法》《公路法》法律、行政法规规定必须委托评估的。

③双方当事人要求委托评估的；

④司法网络询价平台不能或者在期限内均未出具网络询价结果的；

⑤法律、法规有明确规定的。

（3）对评估结果的使用

①当事人、利害关系人对评估报告未提出异议、所提异议被驳回或者评估机构已作出补正的，人民法院应当以评估结果或者补正结果为参考价。

②人民法院应当在参考价确定后十日内启动财产变价程序。拍卖的，参照参考价确定起拍价；直接变卖的，参照参考价确定变卖价。

二、选编例题

【例1·多选题】关于有限责任公司变更设立股份有限公司的经济行为，以下表述正确的是（　　）。

A. 评估对象为该企业用于出资的资产及相关负债形成的净资产

B. 价值类型选用市场价值

C. 经营注册地的资产交易市场是潜在交易市场

D. 评估目的是股权转让

E. 确定该有限责任公司用于折股的公司净资产的市场价值，用于核实折股后的实收股本总额

【例2·多选题】（2021 真题）以下评估目的不涉及产权转让的有（　　）。

A. 债转股　　B. 公司整体转成股份制

C. 资产置换　　D. 资产减值测试

E. 担保融资

【例3·单选题】下列关于评估目的的说法错误的是（　　）。

A. 发行股份购买资产评估的目的是评估标的资产的价值，为上市公司确定资产购买价格和股票发行方案提供参考

B. 评估转让资产的目的是确定转让标的资产价值，为转让定价提供参考

C. 股东在转让其持有的有限责任公司的股权时所对应的评估目的一般是确定拟转让股权的市场价值

D. 有限责任公司变更设立股份有限公司，折股总额不得低于公司净资产额

【例4·单选题】以下有关常见经济行为的评估目的、评估对象及评估范围的描述错误的是（　　）。

A. 实行资本认缴制的公司，在办理与出资相关的公司登记时，要向市场监督管理部门提交用于出资的非货币资产的资产评估报告和验资证明

B. 有限责任公司变更为股份有限公司，公司变更前的债权、债务由变更后的公司承继

C. 股权转让评估对象是企业的股权，涉及的资产范围是企业的全部资产和负债（包括商誉）

D. 引发资产评估的转让行为主要包括资产的收购、转让、置换、抵债等

【例5·多选题】（2019 真题）金融机构对抵（质）押品进行价值评估的目的通常包括（　　）。

A了解抵（质）押品价值，作为确定发放贷款的参考依据

B. 监控抵（质）押品的价值变化，防范贷款风险

C. 为抵（质）押品变现提供价值参考

D. 为确定贷款企业信用等级提供参考

E. 为会计计量提供公允价值

知识点2选编例题答案

1.【答案】ABCE

【解析】有限责任公司拟变更设立股份有限公司时应当进行资产评估。根据《公司法》第九十五条的规定：有限责任公司变更为股份有限公司时，折合的实收股本总额不得高于公司净资产额。该经济行为所对应的评估目的是确定该有限责任公司用于折股的公司净资产的市场价值，用于核实折股后的实收股本总额。因此，选项D错误

2.【答案】ABDE

【解析】债转股属于债权转股权，只是产权形式的变化；公司整体转换股份制，股东对公司的控制权比例都不会改变；资产减值测试无关产权交易，担保融资只有在被担保人无法还债的情况下才可能设计产权转让；资产置换，事实上资产的处置与购入，涉及到两项资产的产权变更；所以正确答案是ABDE。

3.【答案】D

【解析】《公司法》规定，有限责任公司变更为股份有限公司，折合的实收股本总额不得高于公司净资产额，因此D项当选。

4.【答案】A

【解析】《公司法》修订前，办理公司设立或增资登记时需要向市场监督管理部门提交用于出资的非货币资产的资产评估报告和验资证明。《公司法》修订后，规定"实行资本认缴制的公司，在办理与出资相关的公司登记时，市场监督管理部门不再要求其提交资产评估报告和验资证明，资产评估报告成为由被出资企业留存的备查文件。"因此A选项错误。

5.【答案】ABC

【解析】单位或个人在向金融机构或者其他非金融机构进行融资时，金融机构或非金融机构需要获得借款人或担保人用于抵押或者质押资产的评估报告，评估目的是了解用于抵押或者质押资产的价值，作为确定发放贷款的参考依据。通常由金融机构要求评估机构在规定时间，以及市场发生不利变化时对抵（质）押品进行价值评估，评估目的是监控抵（质）押品的价值变化，为贷款风险防范提供参考。当借款人到期不能偿还贷款时，贷款提供方作为抵（质）押权人可以依法要求将抵（质）押品拍卖或折价清偿债务，以实现抵（质）押权。这个环节资产评估的目的是确定抵（质）押品的价值，为抵（质）押品折价或变现提供参考。

【知识点3】资产评估对象和评估范围（★★★）

一、知识点精讲

（一）资产评估对象（资产评估客体）（★★★）

1.资产评估对象的概念

概念	资产评估对象，也称为评估客体，是资产评估的具体对象。 资产评估对象通常包括单项资产、资产组合、企业价值、金融权益、资产损失或者其他经济权益

续表

按组合形式分类	单项资产	单项资产包括无形资产、不动产、机器设备以及其他动产等
	资产组合（或资产组）	（1）指由多项资产按照特定的目的，为实现特定功能而组成的有机整体。 （2）在评估业务中，评估对象可能是一个资产组合，也可能由若干个资产组合构成，称之为资产组组合。 （3）根据不同的目的，资产组合的划分原则和标准是不同的。 ①对于以减值测试为目的的资产评估业务，评估对象为资产组或资产组组合。根据企业会计准则的规定，该资产组合称之为业务资产组（或称现金流产出单位 CGU），其划分原则是企业可以认定的最小的现金流的产生单位，其产生的现金流入应当独立于其他资产或者资产组产生的现金流入。 ②对于以交易为目的的资产评估业务，如果某企业拟转让特定的业务板块，评估对象是该业务板块所对应的资产组合，确定该资产组合的原则是与该业务相关的资产与负债
	整体企业或单位	整体企业是由一个或多个资产组合构成的。 整体企业或资产组合的评估对象通常指其权益。 例如对于一个企业，评估对象可能是股权或者是企业整体价值（股权 +债权）

2.资产评估对象的组成

企业价值评估		（1）包括企业整体价值、股东全部权益价值和股东部分权益价值。 （2）将企业作为一个整体进行评估，其评估对象一般为企业的股权，在有些特别情况下也可能是企业的整体投资，即股权 +债权。 （3）对于合伙企业，包括（全部或部分）有限合伙人（LP）权益和（全部或部分）普通合伙人（GP）权益等
业务资产组	构成	包括相关单项资产，也包括形成这些资产的资金来源如股权投资或债权投资。从资产组组成的资产方角度分析，资产组实际相当于企业的资产；从负债方角度分析，资产组是所有者权益和债权权益
	认定	可以参考企业价值评估的评估对象认定标准 （1）如果业务资产组的评估目的涉及资产组整体转让，则评估对象可以按照其整体转让经济行为界定为资产组的权益，如所有者权益； （2）如果评估目的涉及的经济行为是针对业务资产组各单项资产的，则可以将评估对象设定为各单项资产和负债
单项资产评估	一般说明	（1）单项资产不仅指“一项资产”，也包括若干项以独立形态存在、可以单独发挥作用或以个体形式进行销售、转让和出租的资产。 （2）单项资产的评估对象一般就是所对应的资产
	无形资产特殊性	无形资产的评估对象组成一般包含以下三个层次的内容： （1）无形资产的种类及名称 （2）无形资产的权利（权利状态）：所有权、使用权 （3）无形资产的组成：单项无形资产、无形资产组合

3.资产评估对象的确定

（1）评估对象应当由委托人依据法律法规和经济行为要求提出，并在评估委托合同中明确约定。

（2）在评估对象确定过程中评估机构和资产评估专业人员应当关注其是否符合法律法规规定、满足经济行为要求，必要时向委托人提供专业建议。

（二）资产评估范围（★★★）

资产评估范围是对评估对象所进行的详细描述，包括构成、物理及经济权益边界、约束条件等内容。

1.不同资产评估对象的评估范围

业务	评估对象	评估范围
企业价值评估	企业股权	应该是被评估企业的全部资产和负债，包括可辨识的资产和不可辨识的资产，如商誉等
	企业可用于出资的资产	可以包括企业的存货、房地产、设备、专利权、商标专用权、股权等法律法规允许出资的资产，但不包括法律法规不允许出资的商誉等资产
	产权持有人对模拟实体拥有的权益	构成该模拟实体的资产和负债，也可以表述为企业经剥离后剩余的资产及负债
业务资产组评估	资产组的权益	评估范围就是组成该业务资产组的全部资产与负债
	相关业务资产组的权益	企业剥离部分资产与负债组成具有投入、运营、产出能力的独立业务资产组，评估范围为构成业务资产组的资产及负债
单项资产评估	单项资产	对该项资产边界的描述。 例如，机器设备的评估范围通常要明确是否包含与设备本体相关的附件以及设备的安装、基础、附属设施

2.资产评估范围的确定（与评估对象类似）

资产评估范围应当依据法律法规的规定、实现评估目的要求，以及评估对象的特点合理确定，并在资产评估委托合同中明确界定，具体内容应由委托人负责提供。

资产评估专业人员在执行资产评估业务时应当关注纳入资产评估范围的资产或者资产及负债，是否与所服务的经济行为要求的评估范围一致。

（三）常见经济行为对应的评估对象及范围（★★★）

1.转让与抵（质）押

经济行为	评估对象	评估范围
转让（收购）、置换、非货币资产偿债等	相关经济行为对应的标的资产。 标的资产可以是企业或业务资产组权益，也可以为单项资产	当评估对象为相关企业的股东权益(所有者权益）或业务资产组权益时，评估范围为组成相关企业或业务资产组的全部资产和负债。评估对象为单项资产时，评估范围也为该单项资产，体现为对该单项资产边界和条件的描述
抵（质）押	相关抵（质）押物。抵（质）押物可以是企业权益，也可以为单项资产	

2.公司设立、增资与公司整体或部分改建为有限公司或股份公司

（1）公司设立、增资

经济行为	评估目的	评估对象	评估范围
非货币资产出资行为	确定被增资企业的全部股东权益价值，作为确定增资金额或持股比例的参考依据	该企业的全部股东权益	被增资企业的全部资产及负债，在引进新的投资人增资或者股东不按照既有持股比例对被投资企业增资时，需要对被增资企业的全部股东权益进行评估
	确定非货币性增资资产的价值，作为确定增资资本的参考依据	用于增资的实物、知识产权、土地使用权等可以用货币估价并可以依法转让的非货币财产。 根据《公司注册资本登记管理规定》的规定，劳务、信用、自然人姓名、商誉、特许经营权或者设定担保的财产等不可以作为评估对象作价出资。	涉及到的具体资产

续表

经济行为	评估目的	评估对象	评估范围
发行股份购买资产行为（实质以非货币资产增资）	确定发行股份公司的全部股东权益价值作为确定被购买资产产权持有人在发行股份企业中持股比例的参考依据	发行股份公司的全部股东权益，上市公司等可以通过公开市场的股票价值确定公司股权价值	发行股份公司的全部资产及负债
	拟购买资产的价值作为确定发行股份数额及资本金的参考依据	被购买的资产	被购买的资产

（2）公司整体或部分改建为有限公司或股份公司

经济行为	评估对象	评估范围
公司制改建	依据企业改制方案确定的公司制改建所涉及的整体或部分资产	按照国有资产管理要求，向非国有投资者转让国有产权的，企业的专利权、非专利技术、商标权、商誉等无形资产必须纳入评估范围
有限责任公司变更为股份有限公司	有限责任公司按照公司法规定可以作为出资的可辨识资产和相关负债	有限责任公司按照公司法规定可以作为出资的可辨识资产和相关负债
变更中引进战略投资者	有限责任公司的股东权益	该公司的全部资产及负债

3.财务报告

经济行为	评估对象	评估范围
企业合并对价分摊	应该根据会计准则要求和委托合同的约定确定，可以是被购买方各项可辨认资产、负债及或有负债，也可以是委托人约定评估的可辨认资产	与评估对象相同
资产减值测试	拟进行减值测试的单项资产	该单项资产
	拟进行减值测试的资产组	构成资产组的全部资产（也可以根据资产组的划分口径包含相关负债）
公允价值计量	需要以公允价值计量的相关资产或负债，可以是单项资产或负债，也可以是资产组合、负债组合或者资产和负债的组合	

4.税收与司法

经济行为		评估对象	评估范围
税收	非货币资产投资的计税价值评估	用于投资的非货币性资产。	当评估对象为相关企业的股东权益(所有者权益）或业务资产组权益时，评估范围为组成相关企业或业务资产组的全部资产和负债。评估对象为单项资产时，评估范围也为该单项资产，体现为对该单项资产边界和条件的描述
	非货币资产持有或流转环节所涉税种的税基评估	与所涉税种对应的非货币资产	
	抵税财物处置评估	拟处置的抵税财物	
司法	司法审判涉及的资产评估	相关涉案标的财产	
	民事判决执行涉及的资产评估	相关执行标的物	

侵权（损害）损失包括侵权(损害)产生的财产直接损害和间接损失（即可得利益的减少），赔偿范围及标准需要依据法律规定加以确定。

二、选编例题

【例1·单选题】（2018真题）根据公司法的要求，下列资产项目中，不能作为出资资产的是（　　）。

A. 设立了相邻单位通行权的国有土地使用权

B. 已经被部分出租的房地产

C. 专利所有权

D. 并购行为形成的商誉

【例 2 · 单选题】下列关于资产评估对象，论述正确的是（　　）。

A. 按资产的组合形式，评估对象可分为单项资产、资产组合

B. 企业价值评估将企业作为一个整体进行评估，其评估对象为企业的股权

C. 单项资产指的是一项资产，单项资产的评估对象一般就是所对应的资产

D. 单项资产可以分为流动资产、建筑物、机器设备和无形资产

【例 3 · 多选题】（2021 真题）根据《公司法》和《公司注册资本登记管理规定》，下列资产中，属于可以用于出资作价的评估对象有（　　）。

A. 商誉

B. 设定担保的财产

C. 软件著作权

D. 机器设备

E. 专利权

【例 4 · 多选题】丁企业拥有一个注册商标 K，丁企业采用普通许可方式将商标 K许可给 P公司使用，许可合同规定，P公司每年商标产品销售收入的 16%作为商标 K的年许可费，如今丁企业准备将该商标所有权转让给 W公司，需要对该商标所有权进行评估，则评估对象应界定为（　　）。

A.P公司使用商标 K获得的销售收入

B.P公司所有商标资产

C. 商标 K授予 P公司普通许可所形成的合同权益

D. 商标 K所有权

E. 商标 K所有权中扣除 P公司普通许可合同权益之外的权利

【例 5 · 单选题】X公司是一家国有控股有限责任公司，现拟变更为股份有限公司，需要进行资产评估，此评估目的中的评估对象和范围是（　　）。

A.X公司的整体权益

B.X公司的股东权益

C.X公司按照《公司法》规定可作为出资的可辨识资产和相关负债

D.X公司的商誉

知识点 3 选编例题答案

1.【答案】D

【解析】企业可用于出资的资产包括企业的存货、房地产、设备、专利权、商标专用权、股权等法律法规允许出资的资产，但不包括法律法规不允许出资的商誉等资产。所以 D是正确答案。

2.【答案】D

【解析】按资产的组合形式，评估对象可分为单项资产、资产组合和整体企业（或单位），A项表述不全；企业价值评估的评估对象一般为企业的股权，在有些特别情况下也可能是企业的整体投资，即股权 +债权，B项错误；单项资产不仅指“一项资产”，也可能包括若干项以独立形态存在、可以单独发挥作用或以个体形式进行销售、转让和出租的资产，C项表述错误。本题选 D。

3.【答案】CDE

【解析】股东或者发起人不得以劳务、信用、自然人姓名、商誉、特许经营权或者设定担保的财产等作价出资。

4.【答案】CE

【解析】题干中评估目的是转让商标 K所有权（包括使用、收益和处分的权利），且商标 K存在与 P公司的对外许可合同，因此评估对象应该包括：①注册商标 K授予 P公司普通许可所形成的合同

权益；②注册商标K所有权中扣除K公司普通许可合同权益之外的其他权利。因此，选项CE正确。

5.【答案】C

有限责任公司以经审计的净资产账面价值折股变更为股份有限公司的，资产评估对象和范围均是有限责任公司按照公司法规定可以作为出资的可辨识资产和相关负债。所以，选项C正确。

【知识点4】资产评估价值类型（★★★）

一、知识点精讲

（一）价值类型的概念、作用（★★）

概念	价值类型是资产评估结果的价值属性及其表现形式； 不同的价值类型从不同的角度反映资产评估价值的属性和特征； 不同的价值类型代表的资产评估价值不仅在性质上是不同的，在数量上往往也存在较大的差异
作用	（1）价值类型是影响和决定资产评估价值的重要因素； （2）价值类型对资产评估方法的选择具有一定的影响，价值类型实际上是评估价值的一个具体标准； （3）明确价值类型，可以更清楚地表达评估结论，可以避免评估委托人和其他报告使用人误用评估结果

（二）价值类型的种类（★★★）

1.市场价值与投资价值

市场价值	在适当的市场条件下，自愿买方和自愿卖方在各自理性行事且未受任何强迫的情况下，评估对象在评估基准日进行公平交易的价值估计数额。 可以从以下方面理解市场价值的概念： （1）“自愿买方”，指具有购买动机，没有被强迫进行购买的一方当事人。在市场价值概念下，买方会根据评估基准日市场的真实状况和预期判断进行购买，不会特别急于购买，也不会在购买时不顾及合理的价格条件，付出比市场合理价格更高的价格。 （2）“自愿卖方”，指既不准备以任何价格急于出售或被强迫出售，也不会因期望获得被现行市场视为不合理的价格而继续持有资产的一方当事人。自愿卖方期望在进行必要的市场营销之后，根据评估基准日的市场条件以公开市场所能达到的最高价格出售资产。 （3）资产在市场上有足够的展示时间，指资产应当以最恰当的方式在市场上予以展示，不同资产的具体展示时间应根据资产特点和市场条件而有所不同，但该展示时间应当使该资产能够引起足够数量的潜在购买者的注意。 （4）“公平交易”，指在没有特定或特殊关系的当事人之间的交易，即假设在互无关系且独立行事的当事人之间的交易。 （5）买卖双方“各自理性行事”，指自愿买方和自愿卖方都合理地知道资产的性质和特点、实际用途、潜在用途以及评估基准日的市场状况，并假定当事人都根据上述知识为自身利益而决策，理性行事以争取在交易中为自己获得最好的价格 注意： ①某项资产对于某特定市场主体所具有的价值，可能不同于市场或特定行业对该资产价值的认同。市场价值反映了各市场主体组成的市场整体对被评估资产效用和价值的综合判断，不同于特定市场主体的判断。 ②对于具有多种用途或利用方式选择的资产，评估专业人员在评估时应当结合相关资料对被评估资产进行最高最佳使用分析，在评估的市场价值中体现被评估
投资价值	（1）评估对象对于具有明确投资目标的特定投资者或者某一类投资者所具有的价值估计数额，亦称特定投资者价值。 （2）“特定投资者或者某一类投资者”，这类特定的投资者不是主要的市场参与者，或者其数量不足以达到市场参与者的多数。 （3）投资价值是一项资产对于特定所有者或预期的所有者针对个人投资或运营目标的价值。 （4）投资价值与市场价值相比，除受到交易标的因素和交易市场因素影响外，其最为重要的差异是投资价值还受到特定交易者的投资偏好或追求协同因素的影响。 （5）如果交易当事人仅仅拥有特定的身份，比如股权的受让方为该企业股东，则并不必然要求在评估时选择投资价值

2.在用价值、清算价值与残余价值

在用价值	（1）在用价值是指将评估对象作为企业、资产组的组成部分或者要素资产按其正在使用方式和程度及其对所属企业、资产组的贡献的价值估计数额。 （2）在用价值对应的评估对象是企业或者整体资产中的要素资产或者局部资产，而不是独立发挥作用的资产。这强调了在“在用价值”中评估对象存在及作用的方式。 （3）在用价值的评估过程中只考虑了评估对象“正在使用方式”及其对企业或者整体资产的贡献程度，没有考虑该资产作为独立资产所具有的效用及其在公开市场上交易等对评估结论的影响。 （4）在用价值定义中的“正在使用方式”是指资产在现状条件下的使用，这种使用方式可能是最高最佳使用，也可能不是最高最佳使用。 （5）评估实践中，评估对象作为企业或整体资产中的要素资产对企业或整体资产的贡献，通常表现为该要素资产在预计剩余寿命期间对企业或整体资产可以或可能产生的现金流量贡献。因此，在用价值通常表现为评估对象在预计剩余寿命期间可以或可能带来的未来现金流量的折现值。 （6）在用价值体现的是使用资产所能创造的价值，因此，在用价值也称“使用价值”
清算价值	（1）清算价值是指在评估对象处于被迫出售、快速变现等非正常市场条件下的价值估计数额。因为“快速变现”一般带有强制性，所以也可称为“强制变现”。 （2）清算价值与市场价值相比其主要差异 ①清算价值是一个资产拥有者需要变现资产的价值，是一个退出价，不是购买资产的进入价；而市场价值没有规定必须是退出价。 ②清算价值的退出变现是在被迫出售、快速变现等非正常市场条件下进行的，这一点与市场价值所对应的市场条件相比也是明显不同的。 （3）清算价值的两个特点：退出价值；受外力胁迫情况下的退出价
残余价值	（1）残余价值是指机器设备、房屋建筑物或者其他有形资产等的拆零变现价值估计数额。 所谓残余价值，实际是将一项资产拆除成零件进行变现的价值。残余价值实质是改变资产的计价单元后，将组成这项资产的要素分拆为更小的计价单元并估算其变现的价值。 （2）残余价值的重点表现为以下两点： ①“拆零”，也就是假定原资产为一个整体计价单元，现在要将原资产的整体计价单元变小，即分拆，也就是“拆零”； ②“变现”，即要将“拆零”后新计价单元的资产变现，即卖出。 （3）残余价值通常用于整体计价的资产没有使用价值了，需要分析将其拆零后的资产是否还有使用价值的情形。如果有价值，就可以估算将其变现的价值。 （4）残余价值通常被用于估算整体资产报废后的“拆整卖零”价值。但这并不是说只有原计价单元的整体资产在报废时才具有残余价值，不报废的资产也有残余价值，只是在实务中，正常使用资产的整体价值一般会大于其拆零变现价值之和，因而不需要估算这种价值。

3.其他价值类型

（1）主要类型

①选择《资产评估价值类型指导意见》规定之外的其他价值类型，应当确信其符合该指导意见的基本要求，并在评估报告中披露。

②《企业会计准则第39号——公允价值计量》中的公允价值是指市场参与者在计量日发生的有序交易中出售一项资产所能收到或者转移一项负债所需支付的价格。

③评估实务中还存在一些抵押、质押目的的评估和保险赔偿目的的评估等。这些目的的评估可能会需要其他价值类型，评估专业人员只要确信其符合价值类型指导意见的基本要求，并在评估报告中披露就可以使用。

（2）企业会计准则的公允价值的相关概念及确定方法

相关概念	有序交易	指在计量日前一段时期内相关资产或负债具有惯常市场活动的交易。清算等被迫交易不属于有序交易
	公允价值	出售该项资产所能收到或者转移该项负债所需支付的价格（即脱手价格，也称退出价格）
公允价值的确定方法	企业以公允价值计量相关资产或负债	①应当假定出售资产或者转移负债的有序交易在相关资产或负债的主要市场进行。不存在主要市场的，企业应当假定该交易在相关资产或负债的最有利市场进行。 其中，主要市场是指相关资产或负债交易量最大和交易活跃程度最高的市场。最有利市场，是指在考虑交易费用和运输费用后，能够以最高金额出售相关资产或者以最低金额转移相关负债的市场。 主要市场（或最有利市场）应当是企业在计量日能够进入的交易市场。由于不同企业可以进入的市场不同，对于不同企业，相同资产或负债可能具有不同的主要市场（或最有利市场）。 ②应当采用市场参与者在对该资产或负债定价时为实现其经济利益最大化所使用的假设
	企业以公允价值计量非金融资产	应当考虑市场参与者将该资产用于最佳用途产生经济利益的能力，或者将该资产出售给能够用于最佳用途的其他市场参与者产生经济利益的能力

（三）价值类型的选择（重点）(★★★)

1.选择价值类型应考虑的因素

（1）评估目的（是根本因素）

（2）市场条件

（3）评估对象自身条件（自身的功能、使用方式）

（4）与评估假设的相关性等因素。

2.各种价值类型的选择

市场价值	（1）通常应当选择市场价值作为评估结论的价值类型。 当评估专业人员执行的资产评估业务对市场条件和评估对象的使用等并无特别限制和要求，特别是不需要考虑特定市场参与者的特性和偏好，评估目的是为正常的交易提供价值参考依据时，通常应当选择市场价值作为评估结论的价值类型 （2）必须关注到不同的市场可能会有不同的市场价值。 在选择市场价值时评估专业人员需要意识到，同一资产在不同空间或级次市场的市场价值可能存在差异。不同国家和地区可能存在不同的交易市场，甚至在一个国家或地区内也可能有多个不同的交易市场。在这种情况下评估专业人员应当关注其评估的“市场价值”所对应的具体“市场”。 （3）说明选择价值类型的理由 当标的资产可以在多个市场上交易时，评估专业人员除需要在评估报告中恰当披露所选择的市场价值对应的具体交易市场外，还应该说明作出选择的理由。 （4）常见的选择市场价值类型的情形 非货币资产出资、资产转让(收购)、发行股份购买资产行为，公司制改建，以及确定诉讼标的财产价值和财产价值损失的资产评估，通常也可以选择市场价值类型。 设定抵(质)押权的评估可以根据评估对象及其风险特点选择市场价值或市场价值扣减已知悉的优先受偿款等评估结论表现形式。处置抵(质)押物、抵税财产和执行涉案财产评估也可以根据评估对象特点和委托条件选择市场价值类型。 确定计税价值和税基的评估应当选择符合有关资产计税、课税和征税法律规定的价值类型，在很多情况下税收征管部门会要求使用市场价值类型。 财务报告目的的公允价值计量、合并对价分摊评估，依据会计准则要求选择公允价值类型

续表

投资价值	(1)投资价值是指评估对象对于具有明确投资目标的特定投资者或者某一类投资者所具有的价值估计数额，亦称特定投资者价值。 (2)投资价值是针对特殊的市场参与者，即“特定投资者或者某一类投资者”而言的；是一项资产针对特定的投资者、满足其特定的投资或运营目标条件的价值。 (3)《资产评估价值类型指导意见》第十七条规定，当评估业务针对的是特定投资者或者某一类投资者，并在评估业务执行过程中充分考虑并使用了仅适用于特定投资者或者某一类投资者的特定评估资料和经济技术参数时，通常选择投资价值作为评估结论的价值类型。 (4)投资价值与市场价值相比，除受到交易标的因素和交易市场因素的影响差异外，其最为重要的差异还在于，投资价值会受到特定交易者的投资偏好或所追求协同因素的影响。 (5)如果交易当事人仅仅拥有特定的身份，比如股权的受让方为该企业股东，则并不必然要求在评估时选择投资价值
在用价值	(1)在用价值是指将评估对象作为企业、资产组的组成部分或者要素资产按其正在使用方式和程度及其对所属企业、资产组的贡献的价值估计数额。 (2)在用价值对应的评估对象是企业或者整体资产中的要素资产或者局部资产，而不是独立发挥作用的资产。这强调了在“在用价值”中评估对象存在及作用的方式。 (3)在用价值的评估过程中只考虑了评估对象“正在使用方式”及其对企业或者整体资产的贡献程度，没有考虑该资产作为独立资产所具有的效用及其在公开市场上交易等对评估结论的影响。 (4)在用价值定义中的“正在使用方式”是指资产在现状条件下的使用，这种使用方式可能是最高最佳使用，也可能不是最高最佳使用。 (5)评估实践中，评估对象作为企业或整体资产中的要素资产对企业或整体资产的贡献，通常表现为该要素资产在预计剩余寿命期间对企业或整体资产可以或可能产生的现金流量贡献。因此，在用价值通常表现为评估对象在预计剩余寿命期间可以或可能带来的未来现金流量的折现值。 (6)在用价值体现的是使用资产所能创造的价值，因此，在用价值也
清算价值	(1)当评估对象面临被迫出售、强制变现或者评估对象具有潜在被迫出售、强制变现等情况时，评估专业人员通常应当选择清算价值作为评估结论的价值类型。 (2)清算价值类型与以清算为目的的评估有联系，但两者并不是直接对应的关系。清算价值作为一种价值类型是以评估对象被强制变现或被强制出售为前提条件的，只有评估对象是在强制变现或强制出售的前提条件下评估，其评估结论的价值类型才可以选择清算估价值。 (3)卖方被迫出售资产、资产出售得不到适当的市场展示期是采用清算价值类型的评估对象面临的主要交易特点。这种情况下实现的价值反映的是卖方在某一特定时期内被迫出售资产的结果，该结果的大小取决于卖方所受压力的强度以及资产市场展示时间被限制的程度。只有了解评估对象被强迫出售的理由及程度才能合理预计其清算价值。 (4)抵(质)押物、涉案财产等处置的评估，也可以根据评估对象特点及委托条件选择清算价值类型
残余价值	当评估对象无法或者不宜整体使用，将其拆解分割后的零部件还具有使用价值时，评估专业人员通常应当考虑将评估对象拆零变现，并选择残余价值作为评估结论的价值类型

二、选编例题

【例1·单选题】国内某上市公司计划并购一家澳大利亚当地的一家非公众公司，现需要对该标的企业进行评估，应该选择的价值类型是（　　）。

A. 中国产权交易市场的投资价值　　B. 中国证券交易市场的市场价值

C. 澳大利亚证券交易市场的市场价值　　D. 澳大利亚产权交易市场的市场价值

【例2·单选题】资产减值测试中可收回金额的确定，可以采用资产预计未来的现金流量的现值。这种情形下评估专业人员选择的价值类型是（　　）。

A. 市场价值　　B. 投资价值

C. 在用价值　　D. 残余价值

【例3·单选题】（2021真题）下列关于价值类型选择的说法中，正确的是（　　）。

A. 选择市场价值作为价值类型应当考虑特定市场参与者的偏好对交易标的价值的影响

B. 以非货币资产出资设立公司，通常不考虑交易双方的特性，应当选择投资价值作为价值类型

C. 对涉及司法纠纷、需要快速变现的机器设备交易进行评估，应当选择残余价值作为价值类型

D. 评估专业人员可以根据特定业务需求选择《资产评估价值类型指导意见》规定之外的价值类型

【例4·单选题】评估对象为一条废弃停用的生产线，整体上已不再具有使用价值，但生产线中可能存在可以继续使用的机器设备零部件，则应选择的价值类型是（　　）。

A. 投资价值　　B. 在用价值　　C. 残余价值　　D. 清算价值

【例5·单选题】甲企业经营一家高级健身房，但因健身房规划中不包含洗浴区域，甲企业决定收购位于同一建筑物内的养生洗浴中心A，评估时应选择的价值类型是（　　）。

A. 在用价值　　B. 市场价值　　C. 投资价值　　D. 清算价值

知识点4选编例题答案

1.**【答案】**D

【解析】该交易是国内的企业到澳大利亚收购当地非公众公司的股权，也属于资产收购行为。同样，因为题目没有提及要考虑特定的买方与卖方的投资偏好或特定目标，也应该选择市场价值。同时这个交易应该受到澳大利亚法律、法规的管辖，应该选择澳大利亚的市场价值，并且这个市场价值应该是澳大利亚一般产权交易市场的市场价值，而不是澳大利亚证券交易市场的市场价值。因此，选项D正确。

2.**【答案】**C

【解析】这里的预期收益的现值，是该标的资产按照企业目前经营方式或模式持续经营下的在用价值。因此在进行资产减值测试时，评估专业人员通常需要估计标的资产在企业目前的经营模式下的在用价值。因此，选项C正确。

3.**【答案】**D

【解析】选项A，影响市场价值的因素都具有客观性，不会受到个别市场参与者个人因素的影响，错误；选项B，以非货币资产出资设立公司，通常不考虑交易双方的特性，应当选择市场价值作为价值类型，错误；选项C，对于评估对象处于被迫出售、快速变现等非正常市场条件下的价值估计应当采用清算价值，错误。

4.**【答案】**C

【解析】该生产线整体报废不能继续使用，但其中部分设备的零部件还可以继续被使用，有些零部件还具有使用价值，因此这种情况的评估应当选择残余价值。本题选C。

5.**【答案】**C

【解析】题目中的收购行为存在经营协同，甲企业自身已拥有的健身房与养生洗浴中心A之间形成协同效应，可以获得超额收益，考虑协同效应对收购的影响，评估应选择投资价值。

【知识点5】资产评估假设（★★★）

一、知识点精讲

（一）资产评估假设的概念和作用（★★★）

概念	依据现有知识和有限事实，通过逻辑推理，对资产评估所依托的事实或前提条件作出的合乎情理的推断或假定。资产评估假设也是资产评估结论成立的前提条件
作用	1.资产评估作为一门学科，与其他学科一样，其理论体系和方法体系的确立也是建立在一系列假设基础上的。 2.评估假设实际发挥的正是这种“化繁为简”抓主要矛盾的作用，即将一项资产交易价格的主要影响因素从实际中抽象出来，研究这些因素对交易价格的影响，忽略一些不必要的因素，提高评估的效率

（二）常见的资产评估假设

1.资产评估假设体系

<table>
<tr><td rowspan="2">资产评估前提假设</td><td rowspan="2">评估的交易及市场条件假设</td><td colspan="2">交易假设</td></tr>
<tr><td colspan="2">公开市场假设</td></tr>
<tr><td rowspan="6">资产评估前提假设</td><td rowspan="6">评估对象存续或使用状态假设</td><td rowspan="2">针对企业等经营主体</td><td>持续经营假设</td></tr>
<tr><td>清算假设</td></tr>
<tr><td rowspan="4">针对单项资产</td><td>原地使用假设</td></tr>
<tr><td>移地使用假设</td></tr>
<tr><td>最高最佳使用假设</td></tr>
<tr><td>现状利用假设</td></tr>
<tr><td rowspan="2">评估外部环境假设</td><td>评估所依托的国家宏观环境假设</td><td colspan="2">国家宏观环境假设主要包括有关宏观政治、经济、社会、法律、文化等环境条件变化趋势、稳定性，以及不可抗力影响等条件的假设，通常会涉及对汇率、利率、税赋、物价或通货膨胀等因素影响的判断</td></tr>
<tr><td>行业及地区环境条件假设</td><td colspan="2">主要包括有关产业政策、行业准入及竞争、行业规划等行业条件，以及受国家和行业条件影响的地区相关环境条件的假设</td></tr>
<tr><td rowspan="2">评估具体假设</td><td rowspan="2">按照评估目的及评估操作要求针对评估对象的特点所具体使用的评估假设</td><td colspan="2">对于企业等经营主体可能涉及经营范围及方式、经营管理水平、会计政策、税赋基准及税率、补贴及优惠政策、企业守法合规、管理团队的稳定性及尽责履职、关联交易定价等方面的假设</td></tr>
<tr><td colspan="2">对于单项资产则可能涉及评估对象的物理、法律、经济状况，未来的管理及运营等方面的假设</td></tr>
</table>

2.常见的资产评估假设的内涵（★★★）

（1）交易假设与公开市场假设

交易假设（最基本的前提假设）	①交易假设的含义 公开市场假设旨在说明一种充分竞争的市场环境。在这种环境下，资产的交换价值受市场机制的制约并由市场行情决定，而不是由个别交易案例决定。 公开市场是对充分竞争市场的一种抽象。市场价值也是充分竞争市场的产物，是以公开市场假设作为逻辑基础的。 ②交易假设的意义 交易假设一方面为资产评估得以进行“创造”了条件； 另一方面它明确限定了资产评估的外部环境，即资产是被置于市场交易之中；资产评估不能脱离市场条件而孤立地进行
公开市场假设（交易环境的假定）	①公开市场假设的含义 指资产可以在充分竞争的市场上自由买卖，其价格高低取决于一定市场的供给状况下独立的买卖双方对资产的价值判断。 所谓公开市场，是指一个有充分竞争性的市场。在这个市场上，买者和卖者的地位是平等的。资产交易双方都有获取足够市场信息的机会和时间，买卖双方的交易行为都是自愿的、理智的，而非在强制或受限制的条件下进行。买卖双方都能对资产的功能、用途及其交易价格等作出理智的判断。 ②公开市场假设的意义 公开市场假设旨在说明一种充分竞争的市场环境。在这种环境下，资产的交换价值受市场机制的制约并由市场行情决定，而不是由个别交易案例决定

公开市场是对充分竞争市场的一种抽象。市场价值也是充分竞争市场的产物，是以公开市场假设

作为逻辑基础的。

（2）持续经营假设、最高最佳使用假设与现状利用假设

持续经营假设（经营主体）	①含义：指假设一个经营主体的经营活动可以连续下去，在未来可预测的时间内该主体的经营活动不会中止或终止。 ②适用对象：持续经营假设实际是一项针对经营主体（企业或业务资产组）的假设。该项假设一般不适用于单项资产。 ③理解：假设一个经营主体是由资产和负债按照特定目的组成以完成某种功能，持续经营假设就是假设该经营主体在未来可预测的时间内继续按照这个特定目的完成该特定功能。 ④通常持续经营假设是采用收益法评估企业等经营主体价值的基础。
最高最佳使用假设（多用于房地产评估）	①指一项资产在法律上允许、技术上可能、经济上可行的前提下，经过充分合理的论证，实现其最高价值的使用。 ②最高最佳使用通常是对一项存在多种不同用途或利用方式的资产进行评估时，选择最高最佳的用途或利用方式
现状利用假设	所谓现状利用是指一项资产按照其目前的利用状态及利用方式对其价值进行评估。 现状利用方式可能不是最高最佳使用方式

（3）原地使用假设和移地使用假设

原地使用假设	①原地使用是指一项资产在原来的安装地继续被使用，其使用方式和目的可能不变，也可能会改变。 ②原地使用的价值构成要素一般包括设备的购置价格、设备运输费、安装调试费等。 ②如果涉及使用方式及目的变化，还要根据委托条件确定是否考虑变更使用方式而发生的成本费用
移地使用假设	移地使用是指一项资产不在原来的安装地继续被使用，而是要被转移到另外一个地方继续使用，当然使用方式和目的可能会改变，也可能不改变。 移地续用涉及设备的拆除、迁移和重新安装调试等环节。除了设备本体价值，还需要根据买卖双方约定的资产交割及费用承担条件，确定其价值要素是否还包括设备的拆除费用、运输到新地址的费用和重新安装调试的费

（4）有序清算假设和强制清算假设

有序清算假设	（1）所谓有序清算假设，就是经营主体在其所有者有序控制下实施清算。 （2）有序清算是经营主体出现法律、法规和该主体的章程等规定的解散事由后，由该经营主体的所有者依法自主组织实施的
强制清算假设	（1）这个假设涉及的是通过公权力，即人民法院介入的企业清算情形。包括在我国的法律体系中由《公司法》规范的“强制清算”和由《破产法》管辖的“破产清算”。 （2）按照我国《公司法》的规定，公司因营业期限届满、股东会决议、合并或者分立、被吊销营业执照、责令关闭或者被撤销等事由解散。“强制清算”就是公司发生解散事由后，由于股东怠于履行清算义务，在受理债权人等申请后由法院组织清算组进行的清算。 （3）“破产清算”是企业不能清偿到期债务或者明显缺乏清偿能力，人民法院在受理企业或债权人的申请并宣告债务企业破产后所进行的清算。清算由破产管理人拟订破产财产分配方案，方案经债权人会议通过后报经人民法院裁定认可，再由破产管理人执行。破产管理人由人民法院在受理债务企业破产申请时指定，可以由有关部门、机构的人员组成的清算组或者依法设立的律师事务所、会计师事务所、破产清算事务所等社会中介机构担任。 （4）强制清算假设，是假设经营主体在外部力量介入、控制下进行清算。清算活动不受破产经营主体的所有

（三）常见的资产评估假设的应用（★★★）

1.资产评估假设应用的基本要求

合理性（存在发生的可能性）	评估假设应该建立在合理的依据、逻辑及推断前提下，设定的假设有可靠的证据表明其很可能发生，或者虽然缺乏可靠证据，但也没有理由认为其明显不切合实际。假设不可能发生的情形是不合理的假设
针对性（针对具有不确定性的特定问题）	评估假设应该针对某些特定问题。这些特定问题具有不确定性，这种不确定性，评估专业人员可能无法合理计量，需要通过假设忽略其对评估工作的影响
相关性（与评估项目、结论形成有关）	评估假设与评估项目实际情况相关；与评估结论形成过程相关

2.评估假设应用需要考虑的基本因素

评估目的	评估目的规定着资产评估结论的具体用途，同时也在宏观上规范了被评估资产的作用空间。因此，评估假设应结合评估目的设定
评估对象	单项资产评估假设适用于资产使用状态假设； 企业价值评估假设适用企业持续经营假设或者清算假设等
价值类型	不同的价值类型，对应的市场交易条件、资产使用等条件很可能存在差异

3.评估假设的应用

（1）交易假设与公开市场假设

交易假设的应用	该假设适用于经济行为交易和产权及经营主体变动性质或可视为这种性质的资产评估业务。 常见经济行为的资产评估都可以使用该假设
公开市场假设的应用	①公开市场假设是资产评估中的一个重要假设，其他假设都是以公开市场假设为基本参照的。 ②公开市场假设也是资产评估中使用频率较高的一种假设，凡是能在公开市场上进行交易、用途较为广泛的或者通用性较好的资产，都可以考虑按公开市场假设前提进行评估

（2）持续经营假设、最佳使用假设与现状利用假设

持续经营假设的应用	①持续经营假设主要是针对经营主体，不是针对单项资产。 ②这个经营主体可以是一个企业，也可以是一个业务资产组，当没有相反的证据证明该经营主体不能满足持续经营的条件时，通常可以假设该经营主体持续经营。 ③持续经营假设要求经营主体在其可以预见的未来不会停止经营。这种经营可以是在现状基础上的持续经营，也可以是按照未来可以合理预计状态下的持续经营。这两种状态有所不同，如果需要区分，评估专业人员可以增加限定为“现状持续经营”或者“预计状态持续经营”。 ④常见经济行为中，绝大部分以企业或业务等经营主体权益为对象的均可采用持续经营假设 另外，涉及项目达产和税收优惠的评估假设属于推测性假设。所谓推测性假设，是针对评估对象实体、法律、经济属性方面存在的不确定性，资产市场条件与趋势的外部环境存在的不确定性，选择最有可能发生或发生概率最大的情形作为评估前提，是较为常见的一种评估假设
最高最佳使用假设的应用	最高最佳使用假设多用于房地产评估，因为房屋和土地经常存在多种用途或利用方式，因此在评估其市场价值时要求进行最高最佳使用分析，按照最高最佳使用状态进行评估
现状利用假设的应用	现状利用假设，与最高最佳利用假设相对应，是指按照资产目前的利用状态评估其价值，而不管其现状利用是否为最高最佳。该假设一般在资产只能按照其现实使用状态评估时选用

（3）原地使用假设和移地使用假设

原地使用假设的应用	①原地使用假设是标的资产仍然在原安装地继续使用。 ②能否在原地继续使用，会影响被评估资产的价值构成要素，进而影响到评估结果。 ③对于需要较大数额的运输费和安装调试费，或者拆除迁移会明显降低其功能及价值的资产，如钢铁、化工等行业的设备等，采用原地使用假设进行评估有利于更好地体现其功能及价值。 ④在常见经济行为中，符合经济行为完成后单项资产评估对象仍在原地继续使用条件的，通常可以使用原地使用假设
移地使用假设的应用	一般多用于评估可移动的资产。 对无须在原安装地使用的设备的转让等评估，也可以采用移地使用假设，将设备本体及必要附件列入评估范围。评估范围是否考虑设备拆除、运输至交易场所等需要发生的费用，也应当在评估委托时根据委托人计划或确定的交付条件明确约定

（4）有序清算假设和强制清算假设

有序清算假设的应用	①当经营主体出现所谓相反的证据证明其未来不能持续经营时，就需要进行清算。 ②当不满足持续经营的原因是经营期限届满或者协议终止经营等由经营主体的所有者自主决定的清算，则应该选择有序清算假设前提。 ③这种清算是由经营主体所有者自主控制的清算
强制清算假设的应用	当经营主体不满足持续经营的原因是被人民法院依法宣告破产，这时的清算已经由人民法院介入，破产财产变价方案由法院指定的破产管理人负责拟订和实施，方案实施前需要提交债权人会议通过或者报人民法院依法裁定。该经营主体的所有者无法控制。这种情况一般应当选择强制清算假设

二、选编例题

【例 1 · 单选题】下列关于资产评估假设的说法中，错误的是（　　）。

A. 产权及经营主体变动的资产评估业务适用交易假设

B. 资产评估假设是资产评估结论成立的前提条件

C. 公开市场假设是指资产在充分竞争的市场中自由交易

D. 现状利用假设应当在资产处于最高最佳使用状态时选用

【例 2 · 单选题】某企业进行中外合资评估企业价值时，因城市规划需要，将企业整体搬迁到新区生产，对于企业中的机器设备评估，适用的评估假设是（　　）。

A. 有序清算假设　　B. 原地使用假设

C. 强制清算假设　　D. 移地使用假设

【例 3 · 单选题】被评估企业经营期满，依法自行组织清算组，按法定程序进行的清算，应当采用（　　）。

A. 移地使用假设　　B. 持续经营假设

C. 有序清算假设　　D. 强制清算假设

【例 4. 多选题】关于持续经营假设的应用，下列假设应用正确的是（　　）。

A. 某评估项目，假设企业未来应收账款全部可以按期收回，不会发生坏账

B. 某企业价值评估项目，假设企业未来会改变产品缺陷、成本持续增高的现状

C. 在企业股权转让评估时，一般不会假设企业未来可以改变销售模式

D. 某加油站评估，假设国家目前油品定价原则未来不会改变

E. 某企业价值评估项目，评估人员假设企业未来按照企业提供的预测计划如期实现

【例 5 · 单选题】（2021 真题）某公司在编制年度财务报告时，委托资产评估机构对并购商誉进行减值测试评估。下列关于该资产评估业务基本事项的说法中，正确的是（　　）。

A. 评估目的是确定所并购企业的股东权益在评估基准日的公允价值

B. 评估对象是相关资产组

C. 评估范围是所并购企业的全部资产和负债

D. 价值类型是市场价值

知识点 5 选编例题答案

1.【答案】D

【解析】现状利用假设要求对一项资产按照其目前的利用状态及利用方式对其价值进行评估。现状利用方式可能不是最高最佳使用方式。

2.【答案】D

【解析】移地使用是指一项资产不在原来的安装地继续被使用，而是要被转移到另外一个地方继续使用，当然使用方式和目的可能会改变，也可能不改变。

3.【答案】C

【解析】企业经营主体在其所有者有序控制下实施清算，即清算在一个有计划、有秩序的前提下进行，本题中的评估应当采用有序清算假设，C项当选，不再持续经营，也不是强制清算，因此B、D项不符。移地使用假设是针对单项资产存续及使用状态方面的假设，不适合企业使用，A错误。

4.【答案】CD

【解析】销售模式、销售渠道等属于企业重要的无形资产，也是影响企业价值评估结果的重要要素。如果可以自身完成这方面的改进，该企业将不再是原来的企业。因此，这种假设属于对企业现行营销条件及模式的重大改变，需要收集说服力强的证据审慎论证其可能性。否则，在企业股权转让评估时，一般不采用企业未来可以改变销售模式的假设。因此，选项C正确。由于加油站的油价是政府定价，并随国际原油的价格波动，很难合理预测，评估中如果可以预测加油站的单位毛利，并假设国家目前油品定价的原则未来不发生变化。这种假设是可以接受的。因此，选项D正确。

5.【答案】B

【解析】本题有点超出教材的内容，根据《资产评估专家指引第11号——商誉减值测试评估》，商誉减值测试评估目的是为企业商誉减值测试确定包含商誉资产组或资产组组合的可收回金额提供价值参考；所以A不正确，同时D也不正确，因为可回收金额并非市场价值。商誉减值测试评估对象是包含商誉的资产组或资产组组合。评估范围包括商誉、商誉相关资产组或资产组组合。所以只有B的说法正确。

【知识点6】资产评估基准日与报告日（★★★）

一、知识点精讲

（一）资产评估基准日

1.资产评估基准日的概念

<table>
<tr><td>资产评估基准日含义</td><td colspan="3">资产评估结论对应的时间基准</td></tr>
<tr><td rowspan="3">不同时间点基准日的资产评估业务分类（★）</td><td></td><td>评估基准日</td><td>评估结论含义</td></tr>
<tr><td>现时性评估</td><td>是现实日期，也就是评估工作日近期的时点</td><td>现时性评估，其评估结论表达的是评估对象截至评估基准日的现实状态，对应于评估基准日的市场条件，以评估基准日货币币值计量的价值。目前，大部分资产评估业务属于现时性评估业务</td></tr>
<tr><td>追溯性评估</td><td>选择的是过去的某个日期，在评估工作日之前，相距通常不少于一年的时点</td><td>一般追溯性评估结论的计量是以评估对象在被追溯基准日的货币价值体现，其计量标准采用的是被追溯基准日的币种、货币单位、汇率、利率等;评估对象应当反映其在被追溯基准日的物理、权属、利用等状态。</td></tr>
</table>

续表

不同时间点基准日的资产评估业务分类（★）	追溯性评估	选择的是过去的某个日期，在评估工作日之前，相距通常不少于一年的时点	评估时资产评估专业人员应当以被追溯基准日的市场条件、政策环境等因素对评估对象进行追溯性价值判断，不得考虑被追溯基准日后发生、在被追溯基准日无法合理预期的事件。在司法诉讼、损失界定、调查追责过程中，以及企业对历史经济行为所涉及的资产或损失的价值进行追溯、判断时，通常需要采用追溯性评估
	预测性评估	选择的是未来的某个日期，在评估工作日之后、非近期的时点	预测性评估采用的是被预测基准日预期的市场条件和价格标准或依据，评估对象的状态一般为被预测基准日的预期状态。在以抵押为目的的资产评估业务中，当抵押期较长、抵押物会随时间的变化产生较大的贬损或价格变化时，抵押权人可能会要求评估专业人员确定在实现抵押权时抵押资产的价值，服务于这种需求的资产评估业务通常采用预测性评估

2.资产评估基准日的作用（★★★）

明确评估结论所对应的时点	评估基准日实际上起到了规定评估结论所对应的时间基准的作用
确定评估报告结论的使用期限	（1）通常，只有当评估基准日与经济行为实现日相距不超过1年时，才可以使用资产评估报告。 （2）对涉及国有资产的资产评估项目，经核准或备案的资产评估结果使用有效期为自评估基准日起1年。 （3）我国目前尚无规范追溯性和预测性资产评估业务的评估结论使用有效期的规定

3.资产评估基准日的选择（★★）

（1）评估基准日的选取需要重点考虑的因素

选择评估基准日是委托人的责任，评估人员可以提供专业建议。

①有利于评估结论有效服务于评估目的。

②有利于现场调查、评估资料收集等工作的开展。

③企业价值评估业务中评估基准日尽可能选择会计期末。

④法律、法规有专门规定的，从其规定。

（2）国有资产评估基准日的选择

国有资产评估大多为现时性评估。

现时性评估的评估基准日需要选择现时日期，同时应该选择与评估目的相关联的经济行为或特定事项的实施日期接近的日期。

目前国有资产评估对过去或者未来评估基准日的选择都没有明确规定。

（3）其他资产评估基准日的选择

经济行为	评估基准日
上市公司发行股票购买资产等重大资产重组事项	应该尽量与发行股票的定价日相近
企业合并对价分摊资产评估	应当选择购买日。购买日，是指购买方实际取得对被购买方控制权的日期
核定税基、确定计税价值资产评估	应选择应税行为发生所对应的时点
其他资产评估	可以根据经济行为的性质和对评估结论的使用要求妥善选择评估基准日

（4）评估基准日的选择与评估报告中引用其他报告基准日的匹配问题

引用的专业报告是审计报告	（1）审计的截止日一般应与评估基准日保持一致。 （2）作为特殊的情形，涉及参股权转让不宜单独进行专项审计的，转让方应当取得转让标的企业最近一期年度审计报告
引用其他评估机构出具的单项资产评估报告的结论	拟引用单项资产评估报告的评估基准日、使用限制等应当满足资产评估报告的引用要求。 《关于印发 <企业国有资产评估项目备案工作指引 >的通知》资产评估结果引用土地使用权、矿业权或者其他相关专业评估报告评估结论的，应当关注所引用报告评估基准日、评估结论使用有效期等要素是否一致

（二）资产评估报告日

概念	按照《资产评估执业准则——资产评估报告》的规定，资产评估报告日通常为评估结论形成的日期。 【提示】有结论才能报告，有结论及时报告。	
法律意义（★★★）	（1）在评估基准日到评估报告日之间 如果被评估资产发生重大变化，评估机构负有了解和披露这些变化以及可能对评估结论产生影响的义务。 （2）评估报告日后 评估机构不再负有对被评估资产重大变化进行了解和披露的义务	
期后事项的处理原则（★★）	期后事项认定	评估机构和评估人员需要采用适当的方式，对评估专业人员撤离评估现场后至评估报告日之间，被评估资产所发生的相关事项以及市场条件发生的变化进行了解
	分析	分析判断该事项和变化的重要性
	处理方法	（1）对于较重大的事项：应该在评估报告中进行披露，并提醒报告使用者注意该期后事项对评估结论可能产生的影响； （2）非常重大的事项：足以对评估结论产生颠覆性影响，评估机构应当要求评估委托人更改评估基准日重新评估。如果评估机构的要求未被委托人采纳时，应当在评估报告中就此重大事项及影响进行使用风险特别提示。 （3）《关于印发（企业国有资产评估项目备案工作指引）的通知》要求，“企业在评估基准日后如遇重大事项，如汇率变动、国家重大政策调整、企业资产权属或数量、价值发生重大变化等，可能对评估结果产生重大影响时，应当关注评估基准日或评估结果是否进行了合理调整”

二、选编例题

【例 1 · 单选题】关于资产评估基准日与资产评估报告日，下列说法正确的是（　　）。

A. 如果当前时间是 2019 年 7 月 1 日，评估基准日是 2019 年 6 月 30 日，这类评估业务是追溯性评估

B. 如果评估基准日是 2019 年 12 月 31 日，而经济行为发生日是 2020 年 4 月 1 日，因此，不可以使用该评估报告

C. 企业合并对价分摊资产评估的评估基准日应当选择购买方实际取得对被购买方控制权的日期

D. 如果资产评估基准日是 2019 年 12 月 31 日，那么资产评估报告日必须是 2019 年 12 月 31

【例 2 · 单选题】某项资产评估业务的评估基准日为 2020 年 12 月 31 日，下列选项正确的是（　　）。

A. 评估基准日由评估专业人员根据评估目的及相关经济行为的需要确定

B. 如果经济行为在 2021 年 9 月实现，可以正常使用本次评估的资产评估报告

C. 假设该项评估业务涉及国有资产，且资产评估结果已经核准或备案，则自 2020 年 12 月 31 日起两年内，评估结果均可使用

D. 该资产评估业务的评估报告引用审计报告，审计的截止日一般应早于评估基准日

【例 3 · 多选题】关于资产评估基准日的选择和期后事项的处理，应遵循下列要求（　　）。

A. 对于上市公司发行股票购买资产等重大资产重组事项，资产评估基准日应该尽量与发行股票的定价日相近。

B. 如果资产评估基准日的期后发生的事项非常重大，足以对评估结论产生颠覆性影响，评估机构应当要求评估委托人更改评估基准日重新评估

C. 如果上市公司重大资产重组的评估基准日为 2019 年 6 月 30 日，则要求审计报告的截止日也应当是 2019 年 6 月 30 日

D. 企业价值评估以资产基础法的结果作为评估结论，所引用的土地使用权估价报告的评估基准日与资产评估报告相同，但土地估价报告和资产评估报告的评估结论使用有效期可以不同

E. 如果评估机构的要求未被委托人采纳时，应当在评估报告中就期后重大事项及影响进行使用风险特别提示

【例 4 · 单选题】下列有关资产评估报告日的表述，不正确的是（　　）。

A. 资产评估报告日一般指评估结论形成的日期，区别于资产评估报告的签发日

B. 在评估基准日到评估报告日之间，如果被评估资产发生重大变化，评估机构负有了解和披露这些变化及其可能对评估结论产生影响的义务

C. 资产评估执业准则对评估结论使用有效期的规定，通常是以评估报告日为基础确定的

D. 如果期后事项非常重大，足以对评估结论产生颠覆性影响，评估机构应当要求评估委托人更改评估基准日重新评估

【例 5 · 单选题】（2021 真题）下列关于资产评估基准日的说法中，错误的是（　　）。

A. 以抵押为目的的资产评估业务，可以选择未来的时点作为评估基准日

B. 选择资产评估基准日是资产评估专业人员的责任，需要在了解委托人评估目的及相关经济行为后确定

C. 以损失追责为目的的资产评估业务，应当选择损失形成时点作为评估基准日

D. 国有资产评估报告引用的审计报告截止日一般应当与资产评估基准日保持一致

知识点 6 选编例题答案

1.**【答案】**C

如果评估基准日选择的是现时日期，也就是评估工作日近期的时点，这时评估结论采用的价格依据和标准是近期有效的。这样的评估就是现时性评估，因此选项 A 错误。通常，当评估基准日与经济行为实现日相距不超过 1 年时，可以使用资产评估报告，因此选项 B 错误。企业合并对价分摊资产评估的评估基准日应当选择购买日。购买日，是指购买方实际取得对被购买方控制权的日期。因此，选项 C 正确。资产评估报告日通常为评估结论形成的日期，与评估基准日之间存在时间差，因此选项 D 错误。

2.**【答案】**B

【解析】《资产评估执业准则——资产评估报告》第十条规定："通常，只有当评估基准日与经济行为实现日相距不超过一年时，才可以使用资产评估报告。"经济行为在 2021 年 9 月实现，与评估基准日相距不超过- 年，可以使用评估报告，B项正确。确定评估基准日是委托人的责任，不应由评估专业人员确定，A项错误。　对涉及国有资产的资产评估项目，我国《企业国有资产评估管理暂行办法》也明确规定"经核准或备案的资产评估结果使用有效期为自评估基准日起 1 年"，C项时间错误。当评估报告引用专业审计报告时，审计的截止日一般应与评估基准日保持一致，D项也是错误的，本题选 B。

3.**【答案】**ABCE

企业价值评估以资产基础法的结果作为评估结论，所引用的土地使用权估价报告的评估基准日虽与资产评估报告相同，但土地估价报告和资产评估报告的评估结论使用有效期分别为半年和一年。由

于评估所服务的经济行为要求的资产评估对象是企业股东权益，土地使用权作为企业整体资产的组成部分，其评估结论也成为企业整体评估结论的组成部分，不能因为不同的评估报告，而出现不同的使用有效期，否则完全有悖于资产评估服务于特定目的的基本功能。因此，选项D错误。

4.【答案】C

【解析】资产评估执业准则对评估结论使用有效期的规定，通常是以评估基准日为基础确定的，C项表述错误，其余各项正确，本题选C。

5.【答案】B

【解析】评估基准日的选择应该是委托人的责任，评估专业人员可以提供相关专业建议，所以B不正确。

同步强化训练题

一、单项选择题

1.（2020真题）下列资产选项中，适用《企业会计准则第8号——资产减值》进行减值测试的是（　　）。

A. 存货　　B. 使用寿命不确定的无形资产

C. 未探明石油天然气矿区权益　　D. 递延所得税资产

2.（2018真题）下列关于价值类型的说法中，错误的是（　　）。

A. 资产减值测试中的在用价值是标的资产的公允价值

B. 投资价值中所指的特定市场参与者的特征之一，表现为其所拥有的资产与标的资产之间存在特定协同效应

C. 当评估对象面临强制性快速变现时应当采用清算价值

D. 因国家能源环保等产业政策需要整体报废的机器设备一般选用残余价值

3.（2019真题）下列资产评估价值类型中，与“退出价格”相匹配的价值类型是（　　）。

A. 投资价值　　B. 清算价值　　C. 市场价值　　D. 在用价值

4.（2018真题）某公司因中外合资需进行企业价值评估，资产评估专业人员了解到该公司因城市规划需要，将整体搬迁到新区生产，该项目所涉及的机器设备评估适用的评估假设应当是（　　）。

A. 有序清算　　B. 原地使用　　C. 强制清算　　D. 移地使用

5.（2018真题）下列关于资产评估假设的说法中，错误的是（　　）。

A. 原地使用假设的资产使用方式和目的可能不变，也可能会改变

B. 持续经营不但是一项资产评估假设，也是一项会计假设

C. 持续经营假设可以是针对某个业务资产组的假设

D. 采用最高最佳使用假设的充分必要条件是技术上可能、经济上可行

6. 某资产评估报告的基准日为2015年6月30日，资产评估外勤完成日为当年7月10日，资产评估报告日为当年8月29日，下列事项中，属于资产评估期后事项的是（　　）。

A. 当年6月28日中央银行调整存贷款利率政策

B. 当年9月1日被评估单位处置某一批原材料

C. 当年7月19日被评估单位仓库遭受特大洪水灾害

D. 当年6月11日所享受的所得税优惠政策发生变化

7.H资产评估机构接受甲公司委托，评估乙工厂的价值，并出具资产评估报告，评估报告的使用人为甲公司和乙工厂，丙公司从甲公司得到此评估报告，并依据此报告进行投资，但投资损失严重。下列说法正确的是（　　）。

A. 参与评估的资产评估专业人员需要对丙公司的损失负责

B.H资产评估机构需要对丙公司的损失负责

C.H资产评估机构及资产评估专业人员共同对丙公司的损失负责
D.H资产评估机构及资产评估专业人员均不对丙公司的损失负责
8. 下列关于资产评估报告使用人的说法中，错误的是（　　）。
A. 被评估单位应当是评估报告使用人
B. 评估委托合同约定的报告使用者均可作为评估报告使用人
C. 法律法规规定的报告使用者应当是评估报告使用人
D. 委托人不可超出评估委托合同的约定指定报告使用人
9. 假如一项评估业务涉及非现金资产出资，用于出资的资产是国有资产，以下表述最为准确的是（　　）。
A. 该项业务不需要进行评估核准或备案
B. 评估业务的委托人可以是出资方，也可以是被出资方
C. 对评估委托人的确定需符合国有资产评估管理的相关规定
D. 该项业务可以采取经济行为当事人共同委托的方式
10. 下列对于机器设备评估中评估范围的界定，说法错误的是（　　）。
A. 评估原地持续使用的机器设备，评估范围通常不仅包含设备本体以及附件还包含安装、基础、附属设施等
B. 评估拟变现处置的机器设备，评估范围通常包含设备本体以及附件、安装、基础、附属设施等
C. 评估机器设备时需要根据评估目的和委托条件合理界定评估范围
D. 评估拟变现处置的机器设备，可能只包括设备本体及附件，同时还要根据委托约定确定是否包括设备的拆除等费用
11.（2020 真题）下列关于资产评估基准日的说法中，错误的是（　　）。
A. 资产评估基准日的选择应有利于评估结论有效服务于评估目的
B. 资产评估基准日的选择是资产评估机构及其资产评估专业人员的责任
C. 确定计税价值资产评估的评估基准日应当选择应税行为发生对应的日期
D. 合并对价分摊资产评估的评估基准日应当选择购买方取得被购买方控制权的日期
12. 以下关于资产评估范围的论述不正确的是（　　）。
A. 评估对象为单项资产时，评估范围也为该单项资产
B. 评估对象为相关企业的股东权益或业务资产组权益，评估范围应界定为组成相关企业或业务资产组的全部资产和负债
C. 评估已出租的房地产作为投资性房地产的公允价值时，评估范围不应包含承租人对该房地产的权益
D. 已出租房地产作为国有土地征收的补偿对象时，评估范围要考虑承租人权益的影响
13. 以被评估资产对所在企业的贡献为依据评估其价值，该评估价值在资产评估中被称为（　　）。
A. 市场价值　　B. 投资价值　　C. 在用价值　　D. 剩余价值
14. 下列有关价值类型的描述，错误的是（　　）。
A.《国际评估准则 2017》中规定资产的市场价值反映其最高最佳用途
B. 市场价值主要受到交易标的因素、交易市场因素、市场参与者个人因素的影响
C. 投资价值常受到特定交易者的投资偏好或所追求协同因素的影响
D. 在用价值也称“使用价值”
15. 下列关于司法领域评估的说法中，正确的是（　　）。
A. 资产评估可以为民事诉讼案件审理中所涉及的财产价值或侵权损失提供参考，但不能用于对刑事案件的定罪量刑
B. 民事判决执行的资产评估目的是为确定拟拍卖、变卖执行标的物的处置提供价值参考
C. 服务于司法举证的资产评估应当由法院进行委托
D. 服务于司法执行的资产评估应当由诉讼当事人或其代理律师进行委托

16. 下列关于资产评估假设的说法中，错误的是（　　）。

A. 原地使用假设的资产使用方式和目的可能不变，也可能会改变

B. 持续经营不但是一项资产评估假设，也是一项会计假设

C. 持续经营假设可以是针对某个业务资产组的假设

D. 采用最高最佳使用假设的充分必要条件是技术上可能、经济上可行

17. 评估报告服务的经济行为必须在报告所明示的结论使用有效期内实施，有关评估结论使用有效期限的说法，错误的是（　　）。

A. 资产评估执业准则对评估结论使用有效期的规定，通常是以评估基准日为基础确定的

B. 我国目前只规定了现时性评估结论的使用有效期

C. 评估基准日与经济行为实现日相距 10 个月，处在评估结论使用有效期限内

D. 涉及国有资产的资产评估项目，资产评估结果使用有效期为自评估基准日起 2 年

18. 下列关于资产评估经济行为的说法中，错误的是（　　）。

A. 以财务报告为目的的公允价值计量评估属于法定资产评估业务

B. 民营企业转让资产的评估不属于法定评估业务

C. 民事判决执行中的财产拍卖可以以资产评估结果作为参考依据

D. 以非货币资产作为出资设立公司，在实收资本制下需要进行评估

19. 下列关于产权持有人（或被评估单位）的概念的表述中，错误的是（　　）。

A. 产权持有人是指评估对象的产权持有人

B. 委托人与产权持有人可能是同一主体，也可能不是同一主体

C. 委托人与产权持有人肯定是同一主体

D. 与相关股权或所有者权益对应的被投资单位被称为被评估单位

20. 下列关于选择资产评估基准日应当考虑因素的说法中，错误的是（　　）。

A. 评估基准日的选择可以参考资产评估专业人员的建议

B. 国有资产评估基准日应该选择与评估目的相关联的经济行为或特定事项的实施日期接近的日期

C. 企业价值评估业务中评估基准日尽可能选择会计期末

D. 国有资产项目的评估基准日选择应考虑评估备案的期限要求

21.（　　）是资产评估得以进行的一个最基本的前提假设。

A. 公开市场假设　　B. 交易假设　　C. 有序清算假设　　D. 持续经营假设

22. 在下列资产评估假设中，价格高低取决于一定市场的供给状况下独立的买卖双方对资产的价值判断的假设是（　　）。

A. 交易假设　　B. 公开市场假设　　C. 持续经营假设　　D. 有序清算价值

23. 关于资产评估业务委托人，以下说法正确的是（　　）。

A. 司法执行中需要对拍卖的财产进行评估从而偿还债务的，应由债权人委托

B. 上市公司拟定向增发股票的，相关资产评估业务可由上市公司和增发出资人共同委托

C. 非国有公司投资人以非现金资产出资需要对出资资产进行资产评估的，必须由该非国有公司委托

D. 为当事人诉讼请求提供协助的资产评估须由人民法院委托

二、多项选择题

1.（2020 真题）下列资产选项中，在设立公司时可以用作出资的资产有（　　）。

A. 特许经营权　　B. 商标专用权

C. 土地使用权　　D. 股权

E. 商誉

2. 下列属于评估委托人应享有的权利的有（　　）。

A. 自主选择符合资产评估法规定的评估机构

B. 有权要求与相关当事人及评估对象有利害关系的评估专业人员回避

C. 对评估结论有不同意见时，可以要求评估机构解释
D. 当评估机构违法开展业务时可以进行投诉或举报
E. 要求资产评估机构按照自己的意愿进行评估

3. 以下关于资产评估目的的说法中正确的有（　　）。
A. 非货币资产出资行为的评估涉及到任何非货币资产
B. 企业增资扩股中确定股东出资金额和股权比例的评估，涉及非货币资产出资的应当出具资产评估报告
C. 企业增资扩股中确定股东出资金额和股权比例的评估，资产评估报告成为由被出资企业留存的备查文件
D. 司法网络询价平台不能或者在期限内均未出具网络询价结果的，人民法院应当委托评估机构进行评估
E. 贷款存续期对抵（质）押品价值动态管理所要求的评估，资产评估目的是监控抵（质）押品的价值变化，为贷款风险防范提供参考

4. W 企业集团拥有商品商标 Y，注册领域为第 1 号注册领域，同一注册领域还有注册商标 Z。该集团将商标 Y许可给其下属上市公司 C无时间限制、无地域限制的免费使用。现 W企业集团准备将该商标所有权转让给该上市公司，则该案例的评估对象为（　　）。
A. 此次转让商标所有权中应该包含该项许可使用权
B. 商标 Y所有权中除 C 公司许可使用权之外的权利
C. 商标 Z的所有权
D. 商标 Y的所有权
E. 商标 Y和 Z的所有权

5. 下列关于资产评估价值类型表述中，正确的有（　　）。
A. 价值类型是指资产评估结果的价值属性及其表现形式
B. 不同的价值类型从不同的角度反映资产评估价值的属性和特征
C. 不同属性的价值类型所代表的资产评估价值在性质上是不同的，但是在数量上应该比较一致，这是评估特定目的所要求的
D. 选择资产评估的价值类型时要充分考虑评估目的、市场条件和评估对象自身条件等因素
E. 评估人员选择价值类型，应考虑价值类型与评估假设的相关性

6. 以下对于主要资产评估假设的论述，正确的有（　　）。
A. 公开市场假设是资产评估得以进行的最基本的前提假设
B. 持续经营假设是采用收益法评估企业等经营主体价值的基础
C. 清算假设包括有序清算假设和强制清算假设
D. 最高最佳使用假设下，资产在法律上允许、技术上可能、经济上可行的前提下，实现其最高价值的使用
E. 我国的资产评估准则已引入非真实性假设

7. 资产评估专业人员在受理评估业务前应当明确资产评估业务基本事项，包括（　　）。
A. 明确评估方法
B. 明确委托人、产权持有人和委托人以外的其他报告使用人
C. 明确评估假设
D. 明确评估工作计划
E. 明确评估目的

8. 资产评估的相关当事人包括（　　）。
A. 委托人和其他资产评估报告使用　　B. 资产评估机构
C. 资产评估专业人员　　D. 产权持有人
E. 中国资产评估师协会

9. 以下关于资产评估委托人的说法正确的有（　　）。

A. 资产评估委托人只能是法人，不能是自然人

B. 法定评估委托人的确定，需要符合国家有关法律、法规的规定

C. 涉及国有资产法定评估业务的委托人可以是多个，但委托人中必须包括国有资产评估管理规定所要求的委托主体

D. 非现金资产出资评估，如果出资行为不涉及国有资产，委托人可以是出资方，也可以是被出资方

E. 为司法审判出具意见的评估，由监察员委托。

10. 以下有关评估委托人权利、义务的叙述符合资产评估法规定的有（　　）。

A. 评估委托人有权自主选择符合资产评估法规定的资产评估机构

B. 评估委托人有权要求有利害关系的评估专业人员回避

C. 评估委托人不得对评估行为和评估结果进行非法干预

D. 为保证资产评估的公正性，任何情况下，评估委托人不得要求评估机构对评估结论做出解释

E. 评估委托人应当对其提供的权属证明、财务会计信息和其他资料的真实性、完整性和合法性负责

11. 关于评估目的的说法正确的有（　　）。

A. 确定评估目的是委托人的责任

B. 根据国有资产管理法规的规定，收购非国有资产是涉及资产转让行为目的的非法定评估

C. 财务报告目的的评估是法定评估事项

D. 债权人将其对国有非上市公司的债权转为股权时，按规定需对该国有非上市公司的股权价值进行评估

E. 评估目的直接或间接地决定和制约着资产评估的条件以及价值类型的选择

12. 关于评估对象和评估范围的说法正确的有（　　）。

A. 评估对象应当由委托人依据法律法规的规定和经济行为要求提出，并在评估委托合同中明确约定

B. 评估对象应当由受托人依据经济行为要求和法律法规的规定提出，并在评估委托合同中明确约定

C. 资产评估范围，是对评估对象所进行的详细描述。

D. 企业价值评估中的评估对象包括企业整体价值、股东全部权益价值和股东部分权益价值

E. 在评估对象确定过程中，资产评估专业人员应当关注其是否符合法律法规的规定、满足经济行为要求，必要时向委托人提供专业建议

13. 关于资产评估基准日和报告日的说法正确的有（　　）。

A. 资产评估基准日是资产评估结论对应的时间基准

B. 评估基准日的选择是委托人的责任

C. 资产评估报告日通常就是评估基准日

D. 评估专业人员可以对评估基准日的选择提供专业建议

E. 在评估基准日到评估报告日之间，如果被评估资产发生重大变化，评估机构负有了解和披露这些变化以及可能对评估结论产生影响的义务。

14. 评估假设应用应该考虑的基本因素有（　　）。

A. 评估目的　　B. 评估对象

C. 价值类型　　D. 评估资料

E. 针对性

15. 属于公司设立、改制、增资目的而进行评估的有（　　）。

A. 税务目的评估

B. 企业整体或部分改制、改建为有限公司或股份公司

C. 发行股份购买资产

D. 企业债权转股权

E. 财务报告评估

16. 企业价值评估的对象通常是企业的（　　）。

A. 整体价值　　B. 股东全部权益价值

C. 股东部分权益价值　　D. 全部资产价值

E. 负债价值

17. 在资产评估中引入价值类型理论的作用有（　　）。

A. 为管理部门合理确认评估结果提供指引

B. 影响和决定资产评估价值的重要因素

C. 影响资产评估方法的选择

D. 为评估人员合理确定资产价格提供指引

E. 可以更清楚地表达评估结论，避免评估委托人和报告使用人误用评估结果

18. 下列关于企业价值评估涉及的范围说法中，正确的有（　　）。

A. 当评估对象是企业股权时，评估范围为被评估企业的全部资产和负债

B. 评估范围包括可辨识的资产和不可辨识的资产，如商誉等

C. 对企业价值进行评估的评估范围是企业的全部资产

D. 当评估对象是企业可辨识的资产，评估范围是与评估对象是一致的

E. 对企业价值进行评估的评估范围是全部可辨识资产

19. 评估假设应用需要考虑的基本因素包括（　　）。

A. 目的　　B. 类型

C. 对象　　D. 资料

E. 作用

同步强化训练题参考答案及解析

一、单项选择题

1.【答案】B

【解析】不适用《企业会计准则第 8 号——资产减值》的资产主要有存货、采用公允价值模式后续计量的投资性房地产、消耗性生物资产、建造合同形成的资产、递延所得税资产、融资租赁中出租人未担保余值、金融资产、未探明石油天然气矿区权益，以及持有待售、待处置的非流动资产、处置组。

2.【答案】A

【解析】在进行资产减值测试时，评估专业人员需要估计标的资产在企业目前的经营 模式下的在用价值，或者对其公允价值减处置费用的净额做出估计，两者中的高者才是资产的可回收金额，所以选项 A错误。

3.【答案】B

【解析】清算价值是一个资产拥有者需要变现资产的价值，是一个退出价，不是购买资产的进入价。

4.【答案】D

【解析】移地使用是指一项资产不在原来的安装地继续被使用，而是要被转移到另外一个地方继续使用，当然使用方式和目的可能会改变，也可能不改变。

5.【答案】D

【解析】所谓最高最佳使用，是指一项资产在法律上允许、技术上可能、经济上可行的前提下，经过充分合理的论证，实现其最高价值的使用。

6.【答案】C

【解析】资产评估中的期后事项，通常是指评估基准日至评估报告日之间发生的、可能对评估结论产生影响的事项。

7.【答案】D

【解析】除非法律、行政法规规定或者已在承接评估业务时明确，从委托人处获得评估报告的当事人，不能作为资产评估报告使用。资产评估委托合同上没有约定丙公司为评估报告使用人，国家法律、法规也没有明确规定应当将丙公司作为评估报告的使用人，也就是说丙公司不属于评估报告使用

人。根据规定，非评估报告使用人使用评估报告，资产评估机构和资产评估专业人员不承担责任，因此H资产评估机构及资产评估专业人员均不对丙公司的损失承担责任，本题选D。

8.【答案】A

【解析】资产评估报告仅供委托人、资产评估委托合同中约定的其他资产评估报告使用人和法律、行政法规规定的资产评估报告使用人使用；除此之外，其他任何机构和个人不能因得到资产评估报告而成为资产评估报告的使用人。

9.【答案】C

【解析】非现金资产出资的评估业务，如果涉及国有资产评估核准或备案，对资产评估委托人的确定需要符合国有资产评估管理的相关规定，因此C项当选。B、D两项与出资行为不涉及国有资产的评估业务更为吻合。

10.【答案】B

【解析】本题考察单项资产评估涉及的范围，当评估已安装机器设备，要求机器设备原地持续使用时，估范围通常包含设备本体以及附件、安装、基础、附属设施等；当评估拟变现处置的机器设备时，评估范围可能只包括设备本体及附件，同时还要根据委托约定确定是否包括设备的拆除等费用，也就是说要根据评估目的和委托条件合理界定评估范围，A、C、D表述准确，B项混淆了变现处置的机器设备与持续使用的机器设备合理的评估范围，本题选B。

11.【答案】B

【解析】资产评估基准日的选择应该是委托人的责任，评估专业人员可以供相关专业建议。所以B选项说法错误。

12.【答案】D

【解析】评估已出租的房地产作为投资性房地产的公允价值时，评估结论应体现出租人对该房地产的权益，评估范围不应包含承租人对该房地产的权益，评估操作应考虑租赁合同对房地产价值的影响，如果该已出租房地产作为国有土地征收的补偿对象，评估结论是确定国家对该房地产产权人进行货币补偿的参考，评估范围就可以不考虑承租人权益的影响，操作时可以按照不存在租赁合同限制的条件进行评估。但相关评估报告中应当如实披露评估对象已经租赁的事实和对出租人义务等条件的约定。因此C项正确，D项有误，本题选择D。

13.【答案】C

【解析】在用价值是指将评估对象作为企业、资产组组成部分或者要素资产按其正在使用方式和程度及其对所属企业、资产组的贡献的价值估计数额。

14.【答案】B

【解析】市场价值主要受到两个方面因素的影响：①交易标的因素；②交易市场因素。影响市场价值的因素都具有客观性，不会受到个别市场参与者个人因素的影响，因此B项错误。投资价值与市场价值相比，除受到交易标的因素和交易市场因素的影响差异外，其最为重要的差异还在于，投资价值会受到特定交易者的投资偏好或所追求协同因素的影响，C项正确。在用价值实质就是使用资产所能创造的价值，因此在用价值也称“使用价值”，D项正确。因此本题选B。

15.【答案】B

【解析】资产评估提供的司法鉴定服务可以在刑事案件定罪量刑中为司法审判提供参考依据，选项A的说法不正确。民事判决执行中，资产评估帮助确定拟拍卖、变卖执行标的物的处置价值，所以选项B的说法正确。为当事人诉讼请求提供依据的评估，可以由诉讼举证方委托，不是由法院委托，所以选项C说法不正确。司法评估主要是评估机构接受法院的直接委托，对涉及诉讼或执行的资产进行价值评估，不是由诉讼当事人或其代理律师进行委托，所以选项D的说法不正确。

16.【答案】D

【解析】所谓最高最佳使用，是指一项资产在法律上允许、技术上可能、经济上可行的前提下，经过充分合理的论证，实现其最高价值的使用。

17.【答案】D

【解析】涉及国有资产的资产评估项目，我国《企业国有资产评估管理暂行办法》也明确规定

"经核准或备案的资产评估结果使用有效期为自评估基准日起1年"，因此D项错误。《资产评估执业准则——资产评估报告》规定，当评估基准日与经济行为实现日相距不超过一年时，可以使用资产评估报告，C项正确。根据评估结论所对应的时点，分为现时性评估、追溯性评估、预测性评估，我国尚无规范追溯性和预测性评估结论使用有效期的规定，B项无误。本题选D。

18.【答案】A

【解析】目前尚没有相关法律、法规规定务报告目的的评估是一种法定评估事项。企业会计记录是企业的法定义务，是否需要聘请评机构提供评估服务由企业自主决定，因此财务告目的的评估不是一项法定评估。所以A说法错误，属于正确选项。以非货币资产作为出资设立公司，在实收资本制下需要进

19.【答案】C

【解析】委托人与产权持有人可能是同一主体，也可能不是同一主体，资产评估的委托人并不一定是评估对象的产权持有人。所以选项C的说法不正确。

20.【答案】D

【解析】评估基准日的选择应该是委托人的责任，评估专业人员可以提供相关专业建议，选项A正确。国有资产评估基准日应该选择与评估目的相关联的经济行为或特定事项的实施日期接近的日期，选项B正确。企业价值评估业务中评估基准日尽可能选择会计期末，选项C正确。对涉及国有资产的资产评估项目，我国《企业国有资产评估管理暂行办法》也明确规定"经核准或备案的资产评估结果使用有效期为自评估基准日起1年"。选项D错误。

21【答案】B

【解析】"交易假设是资产评估得以进行的一个最基本的前提假设"，有的同学可能会选择A，教材有"公开市场假设是资产评估中的一个重要假设，其他假设都是以公开市场假设为基本参照"。有的同学就感觉应该A比B更基本。事实上交易假设是最基本的，其他假设都是不同的交易情况分类下的假设。

22.【答案】B

【解析】公开市场假设，是指资产可以在充分竞争的市场上自由买卖，其价格高低取决于一定市场的供给状况下独立的买卖双方对资产的价值判断。

23.【答案】B

【解析】在司法执行中对需要拍卖、变卖的财产需要通过资产评估确定处置参考价时由人民法院委托，所以选项A错误。由拟上市或上市公司委托资产评估，或者由拟上市或上市公司与经济行为的其他当事人共同委托，选项B正确。非现金资产出资的评估业务，不涉及国有资产的出资行为，目前对委托人没有明确规定。委托人可以是出资方或被出资方，或共同委托，选项C错误。为当事人诉讼请求提供协助的资产评估，可以由诉讼举证方委托，选项D错误。

二、多项选择题

1.【答案】BCD

【解析】股东可以用货币出资，也可以用实物、知识产权、土地使用权等可以用货币估价并可以依法转让的非货币财产作价出资；股东或者发起人不得以劳务、信用、自然人姓名、商誉、特许经营权或者设定担保的财产等作价出资。

2.【答案】ABCD

【解析】《中华人民共和国资产评估法》对评估委托人的权利有以下规定：（1）评估委托人有权自主选择符合资产评估法规定的评估机构，任何组织或者个人不得非法限制或者干预。（2）评估委托人有权要求与相关当事人及评估对象有利害关系的评估专业人员回避。

为了保证资产评估的公正性，当发现参与评估工作的评估机构中有与相关当事人或资产评估对象存在利害关系的，或者评估机构安排的评估人员与相关当事人或资产评估对象存在利害关系的，评估委托人有权要求有利害关系的机构或人员回避。（3）当评估委托人对资产评估报告结论、评估金额、评估程序等方面有不同意见时，可以要求评估机构解释。评估委托人认为评估机构或者评估专业人员违法开展业务的，可以向有关评估行政管理部门或者行业协会投诉、举报，有关评估行政管理部门或

者行业协会应当及时调查处理，并答复评估委托人。

3.【答案】DE

【解析】商誉作为不可确指的无形资产只能依附于企业整体存在，不可独立转让。目前我国公司法没有将商誉列为股东可用于出资的资产。所以非货币资产出资行为的评估不包括商誉这种非货币资产。所以A不正确。《公司法》修订后实行资本认缴制的公司，在办理与出资相关的公司登记时，市场监督管理部门不再要求其提交资产评估报告和验资证明，资产评估报告成为由被出资企业留存的备查文件。对仍有实收资本要求的企业，例如以募集方式设立的股份有限公司，公司登记时还需要提交由依法设立的验资机构出具的验资证明，涉及非货币资产出资的还应当出具资产评估报告。所以BC不正确。

4.【答案】BC

【解析】该案例的评估对象为：（1）由于W集团已经采用普通许可方式无限期、免费许可给上市公司使用其商标，因此，此次转让商标所有权中不应包含该项许可使用权；（2）商标Y所有权中除C公司许可使用权之外的权利。（3）与商标Y同一注册领域还有注册商标Z，也需要一同转让。

5.【答案】ABDE

【解析】选项C正确的说法是“不同属性的价值类型所代表的资产评估价值不仅在性质上是不同的，而且在数量上往往也存在较大差异。”

6.【答案】BCD

【解析】交易假设是资产评估得以进行的一个最基本的前提假设，A项错误。非真实性假设指的是为进行分析所作出的与现实情况相反的假设条件，我国《房地产估价规范》中使用的“背离事实假设”属于非真实性假设，但我国的资产评估准则中目前并没有引入非真实性假设，E项也错误。说法正确的是B、C、D。

7.【答案】BE

【解析】注意第四章资产评估基本事项的内容包括6项，第五章第二节明确业务的基本事项包括：（1）委人、产权持有人和委托人以外的其他评估报使用人；（2）评估目的；（3）评估对象和评估围；（4）价值类型；（5）评估基准日；（6）评报告使用范围；（7）评估报告提交期限和方式（8）评估服务费及支付方式；（9）委托人、相当事人与资产评估机构、资产评估专业人员工配合和协助等其他需要明确的事项。这里并不包括第五节评估基本事项里的“评估假设”。同时注意评估合同里也不包括评估假设。

8.【答案】ABCD

【解析】资产评估相关当事人包括委托人和其他资产评估报告使用人、资产评估机构、资产评估专业人员、产权持有人（或被评估单位）等。其中，与“资产评估机构”和“资产评估专业人员”相关的内容已在本教材第三章体现，本章仅介绍资产评估所涉及的其余相关当事人。中国资产评估师协会与具体的评估业务以及评估业务的相关当事人没有直接关系，所以E不正确。

9.【答案】BCD

【解析】委托人可以是一个，也可以是多个，可以是法人也可以是自然人。资产评估法规定，评估分为法定评估和非法定评估。法定评估的委托人的确定需要符合国家有关法律、法规的规定；非法定评估的，委托人可以在自愿协商的原则下确定。对于国有企业/单位收购、增资非国有单位，需要对非国有单位进行相应评估，此时的评估委托人应该为拟进行收购或进行增资行为的国有企业/单位。在此种情况下，产权持有人与委托人可能不是同公主体。根据国有资产管理的相关规定，涉及国有资产评估核准或备案业务的资产评估委托人可以是多个，但委托人中必须包括国有资产评估管理规定所要求的委托主体。公司法规定，以非现金资产出资需要对用于出资的资产进行资产评估，但是公司法没有对由谁作为委托人做出规定。如果出资行为不涉及国有资产，这类评估业务的委托人可以是出资方，也可以是被出资方（主要针对增资情况），或者采取经济行为当事人共同委托的方式。如果涉及国有资产评估核准或备案，对资产评估委托人的确定需要符合国有资产评估管理的相关规定。

10.【答案】ABCE

【解析】“（二） 委托人的权利和义务”部分。当评估委托人对资产评估报告结论、评估金额、评估程序等方面有不同意见时，可以要求评估机构解释，所以选项D不正确。

11【答案】ADE

【解析】根据国有资产管理法规的规定，国有产权转让、收购非国有资产、资产转让、置换以及以非货币资产偿还债务等都是涉及资产转让行为目的的法定评估。所以B选项不正确。目前尚没有相关法律、法规规定财务报告目的的评估是一种法定评估事项。企业的会计记录是企业的法定义务，是否需要聘请评估机构提供评估服务由企业自主决定。所以选项C不正确。

12.【答案】ACDE

【解析】评估对象和评估范围的确定，是评估委托人的责任。在评估对象确定过程中，资产评估专业人员应当关注其是否满足经济行为要求、符合法律法规的规定，必要时向委托人提供专业建议。所以选项A和E正确，B不正确。根据教材相关内容，CD正确。

13.【答案】ABDE

【解析】考核资产评估基准日和报告日。资产评估报告日通常为资产评估结论形成的日期，所以C显然不正确。

14.【答案】ABC

【解析】ABC属于评估假设应用考虑的基本因素。针对性、合理性和相关性是评估假设应用考虑的三项基本要求。所以D、E非正确选项。

15.【答案】BCD

【解析】出现下列经济行为需要评估：非货币资产出资行为；企业整体或部分改制、改建为有限公司或股份公司；发行股份购买资产；企业债权转股权。这些都属于公司设立、改制、增资目的。

16.【答案】ABC

【解析】企业价值评估的对象通常是企业的整体价值、股东全部权益价值、股东部分权益价值。

17.【答案】BCE

【解析】价值类型在资产评估中的作用主要表现为：（1）价值类型是影响和决定资产评估价值的重要因素；（2）价值类型对资产评估方法的选择有一定的影响，价值类型实际上是评估价值的一个具体标准；（3）明确价值类型，可以更清楚地表达评估结论，避免评估委托人和报告使用人误用评估结果。

18.【答案】ABD

【解析】涉及企业价值评估的评估对象一般分为两类，其一是企业股权或整体价值（股权+债权），这时的评估范围应该是被评估企业的全部资产和负债，包括可辨识的资产和不可辨识的资产，如商誉等；如果评估对象为企业可辨识的资产（如财务报告目的中合并对价分摊评估），则其评估对象与评估范围是一致的。所以选项ABD的说法正确。

19.【答案】ABC

【解析】评估假设应用需要考虑的基本因素：

（1）目的。不同的评估目的，市场环境条件、交易方式、企业存续状态、资产状态等不同，评估报告的作用以及评估结论的使用方式不同。设定评估假设应结合评估目的设定。

（2）对象。单项资产评估假设适用于资产使用状态假设；企业价值评估假设适用企业经营状态假设或者清算假设等。

（3）类型。不同的价值类型，市场交易条件假设条件也就不同。

第五章

资产评估程序

本章考情分析

本章可以考客观题和综合题，估计分值一般在 15 分左右。

重要考点（★★★）：

（1）资产评估程序。

（2）资产评估基本程序及其主要内容。

（3）资产评估业务基本事项的内容及要求。

（4）专业能力分析与评价、独立性分析与评价、业务风险分析与评价的内容及要求。

（5）资产评估委托合同的主要内容及要求，评估委托合同的订立、补充或变更、终止履行及解除。

（6）现场调查的内容、手段和方式、调查工作受限及处理。

（7）评估资料的核查验证。

比较重要考点（★★）：

（1）特殊委托。

（2）资产评估计划的主要内容及调整。

（3）评估资料及其分类、分析、归纳、整理。

（4）评估报告的审核。

一般考点（★）：

（1）履行资产评估程序的作用。

（2）资产评估委托合同及形式。

（3）编制资产评估计划的总体要求和考虑的主要因素。

（4）评定估算形成结论。

（5）与委托人或者相关当事人沟通。

（6）国有资产评估项目核准（备案）中的审核。

（7）整理归集评估档案。

2022 年本章教材变化

本章内容没有太多变化，只对几处细节部分进行了优化或改写。

第一节 资产评估程序概述

对于资产评估程序的概念和作用做了 2 处细节处的优化。

第二节 明确业务基本事项

对价值类型的影响因素部分做了改写。

第三节 订立业务委托合同

关于”（八）资产评估机构和委托人的其他权利和义务“、（十）合同当事人签字、盖章的时间“做了部分改写和优化。

第五节 实施现场调查

标题“现场调查”改为“实施现场调查”。

四、现场调查的方式（二）抽样调查中，优化了重点项目抽样的部分内容。

本章知识点解读与练习

【知识点 1】资产评估程序概述（★★★）

一、知识点精讲

（一）资产评估程序的概念、内容和作用

<table>
<tr><th></th><th>《资产评估法》</th><th colspan="2">资产评估程序准则（本教材）</th></tr>
<tr><td>概念
（★★★）</td><td>资产评估程序是对资产评估过程工作次序的安排。</td><td colspan="2">是指资产评估机构及资产评估专业人员执行资产评估业务所需履行的系统性工作步骤。</td></tr>
<tr><td>规范的对象</td><td>1. 资产评估机构及其资产评估专业人员；
2. 资产评估委托人；
3. 其他评估报告使用人；
4. 资产评估行政管理部门；
5. 资产评估行业协会</td><td colspan="2">资产评估机构和资产评估专业人员</td></tr>
<tr><td rowspan="3">规范的内容
（★★★）</td><td rowspan="3">1. 选择评估机构；
2. 订立委托合同；
3. 指定评估承办人员；
4. 评估对象现场调查；
5. 评估资料的收集、核查验证和分析整理；
6. 选择评估方法形成评估结论；
7. 评估报告编制；
8. 内部审核；
9. 评估报告出具；
10. 评估档案保存；
11. 评估报告使用等</td><td>项目承接与前期组织阶段</td><td>1. 明确业务基本事项；
2. 订立业务委托合同；
3. 编制资产评估计划；</td></tr>
<tr><td>评估实施阶段</td><td>4. 进行评估现场调查；
5. 收集整理评估资料；
6. 评定估算形成结论；
7. 编制出具评估报告；</td></tr>
<tr><td>归档阶段</td><td>8. 整理归集评估档案</td></tr>
<tr><td>作用（★）</td><td colspan="3">1. 保证资产评估行为的合法性（依法执业）
如果评估机构和评估专业人员未能按照资产评估法的要求，履行必要的评估程序，将可能导致违反评估法，需要承担相应的法律责任。
2. 保障资产评估业务质量（程序正义）
3. 防范评估执业风险（守法执业则受保护）</td></tr>
</table>

二、选编例题

【例 1 · 单选题】以下关于资产评估程序的说法错误的是（　　）。

A. 资产评估程序是指资产评估机构及资产评估专业人员执行资产评估业务所履行的系统性工作步骤

B. 资产评估专业人员针对不同的资产评估业务，对各项评估程序执行的具体工作步骤是有差异

的

C. 依据《资产评估法》，财政部制定发布了《资产评估基本准则》

D. 资产评估机构及其资产评估专业人员可以根据评估业务的具体情况及重要性原则减少需要履行的资产评估基本程序

【例2·单选题】下列哪项不属于资产评估项目实施阶段需要履行的基本评估程序（ ）。

A. 进行评估现场调查　　B. 订立业务委托合同

C. 评定估算形成结论　　D. 编制出具评估报告

【例3·多选题】下列选项中，属于《资产评估法》规定的评估程序内容的有（ ）。

A. 选择评估机构　　B. 编制资产评估计划

C. 指定评估承办人员　　D. 评估报告编制和内部审核

E. 评估报告使用

知识点1选编例题答案

1.【答案】D

【解析】评估准则规定，资产评估机构及其资产评估专业人员可以根据评估业务的具体情况及重要性原则确定履行基本程序的繁简程度，但不得随意减少资产评估基本程序。因此，选项D是错误的。

2.【答案】B

【解析】财政部制定发布的《资产评估基本准则》，明确规定资产评估机构及其资产评估专业人员开展资产评估业务，需要履行八大基本评估程序，即明确业务基本事项、订立业务委托合同、编制资产评估计划、进行评估现场调查、收集整理评估资料、评定估算形成结论、编制出具评估报告、整理归集评估档案。以上基本评估程序中，前三项程序是项目承接阶段和前期组织阶段需要履行的工作，所以订立业务委托合同不属于题目问的项目实施阶段所需履行的基本程序，本题选B。

3.【答案】ACDE

【解析】《资产评估法》规定的评估程序内容包括选择评估机构，订立委托合同，指定评估承办人员，评估对象现场调查，评估资料的收集，核查验证和分析整理，选择评估方法形成评估结论，评估报告编制和内部审核，评估报告出具，评估档案保存，评估报告使用等环节。“编制资产评估计划”是《资产评估基本程序》准则规定的八项基本评估程序之一，因此排除B项。

【知识点2】明确业务基本事项（★★★）

一、知识点精讲

（一）资产评估业务基本事项的内容（★★★）

资产评估机构受理资产评估业务前，应当明确下列资产评估业务基本事项：

（1）委托人、产权持有人和委托人以外的其他评估报告使用人；

（2）评估目的；

（3）资产评估项目所涉及的需要批准的经济行为的审批情况；

（4）评估对象和评估范围；

（5）评估基准日；

（6）评估报告提交期限和方式；

（7）价值类型；

【注意】前面7项目，相对于第四章的基本事项，少评估假设，但是基准日和报告日分开了，多审批情况。

（8）评估报告使用范围；

（9）评估服务费及支付方式；

（10）委托人、相关当事人与资产评估机构、资产评估专业人员工作配合和协助等其他需要明确的事项。

（二）明确业务基本事项的具体内容和要求（★★★）

<table>
<tr><td rowspan="3">明确委托人、产权持有人和委托人以外的其他评估报告使用人</td><td>1.明确委托人及产权持有人的基本情况</td><td>一般包括但不限于下列内容：
（1）委托人及产权持有人全称；
（2）委托人及产权持有人类型、注册地址和注册资本；
（3）委托人和产权持有人所属行业、经营范围；
（4）委托人与产权持有人的关系；
（5）委托人的诚信记录、是否有能力支付合理的评估费用等</td></tr>
<tr><td>2.明确评估报告使用人及其基本情况</td><td>在可能的情况下，应要求委托人明确资产评估报告的使用人或使用人范围以及资产评估报告的使用方式。
如果存在其他的评估报告使用人，评估机构应当在适当及切实可行的情况下了解：
（1）其他的评估报告使用人的全称或类型；
（2）其他的评估报告使用人与委托人和被评估企业或资产的关系；
（3）其他评估报告使用人使用评估报告的理由及方式；
（4）其他的评估报告使用人的诚信记录；
（5）评估报告使用人之间是否存在利益冲突；
（6）是否存在法律禁止性规定的情形等</td></tr>
<tr><td>3.了解委托人与相关当事人之间的关系</td><td>评估机构洽谈人员应当清晰了解委托人与产权持有人、委托人与其他评估报告使用人、产权持有人与评估报告使用人之间的关系。
对于普通经济行为涉及的资产评估，第三者委托评估机构对拟评估资产进行评估，一般应事先通知产权持有人、资产管理者或征得资产管理者的同意，这往往是执行评估业务的先决条件。
对于司法等部门依法需要对特定资产进行强制性评估的行为，评估委托不需要以产权持有人或资产管理者的同意为先决条件，资产评估专业人员执行此类业务时应当充分考虑相关当事人的不配合行为可能对评估执业产生的影响</td></tr>
<tr><td>评估目的</td><td colspan="2">1. 评估机构洽谈人员应详细了解委托人具体的评估目的及与评估目的相关的事项。
2. 在洽谈中需要特别关注委托人和其他评估报告使用人对评估结论的理解能力，对评估报告的内容、形式、结论和披露是否存在特殊要求，以及委托人是否要求将评估收费与评估目的的实现挂钩等情况。
3. 在订立委托合同约定评估目的时，应尽量细化评估目的和用途，避免使用“融资”“重组”等比较笼统的词语作为评估目的</td></tr>
<tr><td>评估对象和评估范围</td><td colspan="2">1. 评估机构洽谈人员应与委托人沟通、了解拟委托评估的评估对象和评估范围，并结合评估目的，理解评估对象和评估范围，同时考虑评估对象和评估范围与经济行为的匹配性，对评估对象和评估范围予以界定。
2. 评估范围的界定应服从于评估对象的选择。
3. 在对评估对象和评估范围予以界定后，评估机构洽谈人员还应对评估对象的基本情况予以初步了解
4. 为明确责任，避免日后产生纠纷，应由委托人（或经其授权被评估资产产权持有人或被评估企业）就具体评估对象所对应的评估范围明细清单进行确认</td></tr>
<tr><td>价值类型</td><td colspan="2">1. 评估机构洽谈人员应该根据对评估目的的理解，结合资产评估准则，选择恰当的价值类型，并就价值类型的选择、定义及对应的假设与委托人达成一致。
2. 影响价值类型选择的因素有很多，包括评估目的、资产自身的功能和使用方式、市场条件等，其中，评估目的是关键因素。
3. 评估机构洽谈人员应告知委托人拟选用哪种价值类型，其具体定义是什么，其基于哪些可能存在的各种明显或隐含的假设及前提，为在订立资产评估委托合同时界定项目适用的价值类型做好铺垫</td></tr>
</table>

续表

评估基准日	评估机构洽谈人员洽商业务时应当了解委托人选择的评估基准日，并从有效服务评估目的和满足其对报告使用要求的角度，对评估基准日的确定提供专业建议
资产评估项目所涉及的需要批准的经济行为的审批情况	如果资产评估项目所涉及的经济行为需要有关部门的审批，评估机构洽谈人员应当了解该经济行为获得批准的相关情况。获得有关部门批准的文件应当载明批件名称、批准日期及文号
评估报告的使用范围	1. 评估报告的使用范围包括评估报告使用人、目的及用途、使用时效、报告的摘抄引用或披露等事项。 2. 评估机构洽谈人员在前期洽商时，应与委托人就评估报告的使用范围加以明确
评估报告提交期限和方式	评估报告的提交时间不宜确定具体日期，一般确定为开始现场工作、委托人提供必要资料（包括评估所依据和引用的相关专业报告送达）后的一定期限内
评估服务费及支付方式	评估机构洽谈人员根据了解的情况提出评估收费标准及报价，并与委托人就评估费用、支付时间和方式进行沟通。 委托人需要了解评估机构报价确定依据和口径，除专业服务费以外，差旅及食宿费用、现场办公费用等是否也在预计数额之内以及如何负担等，应在双方达成一致后，体现在评估委托合同中
其他需要明确的重要事项	1. 包括落实资产清查申报、提供资料、配合现场及市场调查，协调与相关中介机构的对接和交流等。 2. 评估机构洽谈人员需要特别关注委托人能否对评估人员履行正当评估程序给予必要的理解、尊重和配合。 3. 当委托人不是评估对象的产权持有人时，需约定委托人协调产权持有人协助配合评估工作的责任

（三）资产评估机构的业务受理分析（★★★）

专业能力	1. 评估机构及评估专业人员是否具有与拟承接业务相应的专业能力及相关经验，特别关注拟承接业务是否存在新型或特殊的业务、专业领域及资产。 2.对于缺乏专业能力的业务，是否有弥补评估经验和专业能力不足的可行措施，比如聘请专家协助工作、利用或引用专业机构的工作成果；是否有保证相关工作成果合理的制度安排和技术措施
独立性	1.分析与评价的法律依据（资产评估法和资产评估职业道德准则） 2.分析与评价方法 关联关系筛查、申报、核查包括： （1）对评估机构和评估专业人员已执行的业务进行筛查； （2）评估专业人员填写项目独立性调查表等。 使评估专业人员对是否存在经济利益关联、人员关联、业务关联等情况向评估机构进行申报。 （3）评估机构对评估专业人员申报的关联情况进行适当核查
业务风险	1.来自委托人与产权持有人的风险 委托人和产权持有人不配合资产评估机构履行评估程序，提供的相关资料存在虚假、遗漏、不符合法定要求，缺乏履约能力等。 2.来自评估目的的风险，主要是目的不明确、所对应的经济行为无法获得相关审批。 3.来自评估对象的风险 评估对象的特殊性导致无法按要求履行核查程序、评估对象的产权不明晰等、评估对象对应的评估范围不确定等 4.来自资产评估报告使用的风险 超范围、不当使用报告等。如：委托人将抵押目的的评估报告用于资产转让；标的公司的股东再次转让股权时，忽视评估基准日等差异，使用其前次受让股权的评估报告等

二、选编例题

【例 1 · 单选题】（2018 真题）下列事项中，不属于受理资产评估业务前必须明确的基本事项是

（　　）。

A. 评估方法　　B. 评估项目

C. 评估基准日　　D. 价值类型

【例2·多选题】对于评估报告使用范围的规范，包括（　　）。

A. 评估基准日　　B. 评估报告使用人

C. 评估服务费及支付方式　　D. 目的及用途

E. 报告的摘抄引用或披露

【例3·单选题】评估业务委托人需要了解评估机构提出的评估收费标准和报价，以下不属于评估服务费的是（　　）

A. 专业服务费　　B. 差旅及食宿费用

C. 机构贷款费用　　D. 现场办公费用

【例4·多选题】关于资产评估基本事项，下列说法正确的是（　　）。

A. 评估机构应当了解除委托人和国家法律、法规规定的评估报告使用人外，是否还存在其他的评估报告使用人

B. 评估机构应凭借对评估目的的把握和专业经验，合理确定评估范围，并要求所委托的评估范围与评估目的相适应

C. 如果资产评估项目所涉及的经济行为需要有关部门的审批，评估机构洽谈人员应当获得有关部门批准的文件，应当载明批件名称、批准日期及文号

D. 评估机构洽谈人员应与委托人约定提交报告的具体日期和方式，并在评估委托合同中加以明确

E. 当委托人不是评估对象的产权持有人时，需约定委托人协调产权持有人协助配合评估工作的责任

【例5·多选题】资产评估机构在决定是否受理某项业务时，应当进行综合分析与评价的事项，包括（　　）。

A. 独立性分析与评价　　B. 专业能力分析与评价

C. 业务风险分析与评价　　D. 评估方法实用性分析与评价

E. 评估报告时效性分析与评价

知识点2选编例题答案

1.【答案】A

【解析】资产评估业务基本事项主要包括：（1）委托人、产权持有人和委托人以外的其他评估报告使用人；（2）评估目的；（3）资产评估项目所涉及的需要批准的经济行为的审批情况；（4）评估对象和评估范围；（5）评估基准日；（6）评估报告提交期限和方式；（7）价值类型；（前面7项目，相对于第四章的基本事项，少评估假设，但是基准日和报告日分开了，多审批情况）（8）评估报告使用范围；（9）评估服务费及支付方式；（10）委托人、相关当事人与资产评估机构、资产评估专业人员工作配合和协助等其他需要明确的事项。所以正确答案是A。注意评估方法在评估合同中也不包括。

2.【答案】BDE

【解析】评估报告的使用范围包括评估报告使用人、目的及用途、使用时效、报告的摘抄引用或披露等事项，BDE选项正确。A项和C项是评估机构受理评估业务前，应当明确的另外两个基本事项，不属于评估报告使用范围的内容。

3.【答案】C

【解析】评估机构洽谈人员根据了解的情况提出评估收费标准及报价，并与委托人就评估费用、支付时间和方式进行沟通。委托人需要了解评估机构报价确定依据和口径，除专业服务费以外，差旅及食宿费用、现场办公费用等是否也在预计数额以及如何负担等，应在双方达成一致后，体现在评估委托合同中。因此，本题选C。

4.【答案】ACE

【解析】评估机构应凭借对评估目的的把握和专业经验，建议委托人合理确定评估范围，并要求所委托的评估范围与评估目的相适应。为明确责任，避免日后产生纠纷，应由委托人（或经其授权被评估资产产权持有人或被评估企业）就具体评估对象所对应的评估范围明细清单进行确认。因此，选项B错误。评估报告的提交时间不宜确定具体日期，一般确定为开始现场工作、委托人提供必要资料（包括评估所依据和引用的相关专业报告送达）后的一定期限内。因此，选项D错误。

5.【答案】ABC

【解析】资产评估机构和评估专业人员在明确评估业务基本事项的基础上，对自身专业胜任能力、独立性和业务风险进行综合分析与评价，决定是否受理资产评估业务。本题选ABC。

【知识点3】订立业务委托合同（★★）

一、知识点精讲

（一）资产评估委托合同的含义、形式（★）

1.资产评估委托合同定义

指评估机构与委托人订立的，明确评估业务基本事项，约定评估机构和委托人权利、义务、违约责任和争议解决等内容的书面合同。

2.合同的签订者是评估机构和委托人

3.评估委托合同应当采用书面形式

（二）资产评估委托合同的主要内容及要求（★★★）

1.资产评估委托合同的主要内容

（1）资产评估机构和委托人的名称、住所、联系人及联系方式（准确列明，名称(或姓名)应使用全称，不可简化或使用代号）。

（2）资产评估机构和委托人的其他权利和义务。

（3）评估目的（应当表述明确、清晰）。

（4）评估对象和评估范围。

（5）评估基准日。

（6）资产评估报告提交期限和方式（面提交或邮寄方式等）。

（7）资产评估报告使用范围。

包括资产评估报告使用人、用途、评估结论的使用时效及报告的摘抄引用或披露。

（8）评估服务费总额或支付标准、支付时间和方式。

并明确资产评估服务费未包括的与资产评估服务相关的其他费用的内容及承担方式。

【说明】（1）~（8）与明确业务基本事项的内容一致，少了“价值类型”“审批”和“配合”，另外（1）、（2）条是基本事项内容的第1条。

（9）违约责任和争议解决。

（10）合同当事人签字或者盖章的时间（书面合同即为合同成立时间，特殊情况外是成立时间）。

（11）合同当事人签字或者盖章的地点。

【说明】（9）~（10）是任何合同的标准内容

【注意】①需要注意的是，有些内容不能在合同中约定，例如：约定对应纳入评估范围的资产不进行评估、约定不履行现场调查等必要的评估程序、以约定随意指定(或舍弃适用的)评估方法、指定评估结果等，避免评估委托合同成为资产评估机构不遵循评估法规的依据。

②订立评估委托合同时尚未明确的内容，评估委托合同签约方可以采取订立补充合同或法律容许的其他形式作出后续约定。

2.合同内容的要求

评估目的	2017年9月修订发布的《资产评估执业准则—资产评估委托合同》规定："资产评估委托合同载明的评枯目的应当表述明确、清晰"。 允许双方在合同里约定评估目的不同的一揽子评估业务
报告使用范围	使用范围包括资产评估报告使用人、用途、评估结论的使用有效期及资产评估报告的摘抄、引用或披露
服务费总额或者支付标准、时间及方式	（1）实行市场调节价，由评估机构和委托人协商确定 除约定评估服务费总额或者支付标准、时间、方式外，还应约定计价货币种类，并明确资产评估服务费未包括的与资产评估服务相关的其他费用的内容及承担方式。。 协商时主要考虑以下因素： ①资产规模和资产分布情况； ②评估机构拟投入的人力资源、耗费的工作时间以及不同人力资源的综合成本； ③评估业务的难易程度； ④评估机构和评估专业人员可能承担的风险和责任； ⑤评估机构和评估专业人员的社会信誉和工作水平等。 （2）评估服务费可以约定为服务费总额，也可以约定为支付标准（通常适用于按提供服务时间收取费用）。 （3）需要约定评估服务费的支付时间 评估机构可以根据项目特征、委托人信用等因素，约定委托人一次性支付或者分期支付评估服务费。基于投入成本的进度考虑，评估机构可以要求委托人按照评估服务进度，采用分期付款的方式支付评估费。 由于资产评估机构及评估专业人员无法左右委托人经济行为的进程，也没有承担保证经济行为按期实现的义务，因此评估服务费的支付不应当与委托人经济行为是否完成相联系
签字、盖章的时间	（1）采用合同书形式订立合同的，自当事人均签名、盖章或者按指印时合同成立。因此，资产评估委托合同的成立日期是资产评估委托人和资产评估机构双方均完成签名并盖章的日期。 （2）在签名、盖章或者按指印之前，当事人一方已经履行主要义务，对方接受时，该合同成立"。在资产评估实务中，存在评估委托合同完成签字并盖章之前资产评估机构已经开始提供资产评估服务的情形，并且该等服务事实上已经取得了委托人的配合及认可，按照《民法典》的规定该情形应视为评估委托合同在资产评估机构提供服务之时已经成立。 （3）除法律法规另有规定或者当事人另有约定之外，依法成立的合同，自成立时生效"
签字、盖章的地点	当事人采用合同书形式订立合同的，最后签名、盖章或者按指印的地点为合同成立的地点，但是当事人另有约定的除外。约定地点以便在出现合同纠纷时为确定司法管辖增加备选信息。 需要注意的是，委托人与评估机构不应对应纳入评估范围的资产不进行评估、不履行现场调查等必要评估程序、指定评估方法以及评估结果等内容进行约定，避免评估委托合同成为资产评估机构不遵循评估法规的依据

（三）资产评估委托合同的订立（★★★）

资产评估机构决定受理评估业务之后，应当要求委托人依法订立评估委托合同。

订立委托合同前，资产评估机构应当全面了解、认知委托人的主体资格、信用资质、履约能力等信息，收集委托人的营业执照、资质文件、代理人的授权文件等资料，审查委托人代理人的授权文件及代理事项、代理期限和代理权限，避免与不能独立承担民事责任的组织（如公司部门）签订合同，也避免签订与委托人履约能力明显不相符的合同。

资产评估委托合同应当由资产评估机构的法定代表人（或执行合伙事务合伙人）签字并加盖资产

评估机构印章。

公司制的资产评估机构的分公司可以在总公司的授权范围内对外签订合同，但其对外签订合同的民事责任由总公司承担。

对授权内部人员和分支机构签署委托合同的情形，评估机构可以通过内部管理制度加以规范。

评估实务中，如果因委托人等原因导致无法及时签订资产评估委托合同，资产评估机构和资产评估专业人员应关注未及时签订资产评估委托合同可能产生的风险，并采取必要的措施。

（四）资产评估委托合同的补充或变更、提前终止及解除

补充或变更	前提	资产评估委托合同签订后，发现相关事项存在遗漏、约定不明确，或者合同履行中约定内容发生变化
	变更方式	资产评估机构与委托人可以协议订立补充委托合同或者重新订立评估委托合同，或者协商一致以法律允许的其他方式，如传真、电子邮件等形式，对评估委托合同的相关条款进行变更
提前终止及解除	情形	1.法定情形下可以拒绝履行或单方解除资产评估委托合同。 2.资产评估机构可以在洽商、订立资产评估委托合同时依法要求体现相关约定。 （1）委托人和相关当事人如果拒绝提供或者不如实提供开展资产评估业务所需的权属证明、财务会计信息或其他相关资料的，资产评估机构有权拒绝履行资产评估委托合同。 （2）委托人要求出具虚假资产评估报告或者有其他非法干预评估结论情形的，资产评估机构有权单方解除合同。 3.导致资产评估委托合同提前解除的其他情形： （1）委托人提前终止资产评估业务、解除资产评估委托合同。 （2）因委托人或其他相关当事人原因导致资产评估程序受限。 资产评估机构无法履行资产评估委托合同，在相关限制无法排除时资产评估机构单方解除资产评估委托合同
	评估服务费	由委托人按照已经开展资产评估业务的时间、进度，或者已经完成的工作量支付相应的评估服务费

（五）特殊委托（★★）

司法鉴定或其他特殊业务建立评估委托关系所采用的文书并不一定使用资产评估委托合同的形式。

针对实践中存在的特殊业务，资产评估委托合同准则规定，以其他形式建立委托关系的应符合法律要求。

例如，对于司法执行中确定财产处置参考价的评估业务，其委托关系的凭证即为人民法院的评估委托书，而无须签订资产评估委托合同。

二、选编例题

【例 1 · 单选题】某客户拟先将某标的企业进行增资扩股，再剥离其中与亏损业务相关的资产和负债，最后将标的企业剥离后的资产整体注入某公司。在这项业务中，关于资产评估委托合同的内容和要求，下列说法正确的是（　　）。

A. 该客户可以委托同一个机构开展不同评估目的的资产评估服务

B. 在合同中约定，本次资产评估的专业服务费，在资产评估委托合同订立 7 日内支付合同款总额的 50%，提交正式报告 7 日内支付 30%；如果评估目的达成，支付评估合同款总额的 20%，并同时支付 25 万元专项奖励金；如果评估目的没有实现，客户不再支付剩余评估合同款

C. 在合同中约定本次资产评估应当以资产基础法的结果作为评估结论

D. 合同中约定，该客户提供资产评估业务需要的资料并保证资料的真实性、完整性、合法性，

如果拒绝提供或者不如实提供，资产评估机构也必须履行资产评估委托合同

【例2·多选题】以下情况中资产评估机构有权单方解除委托合同的是（　　）。

A. 委托人拒绝提供开展资产评估业务所需的权属证明

B. 委托人要求出具虚假资产评估报告

C. 委托人非法干预评估结论

D. 委托人不如实提供评估业务所需的权属证明

E. 委托人拒绝提供财务会计信息或其他相关资料

【例3·多选题】（2021真题）甲公司拟收购乙公司的股权，并在收购完成后对乙公司部分业务及相关资产进行剥离。现委托资产评估机构对乙公司全部股东权益价值进行评估。下列关于资产评估委托合同约定事项的说法中，错误的是（　　）。

A. 可以约定“两项评估业务各自根据具体情况选择适当的评估方法”

B. 股权收购及资产剥离两个经济行为所涉及的资产评估业务可以在同一份资产评估委托合同中约定

C. 可以约定“两项评估业务采用不同的评估基准日”

D. 如果上述两个资产评估业务的评估基准日相同，则可以约定两项评估业务出具同一份资产评估报告

E. 可以约定“甲公司将在完成对之公司的股权收购后支付资产评估费用”

【例4·单选题】（2020真题）下列关于资产评估委托合同的说法中，正确的是（　　）。

A. 资产评估机构在与委托人订立资产评估委托合同后方可开展资产评估业务

B. 资产评估准则规定，资产评估委托合同的订立可采用书面形式、口头形式和其他形式

C. 资产评估委托合同签订后，如果约定的内容发生变化，资产评估机构必须与委托人重订委托合同

D. 在资产评估委托合同中，评估服务费可以约定为服务费总额，也可约定为支付标准

知识点3选编例题答案

1.【答案】A

【解析】资产评估委托合同载明的评估目的应当表述明确、清晰。允许双方在合同里约定评估目的不同的一揽子评估业务。因此，选项A正确。通过合同指定评估方法及评估结论确定方式，将评估服务费支付与经济行为是否实现直接挂钩（包括奖励和扣费），都属于不应在合同中约定的内容。因此，选项BC错误。委托人和其他相关当事人如果拒绝提供或者不如实提供开展资产评估业务所需的权属证明、财务会计信息或其他相关资料的，资产评估机构有权拒绝履行资产评估委托合同。因此，选项D错误。

2.【答案】BC

【解析】委托人要求出具虚假资产评估报告或者有其他非法干预评估结论情形的，资产评估机构有权单方解除合同，因此BC选项正确。委托人和其他相关当事人如果拒绝提供或者不如实提供开展资产评估业务所需的权属证明、财务会计信息或其他相关资料的，资产评估机构有权拒绝履行资产评估委托合同，在A、D、E情况下，评估机构有权拒绝履行资产评估委托合同。

3.【答案】ACDE

【解析】资产评估委托合同的主要内容并不包括评估方法的约定，所以A不正确。允许双方在合同里约定评估目的不同的一揽子评估业务，但是资产评估报告载明的评估目的应当唯一；所以B正确，但是D不正确。收购完成后对乙公司部分业务及相关资产进行剥离，所以股权收购及资产剥离两个经济行为的评估基准日应该相同，除非两个经济行为时间跨度比较大，从题目的条件看，应该是收购后就进行资产剥离，所以C不正确。资产评估机构及评估专业人员无法左右委托人经济行

为的进程，也没有承担保证经济行为按期实现的义务，因此评估服务费的支付不应当与委托人经济行为是否完成相联系；所以E不正确。

4.【答案】D

【解析】在资产评估实务中，存在评估委托合同完成签字并盖章之前资产评估机构已经开始提供资产评估服务的情形，并且该等服务事实上已经取得了委托人的配合及认可，按照《民法典》的规定该情形应视为评估委托合同在资产评估机构提供服务之时已经成立；所以选择A表述错误；《资产评估执业准则—资产评估委托合同》规定，资产评估委托合同应当以书面形式订立；所以选择B表述错误。资产评估委托合同签订后，发现相关事项存在遗漏、约定不明确，或者合同履行中约定内容发生变化的，如评估目的、评估对象、评估基准日发生变化等，资产评估机构与委托人可以协议订立补充委托合同或者重新订立评估委托合同，或者协商一致以法律允许的其他方式，如传真、电子邮件等形式，对评估委托合同的相关条款进行变更；所以选择C表述错误。

【知识点4】编制资产评估计划（★）

一、知识点精讲

（一）资产评估计划的概念（★）

资产评估计划是评估机构和评估专业人员为执行资产评估业务所拟定的资产评估工作思路和实施方案。资产评估计划通常包括评估业务实施的主要过程及时间进度、人员安排等内容。

（二）资产评估计划的编制

1.编制资产评估计划的总体要求及考虑的主要因素（★）

总体要求	资产评估专业人员应当根据资产评估业务具体情况编制资产评估计划，并合理确定资产评估计划的繁简程度。所谓具体情况，包括评估目的、评估基准日、评估对象的资产规模和资产分布特点、评估报告提交期限等
编制考虑的主要因素	（1）应当同委托人及相关当事人就资产评估计划相关问题进行沟通 （2）编制资产评估计划时，其应当考虑以下因素 ①资产评估目的以及相关管理部门对资产评估开展过程中的管理规定。 ②评估业务风险、评估项目的规模和复杂程度。 ③评估对象及其法律、经济、技术、物理等因素。 ④评估项目所涉及资产的结构、类别、数量及分布状况。 ⑤委托人及相关当事人的配合程度。 ⑥相关资料收集状况。 ⑦委托人、评估对象产权持有人（或被评估单位）过去委托资产评估的情况、诚信状况及其提供资料的可靠性、完整性和相关性。 ⑧资产评估专业人员的专业能力、经验及人员配备情况。 ⑨其他中介机构的合作、配合情况

2.资产评估计划的主要内容（★★）

评估业务实施的主要过程	（1）资产评估计划应当涵盖评估程序的4~7步的程序 （2）确定资产评估业务实施的各主要过程的具体评估步骤，应当明确以下因素： 一是评估项目的背景和相关条件，包括评估目的、评估对象和评估范围、价值类型、评估基准日、本次评估操作的重点和难点、参与本项目的其他中介机构等。 二是采用的评估方法。 三是资产清查的工作重点及具体要求，如现场调查工作目标、现场调查工作总体时间安排、现场调查主要工作内容、现场调查的协调方式等内容。 四是与参与本项目的审计、律师等其他中介机构的对接安排及注意事项等

续表

时间进度安排	（1）制订评估业务实施的进度安排的思路 应当结合评估报告提交期限、评估业务实施的主要过程的具体步骤、业务实施的重点和难点等来制订评估业务实施的进度安排。 （2）明确资产评估业务实施的时间进度安排意义 有利于对资产评估工作进度的跟踪，以保证在报告提交期限内提交报告
人员安排	（1）评估项目情况 资产规模、资产分布、资产专业结构、业务风险因素等情况 （2）评估方法 （3）评估业务实施主要过程的主要步骤 （4）业务实施的时间安排、费用预算等 （5）评估专业人员的工作经验、技术水平、专业分工、人员数量等

3.资产评估计划的调整（★★）

导致评估计划调整的两类原因：

一类是评估工作本身遇到了障碍，出现了在编制评估计划时没有预料到的操作层面或者技术层面的情况，造成评估工作未能按照原计划推进，需要调整；

另一类是通常是由于委托人经济行为涉及的评估对象、评估范围、评估基准日发生变化而导致的评估计划的调整。

遇到需要调整评估计划的情况时，资产评估专业人员应尽快与委托人、其他相关当事人进行沟通，根据已确定的方案及时调整评估计划。

调整计划要兼顾评估效率和工作质量的原则，充分利用已有的工作成果，将评估计划调整导致的成本降低到最低水平。

二、选编例题

【例1·多选题】下列各项中，属于编制资产评估计划目的的是（　　）。

A.合理、有效配置各项资源　　B.高效保质完成资产评估业务

C.更好地服务于委托人　　D.更好地服务于资产评估机构

【例2·单选题】资产评估专业人员在确定资产评估业务实施的各主要过程的具体评估步骤时，应当考虑的因素不包括（　　）。

A.明确评估项目的背景和相关条件　　B.明确采用的评估方法

C.明确资产清查的工作重点及具体要求　　D.明确参与本次业务的评估人员

【例3·单选题】下列关于编制资产评估计划的说法中，错误的是（　　）。

A.资产评估计划可以在项目实施过程中进行调整

B.小型的单项资产评估业务可以不编制资产评估计划

C.资产评估计划包括资产评估业务实施的主要过程及时间进度、人员安排等

D.资产评估计划可以根据项目的具体情况确定繁简程度

知识点4选编例题答案

1.【答案】ABC

【解析】资产评估计划一般在评估项目开展前编制。编制评估计划的目的是为了合理、有效配置各项资源，高效保质完成资产评估业务，更好地服务于委托人。

2.【答案】D

【解析】资产评估专业人员在确定资产评估业务实施的各主要过程的具体评估步骤时，应当明确以下因素：一是应明确评估项目的背景和相关条件，包括评估目的、评估对象和评估范围、价值类型、评估基准日、本次评估操作的重点和难点、参与本项目的其他中介机构等；二是要明确采用的评

估方法；三是应明确资产清查的工作重点及具体要求，如，现场调查工作目标、现场调查工作总体时间安排、现场调查主要工作内容、现场调查的协调方式等内容；四是应明确与参与本项目的审计、律师等其他中介机构的对接安排及注意事项等。

3.【答案】B

【解析】资产评估专业人员应当根据资产评估业务具体情况编制资产评估计划，并合理确定资产评估计划的繁简程度。所以B不正确。

【知识点5】实施现场调查（★★★）

一、知识点精讲

（一）现场调查的目的

现场调查是了解资产状况的重要方法，是其他方法不能替代的。

现场调查针对评估对象，在法律允许的范围内，由评估专业人员通过勘查、询问、核对等手段，收集资产状况相关的信息，对影响资产价值的物理、技术、法律、经济等因素进行客观、全面的了解，为判断资产整体状况、估算资产价值提供合理依据。

（二）现场调查的内容（评估对象的现状和法律权属）（★★★）

1.了解评估对象现状

核实评估对象的存在性	评估对象的存在性是指委托人委托评估的评估对象是否真实存在。 实物资产，评估专业人员可通过实地查看、核查合同、盘点、函证等方式核实其存在性； 无形资产，可通过核查权属文件、申请登记材料、技术文件、第三方证明文件等核实其存在性； 应收账款、股权或其他经济权益，可通过核查会计记录、公司章程、权益证明、股权转让协议及函证等方式核实其存在性
核实评估对象的完整性	要求评估对象符合相关经济行为对资产范围的要求，能够有效实现其预定功能。 既要关注资产物理意义上的完整性，也要关注资产功能上的完整性
了解评估对象的现实状况	（1）确定调查内容需要考虑的因素 根据评估对象的类型和特点，判断资产价值的影响因素 要能系统、全面、充分反映资产价值影响因素的实际状况，没有遗漏 （2）不同资产的调查内容不同

2.关注评估对象的法律权属

（1）资产的法律权属构成包括所有权、使用权及其他财产权利。

（2）对资产的评估也就是对资产权利的评估，资产的权属状态会影响资产的价值，资产的权属状态不同，资产的价值通常也不相同。

（3）评估专业人员在现场调查时，应当取得评估对象的权属证明。

（4）对取得的权属证明进行核查验证，包括但不限于采用与原件核对、要求权利人到有关登记管理部门查询等方式。

（三）现场调查的手段（★★★）

现场调查的手段包括询问（最常用）、访谈、核对、监盘、勘查等。

注意掌握各种调查手段的具体内容及作用，具体内容参见下表：

询问	1.在阅读、分析评估申报资料的基础上，与评估对象的相关人员进行沟通 2.以了解资产的基本情况或者企业整体相关信息
访谈	1.访谈是资产评估专业人员通过对特定人员或者相关人员的访问并交谈，从被访对象的答复中获取相关评估信息的调查方法。 2.访谈可以面对面交流，也可以通过电话等工具进行，可以个别访谈，也可以团体访谈。

续表

访谈	3.访谈借助调查人与被调查人直接交谈的方式了解调查事项，收集信息资料，具有较好的灵活性和适应性 4.针对涉及多个专业或部门、具有较大不确定性的综合项目或事项，如企业业务或财务状况、企业经营计划和发展战略等，访谈更有助于资产评估专业人员及时获得全面、综合性的信息，作出合理的判断
核对	核对是资产评估专业人员对书面资料的相关记录、书面资料的记录与相关实物进行审核查对，以查证其是否相符的调查手段。 1.进行账表核对、账实核对以及将申报内容与相关权证、文件载明的信息核对等 2.了解资产的存在及法律权属 3.如果存在盘盈盘亏等现象，还需要调查原因
监盘	监盘也是运用较多的核实方法，即资产评估专业人员通过现场监督企业对现金、存货等资产的清点核对工作，主要对盘点实施方案、人员安排、盘点方式（逐项清点或者抽样清点）、盘点结果等进行了解，判断盘点结果能否反映实际状况，并根据盘点结果对资产数量、质量、金额等作出恰当的判断。
勘查	指对实物资产的数量、质量、分布、运行和利用情况（经营情况）等所做的调查，对相关技术检测结果的收集、观察，对其运行记录和定期专业检测报告的收集和分析等工作

（四）现场调查的方式（★★★）

逐项调查	含义	对纳入评估范围的所有资产及负债进行逐项核实，并进行相应的勘查和法律权属资料核实
	运用情形	当存在下列情形之一时，资产评估专业人员应当考虑进行逐项调查 1.评估范围内资产数量少、单项资产的价值量大，比如不动产评估项目； 2.资产存在管理不善等风险，产权持有人或被评估单位提供的相关资料无法反映资产的实际状况，并且从其他途径也无法获取充分、恰当的评估证据，比如停产多年的企业资产评估项目、企业破产清算项目等
抽样调查	含义	按一定程序从研究对象的全体（总体）中抽取一部分单位（样本）进行调查或观察获取数据，并以此对总体的一定目标量作出推断
	适用对象	无法或不宜对评估范围内所有资产、负债等有关内容进行逐项清查的
	基本方法	1.简单随机抽样、分层抽样、系统抽样、整群抽样、不等概率抽样、多阶段抽样、重点项目抽样等。 2.重点项目抽样是遵循重要性原则，对纳入评估范围内价值量大的、关键或重要的资产及负债进行调查。
	要求	1.制定评估计划时，要考虑到抽样风险，抽样误差要适度。 2.要保证由抽样调查形成的调查结论合理、能够基本反映资产的实际状况。 3.抽样调查的理由要形成评估底稿

（五）现场调查工作受限及其处理（★★★）

1.现场调查受限的情形

现场调查工作受限（也叫评估受限）是指因客观原因无法进行现场核实等情形，实务中存在应当、能够履行程序，而以“受限”为由不履行的，不属于准则认可的程序履行受限情形。

现场调查受限的原因主要来自法律法规、资产特殊性能或其置放地点、调查技术手段和相关当事人等方面的限制，导致资产评估专业人员无法正常开展现场调查工作。

资产自身原因导致的现场调查受限，是指由于资产本身的特征、存放地点、法律限制等导致评估专业人员无法采用常规的调查技术手段对资产的数量、品质等进行实地勘查的情形。

因资产自身原因无法进行勘查的情形通常有：

（1）受法律法规限制的情形。例如，属于军工企业涉密资产等涉及国家秘密的资产。

（2）受资产特殊性能或其置放地点限制的情形

如地下深埋管线、养殖的水产、海上航行的船舶、生产过程中的在产品、异地置放资产、分散分布的资产、置放在危险地带的资产等。

（3）受调查技术手段限制的情形

如空中架设输配电线路的长度和材质；输油管道中的存货、鉴定环境危害性和合规性、建筑结构强度测定、建筑面积测量、房屋建筑物沉降测试、白蚁蚁害检测、危房鉴定等事项。

（4）受委托人或者其他相关当事人等方面限制的情形（严格说不属于资产自身原因）

通常因相关当事人不配合导致资产评估专业人员不能进入现场工作，或者不提供进行现场调查所需要的资料等。

2. 现场调查工作受限的处理

（1）当现场调查工作受限时，资产评估专业人员应当从对评估结论的影响程度和替代程序两个角度，判断是否继续执行或终止评估业务。

（2）替代程序是指在原定现场调查程序无法履行或者履行受限时资产评估专业人员为实现现场调查目标而另外执行的其他工作程序。

（3）如果无法采取替代程序对评估对象进行现场调查，或者即使履行替代程序，也无法消除原定程序受限对评估结论产生重大影响的事实，或者无法判断其影响程度，评估机构应当终止执行评估业务。

（4）如果通过实施替代程序之后，受限事项并不会对评估结论产生重大影响，评估机构可以继续执行评估业务，但是资产评估专业人员应当在工作底稿中予以说明，分析其对评估结论的影响程度，并在资产评估报告中说明所受限制情况、所采取的替代程序及其对评估结论合理性的影响。

二、选编例题

【例 1 · 单选题】（　　）是了解资产状况的重要方法，是其他方法不能替代的。

A. 口头询问　　B. 签订资产评估合同

C. 现场调查　　D. 编制资产评估计划

【例 2 · 单选题】（2021 真题）下列关于现场调查的说法中，错误的是（　　）。

A. 对机器设备评估不一定需要进行逐项调查

B. 对资产法律权属的现场调查目的是关注资产的权属状态对价值的影响

C. 对不动产评估不一定需要进行逐项调查

D. 对资产法律权属的现场调查必须以产权登记证明为唯一权属依据

【例 3 · 多选题】下列关于抽样调查的说法中，正确的有（　　）。

A. 无法或不宜对评估范围内所有资产、负债等有关内容进行逐项清查的，如：资产项数庞大，可以采用抽样调查方式进行现场调查

B. 抽样调查是指按一定程序从研究对象的全体（总体）中抽取一部分单位（样本）进行调查或观察获取数据，并以此对总体的一定目标量作出推断

C. 抽样调查的基本方法包括简单随机抽样、分层抽样、系统抽样、整群抽样、不等概率抽样、多阶段抽样、重点项目抽样等

D. 评估专业人员如果采用抽样调查方式进行现场调查，在制定评估计划时，无需考虑抽样风险，但要保证由抽样调查形成的调查结论合理、能够基本反映资产的实际状况，抽样误差适度

E. 抽样调查的理由要形成评估底稿

【例 4 · 单选题】（2019 真题）下列有关资产评估现场调查工作的说法中，错误的是（　　）。

A. 核实评估对象的存在性和存在状态是现场调查的重要内容

B. 现场调查应当关注并保证评估对象的法律权属

C. 现场调查可采用抽样调查方式

D. 现场调查受限可采取替代程序

知识点5选编例题答案

1.【答案】C

【解析】现场调查是了解资产状况的重要方法，是其他方法不能替代的。

2.【答案】D

【解析】评估专业人员在现场调查时，应当取得评估对象的权属证明。实行产权登记制度的资产，权属证明是不动产权证书、专利权证、著作权登记证书、采矿许可证、勘探许可证、机动车登记证书等等；机器设备、存货等资产，权属证明是购置合同、购置发票、付款证明、出库入库记录等；企业价值评估，权属证明是公司章程、工商登记材料、股东登记名册、出资证明、出资协议等；涉及国有资产，权属证明是国有资产产权登记证。所以D说法不正确，因为不同的资产产权证明不一样，不一定都是产权登记证明。

3.【答案】ABCE

【解析】评估专业人员如果采用抽样调查方式进行现场调查，在制定评估计划时，要考虑到抽样风险，要保证由抽样调查形成的调查结论合理、能够基本反映资产的实际状况，抽样误差要适度。所以选项D的说法不正确。

4.【答案】B

【解析】在现场调查中，评估专业人员要关注评估对象的权属状态，以保障评估结论的合理性。评估专业人员无法保证评估对象的权属状态。所以B说法是错误的。

【知识点6】收集整理评估资料（★★★）

一、知识点精讲

（一）评估资料及其分类（★★）

<table>
<tr><td>概念</td><td colspan="3">（1）评估资料的核查验证，是指资产评估专业人员依法对资产评估活动中所使用资料的真实性、准确性和完整性，采取适当的方式进行必要的、审慎的核查审验，从中筛选出作为评估依据的资料，以保证评估结果的合理性。
（2）评估专业人员对收集的评估资料进行核查验证，既是法律和评估准则的要求，也是合理得出评估结论的需要。
①《资产评估法》第二十五条、第十三条
②《证券法》第一百六十三条
③《资产评估基本准则》第十条
④《资产评估执业准则—资产评估程序》</td></tr>
<tr><td rowspan="6">分类</td><td rowspan="3">从评估资料的内容划分</td><td>权属证明资料</td><td>是指资产的法律权属凭证、权威部门出具的权属证明资料以及能够间接证明资产归属的其他资料</td></tr>
<tr><td>财务会计信息</td><td>是指财务报表及附注、会计凭证、会计账簿及其他财务会计资料</td></tr>
<tr><td>其他评估资料</td><td>包括询价资料、交易案例、检查记录、鉴定报告、行业资讯、政府文件、专业报告等</td></tr>
<tr><td rowspan="3">从评估资料的来源划分</td><td colspan="2">直接从市场等渠道独立获取的资料</td></tr>
<tr><td>从委托人、产权持有人等相关当事人处获取的资料</td><td>通常包括：资产评估申报资料，评估对象权属证明，反映资产状况的资料，评估对象的历史、预测、财务、审计等资料，相关说明、证明和承诺等。
资产评估专业人员应当要求委托人等相关当事人对其提供的评估资料以签字、盖章及法律允许的其他方式等进行确认</td></tr>
<tr><td colspan="2">从政府部门、司法机关及各类专业机构和其他组织获取的资料</td></tr>
</table>

（二）评估资料核查验证的一般要求（★★★）

常用方式	观察	应当关注观察方式的有效性和充分性。 对重要的观察事项，应当记录观察对象、观察时间、观察地点、观察人员和观察结果，并对观察到的现象与核查验证对象是否一致发表明确意见
	询问	应当形成询问记录， 并要求询问人和被询问人对询问记录采用签字或者盖章等方式予以确认， 被询问人拒绝签字或者拒绝以其他方式确认的，评估专业人员应当在书面记录中注明
	书面审查	应当分析相关书面信息来源的可靠性， 并通过核对原件等方式对书面信息的准确性和完整性进行核查， 同时要求提供方在原件复印件上盖章
	实地调查	应当将实地调查情况形成书面记录，由相关当事人签字。 如果实地调查涉及的单位为企业法人，需要根据调查事项的重要性和相关性判断是否需要单位盖章确认。 当事人拒绝签字或者盖章的，评估专业人员在书面记录中注明
	查询	应当查询公告、网页或者其他载体相关信息，并就查询的信息内容、时间、地点、载体等有关事项形成查询记录
	函证	可以采用邮寄、快递、跟函、电子形式函证（包括传真、电子邮件、直接访问网站）等方式发出和收回。 信件回执、查询信函底稿和对方回函应当由经办资产评估专业人员签字。 被询证者以传真、电子邮件等方式回函的，可以要求被询证者寄回询证函原件。 被询证人未签署回执、未予签收或者在函证规定的期限内未回复的，由经办的评估专业人员对相关情况做出书面说明
	复核	应当结合核查验证对象的特点，采取验算、校对等具体措施判断核查验证对象的真实性、准确性和完整性。 对于重要的复核事项，应当记录复核过程、采取的措施、复核依据和复核结果，并由复核人员进行签字确认
范围确定和内部审核要求	1. 在符合项目风险以及业务质量控制要求的前提下，根据资料对评估结论的重要性水平确定核查验证的范围。 重要性水平由评估专业人员根据评估目的、被评估单位内部控制状况、相关资料收集情况、评估对象金额及数量等因素进行综合分析后予以确定。 2. 对核查验证程序执行情况的内部审核，应当关注核查验证所采用的实施方式或者选取的替代措施是否适用、恰当、有效	
受限及处理方式	1. 如果计划采用的核查验证实施方式无法执行，资产评估专业人员应当对该具体事项进行评判，确定是否需要采取其他替代措施完成核查验证工作。 2. 对超出资产评估专业人员胜任能力的核查验证事项，资产评估机构可以委托或者要求委托人委托相关专业机构出具专业意见 3. 对于因法律法规规定、客观条件限制无法实施核查和验证的事项，资产评估专业人员应当在工作底稿中予以说明，分析其对评估结论的影响程度，确信不足以对评估结论产生重大影响的前提下，在资产评估报告中予以披露。 如果无法核查验证事项对评估结论产生重大影响或者无法判断其影响程度，评估机构不得出具资产评估报告	

（三）主要评估资料及其核查验证（★★★）

1. 法律法规资料

资产评估专业人员收集的与被评估业务相关的法律、行政法规、部门规章和规范性文件等材料分别由立法机关、政府及相关部门颁布，具有权威性，符合规定适用条件的可以在评估中直接使用。

2. 权属证明资料

（1）股权	采用书面审查、实地调查、查询等方式， 核查企业提供的投资协议、公司章程、公司制度、股权买卖协议或者回购协议等资料， 查看相关印章、签字是否清晰、完整， 与企业管理层进行访谈， 利用“国家企业信用信息公示系统”查询公开信息。 如果需要，还可以到市场监督管理等政府部门查询相关资料
（2）不动产	●资产评估专业人员采用书面审查的方式核查各种不动产权属证明资料的，应当查阅并核对评估对象的不动产权属原件、复印件是否一致。 ●对于不动产登记部门已出具“受理通知书”处于正在办理中的不动产登记事项，资产评估专业人员可以根据需要要求评估对象产权持有人到不动产所在地的市、县人民政府不动产登记机构查询“已受理”事项的办理进度和结果。 ●如果评估对象没有办理产权证，资产评估专业人员应当查验取得不动产的相关证明文件、发票以及合同等资料，并根据具体情况和重要性原则在资产评估报告中披露评估对象未办理产权证的原因、核查处理方法以及可能对评估结论产生的影响
（3）矿业权	◆矿业权权属证明资料主要包括：划定矿区范围批复、采矿权许可证、矿产资源勘查许可证、矿业权出让（转让）合同以及相关付款凭证、矿业权抵押备案相关资料等。 ◆资产评估专业人员采用书面审查的方式核查上述权属证明文件的，应当核对证书（或者资料）原件、复印件是否一致，资产评估专业人员可以根据需要通过矿业权行政管理部门官方网站查询相关信息，对资产权属相关数据的一致性进行核查。 ※如果评估对象没有办理产权证，应当查验取得矿业权的相关证明文件、合同等资料，并根据具体情况和重要性原则在评估报告中披露评估对象未办理产权证的原因、核查处理方法以及可能对评估结论产生的影响
（4）知识产权	■权属证明资料主要包括： 专利证书、专利登记簿副本、最近一期的专利年费缴费凭证、实用新型、外观设计专利权评价报告或者专利权利要求书、专利说明书以及附图；委托人或者相关权利人提供的专有技术形成说明材料； 注册商标证书、商标历史获奖证书、商标授权使用登记备案材料； 著作权登记证书，著作权作品原稿、职务创作的相关合同、与著作权有关权利的情况说明、委托人和著作权利人的身份证明文件和承诺函； 植物新品种权证书； 集成电路布图设计登记证书、延长期限请求费付款凭证； 有效期内的知识产权年费缴费凭证、涉及的转让合同（购买协议）、授权使用协议、变更登记、付款记录等资料 ■采用书面审查的方式核查上述权属证明资料的，应当查阅并核对权属证明资料的原件、复印件是否一致，查验权属材料的所有权人、取得方式、权利范围、有效期、他项权利（是否质押）等相关信息。 对知识产权的权属信息可以与国家相关政府网站公示信息核对是否一致，以确认评估基准日真实有效的权属状态。 ■对许可使用的知识产权使用权，资产评估专业人员应当查阅授权协议以及付款记录，必要时可以向权利人函证，确认该类使用权的许可期限、许可范围、使用条件、许可费支付等相关条款的约定。 ■如果评估对象没有取得知识产权权属文件，应当查验取得知识产权的相关证明文件以及合同等资料，并根据具体情况和重要性原则在评估报告中披露评估对象未办理产权证的原因、核查处理方法以及可能对评估结论产生的影响

续表

（5）机器设备	※权属证明资料主要包括： 机动车登记证、船舶所有权证书、船舶国籍证书； 外购机器设备的购置合同、购置发票、付款凭据、进口设备报关单； 自制机器设备主要材料以及外购件的采购合同和发票、竣工决算资料； 融资租赁设备的融资租赁合同、发票； 由法院判决形成的设备资产的法院判决书、资产交接单； 抵（质）押机器设备的抵（质）押合同、抵（质）押登记证书； 国有资产划转材料、调拨单。 ※资产评估专业人员采用书面审查的方式核查上述权属证明资料的，应当查阅并核对权属证明资料的原件、复印件是否一致； 如果权属证明资料原件留存于他处，资产评估专业人员可以向原件留存方查询或者函证； 资产评估专业人员根据需要要求产权持有人到相关权属主管部门配合查询评估对象法律权属登记情况； 对于重要设备的购买合同、发票（及报关单、装箱单等）、竣工决算资料等，资产评估专业人员根据经济行为特点、产权持有人信用情况以及重要性原则，自行判断是否采取其他延伸核查方式。 ※对权属资料不完备、毁损、丢失等瑕疵事项，以及资产评估专业人员根据重要性原则应当收集但未能取得的相关权属资料，可以要求产权持有人提供产权归属承诺，并在评估报告中披露相关事项
3. 财务会计资料	
（1）已经审计的财务报表	采用询问、书面审查、复核等方式对已经审计的财务报表及其附注进行核查应当了解出具审计报告的会计师事务所的执业资质和独立性
（2）未经审计的财务资料	采用询问、书面审查以及复核等方式对未经审计的财务资料进行核查，应当对财务报表变动趋势、财务指标构成比例进行分析，将财务报表各项目的数据与有关的账簿进行核对。 根据重要性原则采用抽样方法对相关会计凭证进行查阅，结合对评估对象的调查结论或者其他文件、证明和资料的核查验证结论检查财务数据的一致性
（3）实物资产	采用实地调查、书面审查等方式对现金、票据以及实物性资产等涉及的各类资料进行核查，应当将相关调查或者审查情况形成书面记录，由参与的资产评估专业人员、被评估单位的相关人员签字确认
（4）银行存款、异地存货、往来账款、交易性金融资产等	采用函证方式对银行存款、异地存货、往来账款、交易性金融资产等涉及的各类资料进行核查的，对利用第三方机构询证函结果的，应当记录取得第三方机构函证结果的过程、分析该函证行为的目的、核实函证基准日、了解第三方机构对函证的控制措施等。 无法获取上述信息的，应当实施替代程序并获取相关证据，对该函证结果的可靠性进行分析判断
4. 专业报告、单项资产评估报告	
（1）专业报告	专业报告通常包括： ①公开发表的相关专业报告； ②已经正式出具的相关专业报告； ③专门聘请专业机构完成的相应专业报告。 资产评估专业人员采用询问、书面审查以及复核等方式对其他专业机构提供的专业报告进行核查，应当了解专业机构的业务范围、执业资质以及独立性，检查专业报告出具的时效性，分析是否满足资产评估业务的需要。 还应当关注其披露的、对专业报告结论存在重大影响的事项， 将所利用的专业报告作为工作底稿，必要时将其作为资产评估报告附件
（2）单项资产评估报告	引用单项资产评估报告是指资产评估机构根据法律、行政法规等要求，引用其他评估机构出具的单项资产评估报告，作为资产评估报告的组成部分。 评估专业人员引用单项资产评估报告应当与委托人事先约定，获取正式出具的单项资产评估报告。

续表

（2）单项资产评估报告	资产评估专业人员采用询问、书面审查以及复核等方式对拟引用的由其他专业机构出具的单项资产评估报告进行核查，应当了解专业机构的业务范围、执业资质以及独立性，检查引用的单项资产评估报告出具的时效性，分析是否满足资产评估业务的需要。 还应关注以下事项： ①拟引用单项资产评估报告的性质、评估目的、评估基准日、评估对象、评估依据、参数选取、假设前提、使用限制等是否满足资产评估报告的引用要求；不满足资产评估报告引用要求的，不得引用。 ②分析拟引用单项资产评估报告载明的评估结论，判断其对应的资产类型与资产评估的资产类型的一致性；分析是否存在相关负债，并予以恰当处理。对于账面无记录的单项资产，应当考虑引用或者确认的资产类型是否符合相关规定；分析是否存在相关负债，并予以恰当处理。 ③拟引用单项资产评估报告的相关备案审核文件资料，分析其可能对拟引用单项资产评估报告评估结论产生的影响。 ④对所引用单项资产评估报告的评估结论与账面价值的变动情况进行客观分析不得发表超出自身执业能力和范围的评论意见。 ⑤关注所引用单项资产评估报告披露的特殊事项说明，判断其是否可以引用及其对资产评估结论的影响。 ⑥将所引用单项资产评估报告作为工作底稿

5. 其它资料

（1）宏观经济资料、区域经济资料、行业现状和发展前景资料	来自政府部门、行业协会的，应当从有关权威发布平台取得，一般可以视为具有权威性，可以直接引用，但应当关注该类资料的时效性
（2）来自市场的有关资料	※对于直接从上市公司年报获取的数据资料，由于该数据资料已经经过注册会计师审计，资产评估专业人员在进行必要分析调整后可以直接采用。 ※对于来自不同资讯网站的数据或者研究成果，资产评估专业人员可以结合网站的知名度和权威性综合判断获取的数据或者研究成果的可靠性。对于从浏览量较少的网站获取的数据或者研究成果，必要时获取两个以上途径的有效数据，从而相互验证其可靠性。 ※对于询价资料、交易案例等资料，资产评估专业人员采用查询、查阅、核对等方式进行核查，应当将通过文献查阅以及查询相关网址信息等获取的结论形成书面记录
（3）涉及诉讼、仲裁、担保的资料	※资产评估专业人员采用书面审查、查询、复核等方式对被评估单位涉及诉讼、仲裁的资料进行核查，应当查阅被评估单位出具的有关诉讼、仲裁事项声明书，并与公告或者网站披露的信息进行核对，以了解被评估单位诉讼、仲裁事项发生的背景、涉及的金额以及可能对评估结论产生的影响。 ※资产评估专业人员采用书面审查、查询等方式对被评估单位涉及对外担保的资料进行核查，应当获取被评估单位出具的有关对外担保事项声明以及担保合同、协议等资料，利用央行全国联网的企业征信系统进行查询。采用书面审查方式对被评估单位存在抵（质）押的资产进行核查，应当查阅被评估单位提供的抵（质）押合同以及相关的主债权合同、抵（质）押资产清单以及说明。如果需要，可以向抵（质）押单位进行查询

（四）评估资料的分析、归纳、整理（★★）

<table>
<tr><td rowspan="2">1. 评估资料的分析</td><td colspan="2">就是根据资产价值评定估算和评估报告编制及信息披露对资料的使用要求，对已收集资料的相关性、逻辑性进行分析和甄别</td></tr>
<tr><td>相关性，就是分析资料与评估需要解决问题的相关性和适用性</td><td>逻辑性，就是梳理评估资料之间所存在的相互支持、印证等关系的逻辑关联性</td></tr>
<tr><td>2. 评估资料的归纳和整理</td><td colspan="2">是在分析基础上，通过归集、加工和分类使评估资料成为支持评定估算和信息披露的基础信息和支持依据，以便后续评估流程的最后使用</td></tr>
</table>

续表

3.归纳和整理后评估资料一般可以按照可用性原则和加工处理程度划分	按照可用性原则	可用性评估资料	指在某一具体评估项目中可以作为评估依据的资料
		有参考价值的评估资料	指与评估项目有一定联系、部分可以参考借鉴的资料
		不可用评估资料	指与评估项目没有直接联系或根本无用的资料
4.归纳和整理后评估资料一般可以按照可用性原则和加工处理程度划分	按照加工处理程度	未经处理的资料	如公司的年度报告、证券交易所的报告或其他出版物的资料等，没有经过中间处理、过滤，来源直接，能客观反映资料的原貌
		有选择地加工或按一定目的改动过的资料	如报纸、杂志、行业协会出版物、学术论文和证券分析师的分析报告等，是在更大的信息源中有选择地加工过的，或按一定思想倾向改动过的资料，具有重点突出、容易理解的特征

二、选编例题

【例1·单选题】下列选项中，关于评估资料的核查验证，错误的是（　　）。

A. 被询证者以传真、电子邮件等方式回函的，可以要求被询证者寄回询证函原件

B. 资产评估专业人员需要对取得的所有评估资料进行核查验证，以保证评估结果的合理性

C. 通常对评估资料进行核查验证的方式有观察、询问、书面审查、实地调查、查询、函证和复核

D. 对于一些复杂的资料，可以采取多种方式相结合的形式进行核查验证

【例2·单选题】以下关于核查验证受限及处理的说法中，错误的是（　　）。

A. 如果计划采用的核查验证实施方式无法执行，评估专业人员应当终止评估业务

B. 对超出资产评估专业人员胜任能力的核查验证事项，评估机构可以委托或要求委托人委托相关专业机构出具专业意见

C. 对于因客观条件限制无法实施核查和验证的事项，评估专业人员应当在工作底稿中予以说明，分析其对评估结论的影响程度，确信不足以对评估结论产生重大影响的前提下，在资产评估报告中予以披露

D. 如果无法核查验证事项对评估结论产生重大影响或者无法判断其影响程度，评估机构不得出具资产评估报告

【例3·单选题】关于对专业报告的核查验证，下列说法错误的是（　　）。

A. 对超出资产评估专业人员胜任能力的核查验证事项，资产评估机构可以委托或者要求委托人委托相关专业机构出具专业意见

B. 评估专业人员利用专业机构出具的专业报告还应当关注其披露的、对专业报告结论存在重大影响的事项

C. 资产评估专业人员不需要对其他专业机构提供的专业报告进行核查，可以直接采纳

D. 将所利用的专业报告作为工作底稿，必要时将其作为资产评估报告附件

知识点6选编例题答案

1.【答案】B

【解析】评估资料的核查验证，是指资产评估专业人员依法对评估活动中所使用资料的真实性、准确性和完整性，采取适当的方式进行必要的、审慎的核查审验，从中筛选出作为评估依据的资料，以保证评估结果的合理性。在符合项目风险以及业务质量控制要求的前提下，根据资料对评估结论的重要性水平确定核查验证的范围，不一定要对取得的所有评估资料进行核查验证，因此B项错误。

2.【答案】A

【解析】遇到计划采用的核查验证实施方式无法执行的情况时，资产评估专业人员应当对该具体事项进行评判，确定是否需要采取其他替代措施完成核查验证工作，不可直接终止评估业务，因此本

题选 A。

3.【答案】C

【解析】专业报告，评估专业人员经过核查验证后在评估中使用并披露。因此，选项 C错误。

【知识点 7】评定估算形成结论（★）

一、知识点精讲

（一）评估方法的选择

1. 基本方法：收益法、市场法和成本法
2. 方法选择：参见第六章第四节

（二）评定估算形成结论

1. 合理选择技术参数，应用评估模型。

2. 形成初步评估结论。

3. 对形成的初步评估结论进行分析（合理性）。

（1）分析判断评估资料

应当对评估资料的充分性、有效性、客观性以及评估参数的合理性、评估模型推算和应用的正确性进行判断；

（2）对评估结论与评估目的、价值类型、评估方法的适应性进行分析；

（3）对评估增减值进行分析

确定资产评估增值或者减值的原因，并判断其合理性；

（4）通过对类似资产交易案例的分析，对评估结论的合理性进行判断。

4. 当采用两种以上评估方法时

（1）对采用各种方法评估形成的初步结论进行分析比较

（2）对所使用评估资料、数据、参数的数量和质量等进行分析

（3）分析不同方法评估结论的合理性以及不同方法评估结论差异的原因

（4）综合考虑评估目的、价值类型、评估对象、现实状况等因素，确定出最终的评估结论

二、选编例题

【例 1 · 单选题】（　　）在收集整理评估资料的基础上，进入评定估算形成结论程序，该程序主要包括：恰当选择评估方法，形成初步评估结论，综合分析确定资产评估结论等具体工作。

A. 资产评估专业机构　　B. 资产评估专业人员

C. 注册会计师　　D. 资产评估机构负责人

【例 2 · 多选题】在选定评估方法之后，资产评估专业人员应该做的工作包括（　　）。

A. 合理选择技术参数，应用评估模型等，形成最终评估结论

B. 对形成的初步评估结论进行分析，判断采用该种评估方法形成的评估结论的合理性

C. 采用成本法，应当合理确定重置成本和各相关贬值因素

D. 采用市场法，应当合理选择可比案例，分析评估对象和可比参照物的相关资料和价值影响因素，通过可比因素的差异调整，得出评估对象的价值

E. 采用收益法，应当合理预测未来收益，并合理确定收益期和与收益口径一致的折现率，通过折现计算，得出评估对象的评估值

知识点 7 选编例题答案

1.【答案】B

【解析】资产评估专业人员在收集整理评估资料的基础上，进入评定估算形成结论程序，该程序

主要包括：恰当选择评估方法，形成初步评估结论，综合分析确定资产评估结论等具体工作。

2.【答案】BCDE

【解析】在选定评估方法之后，资产评估专业人员还需要合理选择技术参数，应用评估模型等，形成初步评估结论。所以选项A的说法不正确。

【知识点8】编制出具评估报告（★★）

一、知识点精讲

（一）资产评估报告的审核（★★）

1.评估报告审核的形式与要求

<table>
<tr><td rowspan="5">（1）审核的形式</td><td rowspan="2">按照审核人员是否到达现场</td><td colspan="2">非现场审核</td></tr>
<tr><td colspan="2">现场审核</td></tr>
<tr><td rowspan="3">按照审核人员与项目团队的关系</td><td colspan="2">项目团队内部的审核</td></tr>
<tr><td rowspan="2">项目团队之外的独立审核</td><td>专职的质控部门（或岗位）的审核人员</td></tr>
<tr><td>项目团队之外的具有相应审核能力和经验的其他评估专业人员</td></tr>
<tr><td>（2）审核的级次</td><td colspan="3">目前资产评估准则并未对审核级次做出具体的规定，评估机构可以根据评估机构的项目管理要求和质量控制制度确定其内部审核的级次
评估机构的质量审核体系应当包括项目团队内部相关层级的审核以及质量控制部门（岗位）等独立于项目团队之外的审核，必要时，也可引入外部审核资源</td></tr>
<tr><td rowspan="2">（3）对项目审核人员的要求及其职责</td><td>项目审核人员应当符合的要求</td><td colspan="2">①具备履行职责的技术专长；
②具备审核业务所需要的经验和权限；
③保证审核工作的客观性</td></tr>
<tr><td>项目审核人员承担的职责</td><td colspan="2">①审核评估程序执行情况；
②审核拟出具的资产评估报告；
③审核工作底稿；
④综合评价项目风险，提出出具资产评估报告的明确意见</td></tr>
</table>

2.对资产评估报告审核的主要内容

（1）评估程序的履行情况；

（2）评估资料的完整性、客观性和适时性；

（3）评估方法、评估技术思路的合理性；

（4）评估目的、价值类型、评估假设、评估参数以及评估结论在性质和逻辑上的一致性；

（5）计算公式及计算过程的正确性；

（6）技术参数选取的合理性；

（7）计算表格之间链接关系的正确性；

（8）采用多种方法进行评估时，对各种评估方法所依据的假设、前提、数据、参数进行审核，并对不同评估方法结论的合理性以及差异合理性进行审核；

（9）最终评估结论的合理性；

（10）评估报告的合规性。

3.项目团队层级审核的主要内容

（1）对被评估资产自身的状况是否进行了必要的了解，对评估风险是否有正确的评价；

（2）评估程序是否按计划要求进行；

（3）原始资料及收集的评估资料是否满足评估要求，是否由资料提供方以盖章等方式确认；
（4）评估调查过程是否记录在工作底稿中；
（5）评估依据是否充分；
（6）评估方式的选择及运用是否正确；
（7）评估模型应用、表格链接关系是否正确；
（8）评估报告的格式、内容是否符合规定要求；
（9）评估结论是否合理，表格与报告的相关数据和信息是否一致；
（10）重大问题是否按规定进行请示汇报和处理，重大问题的处理结果是否合理；
（11）各项内容是否完整，有无遗漏、缺陷事项。

4.质量控制部门（岗位）等审核的主要内容

（1）评估程序是否完整履行，是否形成了相应的工作底稿；
（2）整体报告的内容及格式是否符合相关法规及评估准则的规定；
（3）评估目的、价值类型、评估假设、评估方法、评估结论是否逻辑一致；
（4）重大问题的处理是否适当；
（5）评估结论是否有合理的依据支持，影响评估结果的特别事项是否完整披露；
（6）对于外部审核的意见答复和报告修改是否合理有据。

（二）与委托人或者相关当事人沟通（★）

1. 沟通的作用	有助于了解委托人或者相关当事人对评估结论的反馈意见 有助于委托人或者相关当事人合理理解评估结论，正确使用评估报告。
2. 沟通的时间	评估报告由评估机构内部审核后
3. 沟通的主要内容	与委托人或者委托人许可的相关当事人沟通的内容包括但不限于： （1）是否存在与评估对象实际情况不一致的情况； （2）是否履行了评估委托合同约定的内容； （3）评估方法的适用性，参数选取的合理性，模型计算的正确性，评估目的、价值类型和评估方法的匹配性等； （4）评估报告披露信息的正确性和恰当性
4. 沟通后的调整	沟通如导致评估专业人员修改评估结论或者评估报告，需要详细说明理由，并履行必要的内部审核程序
5. 沟通时应注意及禁止的事项	资产评估机构和评估专业人员保证其独立性的措施通常包括： （1）在沟通时，评估专业人员需要表明：目前沟通的意见为初步结果，最终资产评估报告完成后，内容与结果可能会发生变化；建议沟通的信息仅为委托人内部使用，任何初稿不能对外公布或者披露。 （2）在沟通过程中，如果发现差错或者疏漏，评估专业人员可以同意对相关内容进行查证、核实。 （3）对沟通内容形成必要的记录
6. 国有资产评估项目核准（备案）中的审核（★）	对于涉及企业国有资产管理部门、金融企业国有资产管理部门和文化企业国有资产管理部门等管理的国有资产评估项目，在资产评估机构提交评估报告后，相关管理部门按国家有关规定组织专家对资产评估报告进行外部审核。 例如，根据现行的国有资产评估管理规定，对国有资产评估项目实行“核准（备案）”的管理制度。国有资产评估项目的核准（备案）通常实行专家评审制度，由国有资产管理部门组织专家对资产评估报告进行评审。 （1）资产评估所涉及的经济行为批准情况； （2）评估基准日的选择是否适当，评估基准日的选择是否符合有关评估准则的规定要求； （3）资产评估范围与经济行为批准文件确定的资产范围是否一致； （4）评估方法运用的合理性和评估依据的适当性；

续表

6. 国有资产评估项目核准（备案）中的审核（★）	（5）企业是否就所提供的资产权属证明文件、财务会计资料及生产经营管理资料的真实性、合法性和完整性作出承诺； （6）评估程序是否符合相关评估准则的规定； （7）评估报告是否符合相关准则的规定和要求。 资产评估机构及评估专业人员应当对审核意见进行分析，形成意见回复，并根据需要对评估报告的相关内容进行补充或修改。 评估报告如有修改，应按评估机构内部的审核要求履行审核程序，重新出具评估报告，并按规定提交资产评估报告给委托人

（三）提交评估报告

按照约定的时间和方式向委托人提交资产评估报告，是评估机构履行评估委托合同约定责任的要求。评估机构应当以资产评估委托合同约定的方式向委托人提交正式资产评估报告。

二、选编例题

【例 1 · 单选题】（2018 真题）评估报告审核的说法中，错误的是（　　）。

A. 评估报告按照国有资产监管机构的审核意见进行修改后，不需要再履行内部审核程序

B. 评估报告的审核体系应当包括独立于项目团队的专业审核

C. 内部质量控制制度是国家对资产评估机构的法定要求

D. 资产评估报告进行内部审核是对资产评估机构的法定要求

【例 2 · 多选题】对于资产评估报告的审核，质量控制部门主要审核的内容包括（　　）。

A. 评估资料的完整性、客观性和适时性

B. 对于外部审核的意见答复和报告修改是否合理有据

C. 整体报告的内容及格式是否符合相关法规及评估准则的规定

D. 评估调查过程是否记录在工作底稿中

E. 评估结论是否有合理的依据支持，影响评估结果的特别事项是否完整披露

【例 3 · 单选题】关于资产评估报告的审核，下列说法错误的是（　　）。

A. 根据评估机构的审核制度和审核岗位安排，项目团队之外的审核人员可以是专职的质控部门（或岗位）的审核人员，也可以是项目团队之外的具有相应审核能力和经验的其他评估专业人员

B. 评估机构的质量审核体系应当包括项目团队内部相关层级的审核以及质量控制部门（岗位）等独立于项目团队之外的审核，必要时，也可引入外部审核资源

C. 目前资产评估准则对审核级次做出具体的规定，评估机构可以根据评估机构的项目管理要求和质量控制制度确定其内部审核的级次

D. 项目团队层级审核的主要内容中包括对被评估资产自身的状况是否进行必要的了解，对评估风险是否有正确的评价

【例 4 · 单选题】项目审核人员承担的职责不包括（　　）。

A. 审核评估程序执行情况

B. 保证审核工作的客观性

C. 审核工作底稿

D. 综合评价项目风险，提出出具资产评估报告的明确意见

知识点 8 选编例题答案

1.**【答案】**A

【解析】资产评估专业人员完成初步资产评估报告编制后，资产评估机构应该根据相关法律、行政法规、资产评估准则的规定和评估机构内部质量控制制度，对资产评估报告进行必要的内部审核；所以 BCD 说法正确。外部审核意见的应对包括：（1）进行分析，形成意见回复，并根据需要对评估

报告的相关内容进行补充或修改。(2)评估报告如有修改应按评估机构内部的审核要求履行审核程序，重新出具评估报告，并按规定提交资产评估报告委托人。所以A表述不正确。

2.【答案】BCE

【解析】质量控制部门(岗位)等审核的主要内容包括：评估程序是否完整履行，是否形成了相应的工作底稿；整体报告的内容及格式是否符合相关法规及评估准则的规定；评估目的、价值类型、评估假设、评估方法、评估结论是否逻辑一致；重大问题的处理是否适当；评估结论是否有合理的依据支持，影响评估结果的特别事项是否完整披露；对于外部审核的意见答复和报告修改是否合理有据。因此，选项BCE正确。

3.【答案】C

【解析】目前资产评估准则并未对审核级次做出具体的规定。因此，选项C错误。

4.【答案】B

【解析】保证审核工作的客观性是项目审核人员应当符合的要求之一，因此本题选B。项目审核人员应承担的职责包括审核评估程序执行情况；审核拟出具的资产评估报告；审核工作底稿；综合评价项目风险，提出出具资产评估报告的明确意见。

【知识点9】整理归集评估档案(★)

一、知识点精讲

资产评估档案整理归集工作，是指评估机构建立评估档案并进行收集、整理、保管和提供利用等活动。

整理归集评估档案是资产评估专业人员将已执行完毕的评估报告及工作底稿等形成符合准则要求的档案，并移交评估机构档案管理部门的工作过程。

本节重点介绍评估档案整理归集的程序有关资产评估档案编制和管理的具体内容详见本教材第七章第四、第五节。

评估档案整理归集的范围	资产评估准备阶段应归入评估档案的文件材料	准备阶段包括明确业务基本事项、订立业务委托合同、编制资产评估计划等三个程序，所形成的文件资料主要是对应的管理类工作底稿
	资产评估实施阶段应归入评估档案的文件材料	实施阶段包括进行评估现场调查、收集整理评估资料、评定估算形成结论、编制出具评估报告四个程序，所形成的文件资料主要是与之对应的管理类工作底稿和操作性工作底稿、评估报告和其他相关资料
评估档案整理归集的要求	实行评估档案整理归集责任制	评估项目负责人应当组织整理归集评估档案
	评估档案的介质要求	资产评估委托合同、资产评估报告应当形成纸质文档
		评估明细表、评估说明可以是纸质文档、电子文档或者其他介质形式的文档
	移交评估档案的时间要求	资产评估专业人员通常应当在资产评估报告日后90日内将工作底稿、资产评估报告及其他相关资料归集形成资产评估档案，并在归档目录中注明文档介质形式
		重大或者特殊项目的归档时限为评估结论使用有效期届满后30日内，资产评估机构可以在内部管理制度中规定适用的项目标准

二、选编例题

【例·单选题】重大或者特殊项目的归档时限为评估结论使用有效期届满后(　　)日。

A.30　　B.90　　C.60　　D.45

知识点9选编例题答案

【答案】A

【解析】重大或者特殊项目的归档时限为评估结论使用有效期届满后30日内。

同步强化训练题

一、单项选择题

1. 下列说法错误的是（　　）。

A. 评估专业人员应根据评估业务具体情况，对评估对象进行现场调查，收集相关资料并进行核查验证、分析整理，以此作为评估依据

B. 评估档案的保存期限一般不少于15年

C. 资产评估委托合同应由资产评估机构的法定代表人签名，不得授权他人代签名

D. 评定估算形成结论的程序主要包括恰当选择评估方法、形成初步评估结论、综合分析确定资产评估结论等具体工作

2. 下列关于调查工作受限及处理的说法，错误的是（　　）。

A. 因客观原因无法进行现场调查，资产评估专业人员应当在不违背资产评估准则基本要求前提下，采取必要且合理的替代程序

B. 当现场调查工作受限时，评估专业人员应从对评估结论的影响程度和替代程序两个角度，判断是否继续执行或终止评估业务

C. 如果无法采取替代程序对评估对象进行现场调查，或者即使履行替代程序，也无法消除原定程序受限对评估结论产生重大影响的事实，或者无法判断其影响程度，评估机构应当协商更改评估基准日重新评估

D. 如果通过实施替代程序之后，受限事项并不会对评估结论产生重大影响，评估机构可以继续执行评估业务，但是资产评估专业人员应当在工作底稿中予以说明，分析其对评估结论的影响程度，并在资产评估报告中说明所受限制情况、所采取的替代程序及其对评估结论合理性的影响

3.（2019真题）资产评估机构与委托人签订委托合同时，需要支付资产评估服务费。下列关于资产评估服务费的说法中，错误的是（　　）。

A. 资产评估服务费可以约定为一次性支付，也可以约定为分期支付

B. 资产评估服务费可以约定为服务费总额，也可以约定为支付标准

C. 资产评估服务费实行市场调价，资产评估机构和委托人可以约定价格

D. 资产评估服务费的支付取决于所评估的经济行为是否完成

4.（2018真题）下列关于编制资产评估计划的说法中，错误的是（　　）。

A. 资产评估专业人员可以根据资产评估业务具体情况合理确定资产评估计划的繁简程度

B. 资产评估专业人员应同委托人及相关当事人沟通以保证资产评估计划的可操作性

C. 资产评估专业人员应当在开展评定估算工作之前编制评估计划

D. 编制资产评估计划有利于合理有效配置各项资源，高效保质完成评估任务，更好地服务于委托人

5. 从内容划分，评估资料分为权属证明资料、财务会计信息和其他评估资料，下列不属于财务会计信息的是（　　）。

A. 询价资料　　B. 财务报表及附注

C. 会计账簿　　D. 会计凭证

6. 下列关于明确资产评估业务基本事项的选项中，错误的是（　　）。

A. 委托人与产权持有人不是同一主体时，评估机构洽谈人员应当考虑是否在委托环节重点提出有关的配合问题，引起委托人的重视并明确责任

B. 评估报告的提交时间不宜确定具体日期

C. 为明确责任，应当由委托人就评估范围明细清单进行确认

D. 资产评估基本事项应由资产评估机构及其专业人员进行明确

7. 下列各项中，属于来自委托人与产权持有人的风险的是（　　）。

A. 超范围、不当使用报告

B. 非法干预评估执业

C. 因评估对象的特殊性导致无法按要求履行核查程序

D. 评估对象对应的评估范围不确定

8. 以下工作内容属于独立性分析的是（　　）。

A. 确定评估对象的产权归属

B. 判断评估机构是否有能力进行评估

C. 评估机构对评估专业人员申报的关联情况进行核查

D. 检查提供的相关资料是否存在虚假遗漏

9. 下列选项中，不属于通常对评估资料进行核查验证的方式是（　　）。

A. 盘点　　B. 询问　　C. 书面审查　　D. 复核

10. 下列关于资产评估委托合同的说法中，错误的是（　　）。

A. 订立资产评估委托合同后需要对约定事项做出补充的，可以签署补充合同或重新订立合同，或者采取法律允许的其他方式做出补充

B. 资产评估委托合同应当由资产评估机构的法定代表人签名，不得授权他人签名

C. 承接资产评估业务需订立资产评估委托合同，或以符合法律规定的其他形式建立资产评估业务委托关系

D. 资产评估机构在法定情形下可以拒绝履行或单方面解除资产评估委托合同

11. 资产评估专业人员在承接资产评估业务时，应当按准则规定进行综合分析与评价的事项中，一般不包括（　　）。

A. 独立性分析与评价　　B. 评估方法实用性分析与评价

C. 专业胜任能力分析与评价　　D. 业务风险分析与评价

12. 在评估现场调查程序受限的情况下，资产评估专业人员确定是否继续执行资产评估业务所考虑的因素中，一般不应当包括（　　）。

A. 判断所受限制是否对评估结论的合理性产生重大影响

B. 能否采取必要的替代措施弥补不能实施调查的缺失

C. 能否取得委托方关于同意资产评估机构可以不执行相关程序的承诺

D. 判断所受限制是否对评估目的所对应的经济行为构成重大影响

13 在资产评估中恰当选择评估基准日，充分体现了资产评估中的（　　）原则。

A. 时点　　B. 供求　　C. 预期　　D. 贡献

14. 在履行资产评估基本程序时，资产评估计划编制程序通常在（　　）。

A. 明确业务基本事项后　　B. 确定评估目的后

C. 作出评估假设后　　D. 明确评估业务基本事项并受理评估业务后

15. 关于评估基准日的确定以下说法不正确的是（　　）。

A. 需要有利于评估结论有效服务于评估目的

B. 需要有利于现场调查、评估资料收集等工作的开展

C. 相关部门有专门要求的，在不违反评估准则的前提下，可以遵照执行

D. 订立评估业务委托合同后

16. 下列不属于资产评估委托合同内容的是（　　）。

A. 评估目的、评估对象和评估范围
B. 评估基准日、评估报告提交期限和方式
C. 资产评估计划
D. 资产评估机构和委托人的其他权利和义务

17. 以下选项中，属于独立性分析的是（　　）。

A. 判断委托人是否缺乏履约能力
B. 筛查与委托人有利益冲突的评估人员
C. 判断评估机构是否有能力胜任评估工作
D. 确定评估对象的产权归属

18. 以下选项中，不属于国有资产评估项目核准中的审核的主要内容的是（　　）。

A. 资产评估所涉及的经济行为批准情况
B. 资产评估范围与经济行为批准文件确定的资产范围是否一致
C. 企业是否就所提供的资产权属证明文件的真实性、合法性和完整性作出承诺
D. 重大问题是否按规定进行请示汇报和处理，重大问题的处理结果是否合理

19. 资产评估机构及评估专业人员提交正式评估报告前，应与委托人或者委托人许可的相关当事人就评估报告有关内容进行必要的沟通，关于沟通目的和作用，以下说法不正确的是（　　）。

A. 有助于了解委托人或者相关当事人对评估结论的反馈意见
B. 有助于委托人或者相关当事人合理理解评估结论
C. 有助于委托人或者相关当事人正确使用评估报告
D. 便于委托人或者相关当事人参与评估意见结论的最终形成，并施加影响

20. 下列关于现场调查的说法，正确的是（　　）。

A. 现场调查的存在状态是指评估对象的所有权和与所有权有关的其他财产权利状况
B. 现场调查存在性是资产以何种条件和状态存在
C. 核实评估对象的完整性只需要关注资产功能上的完整性
D. 资产的法律权属，包括所有权、使用权及其他财产权利

二、多项选择题

1. 下列（　　）资料可以被资产评估专业人员在评估中直接采用。

A. 资产评估专业人员收集的与被评估业务相关的法律、行政法规、部门规章和规范性文件等材料分别由立法机关、政府及相关部门颁布，具有权威性，符合规定适用条件的可以在评估中直接使用

B. 对于被评估单位出具的有关诉讼、仲裁事项声明书可以直接采用

C. 来自政府部门、行业协会的，应当从有关权威发布平台取得，一般可以视为具有权威性，可以直接引用

D. 对于专门聘请专业机构完成的相应专业报告可以直接采用

E. 对于直接从上市公司年报获取的数据资料，由于该数据资料已经经过注册会计师审计，资产评估专业人员在进行必要分析调整后可以直接采用

2.（2019 真题）资产评估项目承接阶段和项目组织阶段需要履行的基本评估程序包括（　　）。

A. 进行评估现场调查
B. 明确业务基本事项
C. 收集整理评估资料
D. 订立业务委托合同
E. 编制资产评估计划

3.（2018 真题）下列关于因资产评估报告使用造成损失的情形中，资产评估机构不用承担责任的有（　　）。

A. 委托人在评估结论使用有效期届满三个月后使用了资产评估报告
B. 被评估企业的生产线在委托人使用的资产评估报告出具后因发生事故而报废
C. 委托人将两个月前为股权收购出具的资产评估报告用于股权质押担保事项
D. 委托人在实现评估目的时使用了内容存在差错的资产评估报告

E. 委托人授权非该资产评估报告使用人使用报告

4.（2020 真题）资产评估专业人员对拟引用的其他专业机构出具的专业报告应当进行核查，其核查的内容通常包括（　　）。

A. 分析专业报告是否满足资产评估业务的需要

B. 了解专业机构的独立性

C. 了解专业机构的内控制度

D. 了解专业机构的执业资质

E. 检查专业报告出具的时效性

5. 资产评估计划的调整通常包括（　　）。

A. 对评估专业人员进行调整　　B. 对部分评估工作作出重新安排

C. 对所有评估工作作出重新安排　　D. 对评估技术方案进行修正

E、对评估范围作出适当调整

6. 从来源划分，评估资料分为（　　）。

A. 直接从市场等渠道独立获取的资料

B. 从政府部门、司法机关及各类专业机构和其他组织获取的资料

C. 从委托人、产权持有人等相关当事人处获取的资料

D. 权属证明资料

E. 通过收集评估资料取得的其他评估资料

7. 下列选项中，属于对资产评估报告审核的主要内容的是（　　）。

A. 评估资料的完整性、客观性和适时性　　B. 评估方法、评估技术思路的合理性

C. 重大问题的处理是否适当　　D. 委托人和其他相关当事人的沟通情况

E. 最终评估结论的合理性

8. 下列关于引用其他专业领域单项资产评估报告的要求中，正确的有（　　）。

A. 对拟引用报告所涉及到的资产评估进行全面的现场勘查、核实，收集评估作价所需的资料，并对其核查和验证

B. 分析假设前提是否满足资产评估报告的引用要求；不满足资产评估报告引用要求的，不得引用

C. 分析拟引用单项资产评估报告载明的评估结论，判断其对应的资产类型与货严评估的资产类型的一致性

D. 检查相关备案审核文件

E. 将所引用单项资产评估报告作为工作底稿

9. 下列各项中，属于评估项目实施阶段需要执行的基本程序是（　　）。

A. 编制资产评估计划　　B. 进行评估现场调查

C. 收集整理评估资料　　D. 评定估算形成结论

E. 编制出具评估报告

10. 下列选项中，可以在评估委托合同中约定的是（　　）。

A. 约定评估基准日是未来某一时点

B. 约定对应纳入评估范围的资产不进行评估

C. 约定参与资产评估项目的相关级别人员的单位工时收费标准，最后按确认的服务工时结算

D. 约定随意指定评估方法

E. 约定不履行现场调查等必要的评估程序

11. 资产评估机构在决定是否受理相关评估业务时，需要考虑的因素包括（　　）。

A. 评估目的　　B. 评估报告使用人

C. 委托人与相关当事人之间的关系　　D. 评估机构的专业能力及独立性

E. 资产评估的业务风险

12. 资产评估机构可以拒绝履行或单方解除资产评估委托合同的法定情形包括（　　）

A. 委托人和相关当事人如果拒绝提供或者不如实提供开展资产评估业务所需的权属证明的，资产评估机构有权拒绝履行资产评估委托合同。

B. 委托人要求出具虚假资产评估报告的，资产评估机构有权单方解除合同。

C. 被评估资产自身的原因，现场勘查受到限制。

D. 相关当事人如果拒绝提供或者不如实提供开展资产评估业务所需的财务会计信息或其他相关资料的，资产评估机构有权拒绝履行资产评估委托合同。

E. 非法干预评估结论情形的，资产评估机构有权单方解除合同。

13. 现场调查的手段包括（　　）。

A. 询问　　B. 访谈

C. 核对　　D. 监盘

E. 函证

14. 以下选项中，（　　）是评估项目进入实施阶段前需要做的工作。

A. 收集整理评估资料　　B. 签订业务委托合同

C. 进行评估现场调查　　D. 明确业务基本事项

E. 编制资产评估计划

15. 明确基本事项时，明确委托人等其他评估报告使用者具体是指（　　）。

A. 明确委托人及产权持有人的基本情况　　B. 了解委托人与利益相关人之间的关系

C. 了解委托人与相关当事人之间的关系　　D. 明确评估目的

E. 明确评估报告使用人

16. 在资产评估过程中，对业务进行风险分析与评估时，业务风险主要有（　　）。

A. 来自委托人和产权持有人的风险　　B. 来自资产评估报告使用中的风险

C. 来自评估目的的风险　　D. 来自评估专业人员的风险

E. 来自评估对象的风险

17. 资产评估计划编制过程需要考虑众多因素，以下说法正确的是（　　）。

A. 确定评估对象的存在性和完整性

B. 评估业务风险、评估项目的规模和复杂程度

C. 委托人及相关当事人的配合程度

D. 资产评估专业人员的专业能力、经验及人员配备情况

E. 评估人员的时间的

18. 下列关于资产评估计划编制的说法中，正确的有（　　）。

A. 资产评估计划一般在项目正式开展前编制

B. 资产评估专业人员应当根据资产评估业务具体情况编制资产评估计划，并合理确定资产评估计划的繁简程度

C. 资产评估专业人员在编制资产评估计划的过程中，仅需同委托人就相关问题进行沟通，以保证资产评估计划的可操作性

D. 资产评估计划一般包括资产评估业务实施的主要过程、时间进度、人员安排等内容

E. 资产评估机构通常会通过内部控制制度和流程对资产评估计划的编制、审核、批准及调整进行规范

19. 从来源划分，评估资料分为（　　）。

A. 直接从市场等渠道独立获取的资料

B. 从政府部门、司法机关及各类专业机构和其他组织获取的资料
C. 从委托人、产权持有人等相关当事人处获取的资料
D. 权属证明资料
E. 通过收集评估资料取得的其他评估资料

20. 下列选项中，属于对资产评估报告审核的主要内容的是（　　）。
A. 评估资料的完整性、客观性和适时性　　B. 评估方法、评估技术思路的合理性
C. 重大问题的处理是否适当　　D. 委托人和其他相关当事人的沟通情况
E. 最终评估结论的合理性

三、综合题

A公司成立于1985年12月，1990年1月完成改制，1996年12月在深交所上市；实际控制人为CVC资本；主营饮料容器的生产和销售，主要客户为可口可乐、百事可乐等饮料制造企业。2012年，A公司拟收购关联方BPI所持A公司46家控股子公司及2家间接控股的孙公司的少数股东权益。甲资产评估有限公司接受业务委托为上述收购提供评估服务，评估基准日为2011年12月31日。A公司2012年3月12日与甲评估事务所洽谈，甲资产评估有限公司于2012年3月14日签署协议并开始评估工作，2012年7月22日为48家标的公司分别出具了评估报告。标的股权评估值较净资产溢价约50%。

2011年，A公司的净资产收益率和销售净利润率都已跌到2%以下，48家标的公司中有13家公司的业绩为亏损。2012年第一季度，业绩亏损的标的公司达到25家，亏损总额达到600多万元。在经济环境低迷、自身利润又非常微薄的情况下，A公司逆市收购股权事件引发质疑。

甲资产评估有限公司称评估过程中，在A公司总部进行了现场调查及资料收集，通过电话、传真、电子邮件、快递等方式对相关评估资料进行核实。甲资产评估有限公司在工作底稿中保存了存货盘点表、存货盘点小结、设备勘查表、设备现场勘查小结、不动产勘查表和勘查小结等相关现场调查工作记录；相应评估报告说明中均记载了“评估人员已对本评估对象于2012年x月x日至202年x月x日期间进行了实地查勘、合理的抽查核实和现状拍照。”评估底稿显示，资产盘点表等均为A公司提供，评估机构获取的存货盘点表、固定重大设备调查表、车辆调查表均由A公司填写完交给评估机构。

甲资产评估有限公司在评估底稿中说明了“现场调查工作受限的处理”，说明需要评估的标的资产太多，时间太紧，所以现场调查工作受限导致现场调查工作不足。

【问题1】根据此案例资料，从业务承接管理方面分析该评估案例存在的问题。

【问题2】根据此案例资料，从现场调查方面分析该评估案例存在的问题。

【问题3】评估底稿中关于现场调查工作受限的说法是否合理，并说明理由以及甲评估事务所应该如何应对底稿中的评估受限事项。合理的评估受限业务应该如何处理？

同步强化训练题参考答案及解析

一、单项选择题

1.【答案】C

【解析】资产评估委托合同应当由资产评估机构的法定代表人（或执行合伙事务合伙人）签名并加盖资产评估机构印章。在资产评估实务中，评估机构可以对授权内部人员和分支机构签署委托合同的情形，通过内部管理制度加以规范。选项C错误。

2.【答案】C

【解析】如果无法采用替代程序对评估对象进行现场调查，或者即使履行替代程序，也无法消除原定程序受限对评估结论产生重大影响的事实，或者无法判断其影响程度，评估机构应当终止执行评估业务，而不应该与委托方协商更改评估基准日重新进行评估，所以C选项当选。

3.【答案】D

【解析】由于资产评估机构及评估专业人员无法左右委托人经济行为的进程，也没有承担保证经济行为按期实现的义务，因此评估服务费的支付不应当与委托人经济行为是否完成相联系。所以D是正确答案。

4.【答案】C

【解析】资产评估计划一般在项目正式开展前编制，项目正式实施工作包括现场调查、收集整理评估资料、评定估算和编制出具评估报告等，所以选项C的描述不准确。

5.【答案】A

【解析】评估资料涉及的财务会计信息包括财务报表及附注、会计凭证、会计账簿及其他财务会计资料。询价资料属于其他评估资料，本题选A。

6.【答案】D

【解析】为明确责任，避免日后产生纠纷，应当由委托人（或经其授权被评估资产产权持有人或被评估企业）就具体评估对象所对应的评估范围明细清单进行确认，C选项说法无误。

资产评估基本事项需要评估主体与委托人共同明确，D项当选。

7.【答案】B

【解析】资产评估机构分析与评价的业务风险有以下来源：来自委托人与产权持有人的风险、来自评估对象的风险、来自资产评估报告使用的风险。A项属于来自资产评估报告使用的风险，C项和D项属于来自评估对象的风险，因此本题选B。

8.【答案】C

【解析】资产评估机构和评估专业人员主要通过关联关系筛查、申报、核查等方式，了解可能影响独立性的情形，判断是否存在明显或潜在的利益冲突、现实或潜在的利益关系。关联关系筛查、申报、核查包括：（1）对评估机构和评估专业人员已执行的业务进行筛查。（2）评估机构通过安排评估专业人员填写项目独立性调查表等方式，使评估专业人员对是否存在经济利益关联、人员关联、业务关联等情况向评估机构进行申报。（3）评估机构对评估专业人员申报的关联情况进行适当核查。本题选C。

9.【答案】A

【解析】对评估资料进行核查验证的方式：观察、询问、书面审查、实地调查、查询、函证、复核等。评估人员应根据各类资料的特点，合理地确定核查验证的方式。

10.【答案】B

【解析】资产评估委托合同应当由资产评估机构的法定代表人（或执行合伙事务合伙人）签名并加盖资产评估机构印章。评估实务中，评估机构可以对授权内部人员和分支机构签署委托合同的情形，通过内部管理制度加以规范。选项B错误。

11.【答案】B

【解析】资产评估机构和评估专业人员在明确评估业务基本事项的基础上，对自身专业能力、独立性和业务风险进行综合分析与评价，决定是否受理资产评估业务。选项B错误。

12.【答案】C

【解析】当无法履行现场调查程序时，资产评估专业人员应当重点考虑以下因素，判断是否继续执行或中止评估业务：一是所受限制是否对评估结论造成重大影响或者无法判断其影响程度；二是能否采取必要措施弥补不能实施调查程序的缺失。

13.【答案】A

【解析】资产评估的评估时点原则要求资产评估必须有评估基准日，而且评估值就是评估基准日的资产价值。

14.【答案】D

【解析】在资产评估机构明确资产评估业务基本事项并受理评估业务后，资产评估专业人员就可以编制资产评估计划。

15.【答案】D

【解析】评估基准日确定下来后，应当作为委托条件之一，反映在资产评估委托合同中。

16.【答案】C

【解析】资产评估委托合同内容包括：（1）资产评估机构和委托人的名称、住所、联系人及联系方式。（2）评估目的。资产评估委托合同载明的评估目的应当表述明确、清晰。（3）评估对象和评估范围。（4）评估基准日。（5）资产评估报告使用范围，包括资产评估报告使用人、用途、评估结论的使用时效及报告的摘抄引用或披露。（6）资产评估报告提交期限和方式。（7）评估服务费总额或支付标准、计价货币种类、支付时间和方式，并明确资产评估服务费未包括的与资产评估服务相关的其他费用的内容及承担方式。（8）资产评估机构和委托人的其他权利和义务。（9）签约各方的违约责任、合同履行过程中产生争议时解决的方式和地点。（10）合同当事人签字或者盖章的时间。（11）合同当事人签字或者盖章的地点。

17.【答案】B

【解析】选项 A、D属于业务风险分析，选项 C属于专业能力分析。

18.【答案】D

国有资产评估项目的核准（备案）通常实行专家评审制度，由国有资产管理部门组织专家对资产评估报告进行评审。审核主要包括以下内容：资产评估所涉及的经济行为批准情况；评估基准日的选择是否适当，评估基准日的选择是否符合有关评估准则的规定要求；资产评估范围与经济行为批准文件确定的资产范围是否一致；评估方法运用的合理性和评估依据的适当性；企业是否就所提供的资产权属证明文件、财务会计资料及生产经营管理资料的真实性、合法性和完整性作出承诺；评估程序是否符合相关评估准则的规定；评估报告是否符合相关准则的规定和要求。所以正确答案为 D。

19.【答案】D

【解析】资产评估机构及评估专业人员提交正式评估报告前，可以在不影响对最终评估结论进行独立判断的前提下，与委托人或者委托人许可的相关当事人就评估报告有关内容进行必要沟通。资产评估机构及评估专业人员与委托人或者相关当事人进行必要的沟通，既有助于了解委托人或者相关当事人对评估结论的反馈意见，也有助于委托人或者相关当事人合理理解评估结论，正确使用评估报告。所以 D选项不正确。

20.【答案】D

【解析】现场调查的存在状态是指资产以何种条件和状态存在，现场调查存在性是资产是否真实存在，所以 A 项、B 项错误。评估专业人员合适核实资产的完整性时，既要关注资产物理意义上的完整性，也要关注资产功能上的完整性，C 项错误，本题选 D。

二、多项选择题

1.【答案】ACE

【解析】资产评估专业人员采用询问、书面审查以及复核等方式对其他专业机构提供的专业报告进行核查，因此，选项 D错误。资产评估专业人员采用书面审查、查询、复核等方式对被评估单位涉及诉讼、仲裁的资料进行核查，应当查阅被评估单位出具的有关诉讼、仲裁事项声明书，并与公告或者网站披露的信息进行核对，以了解被评估单位诉讼、仲裁事项发生的背景、涉及的金额以及可能对评估结论产生的影响。因此，选项 B错误。

2.【答案】BDE

【解析】依据《资产评估法》，财政部制定发布了《资产评估基本准则》，明确规定资产评估机构及其资产评估专业人员开展资产评估业务，需要履行八大基本评估程序，即明确业务基本事项、订立业务委托合同、编制资产评估计划、进行评估现场调查、收集整理评估资料、评定估算形成结论、编制出具评估报告、整理归集评估档案。以上基本评估程序中，前三项程序是项目承接阶段和项目组织阶段需要履行的工作。从第四项程序开始，评估项目进入实施阶段，第八项程序是对已经履行的各项工作内容的归纳整理。

3.【答案】ABCE

【解析】如果委托人或者评估报告使用人违反法律规定使用评估报告，或者不按照评估报告载明的使用范围使用评估报告，例如不按评估目的和用途使用或者超过有效期使用评估报告等，所产生的不利后果评估机构和评估专业人员不承担责任；所以ABCE为正确答案。

4.【答案】ABDE

【解析】资产评估专业人员采用询问、书面审查以及复核等方式对其他专业机构提供的专业报告进行核查，应当了解专业机构的业务范围、执业资质以及独立性，检查专业报告出具的时效性。分析是否满足资产评估业务的需要；所以ABDE为正确答案。

5.【答案】ABDE

【解析】资产评估项目的执行是一个复杂、动态的过程，如果原编制的评估计划不能适应项目要求，资产评估机构应当对评估计划进行必要的调整。调整计划时，往往涉及对评估专业人员进行调整、对部分评估工作作出重新安排，对评估技术方案进行修正等，A、B、D项正确。对评估范围作出的调整属于由于委托人经济行为涉及的评估对象、评估范围、评估基准日发生变化而导致的评估计划的调整，E项也正确。

6.【答案】ABC

【解析】评估资料按照其来源，划分为直接从市场等渠道独立获取的资料、从政府部门、司法机关及各类专业机构和其他组织获取的资料以及从委托人、产权持有人等相关当事人处获取的资料，A、B、C项当选。权属证明资料和其他评估资料是按照内容划分的评估资料类型。

7.【答案】ABE

【解析】对资产评估报告审核的主要内容：

（1）评估程序的履行情况；

（2）评估资料的完整性、客观性和适时性；

（3）评估方法、评估技术思路的合理性；

（4）评估目的、价值类型、评估假设、评估参数以及评估结论在性质和逻辑上的一致性；

（5）计算公式及计算过程的正确性；

（6）技术参数选取的合理性；

（7）计算表格之间链接关系的正确性；

（8）采用多种方法进行评估时，对各种评估方法所依据的假设、前提、数据、参数进行审核，并对不同评估方法结论的合理性以及差异合理性进行审核；

（9）最终评估结论的合理性；

（10）评估报告的合规性。

因此A、B、E项当选。重大问题的处理是否适当是质量控制部门（岗位）等审核的主要内容，C项错误。委托人和其他相关当事人的沟通情况不属于评估报告内部审核的内容，D项也错误。

8.【答案】BCDE

【解析】评估专业人员引用单项资产评估报告还应关注以下事项：

（1）拟引用单项资产评估报告的性质、评估目的、评估基准日、评估对象、评估依据、参数选取、假设前提、使用限制等是否满足资产评估报告的引用要求；不满足资产评估报告引用要求的，不得引用。

（2）分析拟引用单项资产评估报告载明的评估结论，判断其对应的资产类型与资产评估的资产类型的一致性；分析是否存在相关负债，并予以恰当处理。对于账面无记录的单项资产，应当考虑引用或者确认的资产类型是否符合相关规定；分析是否存在相关负债，并予以恰当处理。

（3）拟引用单项资产评估报告的相关备案审核文件资料，分析其可能对拟引用单项资产评估报告评估结论产生的影响。

（4）对所引用单项资产评估报告的评估结论与账面价值的变动情况进行客观分析，不得发表超出自身执业能力和范围的评论意见。

（5）关注所引用单项资产评估报告披露的特殊事项说明，判断其是否可以引用及其对资产评估结论的影响。

（6）将所引用单项资产评估报告作为工作底稿。

9.【答案】BCDE

【解析】依据资产评估基本准则，资产评估机构及其资产评估专业人员开展资产评估业务，需要履行八大基本评估程序：明确业务基本事项、订立业务委托合同、编制资产评估计划、进行评估现场调查、收集整理评估资料、评定估算形成结论、编制出具评估报告、整理归集评估档案。以上基本评估程序中，前三项程序是项目承接阶段和项目组织阶段需要履行的工作，从第四项程序开始，评估项目进入实施阶段，包括现场调查、收集整理评估资料、评定估算和编制出具评估报告等，第八项程序是对已经履行的各项工作内容的归纳整理，包括评估工作底稿的整理和档案建立等工作。所以选BCDE。

10.【答案】AC

【解析】AC选项正确。需要注意的是，有些内容不能在委托合同中约定，不可约定对应纳入评估范围的资产不进行评估；不可约定不履行现场调查等必要的评估程序；也不可约定随意指定（或舍弃适用的）评估方法、指定评估结果等，避免评估委托合同成为资产评估机构不遵循评估法规的依据。

11.【答案】DE

【解析】明确资产评估业务基本事项之后，是否承接评估业务，资产评估机构和评估专业人员的专业能力、独立性、业务风险进行评价，决定是否承接相关业务，并在决定承接的情况下，为洽商签订资产评估委托合同做好准备。所以，应该选 DE。虽然明确业务基本事项是判断是否承接业务的基础，但是是否承接业务的因素是基于明确业务基本事项后需要考虑的问题。

12.【答案】ABDE

【解析】资产评估机构可以在洽商、签订资产评估委托合同时依法要求体现相关约定：（1）委托人和相关当事人如果拒绝提供或者不如实提供开展资产评估业务所需的权属证明、财务会计信息或其他相关资料的，资产评估机构有权拒绝履行资产评估委托合同。（2）委托人要求出具虚假资产评估报告或者有其他非法干预评估结论情形的，资产评估机构有权单方解除合同。所以 ABDE正确。评估受限不一定导致评估业务无法完成。所以 C不正确。

13.【答案】ABCD

【解析】现场调查的手段包括询问、访谈、核对、监盘、勘查等。

14.【答案】BDE

【解析】BDE三项程序是项目承接阶段和项目组织阶段需要履行的工作，即进入实施阶段前需要做的工作。

15.【答案】ACE

【解析】明确基本事项时，明确委托人等其他评估报告使用者具体是指：（1）明确委托人及产权持有人的基本情况；（2）明确评估报告使用人；（3）了解委托人与相关当事人之间的关系。

16.【答案】ABCE

【解析】资产评估的业务风险从来源角度可以划分为来自委托人和产权持有人的风险、来自评估目的的风险、来自评估对象的风险、来自资产评估报告使用的风险等。因此，选项 ABCE正确

17.【答案】BCD

【解析】编制资产评估计划时，应当考虑以下因素：

（1）资产评估目的以及相关管理部门对资产评估开展过程中的管理规定。

（2）评估业务风险、评估项目的规模和复杂程度。

（3）评估对象及其法律、经济、技术、物理等因素。

（4）评估项目所涉及资产的结构、类别、数量及分布状况。

（5）委托人及相关当事人的配合程度。

（6）相关资料收集状况。

（7）委托人、评估对象产权持有人（或被评估单位）过去委托资产评估的情况、诚信状况及其提供资料的可靠性、完整性和相关性。

（8）资产评估专业人员的专业能力、经验及人员配备情况。

（9）与其他中介机构的合作、配合情况。

因此，选项BCD正确。

18.【答案】ABD

【解析】资产评估专业人员在编制资产评估计划的过程中，应当同委托人及相关当事人就相关问题进行沟通，以保证资产评估计划的可操作性。所以选项C的说法不正确。

19.【答案】ABC

【解析】评估资料按照其来源，划分为直接从市场等渠道独立获取的资料、从政府部门、司法机关及各类专业机构和其他组织获取的资料以及从委托人、产权持有人等相关当事人处获取的资料，A、B、C项当选。权属证明资料和其他评估资料是按照内容划分的评估资料类型。

20.【答案】ABE

【解析】对资产评估报告审核的主要内容：

（1）评估程序的履行情况；

（2）评估资料的完整性、客观性和适时性；

（3）评估方法、评估技术思路的合理性；

（4）评估目的、价值类型、评估假设、评估参数以及评估结论在性质和逻辑上的一致性；

（5）计算公式及计算过程的正确性；

（6）技术参数选取的合理性；

（7）计算表格之间链接关系的正确性；

（8）采用多种方法进行评估时，对各种评估方法所依据的假设、前提、数据、参数进行审核，并对不同评估方法结论的合理性以及差异合理性进行审核；

（9）最终评估结论的合理性；

（10）评估报告的合规性。

因此A、B、E项当选。重大问题的处理是否适当是质量控制部门（岗位）等审核的主要内容，C项错误。委托人和其他相关当事人的沟通情况不属于评估报告内部审核的内容，D项也错误。

二、综合题

【答案】问题1.甲资产评估有限公司于2012年3月14日开始评估工作，仅用了4个月的时间出具了48份评估报告。在标的公司出现大比例亏损的情况下，总体评估增值仍达到50%，可谓疑点重重。评估机构未能充分考虑业务承接风险，为了满足评估业务的时间要求，牺牲执业质量，出具不实报告。评估机构应高度重视业务承接管理，把控执业风险。

A公司2012年3月12日与甲评估事务所洽谈，甲资产评估有限公司于2012年3月14日签署协议并开始评估工作。显然没有做必要的业务承接风险的评价。而且最后评估底稿中说明时间短，限制了现场调查，也说明承接业务的不合理。

《资产评估执业准则—资产评估程序》规定，资产评估机构应当对专业能力、独立性和业务风险进行综合分析和评价。受理资产评估业务应当满足专业能力、独立性和业务风险控制要求，否则不得受理。

《资产评估机构业务质量控制指南》要求“在订立资产评估委托合同之前，资产评枯机构应当通过考虑与资产评估业务有关的要求、风险、胜任能力等因素，正确理解拟委托内容，初步识别和评价风险，以确定是否受理评估业务”，实际上是进一步提醒评估机构谨慎确定是否受理评估业务。

在实务中，评估机构应在对业务风险及自身风险进行评估的基础上进一步考虑是否承接业务。

问题2.《资产评估法》规定，评估专业人员应当根据评估业务具体情况，对评估对象进行现场调查，收集权属证明、财务会计信息和其他资料并进行核查验证、分析整理，作为评估的依据。

《资产评估基本准则》规定，执行资产评估业务，应当对评估对象进行现场调查，获取资产评估业务需要的资料，了解评估对象现状，关注评估对象法律权属。

《资产评估执业准则—资产评估程序》规定，执行资产评估业务，因法律法规规定、客观条件限制，无法或者不能完全履行资产评估基本程序，经采取措施弥补程序缺失，且未对评估结论产生重大影响时，资产评估机构及其资产评估专业人员可以继续开展业务，对评估结论产生重大影响的，不得出具资产评估报告。

评估实践中，评估人员应当对评估范围内的重要资产和负债，通过询问、函证、核对、监盘、勘查、检查等方式进行必要的调查，了解其经济、技术和法律权属状况，及其对评估对象价值的影响。然而，在本案例中，评估人员并没有对48家标的公司进行实地勘查，仅仅通过电话、传真、电子邮件、快递等方式加以了解。评估机构获取的存货盘点表、固定资产盘点表等均为被评估单位提供，重大设备调查表、车辆调查表均由被评估单位填写完交给评估机构。评估机构在工作底稿中虚假记载了现场调查的有关情况。

问题3.（1）不合理，因为不属于合理的调查受限的范围

因资产自身原因无法进行勘查的情形通常有：

①受法律法规限制的情形

例如，属于军工企业涉密资产等涉及国家秘密的资产，因《保守国家秘密法》等涉密管理法律法规的要求，可能会对评估开展现场调查的人员，以及能够调查的范围、内容和方式等存在限制。属于此类受限的一种情形。

②受资产特殊性能或其置放地点限制的情形

例如，地下深埋的管线、养殖的水产、海上航行的船舶、生产过程中的在产品、异地置放的资产、分散分布的资产、置放在危险地带的资产等，属于此类受限情形。

③受调查技术手段限制的情形

例如，空中架设输配电线路的长度和材质、输油管道中的存货、鉴定环境危害性和合规性、建筑结构强度测定、建筑面积测量、房屋建筑物沉降测试、白蚁蚁害检测、危房鉴定等事项，属于此类受限情形。

④受委托人或者其他相关当事人等方面限制的情形

此类受限情形通常是由于相关当事人不配合导致资产评估专业人员不能进人现场工作，或者不提供进行现场调查所需要的资料等。例如，涉及非控股股东(尤其是少数股东)的评估项目控股股东不配合资产评估专业人员履行现场调查程序，金融不良资产处置、司法纠纷所涉资产等评估业务中债务(或担保人)以及涉案资产产权持有人等不配合资产评估专业人员履行现场调查程序。

（2）因为评估时间紧张导致不能够现场调查，不属于评估受限的内容，评估事务所应该拒绝评估，因为时间不足以支撑合理评估的评估业务。

（3）①现场调查工作受限的处理重点考虑评估结论的影响程度和替代程序，判断是否继续执行或中止评估业务

②下列情形之一应当终止执行评估业务

Ⅰ.无法采用替代措施对评估对象进行现场调查；Ⅱ.即使履行替代程序，也无法消除其对评估结论产生重大影响的事实；Ⅲ.无法判断其影响程度。

③同时满足下列条件可继续执行评估业务：Ⅰ.实施替代程序；Ⅱ.受限事项并不会导致评估结论产生重大影响。

④资产评估专业人员应当在工作底稿中予以说明，分析其对评估结论的影响程度，并在资产评估报告中以恰当方式说明所受限制情况、所采取的替代程序的合理性及其对评估结论合理性的影响。

第六章
资产评估方法

本章考情分析

本章可以考选择题和综合题，分值一般在 20 分左右，主要考各种评估方法的使用前提、公式运用。

重要考点（★★★）：

（1）市场法：概念、应用前提、可比因素、具体评估方法的应用；

（2）收益法：概念、应用前提、客观收益与实际收益的区别、折现率的确定、具体情形的公式及应用；

（3）成本法：概念、应用前提、重置成本、实体性贬值、功能性贬值和经济性贬值估算方法及应用；

（4）评估方法的选择：恰当选择资产评估方法的要求和内容。

一般考点（★）：

（1）市场法、收益法和成本法的适用范围、局限

【说明】本章要求大家很好地理解、灵活地运用货币时间价值。所有的公式不要死记硬背。

2022 年本章教材变化

第一节 市场法

新增市场法理论基础，删除市场法原理；（优化改写价值比率法的内容，“可比参照物与可比标准的确定”增加④资本结构相同或相似，勘误“表 6–1 价值比例类型”的内容。勘误“可比对象与被评估企业的税收政策不一致，偏向于采用与扣税后收益相关的指标”，之前教材写的是税前口径。

第二节 收益法

“收益法的概念”调整为“收益法的概念及基本理论公式”，大幅度增加了收益法原理的解释，增加了股利、股权现金流量以及企业现金流量的公式。大幅度调整增加资产预期收益的类型，“净利润、净现金流量和利润总额”改为“计量口径指标（3 种）、投资口径指标（2 种）、是否扣税（2 种）”。折现率给出根据基本理论公式的推导计算式子，并将折现率是一种“期望投资报酬率”调整为“投资回报率”，估算折现率的方法资本资产定价模型公式调整，增加“企业特有风险调整系数”，删除“市场法”。

第三节成本法

优化调整了经济性贬值的含义及形成愿因。

本章知识点解读与练习

【知识点1】市场法基本概念介绍（★★★）

一、知识点精讲

（一）市场法的含义、理论依据、应用前提及步骤

定义	市场法也称比较法、市场比较法，是指通过将评估对象与可比参照物进行比较，以可比参照物的市场价格为基础确定评估对象价值的评估方法的总称。 市场法是一种相对估值方法，其理论基础是在市场公开、交易活跃情况下，相同或相似资产的价值也是相同或相似的。 市场法包括多种具体方法。例如，企业价值评估中的交易案例比较法和上市公司比较法，单项资产评估中的直接比较法和间接比较法等
应用前提	1.评估对象的可比参照物具有公开的市场，以及活跃的交易 公开市场是一个充分竞争的市场，市场上有自愿的买者和卖者，在交易信息充分交换，或者交易信息公开的前提下，有相对充裕的时间，买卖双方进行平等交易，排除了个别交易的偶然性，市场成交价格基本上可以反映市场行情。 在公开市场中的交易行为越活跃，与评估对象相同或相类似的资产价格越容易获得，按市场行情估测评估对象价值，评估结果会更贴近市场，更容易被资产交易各方接受。 2.有关交易的必要信息可以获得
基本步骤	1.选择参照物（关键是可比性）； 2.在评估对象与参照物之间选择比较因素； 3.指标对比和量化差异； 4.分析确定已经量化的对比指标之间的差异； 5.综合分析确定评估结果。 （1）最终的评估值主要取决于评估人员对参照物的把握和对评估对象的认识。 （2）如果参照物与评估对象可比性都很好，评估过程中没有明显的遗漏或疏忽，评估人员可以采用算术平均法或加权平均法等方法将初步结果转换成最终评估结果

（二）市场法的可比因素

1.运用市场法评估单项资产

资产的功能	在社会需要的前提下，资产的功能越好，其价值越高，反之亦然
资产的实体特征和质量	资产的实体特征主要是指资产的外观、结构、役龄和规格型号等。 资产的质量主要是指资产本身的建造或制造工艺水平以及使用状态
市场条件及供求关系	市场条件包含宏观的经济政策、金融政策、行业经济状况、产品竞争情况等
交易条件	交易条件主要包括交易批量、交易动机、交易时间等
其他可比因素	如房地产评估中的区位因素，机器设备评估中的制造厂家、规格型号等

2.运用市场法评估企业价值（重点考虑参照公司的可比性，主要两个标准）

行业（业务）标准	（1）处于同一行业（业务）的企业具有一定的可比性。 （2）在确认被评估企业所属行业时，评估人员可以参考国民经济行业分类、证监会的上市公司行业分类、国际通用的标准行业代码等。 （3）在依照行业（业务）标准时，评估人员应当尽量选取与被评估企业在主营业务收入结构、利润结构、经营模式等方面相似的参照物
财务标准	评估专业人员需要通过必要的分析从业务类型及资本构成、财务指标等方面进行比较，以此体现被评估企业和可比案例之间的风险和成长差异

除此之外，评估专业人员还应当考虑股权评估交易的背景、交易日期、交易价格、收购股权的比重、影响交易价格的其他重要交易条款等。

二、选编例题

【例 1. 多选题】市场法应用前提包括（　　）。

A. 评估对象的可比参照物具有公开的市场，以及活跃的交易

B. 公开市场上要有可比的资产

C. 市场供求关系稳定

D. 有关交易的必要信息可以获得

【例 2. 多选题】以下属于市场法中，单项资产可比因素的有（　　）。

A. 市场条件及供求关系

B. 交易条件

C. 资产的实体特征和质量

D. 资产的功能

E. 自建资产的成本是否存在不合理的成本

知识点 1 选编例题答案

1.【答案】ABD

【解析】市场法应用前提包括：（1）评估对象的可比参照物具有公开的市场，以及活跃的交易；（2）有关交易的必要信息可以获得。

2.【答案】ABCD

【解析】本题考查市场法的可比因素的内容；ABCD都属于单项资产的可比因素。E是成本法需要考虑的因素。

【知识点 2】市场法具体评估方法（★★★）

一、知识点精讲

（一）按照参照物与评估对象的相近似程度，市场法可分为两大类

市场法	直接比较法	以选定的具体参照物为基础
	间接比较法	无具体参照物，利用资产的国家标准、行业标准或市场标准（标准可以是综合标准，也可以是分项标准）作为参照基准

（二）直接比较法概述

基本原理	利用参照物的交易价格，以评估对象的某一或者若干特征与参照物的同一及若干基本特征进行比较，得到两者的特征修正系数或特征差额，在参照物交易价格的基础上进行修正从而得到评估对象价值的方法
适用条件	对可比性要求比较高，参照物与评估对象之间达到相同或者基本相同的程度，或者二者的差异主要体现在某一或多个明显的因素上
基本计算公式	情形 1.如果参照物与被评估对象可比因素完全一致 评估对象价值＝参照物合理成交价格
	情形 2.参照物与被评估对象只有一个可比因素不一致 认为参照物和评估对象的价值之间受某一特征（或者因素）的影响，而且成正比关系 评估值＝参照物成交价格×修正系数 $\frac{评估对象价值}{参照物成交价格}=\frac{评估对象可比因素特征值}{参照物可比因素特征值}$

续表

<table>
<tr><td rowspan="2">基本计算公式</td><td>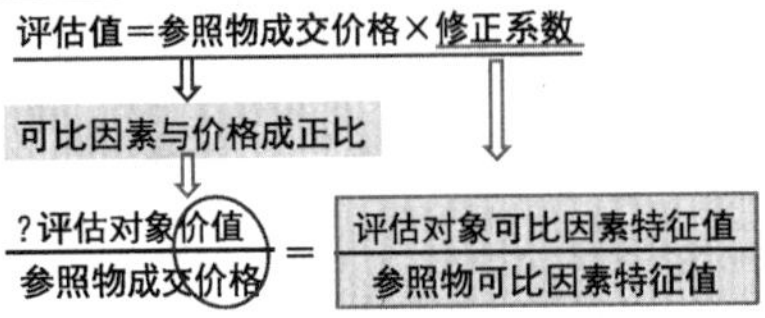
</td></tr>
<tr><td>情形 3.参照物与被评估对象有 n个可比因素不一致
1.方法一：评估值＝参照物价格 ×修正系数 1×……×修正系数 n
2.方法二：评估对象价值＝参照物成交价格 ±基本特征差额 1±基本特征差额 2±……±基本特征差额 n</td></tr>
<tr><td>特点</td><td>1.直接比较法具有适用性强、应用广泛的特点；
2.比较直观、简单明了；
3.强调参照对象与被评估资产之间的可比性；
4.对信息资料的数量和质量要求较高；
5.要求评估人员要有较丰富的评估经验、市场阅历和评估技巧</td></tr>
</table>

（三）常见直接比较法的种类

1.现行市价法

适用条件	当评估对象本身具有现行市场价格或与评估对象基本相同的参照物具有现行市场价格的时候，可以直接利用评估对象或参照物在评估基准日的现行市场价格作为评估对象的评估价值
需要注意的内容	评估对象或参照物在评估基准日的现行市场价格与评估对象的价值内涵相同

2.市价折扣法

定义	以参照物成交价格为基础，考虑到评估对象在销售条件、销售时限或销售数量等方面的差异，设定一个价格折扣率来估算评估对象价值的方法。
计算公式	资产评估价值＝参照物成交价格 ×（1－价格折扣率）
适用对象	与参照物之间仅存在交易条件方面差异的情形

3.功能价值类比法（亦称类比估价法）

<table>
<tr><td>含义</td><td>考虑参照物与评估对象之间的功能差异进行调整来估算评估对象价值的方法。</td></tr>
<tr><td>分类</td><td>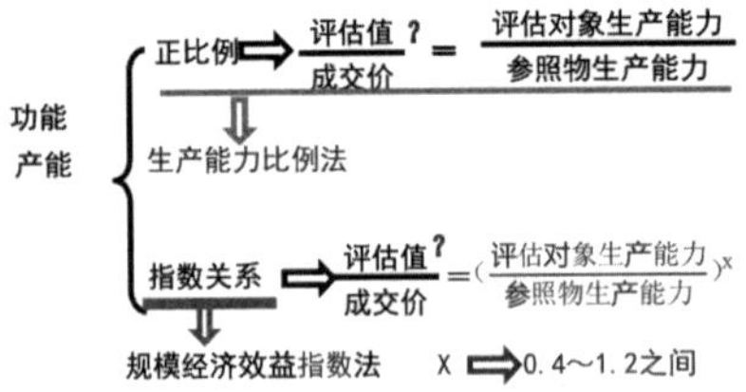
</td></tr>
</table>

4.价格指数法

（1）定义

基于参照物的成交时间与评估对象的评估基准日之间的时间间隔引起的价格变动对资产价值的影响，以参照物成交价格为基础，利用物价变动指数（价格指数）调整参照物成交价从而得到评估对象价值的方法。

（2）价格指数的各种表述方法

①定基价格指数与定基价格变动指数

年份	该类设备实际均价	定基价格指数＝当年实际物价 /基年物价	定基价格变动指数＝（当年实际物价 –基年物价）/基年物价
2009（基年）	50	100%	

续表

年份	该类设备实际均价	定基价格指数 =当年实际物价/基年物价	定基价格变动指数 =（当年实际物价-基年物价）/基年物价
2010	51.5	103%= 51.5/50 × 100%	3%=（51.5−50）/50 × 100%
2011	53	106%= 53/50 × 100%	6%=（53−50）/50 × 100%
2012	54	108%= 54/50 × 100%	8%=（54−50）/50 × 100%
2013	55	110%= 55/50 × 100%	10%=（55−50）/50 × 100%
2014	56	112%= 56/50 × 100%	12%=（56−50）/50 × 100%
2015	57.5	115%= 57.5/50 × 100%	15%=（57.5−50）/50 × 100%

定基价格变动指数与定基价格指数的关系

定基价格指数= 1 +定基价格变动指数

②价格指数与价格变动指数

$$价格指数=\frac{评估基准日的定基价格指数}{参照物交易日的定基价格指数}$$

$$2014年相对2011年的价格指数=\frac{2014年的定基价格指数}{2011年的定基价格指数}=\frac{112}{106}\times100\%=105.66\%$$

价格指数= 1 +价格变动指数

③环比价格指数与环比物价变动指数

$$环比价格指数P_{n-1}^{n}=\frac{本年定基价格指数}{上年定基价格指数}$$

$$环比价格变动指数a_n=\frac{本年定基价格指数-上年定基价格指数}{上年定基价格指数}$$

$$环比价格指数P_{n-1}^{n}=1+环比物价变动指数a$$

④价格指数与环比价格指数

假设参照物成交日是 m年，评估基准日是 $m+n$年，则有：

$$价格指数=\frac{第\ m+n\ 年的定基价格指数}{第\ m\ 年的定基价格指数}$$

$$=P_{m}^{m+1}\times P_{m+1}^{m+2}\times\ldots\ldots\times P_{m+n-2}^{m+n-1}\times P_{m+n-1}^{m+n}$$

$$=(1+a_{m+1})\times(1+a_{m+2})\times\ldots\ldots\times(1+a_{m+n-1})\times(1+a_{m+n})$$

（3）价格指数在评估中的运用

$$\frac{评估价值}{参照物交易价格}=\frac{评估基准日的定基价格指数}{参照物交易日的定基价格指数}（教材公式6\text{-}7a）$$

$$=\frac{1+评估基准日的定基价格变动指数}{1+参照物交易日的定基价格变动指数}（教材公式6\text{-}6a）$$

=价格指数（教材公式 6-7）

=1+价格变动指数（教材公式 6-6）

假设参照物成交日是 m 年，评估基准日是 m+n 年，则有：

$$\frac{评估价值}{参照物交易价格}=P_{m}^{m+1}\times P_{m+1}^{m+2}\times\ldots\ldots\times P_{m+n-2}^{m+n-1}\times P_{m+n-1}^{m+n}（教材公式6\text{-}7b）$$

$$=(1+a_{m+1})\times(1+a_{m+2})\times\ldots\ldots\times(1+a_{m+n-1})\times(1+a_{m+n})（教材公式6\text{-}6b）$$

（4）适用条件

评估对象与参照物之间仅仅有时间因素存在差异的情况，且时间差异不能过长

【说明】解题时，要注意理解题目的表达应该用哪个价格指数表达及公式。比如：【教材例题6–4】运用价格变动指数，公式（6–6）；【教材例题6–5】运用定基价格变动指数，公式（6–6a）；【教材例题6–6】运用环比价格指数，公式（6–7b）

5.成新率价格调整法

原理	参照物的成交价格为基础，考虑参照物与评估对象新旧程度上的差异，通过成新率调整估算出评估对象的价值。
计算公式	被评估资产评估价值＝参照物成交价格 × $\frac{\text{被评估资产成新率}}{\text{参照物成新率}}$ 资产的成新率＝资产的尚可使用年限 /（资产的已使用年限 + 资产的尚可使用年限）× 100%
适用对象	一般只运用于评估对象与参照物之间仅有成新程度差异的情形；也可以作为计算评估对象与参照物成新程度差异调整率和差异调整值的方法。

6.市场售价类比法

含义	以参照物的成交价格为基础，考虑参照物与评估对象在功能、市场条件和销售时间等方面的差异，通过对比分析和量化差异，调整估算出评估对象价值的各种方法。
计算公式	评估值＝参照物售价 + 功能差异 + 时间差异 +…+ 交易情况差异； 评估值＝参照物售价 × 功能差异修正系数 ×…× 时间差异修正系数。
特点	本质上是存在一个以上可比因素不一致，连续采用前述方法 1–5，调整各个不可比因素。

7.价值比率法

（1）含义及分类

含义	指利用参照物的市场交易价格，与其某一经济参数或经济指标相比较形成的价值比率作为乘数或倍数，乘以评估对象的同一经济参数或经济指标，从而得到评估对象价值的一种具体评估方法
根据可比对象分类（用于评估企业价值）	①上市公司比较法 指获取并分析可比上市公司的经营和财务数据，计算适当的价值比率，与被评估企业比较分析，确定评估对象价值的具体方法。 ②交易案例比较法 指获取并分析可比企业的买卖、收购及合并案例资料，计算适当的价值比率，与被评估企业比较分析，确定评估对象价值的具体方法

（2）价值比例的类型

	子类	分母	分子	
			权益价值（P）	企业整体价值（EV）
盈利类	EBITDA价值比率	息税折旧摊销前利润	—	EV/EBITDA
	息税前收益价值比率	息税前利润	—	EV/EBIT
	每股收益价值比率	净利润	P/E（市盈率）	—
	税后现金流量价值比率	净现金流	*P/F*CFE（对股东的现金流）	EV/FCFF（对公司的现金流）
收入类	销售收入价值比率	销售收入	P/Sales（市销率）	EV/Sales
资产类	净资产价值比率、总资产价值比率等	账面价值	P/BV（账面权益价值）——市净率	EV/TBVIC（总资产或有形资产账面值）
其他类	技术人员价值比率、仓储容量价值比率、矿山可开采储量价值比率			

（3）运用价值比例法的关键点（包括4点）

<table>
<tr><td colspan="3">可比对象相关数据信息来源及可靠性</td></tr>
<tr><td>可比对象与可比标准的确定</td><td colspan="2">第一、主营业务的可比标准
①分析可比对象是否可比时，需要从企业生产的产品或提供的服务是否相同、相似，或者企业的产品或服务都受相同的经济因素影响。
②待估企业与可比企业的规模和获利能力是否相似。
③未来成长性时是否相同或相似。
第二、针对股权在全部投资中占比的可比标准，即选择股权价值占比可比（资本结构相同或相似）
当采用股权口径指标进行对比分析时，通常会要求参照物的资本结构要相同或相似，否则被评估企业与参照物之间的股权口径指标可能不具有可比性</td></tr>
<tr><td>可比对象数量选择的把握</td><td colspan="2">①选用上市公司作为可比对象时，得益于数据公开且易得，因此在选取时，灵活性和可选择的范围比较大。评估师需要斟酌可比性，设置较为严格的可比标准，选择最为可比的企业或企业组合。
②在运用交易案例比较法时，可以尽量选择多个可比实例，避免个别企业数据的特殊性</td></tr>
<tr><td rowspan="5">价值比率的选取</td><td>亏损企业</td><td>一般不采用与净利润相关的价值乘数</td></tr>
<tr><td>可比对象与待估企业的资本结构存在较大差异</td><td>不宜选择部分投资口径的价值乘数，如股权投资口径价值比率</td></tr>
<tr><td>轻资产企业</td><td>不宜选择与资产规模相关的价值乘数，应当考虑与收益口径相关的指标</td></tr>
<tr><td>成本和利润较为稳定的企业</td><td>可以采用收益口径的价值乘数进行评估</td></tr>
<tr><td>可比对象与待估企业的税收政策不一致</td><td>偏向于采用与扣税后收益相关的指标</td></tr>
</table>

（4）两种简单的价值比率法

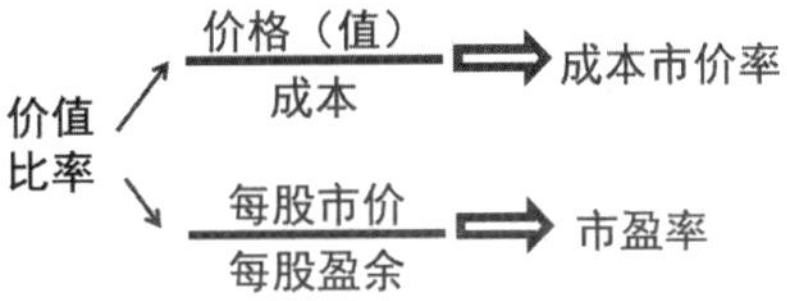

①成本市价法

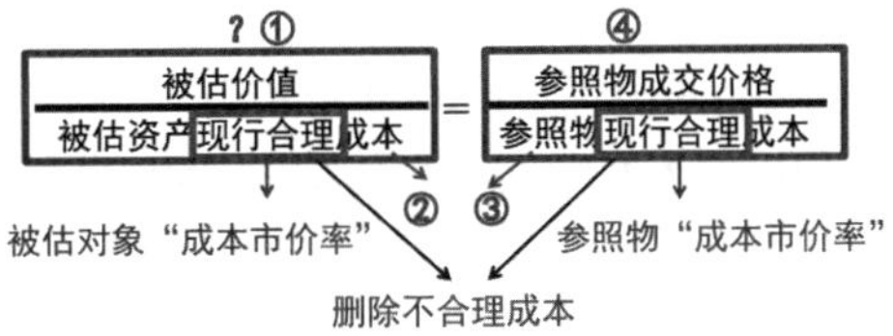

【特别注意】公式中的计算基数是被评估对象的现行合理成本，如果现行成本中有不合理的支出，应该扣除。

②市盈率倍数法（主要适用于企业价值评估）

以参照物（企业）的价值比率（如市盈率）作为乘数（倍数），以此乘数与评估对象的相关的财务指标（如收益额）相乘估算评估对象价值的方法。

$$市盈率=\frac{每股市价\times股数}{每股盈余\times股数}=\frac{市价总额}{净利润}$$

$$\frac{被估对象市价总额}{被估对象净利润}=\frac{参照物市价总额}{参照物的净利润}$$

（四）间接比较法

原理	1.利用资产的国家标准、行业标准或者市场标准（标准可以是综合标准、分项标准）作为标准，分别将评估对象与参照物整体或者分项与其对比打分从而得到评估对象和参照物各自的分值。 2.利用参照物的市场交易价格，以及评估对象的分值与参照物的分值的比值（系数）求得评估对象价值的评估方法
适用条件	不要求参照物与评估对象必须一样或者基本一样。只要求参照物与评估对象在大的方面基本相同或者相似
缺点	由于间接比较法需要利用国家、行业或市场标准，应用起来有较多的局限，在资产评估实践中应用并不广泛

（五）市场法的适用范围与局限

适用范围	1.市场法通常被用于评估具有活跃公开市场且具有可比成交案例的资产。 2.被用来评估企业价值（最常用的是价值比率法）
优点	1.相对来说具有客观性的方法，也比较容易被交易双方所理解和接受。 2.如果不存在资产的成本和效用以及市场对其价值的认知严重偏离的情形下，市场法通常是资产评估三种方法中较为有效、可理解、客观的方法
局限	1.目前我国市场对诸如企业价值等资产的认知和反映仍会受到非理性因素的影响； 2.评估专业人员在使用市场法进行资产评估的过程中就需要特别关注可比案例和被评估资产在风险、收益方面的差异，深刻把握当前市场价格和资产价值之间的差异性，避免用价格取代价值；在充分分析市场认知与价值内在差异性的基础上，合理调整价值乘数等相关因素，得到待估资产的评估价值

二、选编例题

【例 1. 单选题】至评估基准日，被评估设备已使用 3 年，尚可使用 9 年，评估人员在二手设备交易市场上选择一台与被评估设备生产厂家相同、型号相同并已实现交易的设备作为参照物，该参照物已使用 6 年，尚可使用 7 年，交易价格为 25 万元。若不考虑其他因素，以此参照物交易价格得出的被评估设备的参考价值最接近于（　　）万元。

A.29　　B.32　　C.35　　D.38

【例 2. 单选题】用某地区商品房住宅 2017 年 1 月定基价格指数为 100，2017 年 2 月至 8 月的价格指数分别为 108.5、100、95、99、103、110、105，该住宅 2017 年 6 月的价格为 20 000 元/平方米，那么其在 2017 年 8 月的价格应该修正为（　　）。

A.19 800.35　　B.20 200.55　　C.20 388.35　　D.20 500.00

【例 3. 单选题】（2019 真题）评估对象年生产能力为 70 万吨，参照资产的年生产能力为 100 万吨，评估基准日参照资产的市场价值为 8 万元，该类资产的功能价值指数为 0.8，因此确定评估对象的评估价值为（　　）。

A.4.48 万元　　B.4.95 万元　　C.5.60 万元　　D.6.01 万元

知识点 2 选编例题答案

1.【答案】C

【解析】25/（7/13）×9/12 ≈ 35（万元）；本题考查市场法中比率估价法的运用。

2.【答案】C

【解析】本题考查市场法的具体运用；20 000×（105/103）≈ 20 388.35（元/平方米）。

3.【答案】D

【解析】资产评估价值＝参照物成交价格 ×（评估对象生产能力 ÷ 参照物生产能力）^{x}＝ 8×（70/100）$^{0.8}$ ＝ 6. 01（万元），所以 D是正确答案。

【知识点3】货币的时间价值（★★）

一、知识点精讲

（一）货币时间价值的含义及相关概念

1.货币时间价值的含义

货币的时间价值，是指货币经历一定时间的投资和再投资所增加的价值，也称为资金的时间价值。指一定量资金在不同时点上的价值量的差额。

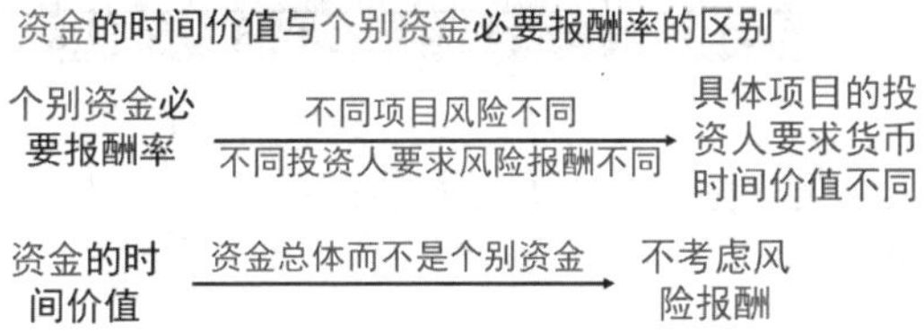

2.相关概念

（1）单利与复利

单利始终基于初始本金计算利息；

复利需要利滚利。

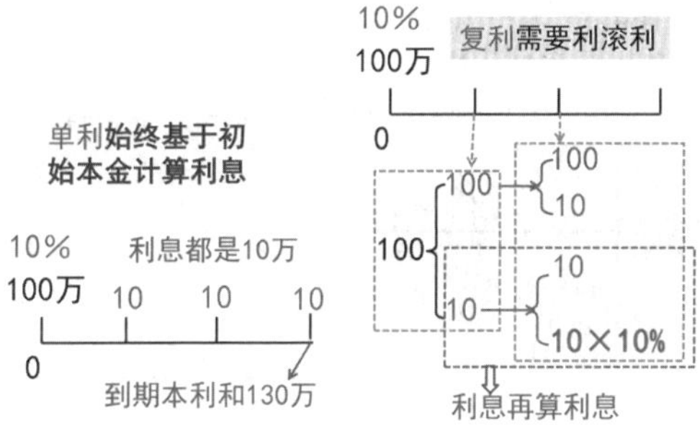

（2）现值与终值

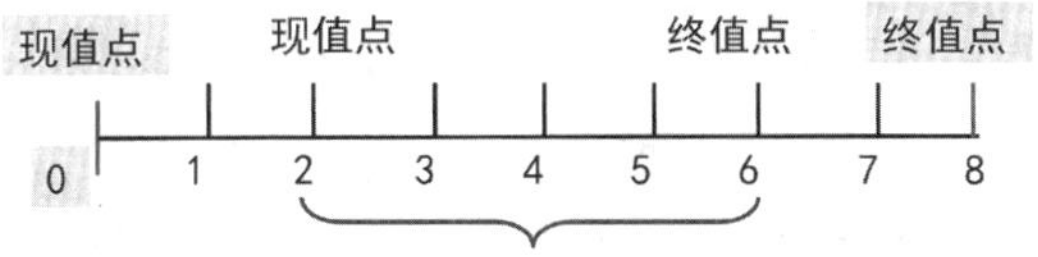

现值的符号记为P，它表示资金在某一时间序列（该时间间隔等长，但是间隔长度可以是年、月、日，除非特别指明，间隔长度为年）起点时的价值。

【注意】：时间起点可以是任意时间点，不一定是月初或者年初。

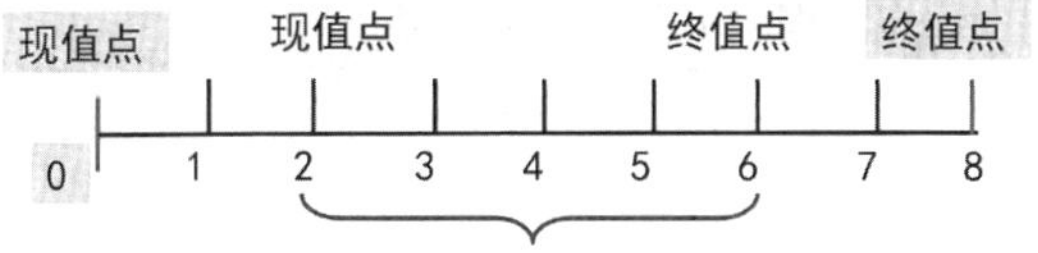

终值的符号为F，它表示资金在某一时间序列（该时间间隔等长，但是间隔长度可以是年、月、日，除非特别指明，间隔长度为年）终点时的价值，故又称将来值。

【注意】：时间终点可以是任意时间点，不一定是月末或者年末。

（3）年金

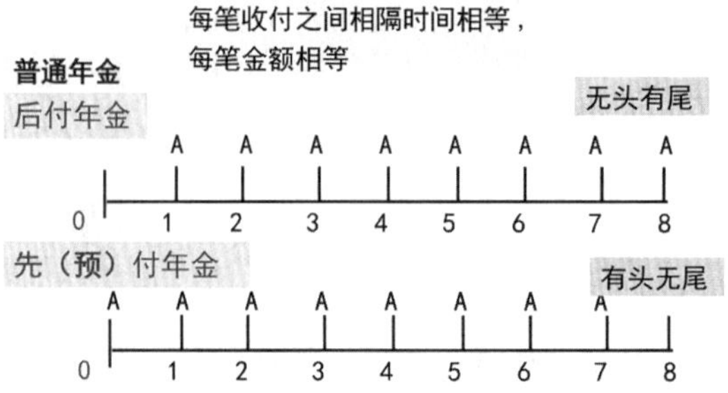

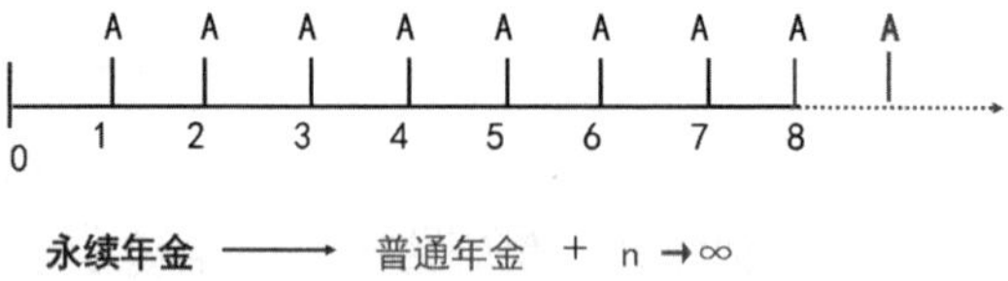

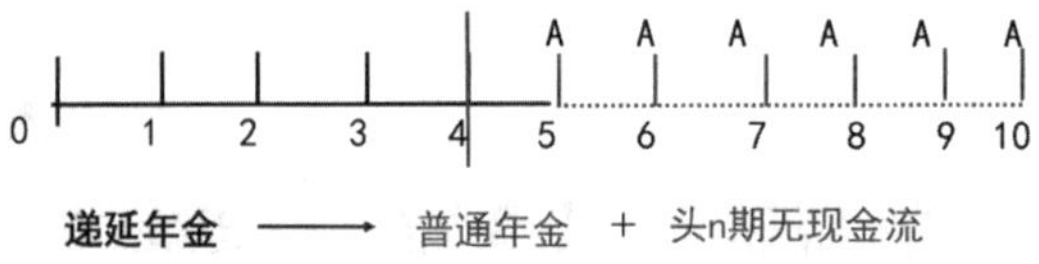

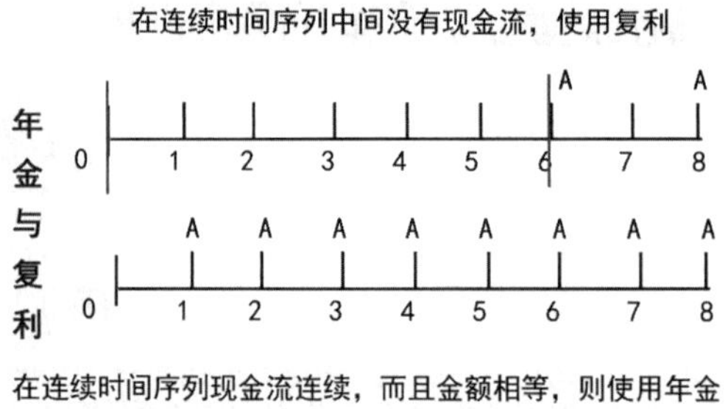

3.现金流量图

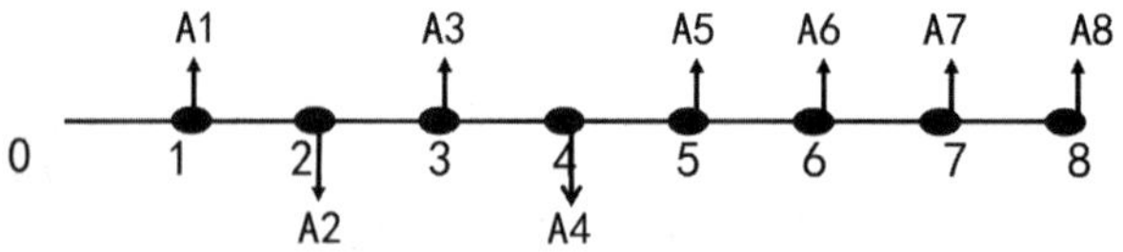

（1）横轴表示一个从0开始到n的时间序列，轴上每一刻度表示一个时间单位，通常以年表示（也可以是半年、季度、月份）。

（2）零点表示时间序列的起点，即第一年初的时间点。

（3）横轴上方的箭头（箭头都向上）表示该年流入的现金量；横轴下面的箭头（箭头都向下）表示该年流出的现金量。

（二）货币时间价值的计算

1.复利的计算

（1）复利终值

已知现值P，计息期利率i，在复利计息的前提下，几期后本金与利息之和F即为复利终值。

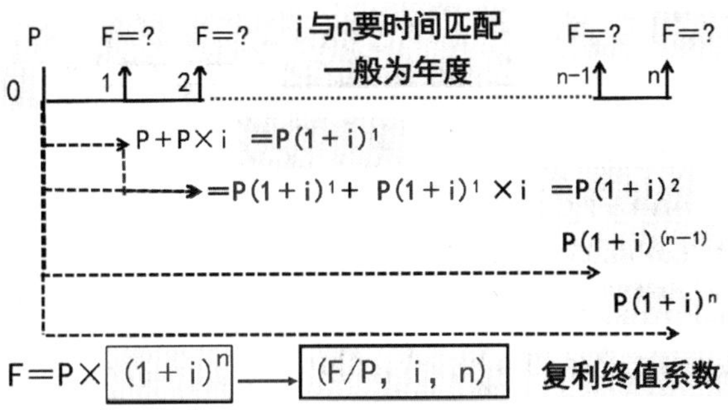

（2）复利现值

已知n年后的终值F，计息期利率i，在复利计息的前提下，求得的现在价值P即为复利现值。

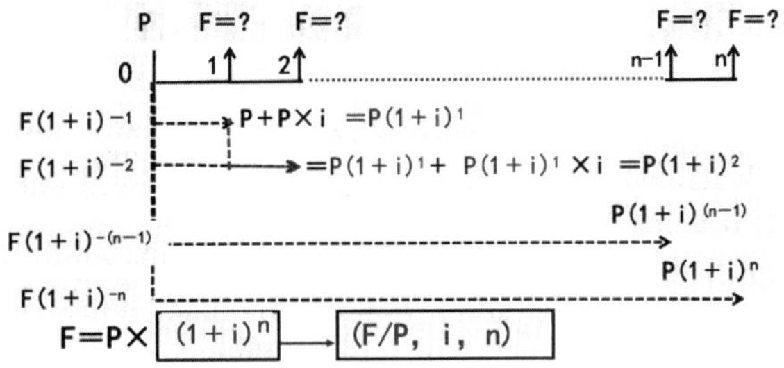

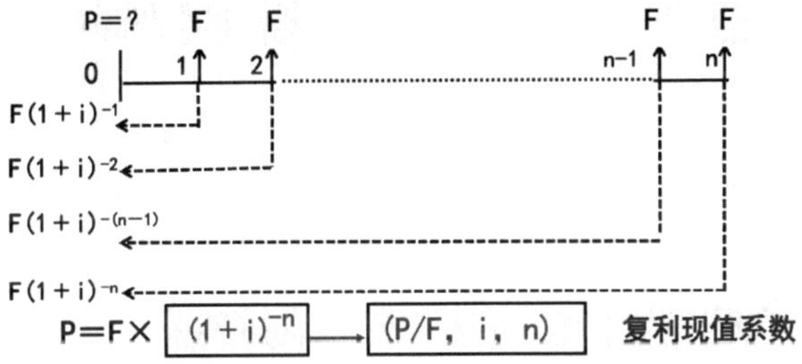

（3）复利现值与复利终值的关系

①复利的终值和现值互为逆运算。

②复利终值系数$(1+i)^n$与复利现值系数$(1+i)^{-n}$互为倒数。

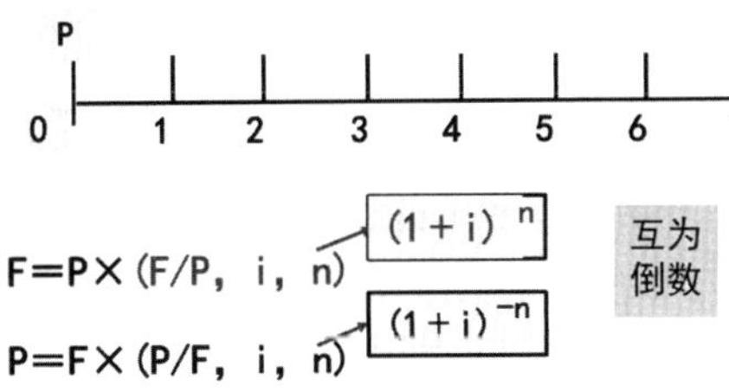

2.年金的计算

（1）现值

①普通年金现值

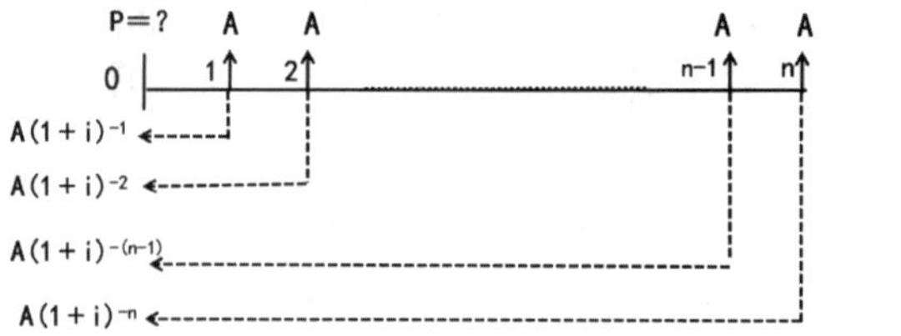

$$P=A(1+i)^{-1}+A(1+i)^{-2}+\cdots\cdots+A(1+i)^{-(n-1)}+A(1+i)^{-n}$$

这是个等比数列，运用等比数列的求和公式，得到：

$$P=A\times\frac{1-(1+i)^{-n}}{i}$$

→ (P/A, i, n) 年金现值系数

特别注意，这个系数直接将n个A都折现了

②永续年金现值（特殊的普通年金）

$$\lim_{n\to+\infty}(P/A,\ i,\ n)=\lim_{n\to+\infty}\frac{1-(1+i)^{-n}}{i}=1/i$$

③预付年金现值

普通年金现值 $\frac{1-(1+i)^{-n}}{i}$ 预付年金的现值各期的A比普通年金现值少折现一期

$$P=A\times(P/A,\ i,\ n)$$

预付年金现值

$$P=A\times(P/A,\ i,\ n)(1+i)$$

$$=A\times\frac{1-(1+i)^{-n}}{i}(1+i)=A\times\left[1+\frac{1-(1+i)^{-(n-1)}}{i}\right]$$

$1+(P/A,\ i,\ n-1)$

④递延年金现值（特殊的普通年金）

递延年金是指第一次收付款的时间发生在第二期末或以后的普通年金方式，它也是普通年金的一种特殊形式。

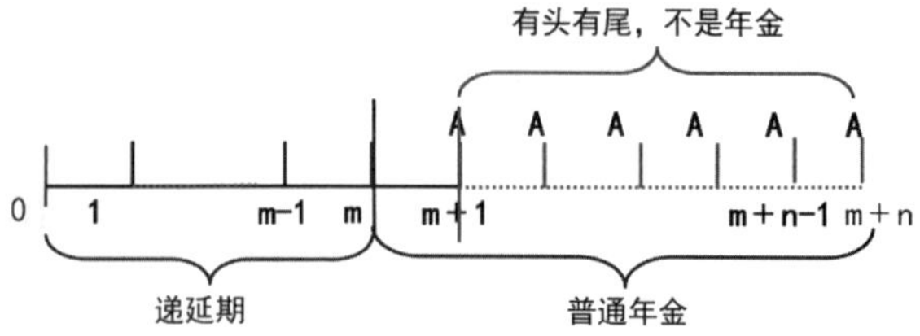

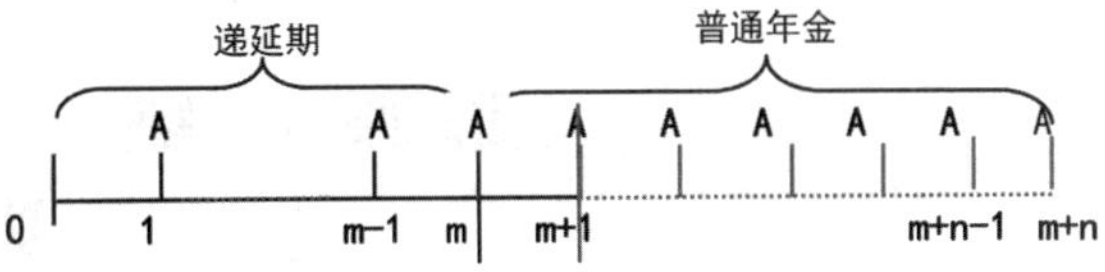

方法一：假设在递延期内每期均收付款项A

P= A × (P/A, i, m+n) − A × (P/A, i, m)

P=A×[(P/A, i, m+n) −(P/A, i, m)]

方法二：两次折现的方法

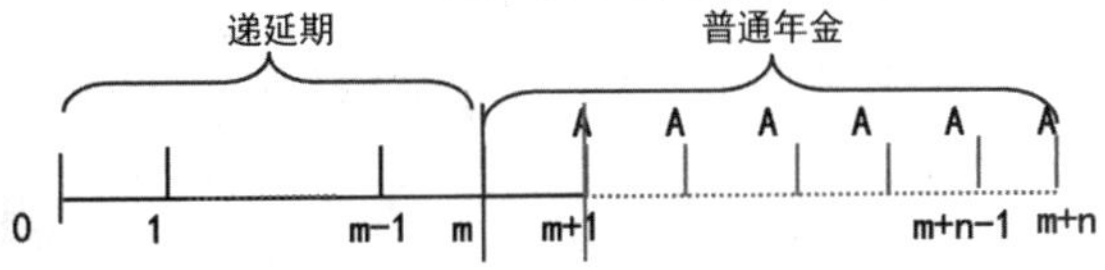

A×(P/A, i, n) A×(P/A, i, n)

×

(P/F, i, m) P= A×(P/A, i, n) × (P/F, i, m)

（2）终值

①普通年金终值

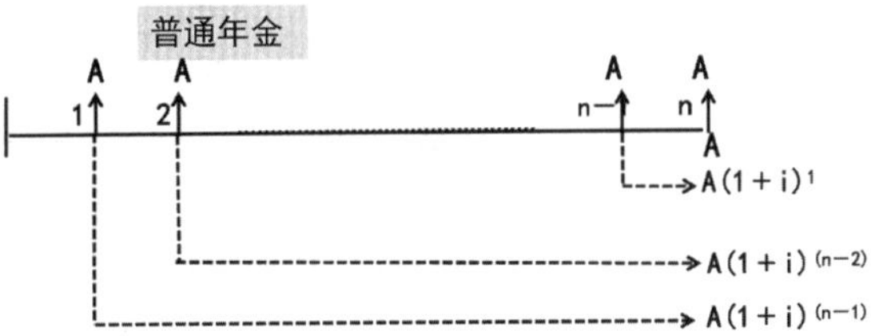

F = A× (F/A, i, n) → $\frac{(1+i)^n-1}{i}$

利用复利终值的计算公式，将每期末存入的年金A复利折现到第n期期末，然后再相加，求出F：

$F=A+A(1+i)+A(1+i)^2+\cdots\cdots+A(1+i)^{n-1}$

这是个等比数列，运用等比数列的求和公式，得到：

$$F=A\times\frac{(1+i)^n-1}{i}$$

$\frac{(1+i)^n-1}{i}$称为年金终值系数，用符号（F/A，i，n）表示。

【**总结**】年金现值与终值系数

年金现值与终值公式

P = A× (P/A, i, n) → $\frac{1-(1+i)^{-n}}{i}$

F = A× (F/A, i, n) → $\frac{(1+i)^n-1}{i}$

②预付年金终值

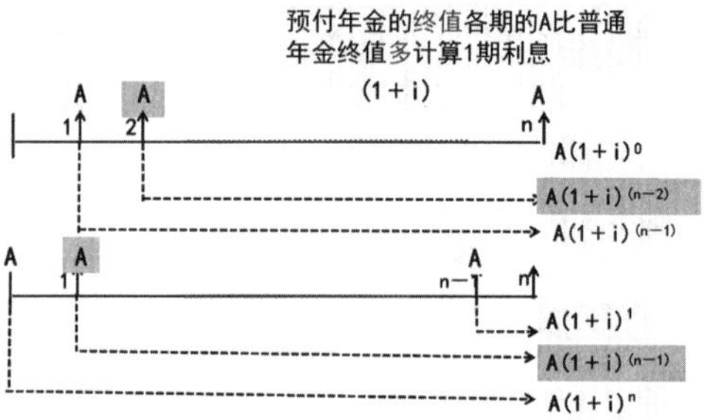

利用复利终值的计算公式，将每期期初存入的年金 A复利到第 n期期末，然后再相加，求出 F：

$F=A(1+i)+A(1+i)^2+\cdots\cdots+A(1+i)^{(n-1)}+A(1+i)^n$

$F=[A+A(1+i)^1+\cdots\cdots+A(1+i)^{(n-1)}]\times(1+i)$

$$F=A\times\frac{(1+i)^n-1}{i}\times(1+i)$$

普通年金终值

$$F=A\times(F/A,\ i,\ n)\qquad \frac{(1+i)^n-1}{i}$$

预付年金终值

$$F=A\times(F/A,\ i,\ n)\times(1+i)$$

预付年金的终值各期的 A比普通年金终值多计算一期利息

预付年金现值、终值总结

$F=A\times(F/A,\ i,\ n)\times(1+i)$

预付年金的终值各期的 A比普通年金终值多计算一期利息

$P=A\times(P/A,\ i,\ n)\times(1+i)$

预付年金的现值各期的 A比普通年金现值少折现一期

③递延年金终值

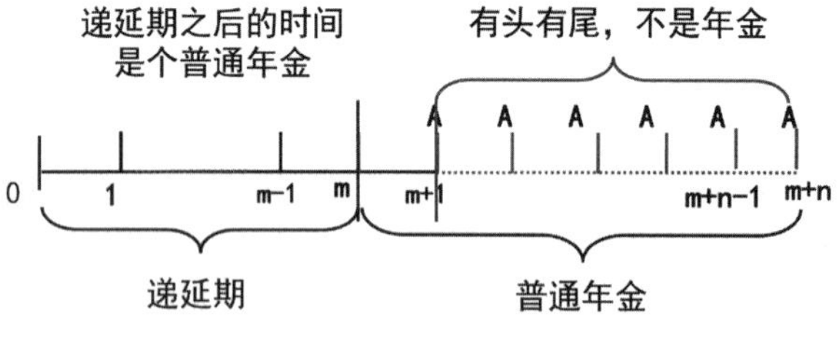

上图中前 m期没有发生支付，称为递延期。图中第一次支付在第 m+ 1 期末发生，连续支付到 m+ n期。

可以从图中明显看出，计算递延年金的终值与递延期没有关系。

$F=A\times(F/A,\ i,\ n)$

3.货币时间价值计算的灵活运用

（1）公式记忆与变形

①年资本回收额：源自年金现值公式

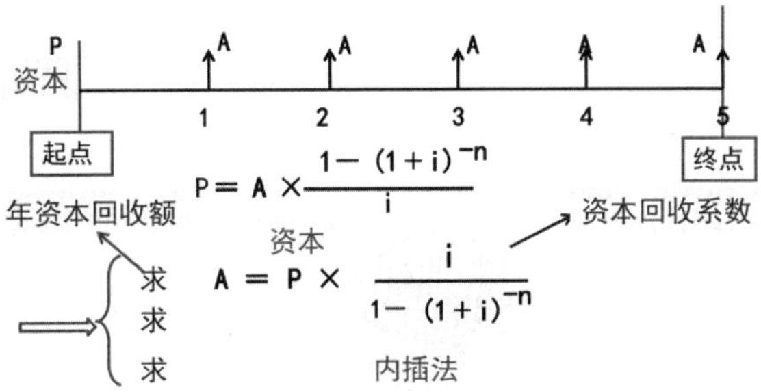

②偿债基金：源自年金终值公式

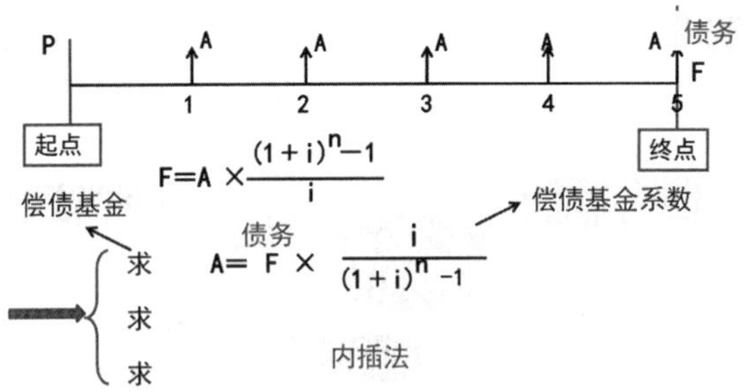

（2）货币时间价值在计算中应注意的问题

① i和 n时间要对应。i是年利率，n则是多少年；i是月利率，n则是多少月。

② P是发生在一个时间序列的第 1 期期初，F则是发生在一个时间序列的第 n期（最后一期）期末。

③没有特别说明，收付额都认为是在该期期末发生。

④现金流量的分布如不规则时，需进行调整，灵活运用各种计算方法。

（3）内插法

①已知一个一元非线性复杂或者未知方程 $Y0 = F(x)$，已知 $Y0$，求 x？

②试误法，找出

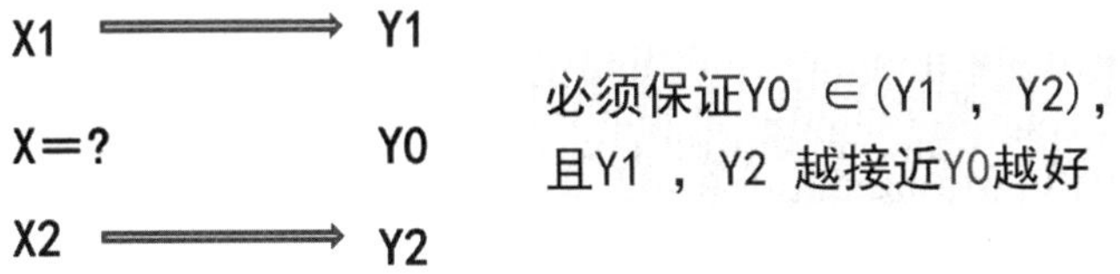

③于是得到 3 个数对，且其中仅一个未知数 x

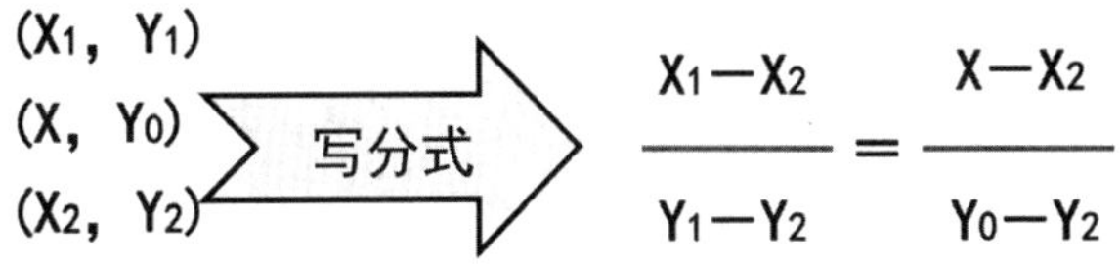

④按照下列规律写分式

※分母应该是和分子对应的另一变量的值；

※等式两边分子属于同一类变量；

※未知量 X只能够出现一次。

（三）名义利率、计息期利率和实际利率

1.问题的产生

【例题·计算分析题】本金 1000 元，投资 5 年，年利率 8%，每季度复利一次，则利息总额是多少？

如果每年计息一次　(F/P，8%，5)

$I = 1000 \times (1+8\%)^5 - 1000 = 469.3$

如果每季度计息一次

每季度计息利率 = 8% ÷4 = 2%　　16.6

复利计息次数 = 4×5 = 20

$I = 1000 \times (1+2\%)^{20} - 1000 = 485.9$

(F/P，2%，20)

如果每年计息一次

$I = 1000 \times (1+8\%)^5 - 1000 = 469.3$

如果每季度计息一次　　16.6

$I = 1000 \times (1+2\%)^{20} - 1000 = 485.9$

$1000 \times (1+i)^5 = 1000 \times (1+2\%)^{20}$

内插法　i = 8.24%

2.相关概念

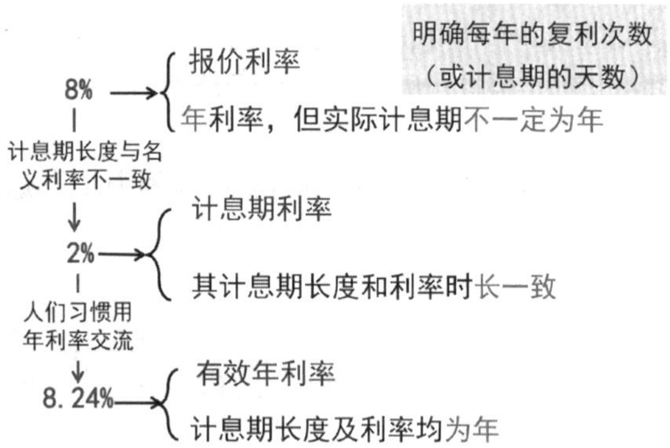

【说明】报价利率又叫名义利率，有效年利率又叫实际利率。

3.有效年利率计算公式

从上面的例题我们很容易总结出来报价利率和有效年利率的关系：

设报价利率为 r，一年复利 m次，有效年利率为 i，有效年利率与报价利率之间的关系是：

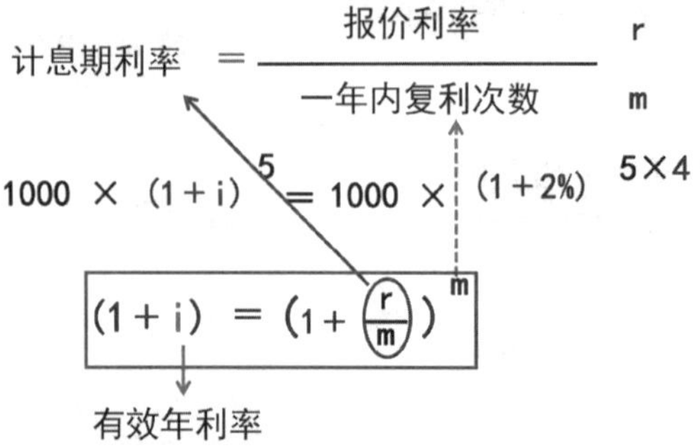

（1）当计息周期为一年时，有效年利率与报价利率相等；计息周期短于一年时，有效年利率大于报价利率；计息周期长于一年时，有效年利率小于报价利率。

（2）报价利率越大，计息周期越短，有效年利率与报价利率的差异就越大。

（3）报价利率不能完全反映资本的时间价值，有效年利率才能真正反映资本的时间价值。

4.通货膨胀情况下的名义利率与实际利率。

（1）定义

名义利率是央行或其他提供资金借贷的机构所公布的未调整通货膨胀因素的利率，即利息(报酬)的货币额与本金的货币额的比率，是包括补偿通货膨胀(或通货紧缩)风险的利率。

实际利率是指剔除通货膨胀率后储户或投资者得到利息回报的真实利率。

（2）名义利率与实际利率之间的关系

1＋名义利率＝（1＋实际利率）×(1＋通货膨胀率)

因此，实际利率的计算公式为：

实际利率＝（1＋名义利率）÷（1＋通货膨胀率）－1

【特别注意】通货膨胀情况下的名义利率、实际利率与报价利率和有效年利率虽然都是货币时间价值的产物，但是二者计算逻辑及公式都是不一样的。

二、选编例题

【例1·多选题】（2021真题）下列关于年金的说法中，错误的是（　　）。

A.递延年金是指隔若干期后才开始发生的间隔期相等的系列等额收付款项

B.永续年金是无限期发生的间隔相等的系列额收付款项

C.年金的系列等额收付款的间隔期间可以不是一年

D.普通年金是年金的最基本形式，也称为预付年金

【例2·多选题】某公司拟购置一处房产，付款条件是：3年后每年年末支付10万元，连续支付10次，共100万元。假设该公司的资本成本率为10%，下列计算其现值的表达式中正确的有（　　）。

A.10×（F/A，10%，10）×（P/F，10%，13）

B.10×（P/A，10%，10）×（P/F，10%，3）

C.10×［（P/A，10%，14)－(P/A，10%，4）］

D.10×（P/A，10%，10）×（1＋10%）×（P/F，10%，4）

【例3·多选题】某人打算连续3年每年年末取款1 000元，假定年利率为4%，一年复利两次，复利计息。为满足上述取款需要，现在一次存款W元。下列等式正确的有（　　）。

A.W＝1 000×（P/F，2%，6）＋1 000×（P/F，2%，4）＋1 000×（P/F，2%，2）

B.W＝500×（P/A，2%，6）

C.W＝1 000×（P/A，4.04%，3）

D.W＝1 000×（P/A，4%，6）

【例4·多选题】（2020真题）下列关于名义利率与实际利率的说法中，错误的是（　　）。

A.名义利率与实际利率可能相等

B.实际利率是投资者得到利息回报的真实利率

C.在通货膨胀情况下，名义利率是剔除了补偿通货膨胀风险的利率

D.名义利率是央行或其他提供资金借贷机构所公布的利率

知识点3选编例题答案

1.**【答案】**D

【解析】普通年金是年金的最基本形式，也称为后付年金

2.**【答案】**ABD

【解析】“从第 4 年开始每年年末支付 10 万元，连续支付 10 次”，因此，递延期 $m=4-1=3$，$n=10$。所以选项 A、B正确；选项D中，$10\times(P/A, 10\%, 10)\times(1+10\%)$ 折现到了第 4 年年末，后面再乘以一个 4 年期的复利现值系数就折现到了第一年年初，所以选项 D正确。

3.【答案】AC

【解析】此题年金是每年发生一次的年金，但每年复利两次，因此现值的计算有两种方法：一种是采用系列收付款项现值计算原理，$W=1\,000\times(P/F, 2\%, 6)+1\,000\times(P/F, 2\%, 4)+1\,000\times(P/F, 2\%, 2)$；另一种方法直接套用普通年金现值计算公式，但利率是有效年利率 4.04%，$W=1\,000\times(P/A, 4.04\%, 3)$ 所以选项 A、C正确。

4.【答案】C

【解析】在通货膨胀情况下，名义利率是央行或其他提供资金借贷的机构所公布的未调整通货膨胀因素的利率，即利息（报酬）的货币额与本金的货币额的比率，是包括补偿通货膨胀（或通货紧缩）风险的利率。实际利率是指剔除通货膨胀率后储户或投资者得到利息回报的真实利率。所以 C是正确答案。

【知识点 4】收益法基本原理及参数确定（★★★）

一、知识点精讲

（一）收益法的概念及基本理论公式

1. 收益法的概念

收益法是指通过将评估对象的预期收益资本化或者折现，来确定其价值的各种评估方法的总称。

2. 收益法的基本理论公式

（1）基本公式

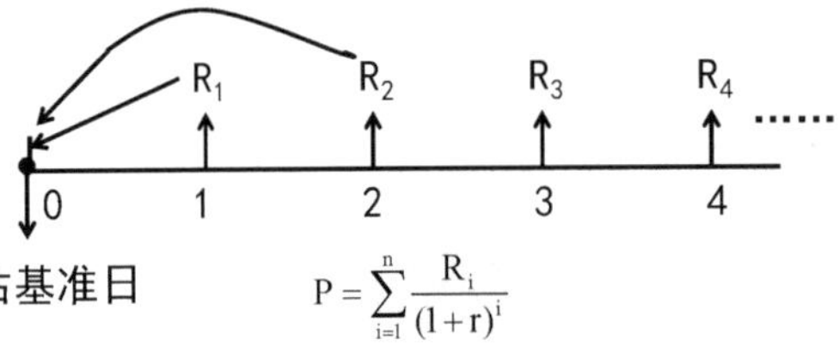

$$P=\sum_{i=1}^{n}\frac{R_i}{(1+r)^i}$$

当每年的风险不同，从而每年的折现率不同的情况下，公式演变为：

$$P=\sum_{i=1}^{n}\frac{R_i}{\prod_{i=1}^{n}(1+r_i)}$$

式中 :P——评估价值；R_i——未来第 i年的预期收益；

r_i——第 i年的折现率；n——收益年限；

i——年序号。

（2）收益法的原理

该评估技术思路认为，任何一个理智的投资者在购置或投资某一资产时，所愿意支付或投资的货币数额不会高于所购置或投资的资产在未来能给其带来的回报，即收益额。

收益法利用投资回报和收益折现等技术手段，把评估对象的预期获利能力和获利风险作为两个相辅相成的关键指标来估测评估对象的价值。

（3）收益法公式原理推导（来源于研究股票市场的投资）

（1）投资期为 1 年的投资回报率与价值估算

第一、投资回报率的计算

假定投资者要进行一项股票投资，年初投资额为 P_0，年末时该股票价格变为 P_1，投资者年末变

现该投资获得收益 P_1，同时在本年内，该股票投资获得分红收益 DIV_1。则年末盘点该投资时，该投资者得到的投资回报率为：

$$r_1=\frac{P_1-P_0+DIV_1}{P_0}$$

式中，r_1 就是投资者在本年投资 P_0 的投资回报率。

也就是如果知道年初、年末股票价格以及年内分红，可以计算得到投资回报率。

第二、投资价值的计算（投资回报率即为折现率）

通过数学推导，我们可以将 r_1 等式变换为：

$$P_0=\frac{DIV_1}{1+r_1}+\frac{P_1}{1+r_1}$$

如果我们事先知道投资者期望的投资回报率为 r_1，以及年末股票的价格和年内的分红收益，则可以估算出投资者年初可以接受的股票投资的价值。

上述价值实际就等于该投资年末价值除以（$1+r_1$）与本年分红收益除以（$1+r_1$）两个部分之和。

我们通常把本年分红和年末价值除以（$1+r_1$）的过程称为折现，因此，r_1 就是所谓的折现率。

②投资期为 2 年的投资回报率与价值估算

第一、第二年投资回报率的计算（各年投资回报率不同）

如果该投资者第一年末没有变现，而是继续持有该投资，则第二年年末股票价格变为 P_2，第二年获得分红收益 DIV_2，则第二年的投资回报率 r_2 为：

$$r_2=\frac{P_2-P_1+DIV_2}{P_1}$$

第二、投资价值的计算（投资回报率即为折现率，各年折现率不同）

同样可以将 r_2 等式变换为：

$$P_1=\frac{DIV_2}{1+r_2}+\frac{P_2}{1+r_2}$$

将 P_1 等式代人到 P_0 等式中，则可以得到下式

$$P_0=\frac{DIV_1}{1+r_1}+\frac{DIV_2}{(1+r_1)(1+r_2)}+\frac{P_2}{(1+r_1)(1+r_2)}$$

③投资期为 n年的价值估算

如果该投资者是一个“长线”投资者，长期持有该投资，则第 n年后，我们可以得到：

$$P_0=\frac{DIV_1}{1+r_1}+\frac{DIV_2}{(1+r_1)(1+r_2)}+\frac{DIV_3}{(1+r_1)(1+r_2)(1+r_3)}+\cdots\cdots+\frac{DIV_n}{(1+r_1)(1+r_2)\cdots(1+r_n)}+\frac{P_n}{(1+r_1)(1+r_2)\cdots(1+r_n)}$$

如果假设被投资的公司每年的投资回报率 r_i（i＝1，2，…，n）全部相等为 r，即：$r_1=r_2=r_3=\cdots r_n=r$。

我们可以得到：

$$P_0=\frac{DIV_1}{1+r}+\frac{DIV_2}{(1+r)^2}+\frac{DIV_3}{(1+r)^3}+\cdots\cdots+\frac{DIV_n}{(1+r)^n}+\frac{P_n}{(1+r)^n}$$

上式是以一家上市公司股票投资为基础，推导得到的期初投资价值的计算公式。

该公式也适用于一个企业少数股东权益投资的收益计算方法。

3. 收益法用于估算企业整体价值

（1）企业整体价值估算公式

如果投资者的投资是对整个公司进行收购，也就是体现全投资的权益，则期初的投资 P_0 将变为 V_0，每年的分红就应该变为被投资企业每年可以获得的全投资自由现金流 FCFFi Free（Cash Flow for the Firm），第 n年末股票投资价值将变为企业整体价值 V_n。即：

$$V_0=\frac{FCFF_1}{1+R}+\frac{FCFF_2}{(1+R)^2}+\frac{FCFF_3}{(1+R)^3}+\cdots\cdots+\frac{FCFF_n}{(1+R)^n}+\frac{V_n}{(1+R)^n}$$

该式的含义是企业的期初投资的价值，等于该投资持续期间每年可以获得的经营现金 流的现值之和，再加上期末该投资价值的现值。

从上述含义中我们可以得知，P_0 等式和 V_0 等式实际上就是采用收益法评估企业价值的基本理论公式。

（2）经营现金流 FCFF的估算

被投资企业的经营现金流 $FCFF_i$

＝利润总额（1—所得税率 T）+债权利息（1—所得税率 T）

+折旧 /摊销—营运资金的增加—资本性支出

＝营业收入—营业成本—期间费用—所得税 +债权利息（1—所得税率 T）

+折旧 /摊销—营运资金的增加—资本性支出

（3）折现率的估算

$$R_i=\frac{FCFF_i+V_{i+1}-V_i}{V_i}(i=1,2,3,\cdots,n)$$

根据评估对象的预期收益来评估其价值，容易被资产评估业务各方所接受。所以，收益法是资产评估中常用的评估方法之一。

（二）收益法的应用前提与步骤

前提条件	1.评估对象的未来收益可以合理预期并用货币计量（*Ri*或者 *A*）； 2.预期收益所对应的风险能够度量（*r*）； 3.收益期限能够确定或者合理预期（*n*）
基本步骤	1.搜集验证与评估对象未来预期收益有关的数据资料，包括经营前景、财务状况、市场形势以及经营风险等； 2.分析测算被评估对象未来预期收益； 3.确定折现率或资本化率； 4.分析测算被评估资产未来预期收益持续的时间； 5.用折现率或资本化率将评估对象未来预期收益折算成现值； 6.分析确定评估结果

（三）收益法的主要参数

1.收益额

（1）收益额的含义与特点

含义	在正常情形下所能得到的归其产权主体的所得额
特点	（1）收益额是资产未来预期收益额，而不是资产的历史收益额或现实收益额； （2）用于资产评估的收益额通常是资产的客观收益，而不一定是资产的实际收益

（2）资产预期收益类型的选择

①预期收益的类型

标准	类别	计算公式及说明
计量口径	销售收入口径	就是销售收入
	利润口径	净利润属于税后收益
	现金流口径	净现金流量属于税后收益 净现金流量 =净利润 +折旧 /摊销 –追加投资（包含资本性支出和营运资金追加投资）

续表

标准	类别	计算公式及说明
扣所得税	税前口径	EBIT+折旧/摊销－资本性支出－营运资金增加
	税后口径	EBIT（1−T）+折旧/摊销－资本性支出－营运资金增加
投资口径	全投资口径	税前企业现金流＝EBIT+折旧/摊销－资本性支出－营运资金增加 税后企业现金流＝EBIT（1−T）+折旧/摊销－资本性支出－营运资金增加
	股权投资口径	税前股权现金流＝利润总额+折旧/摊销－资本性支出－营运资金增加－负息负债本金减少； 税后股权现金流＝净利润+折旧/摊销－资本性支出－营运资金增加－负息负债本金减少

②净现金流量更适宜作为预期收益指标，与净利润相比有两点优势

优点1：净现金流量能够更准确地反映资产的预期收益。

优点2：净现金流量体现了资金的时间价值。

（3）资产未来收益的预测

原理		使用条件
时间序列法	建立资产以往收益的时间序列方程，然后假定该时间序列将会持续	资产的收益随着时间的推移，呈现出平稳增长趋势
因素分析法	首先确定影响一项资产收入和支出的具体因素；然后建立收益与这些因素之间的数量关系，同时对这些因素未来可能的变动趋势进行预测；最后估算出基于这些因素的未来收益水平	要求对收入和支出背后的原因做深入分析，但它的适用面比较广，预测结果也具有一定的客观性，因而在收益预测中被广泛采用

2.折现率

（1）折现率是每年经营和投资资本变动的收益除以年初投资金额

从之前收益法基本理论公式的推导过程中可以得到折现率定义公式：

$$r_i=\frac{P_{i+1}-P_i+DIV_i}{P_i}\text{或者}\frac{V_{i+1}-V_i+FCFF_i}{V_i}$$

折现率定义的回报是每年经营获得的回报DIV或FCFF和 $P_{i+1}-P_i$ 或 $V_{i+1}-V_i$ 综合作用的结果，$P_{i+1}-P_i$ 或 $V_{i+1}-V_i$ 可以认为是投资本金的变动，因此，折现率是每年经营和投资资本变动的收益除以年初投资金额。

（2）从本质上讲，折现率是一种投资回报率，是投资者在投资风险一定的情形下，对投资所期望的回报率。

构成	折现率=期望报酬率=无风险报酬率+风险报酬率； 无风险报酬率可以参照同期政府债券收益率，风险报酬率取决于特定资产的风险状况	
确定折现率的方法	加和法	（1）折现率 =无风险报酬率+风险报酬率（与市场有个市场风险+与被评估资产相联系的风险） （2）无风险利率的确定 ①对资产评估而言，最好用较长期的政府债券收益率（1年或1年以上）作为基本收益率。 ②由于评估通常涉及基于长期收益趋势的资产，因此选择长期债券利率作为无风险报酬率更为合适。 ③实务中具体采用的政府债券收益期间，应与评估对象的预期收益期间相匹配

续表

确定折现率的方法	资本资产定价模型	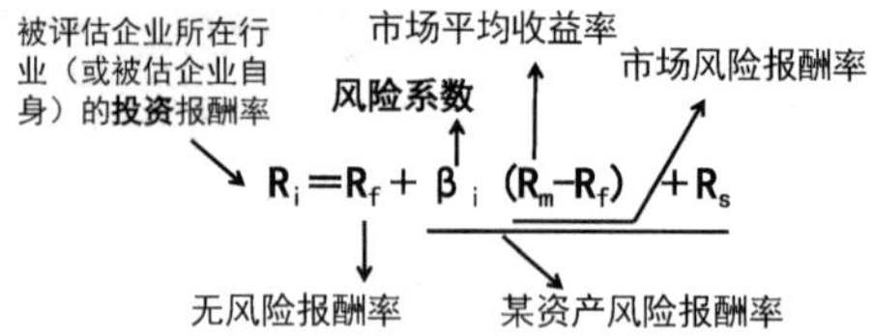 （1）无风险利率通常取我国中长期国债的到期收益率平均值 ①所谓无风险是没有投资违约风险。这一条件通常在一个国力雄厚的主权国家的政府信用才可以保证； ②使市场利率波动风险可比，一般应该选择剩余年限与标的资产投资期匹配的国债。 （2）β系数 所反映的是某一只股票的股价变动相对于大盘的表现情形，体现其收益变化幅度相对于大盘的变化幅度。 如果β系数为1，则说明当大盘整体上涨10%时，该只股票的报酬率上涨10%；反之，则下降10%。如果β系数为1.1，则说明市场整体上涨10%时，该只股票上涨11%。 （3）企业特定风险调整系数Rs 但除此之外，不同企业之间β系数的差异还受到其业务类型、企业发展阶段、行业竞争地位、经营杠杆等因素差异的影响。这些未在计算β系数过程中量化的差异，实务中一般通过估计Rs参数进行调整
	资本成本加权法	企业资产可以理解为长期负债与所有者权益之和。 折现率=所有者权益占资产总额的比重 ×投资报酬率+长期负债占资产总额的比重 ×长期负债利息率 ×（1−所得税率）

3.收益期限

（1）指资产具有获利能力并产生资产净收益的持续时间；

（2）通常以年为时间单位；

（3）由评估人员根据被评估资产自身效能、资产未来的获利能力、资产损耗情形及相关条件以及有关法律、法规、契约、合同等加以确定；

（4）收益期分为有限期和无限期（永续）；

（5）收益增长模型：通常有两阶段增长模型、三阶段增长模型以及永续增长模型。

（三）收益法的适用范围与局限

适用范围	1.单项资产评估 无形资产、房地产、机器设备、其他资产。 2.收益法在整体资产评估（通常是对企业价值进行评估） （1）对于轻资产类型的企业价值评估，收益法通常占据极为重要的地位 与传统生产性企业相比，轻资产企业所拥有的固定资产、有形资产较少，其获利的主要来源是无法体现在企业财务报表中大量的无形资产。因而，如果采用资产基础法对其进行评估，则其作为盈利主体而具有的价值可能无法全面体现出来，企业价值被严重低估。在此状况下，收益法就成为更为合理的方法。 （2）常见的方法 股利折现模型、现金流折现模型、经济利润模型，它们分别对应的收益口径为股利、自由现金流量以及经济利润 （3）注意不同收益、折现率与不同企业价值类型的关系 ①组合对应关系情形1 股权与债权的综合收益：息前净利润、息前净现金流量（企业自由现金流量）等 折现率：通过加权平均资本成本模型获得，既考虑了股权投资的回报率同时又考虑了债权投资的回报率 计算获得的企业价值类型：包括股权和债权的企业整体价值

续表

适用范围	②组合对应关系情形 2 股权收益：净利润、净现金流量（股权自由现金流量） 折现率口径：股权投资回报率 企业价值类型：股权价值
局限性	1.对于没有收益或收益无法用货币计量以及风险报酬率无法计算的资产，该方法将无法使用； 2.收益法的操作含有较大成分的主观性，从而使评估结果较难把握； 3.收益法的运用也需要一定的市场条件，否则一些数据的选取就会存在困难

二、选编例题

【例 1 · 单选题】（2021 真题）下列关于收益法所使用的资产收益额及其预测的说法中，错误的是（　　）。

A. 净利润能够比净现金流量更好地反映被评估资产的预期收益

B. 利润总额可以作为资产的收益额

C. 资产收益额不一定是个别资产使用者利用该资产所得到的实际收益

D. 资产收益额的预测方法主要有时间序列法和因素分析法

【例 2 · 单选题】（2019 真题改编）下列关于收益法所使用的收益额的说法中，错误的是（　　）。

A. 企业整体价值评估的收益额指标多采用全投资自由现金流量

B. 评估对象收益额的计量口径一般有营业收入、现金流量和利润总额三种类型

C. 对评估对象价值产生影响的是资产的未来预期收益额

D. 收益额不一定是资产已经实现的实际收益

【例 3 · 单选题】在 CAPM 模型中，R_m是指（　　）。

A. 投资报酬率　　B. 无风险报酬率　　C. 市场平均收益率　　D. 风险系数

【例 4 · 多选题】收益法适用的单项资产包括（　　）。

A. 无形资产　　B. 股权收益

C. 房地产　　D. 股权与债权收益的综合

E. 其他资产

【例 5 · 多选题】收益法评估资产价值，需要确定预期收益、折现率和收益期限，以下属于确定折现率的方法是（　　）。

A. 加和法　　B. 资本资产定价模型

C. 资本成本加权法　　D. 成本法

E. 市场法

知识点 4 选编例题答案

1.**【答案】**A

【解析】净现金流量更适宜作为预期收益指标，与净利润相比有两点优势：净现金流量能够更准确地反映资产的预期收益；净现金流量体现了资金的时间价值。

2.**【答案】**B

【解析】一般来说，资产预期收益有三种可以选择的计量口径指标：销售收入口径、现金流口径、利润口径。根据投资口径，现金流可以再区分为全投资口径和股权投资口径。按照是否扣除所得税，现金流和利润还可以进一步划分为税前口径和税后口径。

3**【答案】**C

【解析】本题考查 CAPM 模型的基本知识；其中 R_m是指市场平均收益率。

4.**【答案】**ACE

【解析】本题考查收益法的适用范围的知识点；选项 BD 属于收益法适用的整体资产评估的范围。

5.【答案】ABC

【解析】成本法无法确定折现率，确定折现率的方法有：加和法、资本资产定价模型、资本成本加权法。所以正确答案是 ABC。

【知识点 5】收益法的主要技术方法（★★★）

一、知识点精讲

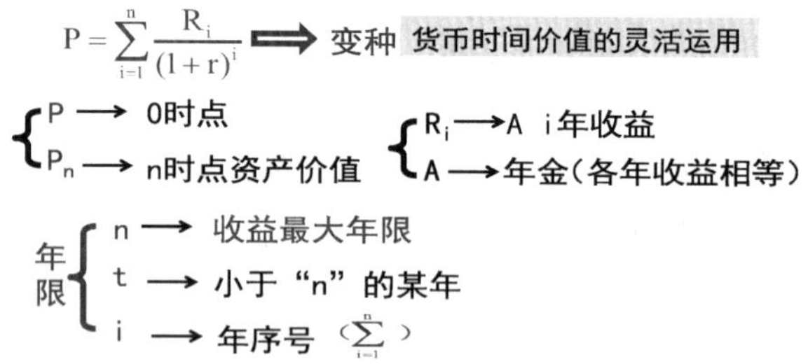

（一）净收益不变（即 Ri不变，令 Ri= A）

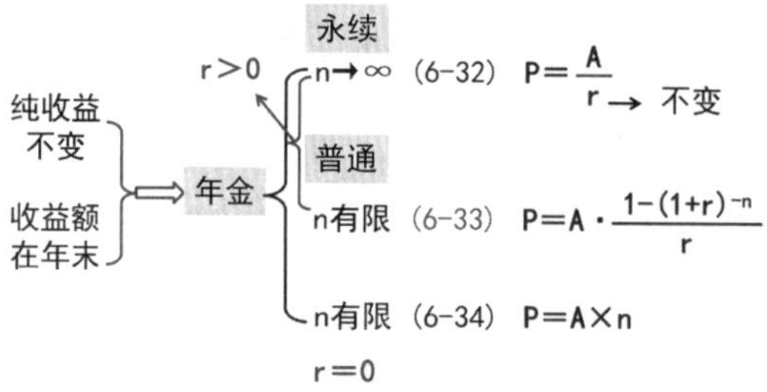

（二）净收益在若干年后保持不变（即令 Ri在不变阶段 Ri= A）

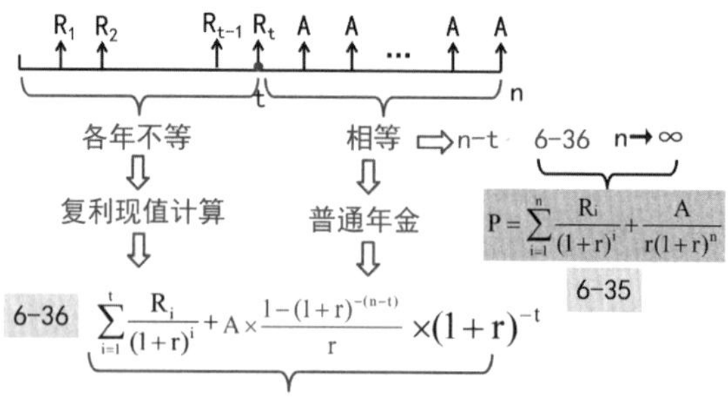

（三）净收益按等差级数变化

1. 在净收益等差级递增 B，收益年期无限时

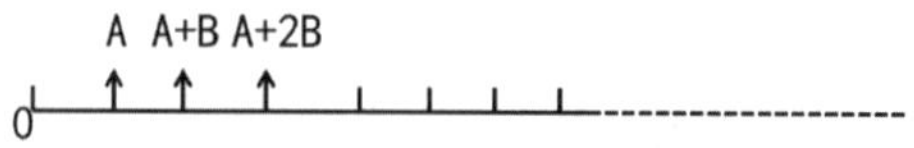

$$P=\frac{A}{1+r}+\frac{A+B}{(1+r)^2}+\frac{A+2B}{(1+r)^3}+\cdots\cdots+\frac{A+(n-1)B}{(1+r)^n}+\cdots\cdots$$

$$=\frac{A}{r}+\frac{B}{r^2}\Rightarrow \text{6-37}$$

【注意】该公式理论上正确，但被评估资产如若按照等差级数永续递增。则会导致评估值趋于无穷大。因此，在运用时需要考虑其适用性。

2.在净收益按等差级数递减 B，收益年期无限时

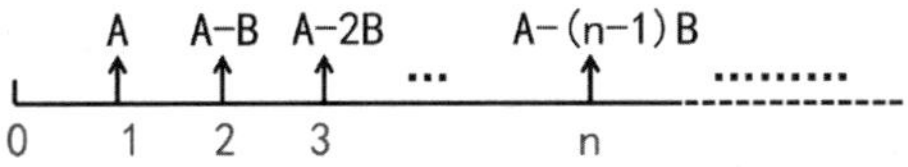

$$P=\frac{A}{1+r}+\frac{A-B}{(1+r)^2}+\cdots\cdots+\frac{A-(n-1)B}{(1+r)^n}$$

$$=\frac{A}{r}-\frac{B}{r^2}\longrightarrow \text{6-39}$$

从经济学 ⟹ $n\to\infty$, $A-(n-1)B$ 不一定总存在

最小值大于0，从而n不太可能趋于+∞

3.收益年期有限时

记忆 ⟹ 6-38 ⟹ { B>0，n有限 } 死记这个公式即可

$$P=\left(\frac{A}{r}+\frac{B}{r^2}\right)\left[1-\boxed{\frac{1}{(1+r)^n}}\right]-\frac{B}{r}\times\boxed{\frac{n}{(1+r)^n}}$$

（$\frac{1}{(1+r)^n}\to 0$，$\frac{n}{(1+r)^n}\to 0$）

公式6-38 $\xRightarrow{n\to\infty}$ $P=\frac{A}{r}+\frac{B}{r^2}$ (6-37)

公式6-38 $\xRightarrow{B改为-B}$ $P=\left(\frac{A}{r}-\frac{B}{r^2}\right)\left[1-\frac{1}{(1+r)^n}\right]+\frac{B}{r}\times\frac{n}{(1+r)^n}$ (6-40)

公式6-40 $\xRightarrow{n\to\infty}$ (6-39) $P=\frac{A}{r}-\frac{B}{r^2}$

（四）净收益按等比级数变化

1.$n\to\infty$，收益等比，S递增

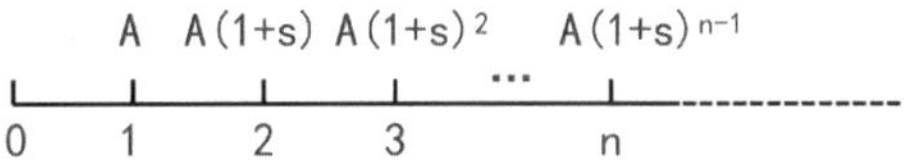

$$P=\frac{A}{1+r}+\frac{A(1+s)}{(1+r)^2}+\cdots\cdots+\frac{A(1+s)^{n-1}}{(1+r)^n}+\cdots$$

$$=\frac{A}{r-s}\quad (6\text{-}41)$$

2.其他三种情况

公式6-42 $P=\frac{A}{r-s}\left[1-\left(\frac{1+s}{1+r}\right)^n\right]$ { r>s>0，n有限，收益s递增 }（$\frac{1+s}{1+r}<1$，$\left(\frac{1+s}{1+r}\right)^n\to 0$）

$\xRightarrow{n\to\infty}$ $P=\frac{A}{r-s}$ (6-41)

收益s递减 ‘s’换‘-s’ → $P=\frac{A}{r+s}\left[1-\left(\frac{1-s}{1+r}\right)^n\right]$ (6-44)

$\xrightarrow{n\to\infty}$ $P=\frac{A}{r+s}$ (6-43)

$$P=\frac{A}{r\mp s}\left[1-\left(\frac{1\pm s}{1+r}\right)^n\right]$$

s↑ s↓将S反号

等差：$(\frac{A}{r}\pm\frac{B}{r^2})(1-\frac{1}{(1+r)^n})\mp\frac{B}{r}\times\frac{n}{(1+r)^n}$

↑ 有B项先“+”，后“-”

等比：$\frac{A}{r\mp s}\times\left[1-\left(\frac{1\pm s}{1+r}\right)^n\right]$　　r＞s

↑ 有S项先“-”，后“+”

（五）已知未来若干年后资产价格的条件下

1. 净收益在第 n年前保持不变；2. 第 n年的价格为 P_n；3.r大于零。

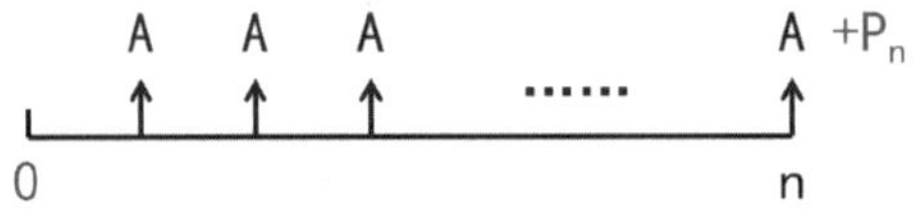

$$A\cdot\frac{1-(1+r)^{-n}}{r}+P_n\times(1+r)^{-n}$$

⇩

6-45

二、选编例题

【例 1 · 单选题】某收益性资产，效益一直良好，经专业评估人员预测，评估基准日后第一年预期收益为 100 万元，以后每年递增 10 万元，假设折现率为 10%，收益期为 20 年，该资产的评估价值最接近于（　　）万元。

A.1 400　　B.1 700　　C.1 800　　D.1 970

【例 2 · 单选题】某被估房地产自评估基准日起剩余使用年限为 30 年，经专业评估人员分析，评估基准日后第一年的预期收益为 50 万元，其后各年的收益将以 2%的比例递增，设定的折现率为 10%，该房地产的评估值最接近于（　　）万元。

A.555　　B.560　　C.625　　D.650

【例 3 · 单选题】采用收益法评估资产时，收益法中的各个经济参数之间存在的关系是（　　）。

A. 资本化率越高，收益现值越低　　B. 资本化率越高，收益现值越高

C. 资产预期收益期不影响收益现值　　D. 无风险报酬率不影响收益现值

【例 4 · 单选题】（2020 回忆）某收益性资产预计未来 4 年收益额分别是 10 万元、13 万元、15 万元和 16 万元。假定从第 5 年开始，以后各年收益均为 16 万元，收益期限为 30 年，折现率为 10%，则该收益性资产的评估值约为（　　）。

A.142.14 万元　　B.132.24 万元　　C.188.61 万元　　D.52.04 万元

知识点 5 选编例题答案

1.**【答案】**A

【解析】本题应该使用收益法下，净收益按等差级数递增，收益年期有限的条件下的计算公式：本题中 A= 100 万元，B= 10 万元，r= 10%，n= 20

2.**【答案】**B

【解析】50/（10%−2%）(1−((1+2%)/(1+10%))^{30})=560.12（万元）。

3.【答案】A

【解析】考核关于收益法计算公式各个参数与评估价值之间的关系分析。

4.【答案】A

【解析】确定未来4年收益额的现值＝10÷（1＋10%）＋13÷（1＋10%）^{2}＋15÷（1＋10%）^{3}＋16÷（1＋10%）^{4}＝42. 031 7（万元），将第5年以后的收益进行资本化处理，即：16÷10%＝160（万元），企业评估价值＝42.0317＋160×0.6830＝151.3117（万元），30年收益的评估价值＝10÷（1＋10%）＋13÷（1＋10%）^{2}＋15÷（1＋10%）^{1}＋16^{1}−（1＋10%）^{3}＋16÷[10%×（1＋10%）^{4}]×[1−1÷（1＋10%）$^{30\ 4}$]＝142.143（万元），所以A是正确答案。

【知识点6】成本法基本原理（★★★）

一、知识点精讲

（一）成本法的定义、基本思路与应用前提

定义	成本法是指按照重建或者重置被评估对象的思路，将重建或者重置成本作为确定评估对象价值的基础，扣除相关贬值，以此确定评估对象价值的评估方法的总称。 成本法包括多种具体方法，如复原重置成本法、更新重置成本法、成本加和法(也称资产基础法)等
基本思路	在条件允许的情形下，任何潜在的投资者在决定投资某项资产时，所愿意支付的价格不会超过该项资产的现行购建成本。如果该投资对象并非全新，投资者所愿支付的价格会在投资对象全新的现行购建成本的基础上再扣除各种贬值。 评估价值＝重置成本－贬值额＝重置成本－实体性贬值－功能性贬值－经济性贬值
前提条件	1.评估对象能正常使用或者在用。 即评估对象处于持续使用状态或被假定处于继续使用状态。持续使用假设又分为现状续用、转用续用和移地续用假设。 2.评估对象能够通过重置途径获得。 3.评估对象的重置成本以及相关贬值能够合理估算
注意事项	1.形成资产价值的耗费是必需的（应体现社会或行业平均耗费水平）； 2.注意最佳使用和快速变现情形（成本法适于持续使用）

（二）成本法的主要要素（四项因素）

1.重置成本

定义	资产的重置成本就是资产的现行再取得成本。 重置成本的构成要素一般包括建造或者购置评估对象的直接成本、间接成本、资金成本、税费及合理的利润。 重置成本应当是社会一般生产力水平的客观必要成本，而不是个别成本
分类	一般可分为复原重置成本和更新重置成本两种。 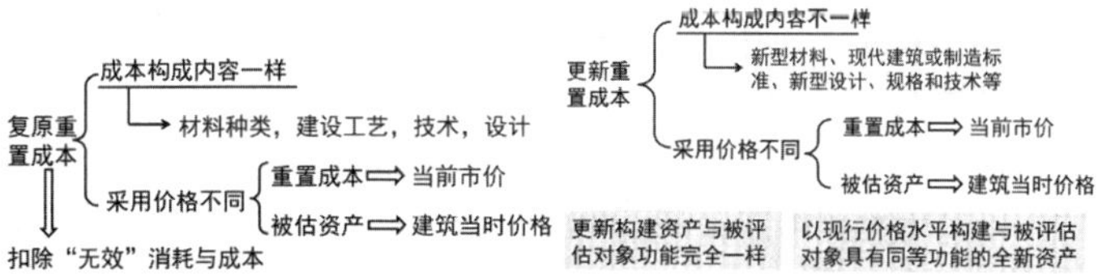 复原重置成本适用于评估对象的效用只能通过按原条件重新复制评估对象的方式提供。 更新重置成本通常适用于使用当前条件所重置的资产可以提供与评估对象相似或者相同的功能

续表

两种重置成本运用中注意事项	（1）优先选择更新重置成本。在无法获得更新重置成本时也可采用复原重置成本。 之所以要选择更新重置成本，一方面随着科学技术的进步，劳动生产率的提高，新工艺、新设计被社会所普遍接受。另一方面，新型设计、工艺制造的资产无论从其使用性能，还是成本耗用方面都会优于旧的资产。 （2）无论哪种重置成本，资产本身的功能始终是相同的，采用的都是资产的现时价格，不同的在于技术、设计、标准方面的差异。 （3）一般而言，复原重置成本大于更新重置成本
	（4）如果选用了复原重置成本，则复原重置成本和更新重置成本的差额视作是功能性贬值的一部分。 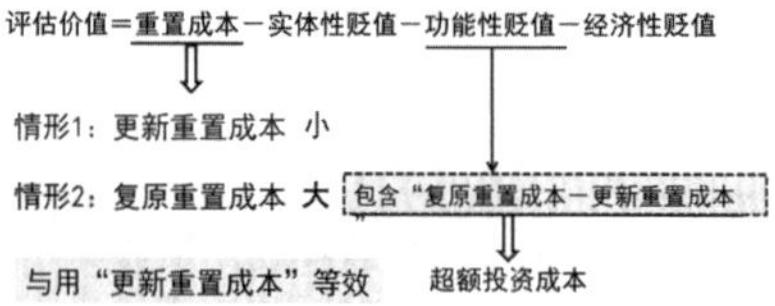

2.其他三项因素

实体性贬值	含义	资产由于使用及自然力的作用导致的资产的物理性能的损耗或下降而引起的资产的价值损失
	公式	$实体性贬值率=\frac{资产实体性贬值}{资产重置成本}$
功能性贬值	定义	指由于技术进步引起的资产功能相对落后而造成的资产价值损失
	分类	（1）由于新工艺、新材料和新技术的采用，而使得原有资产的建造成本超过现行建造成本的超支额（复原重置成本和更新重置成本的差额，即超额投资成本）； （2）原有资产超过体现技术进步的同类资产的运营成本的超支额
经济性贬值	含义	是指由于外部条件的变化引起资产收益、资产利用率发生持续减少、下降或者闲置等而造成的资产价值损失
	主要原因	是指由于外部条件的变化引起资产收益、资产利用率发生持续减少、下降或者闲置等而造成的资产价值损失
	判断方法	（1）排除法：不属于实体性贬值、功能性贬值就是经济性贬值 （2）定义法：企业不可控的市场、宏观经济、政治等因素导致的

（三）成本法的适用范围与局限

1.适用范围

（1）适用于资产的功能作用具有可替代性、资产重置没有法律和技术障碍、重置资产所需要的物化劳动易于计量的评估对象。

（2）成本法用于评估单项资产的价值

既要考虑重置成本，也要将由使用和其他因素所造成的实体性损耗、由技术落后带来的功能性损耗以及由市场状况、政治因素等外部因素造成的经济性损耗考虑在内。

（3）成本法运用于企业价值评估

①是将各项可以确认的资产、负债的现实价值逐项评估出来，最终确定企业价值。

②单项资产作为企业的一部分而存在，其发挥作用的价值与它作为一项单独的资产发挥作用，这两者的价值可能有所不同。

比如，在一条生产线中，某单项设备对整个生产线产能的贡献程度很高，那么若将其放在该生产线中进行评估，则其价值有可能会高于单独对其进行评估时候的价值。因此，要特别明晰这两种假设条件下的价值差异。

在采用成本法对企业价值进行评估时，可以根据不同资产的实际状态、使用方式等特殊性选用合适的评估方法进行评估。比如，对于某些二手办公设备，可采用市场法评估；对于自主研发的专利，

续表

则可以采用收益法评估，等等。

成本法评估企业价值评估，并不一定要求对其中各单项资产和负债均采用成本法进行评估。

2.局限

（1）由于成本法的理论基础是成本价值论，使用该方法所测算出的企业价值无法从未来收益的角度反映企业真实能为其投资者或所有者带来的收益。

尤其是对于轻资产的企业而言，如果使用成本法进行评估，则通常很难将账面没有记载的各类无形资产算入评估资产的价值之中，因此其成本法评估值与使用收益法或市场法得出的结果可能差异极大。

（2）尽管如此，成本法在以企业并购为目的的评估中并非完全没有意义。

收购方虽然重视被收购方未来的获利能力，但同时也关注收购行为真正所获得的实物资产价值。

（3）成本法评估企业价值也为可能的破产清算、资产分割提供了一定的价值参考。

二、选编例题

【例1·多选题】以下关于成本法说法正确的是（　　）。

A. 成本法是指在评估资产时首先估测被评估资产的重置成本，然后估测被评估资产已存在的各种贬值因素，并将其从重置成本中予以扣除而得到被评估资产价值的评估方法

B. 如果该资产是旧的，应该按照该重置成本扣除使用损耗等贬值因素作为该资产的评估价值

C. 评估对象能正常使用或者在用是成本法的前提条件之一

D. 评估对象能够通过重置途径获得是成本法的前提条件

E. 使用成本法评估的资产应当具备可利用的历史资料是成本法的前提条件之一

【例2·多选题】以下属于成本法基本要素的有（　　）。

A. 重置成本　　B. 实体性贬值

C. 经济性贬值　　D. 市场价值

E. 功能性贬值

【例3·单选题】复原重置成本与更新重置成本的相同之处表现为（　　）。

A. 技术水平相同　　B. 制造标准相同

C. 价格水平相同　　D. 材料消耗相同

【例4·单选题】（2018真题）下列关于成本法应用的说法中，错误的是（　　）。

A. 使用成本法评估单项资产时，既要考虑重置成本，也要考虑实体性贬值，功能性贬值和经济性贬值

B. 对轻资产企业而言，成本法难以全面反映账外无形资产的价值

C. 成本法所测算出的企业价值无法从未来收益的角度反映企业能为投资者带来的收益

D. 使用成本法评估企业价值时，要求对被评估企业的各单项资产和负债均采用成本法

知识点6选编例题答案

1.**【答案】**ABCD

【解析】本题考查成本法的基本知识。E选项不是成本法的前提条件。

2.**【答案】**ABCE

【解析】本题考查成本法的基本知识；选项D不属于成本法的概念。

3.**【答案】**C

【解析】复原重置成本与更新重置成本的相同之处在于都采用当前价格以及相同的功能。

4.**【答案】**D

【解析】在采用成本法对企业价值进行评估时，可以根据不同资产的实际状态、使用方式等特殊性选用合适的评估方法进行评估。成本法作为企业价值评估的一种方法，更多的体现为一种加和的理念和方式，并不一定要求对其中各单项资产和负债均采用成本法进行评估，所以选项D的说法错误。

【知识点7】成本法中各个参数的计算方法（★★★）

一、知识点精讲

（一）重置成本估算

1.单项资产重置成本的估算

（1）重置核算法

概念	利用成本核算的原理，根据重新取得资产所需的费用项目，逐项计算然后累加得到资产的重置成本
分类	根据资产取得的方式可以分为：购买型和自建型： 购买型以购买该项资产的模式来估计所需要的重置成本； 自建型以自己建造该项资产的模式来估计所需要的重置成本
注意事项	①资产的重置成本应包括开发者的合理收益。 ②形成资产价值的耗费是合理的 按照社会或行业平均水平来确定有效耗费和无效耗费，评估时，应该去掉无效耗费 ③重置核算法考虑了价格因素，费用项目的构成上可以考虑生产技术进步和劳动生产率的变化因素，因而可以估算复原重置成本和更新重置成本

（2）价格指数法

原理	与市场法中“价格指数法”一样
公式	参见市场法中“价格指数法”
说明	①资产历史成本要求真实、准确并符合社会平均的、合理成本的要求。 ②该方法所依据的历史成本应当是原始购置所发生的支出，经评估调整后以及二手交易价格均不能作为该方法使用的依据。 ③资产评估时价格指数指的是评估基准日（或能够代表评估基准日）的价格指数，而且应是资产的类别或个别价格指数（越是分类具体的价格指数越准确）。 ④价格指数法估算的重置成本，仅考虑了价格变动因素，因而确定的是复原重置成本。 ⑤一项科学技术进步较快的资产，采用价格指数法的重置成本往往会偏高
与重置核算法的异同	①价格指数法估算的重置成本，仅考虑了价格变动因素，因而确定的是复原重置成本；而重置核算法既考虑了价格因素，也（可以）考虑生产技术进步和劳动生产率的变化因素，因而可以估算复原重置成本和更新重置成本。 ②价格指数法建立在不同时期的某一种或某类甚至全部资产的物价变动水平上；而重置核算法建立在现行价格水平与购建成本费用核算的基础上。 ③一般情况下，价格指数法和重置核算法相比，核算的结果可能有误差，其准确度没有后者的高。 ④价格指数法和重置核算法相同点。 都是建立在利用历史资料基础上。因此，都需要注意判断、分析资产评估时重置成本口径与委托方提供历史资料（如财务资料）的口径差异

（3）功能价值类比法

原理	与市场法中的直接比较法中的“功能价值类比法”完全一样
公式	①生产能力比例法 $\text{被评估资产重置成本}=\dfrac{\text{被评估资产年产量}}{\text{参照物年产量}}\times\text{参照物重置成本}$ ②规模经济效益指数法 $\dfrac{\text{被评估资产重置成本}}{\text{参照物资产重置成本}}=\left(\dfrac{\text{被评估资产的产量}}{\text{参照物资产的产量}}\right)^{x}$（$x$为规模经济效益指数）

【说明】上述三种方法均可用于确定在成本法运用中的重置成本。

至于选用哪种方法，应根据具体的评估对象和可以搜集到的资料确定。

2.单项资产重置成本的估算：统计分析法

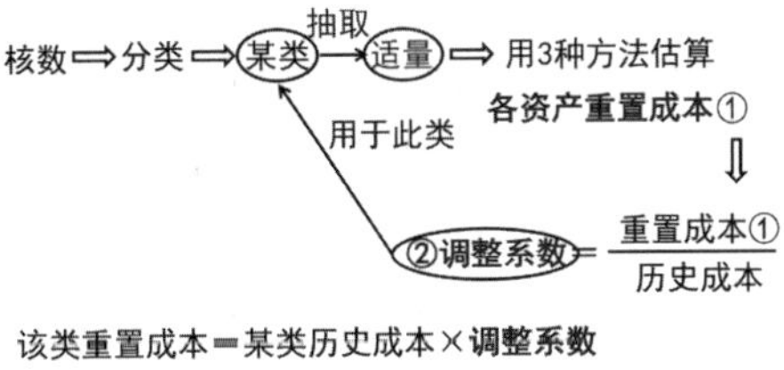

（二）实体性贬值估算（三种方法）

1.观察法和修复费用法

观察法	资产实体性贬值=重置成本 ×（1—实体性成新率）=重置成本 ×实体性贬值率
修复费用法	利用恢复资产功能所支出的费用金额来直接估算资产实体性贬值的一种方法。 如果资产可以通过修复恢复到其全新状态，可以认为资产的实体性损耗等于其修复费用。修复费用包括资产主要零部件的更换或者修复、改造、停工损失等费用支出

2.使用年限法（或称年限法）

原理	认为资产的贬值和其实际使用年限成正比例
名义/实际已使用年限	名义已用年限=按公历的会计年度 实际已用年限=名义已用年限×资产利用率 $资产利用率=\frac{截至评估日资产累计实际利用时间}{截至评估日资产累计法定利用时间}$ 当资产利用率>1时，表示资产超负荷运转，资产实际已使用年限比名义已使用年限要长； 当资产利用率=1时，表示资产满负荷运转，资产实际已使用年限等于名义已使用年限； 当资产利用率<1时，表示开工不足，资产实际已使用年限小于名义已使用年限
计算公式	$实体性贬值率=\frac{实际已用年限}{实际已用年限+尚可使用年限}$ 贬值额=(重置成本-预计残值)×实际贬值率 【说明】残值不会贬值，应扣除预计残值，教材公式漏掉了。
时间以外工作量度量下的使用年限法	例如车辆评估中以行驶里程数度量贬值程度
复杂设备的使用年限法	（1）复杂设备的特点 复杂设备由多个部分构成，每个部分的使用寿命及更新后的新旧程度不同。 （2）方法 一般采取加权法来确定资产的实体性贬值。也就是说，先计算加权更新成本，再计算加权平均已使用年限。 （3）计算公式 各个部分加权更新成本=已使用年限 ×更新成本（或购建成本） 加权平均已使用年限 =Σ加权更新成本（或购建成本）/Σ更新成本（或购建成本）

（三）功能性贬值估算

<table>
<tr><td rowspan="1">分类</td><td colspan="2">功能贬值：
投资购置 ⟹ 超额投资成本（功能性贬值）＝复原重置成本－更新重置成本
运营设备使用成本 ⟹ 营运性功能贬值

如果评估某资产时所用的重置成本为更新重置成本，则不必考虑因超额投资成本造成的功能性贬值</td></tr>
<tr><td rowspan="3">营运性功能贬值</td><td>含义</td><td>被评估资产与全新状态的资产相比，由于资产的效用，生产加工能力，工耗、物耗、能耗水平等功能方面的差异造成的成本增加和效益降低</td></tr>
<tr><td rowspan="2">估算</td><td>1.将被评估资产的年运营成本与功能相同但性能更好的新资产的年运营成本进行比较确定超额运营成本。
2.确定净超额运营成本（类似与收益法中 A、Rt）＝超额运营成本 × （1–所得税税率）
3.估计被评估资产的剩余寿命（年限 n）</td></tr>
<tr><td>4.以适当的折现率将被评估资产在剩余寿命内每年的净超额运营成本折现，这些折现值之和就是被评估资产功能性损耗（贬值），计算公式为：
被评估资产功能性贬值额 =∑（被评估资产年净超额运营成本 × 折现系数）</td></tr>
</table>

（四）经济性贬值的估算

<table>
<tr><td>间接计算法（生产能力相对过剩引起的经济性贬值）</td><td>资产的经济性贬值率
＝1—（现在生产线的实际生产能力—设计生产能力）^{x} × 资产的经济性贬值
＝资产的重置成本 × 资产的经济性贬值率
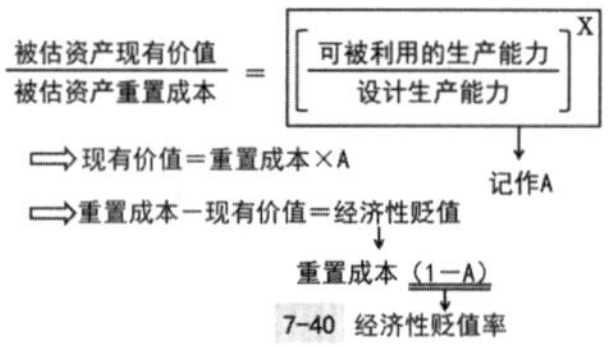
</td></tr>
<tr><td>直接计算法（生产要素提价，产品售价没有提高引起的经济性贬值）</td><td>计算方法和由于超额营运成本引起的功能性贬值的计算方法一样</td></tr>
</table>

二、选编例题

【例 1 · 单选题】某被评估设备为 1992 年 12 月购入，账面原值 12 万元，评估基准日为 2004 年 12 月 31 日。目前市场上无法获得该设备相关售价信息。已知该类设备 1992 年的定基物价指数为 102%，1998 年的定基物价指数为 116%，自 1999 年开始，同类物价指数每年比上一年上升 4%，若该设备的成新率为 40%，不考虑其他因素，该设备的评估值最接近于（　　）万元。

A.5.34　　B.6.90　　C.6.65　　D.7.85

【例 2 · 单选题】某被评估实验室设备已投入使用 5 年，按设计标准，在 5 年内应正常工作 14 600 小时。由于实验室利用率低，如果按一年 365 天计算，在过去的 5 年内平均每天只工作 4 个小时。经专家分析，若按过去 5 年的实际利用率预测，自评估基准日起该设备尚可使用 15 年，若不考虑其他因素，则该设备的成新率最接近于（　　）。

A.72%　　B.75%　　C.82%　　D.86%

【例 3 · 单选题】评估对象为一套设备，该设备与同新型设备相比，在每年产量相同的条件下，多耗费材料 10 万元。同时由于市场竞争原因，导致在评估基准日后该设备生产的产品销售价格将下降，经分析，由此导致企业每年利润总额减少 20 万元。若该设备尚可使用 5 年，折现率为 10%，所得税税率为 33%，不考虑其他因素，则该设备的经济性贬值最接近于（　　）万元。

A.50.8　　B.75.8　　C.76.2　　D.113.7

知识点 7 选编例题答案

1.【答案】B

【解析】1998 年与 1992 年相比，物价指数是：116%/102%=113.8%。自 1999 年开始，同类物价指数每年比上一年上升 4%，连续增长直到 2004 年 12 月 31 日，持续了 6 年，2004 年与 1992 年相比，物价指数是：$113.8\% \times 1.04^6=144\%$。

2004 年 12 月 31 日设备的复原重置成本是：12×144%=17.28（万元）

该设备的评估值 17.28×40%=6.9（万元）。

2.【答案】B

【解析】每年正常工作时间是 14 600/5=2 920 小时；设备利用率 =365×4×5/14 600=50%；实际使用年限 =365×4×5/2920=2.5；实际尚可使用年限 =15×50%=7.5 年；成新率 =7.5/（7.5+2.5）×100%=75%

3.【答案】A

【解析】20×（1−33%）×（P/A，10%，5）=20×（1—33%）×3.7908=50（万元）

【知识点 8】资产评估方法的选择（★★★）

一、知识点精讲

基本规定	2016 年通过的《资产评估法》规定："评估专业人员应当恰当选择评估方法，除依据评估执业准则只能选择一种评估方法的外，应当选择两种以上评估方法，经综合分析，形成评估结论，编制评估报告。"
影响评估方法选择的因素	1.评估目的和价值类型； 2.评估对象； 3.评估方法的适用条件； 4.评估方法应用所依据数据的质量和数量； 5.影响评估方法选择的其他因素
选择两种以上评估方法	1.应当与评估目的和评估价值类型相适应 例如，对一项以成本模式进行后续计量的投资性房地产进行评估，为减值测试提供价值参考，评估目的为财务报告目的，价值类型应当为会计准则所要求的特定价值（可收回金额），在确定预计未来现金流量的现值时应当选择收益法；在确定公允价值减处置费用时，估算公允价值时可以选择市场法。 2.应当与评估对象的类型和现实状态相适应 3.应当与资料收集情况相适应
可以采用一种评估方法的情形	当存在下列情形时，可以采用一种评估方法： 1.基于相关法律、行政法规、规章的要求或者限制而采用一种方法。 2.由于评估对象仅满足一种评估方法的适用条件而采用一种评估方法。 3.因操作条件限制而采用一种评估方法，但需要在评估报告中说明理由。 操作条件限制应当是资产评估行业通常的执业方式普遍无法排除的，而不应以个别资产评估机构或者个别资产评估专业人员的操作能力及条件作为判断标准
评估方法选择的披露	1.应该在资产评估报告中对资产评估方法的选择及其理由进行披露； 2.因适用性受限而选择一种评估方法的，应当在资产评估报告中披露其他基本评估方法不适用的原因； 3.因操作条件受限而选择一种评估方法的，应当对所受的操作条件限制进行分析、说明和披露

二、选编例题

【例 1. 多选题】（2019 真题）资产评估专业人员在选择评估资产方法时，需要考虑的因素主要包括（　　）。

A. 评估价值类型　　B. 评估目的

C. 评估程序繁简程度　　D. 评估对象

E. 评估资料收集情况

知识点 8 选编例题答案

【答案】ABDE

【解析】资产评估专业人员在选择资产评估方法时，应当充分考虑影响评估方法选择的因素。所考虑的因素主要包括：①评估目的和价值类型；②评估对象；③评估方法的适用条件；④评估方法应用所依据数据的质量和数量；⑤影响评估方法选择的其他因素，所以 ABDE是正确答案。

同步强化训练题

一、单项选择题

1.（2018 真题）2018 年 3 月的价格为 200 万元，该类资产 2018 年 3 月至 8 月的环比价格指数分别为 102.6%，103.5%，104.3%，105.6%，106.8%则资产 2018 年 8 月的评估值是（　　）。

A.255.6 万元　　B.249.8 万元　　C.259.4 万元　　D.245.6 万元

2.（2020 真题）下列市场法评估的价值比率中，一般不适用于轻资产公司的比率是（　　）。

A. 市销率　　B. 市值与净现金流比率

C. 市净率　　D. 市盈率

3.（2018 真题）某设备 2012 年 7 月 31 日购置，若该设备每天工作 8 小时，使用寿命 20 年，该设备投入使用后每天实际工作 10 小时，以 2018 年 7 月 31 日为基准日，该设备的实体贬值率为（　　）。

A.37.5%　　B.30.0%　　C.24.0%　　D.31.5%

4. 资产的功能性贬值是指由于技术进步引起的资产功能相对落后而造成的资产价值损失。以下情形不可能造成资产的功能性贬值的有（　　）。

A. 由于新工艺的采用使原有资产的建造成本超过现行建造成本

B. 由于新材料和新技术的采用使原有资产的建造成本超过现行建造成本

C. 由于新工艺的采用使原有资产超过体现技术进步的同类资产的运营成本

D. 由于使用及自然力的作用导致的资产的损耗

5. 某城市商业用途土地的容积率修正系数如下表：

容积率	0.1	0.4	0.7	1.0	1.2	1.4	1.6	1.8	2.0	2.2
修正系数	0.5	0.6	0.8	1.0	1.1	1.3	1.4	1.6	1.8	2.0

可比案例宗地地价为每平方米 2 700 元，容积率为 2.0，待估宗地规划的容积率为 1.8，经容积率修正后的可比实例价格最接近于（　　）元 / 平方米。

A.2 160　　B.2 400　　C.2 430　　D.3 240

6. 至评估基准日，被评估设备甲已使用 4 年，尚可使用 8 年，该设备与生产能力相同的新型号设备相比，每年多耗电 2 万度，电价为 0.45 元 / 度。评估人员在二手设备交易市场上找到一台与被评估设备同生产厂家、同型号并在评估基准日已实现交易的设备乙，设备乙已使用 5 年，尚可使用 7 年，交易价格为 40 万元。若折现率为 10%，企业适用所得税税率为 25%，不考虑其他因素，则评估人员依据上述条件得出的被评估设备甲的评估值最接近于（　　）万元。

A.41　　B.43　　C.46　　D.48

7. 评估轿车甲时，评估师从市场上获得的参照轿车乙在型号、购置年限、发动机、底盘及各主要系统等方面的状况与轿车甲基本相同，区别在于：轿车甲加装了倒车雷达，原价 2 000 元，市场现价 1000 元，已经使用了 2 年，尚可使用 3 年；轿车乙右后灯破损需要更换，更换费用 300 元；

轿车乙加装了CD音响一套，原价5 000元，市场现价3 500元，已经使用3年，尚可使用3年。轿车乙的市场现价为125 500元，根据参照轿车乙估算的轿车甲的评估值为（　　）。

A.123 300元　　B.124 050元　　C.124 650元　　D.126 350元

8. 被评估房地产购置于2004年底，购置价为150万元，（假定）2004年的房地产价格指数为100%，从2005年到2009年的房地产价格指数每年比上年的增长幅度分别为11.7%、17%、20.5%、6.9%和4.8%，则被评估房地产2009年底的重置成本为（　　）。

A.241万元　　B.265万元　　C.2 410万元　　D.2 650万元

9. 某企业发行7年期一次还本付息债券10万元，年利率5%，单利计息，评估基准日至到期日还有4年，若以国库券利率4.5%作为无风险报酬率，风险报酬率取3.5%，则该债券的评估价值最接近于（　　）元。

A.99 229　　B.103 198　　C.111 454　　D.120 370

10. 乙企业拥有甲企业发行的4年期到期一次还本付息债券，面值30万元，年利率5%，复利计息。评估基准日为2017年6月1日，此时乙企业已持有该债券1年。当时商业银行3年期存款利率为3.2%，风险报酬率为2.8%。请问乙企业持有的甲企业债券在2017年6月1日的价值为（　　）。

A.30万元　　B.30.62万元　　C.40万元　　D.46万元

11. 被评估企业拥有某公司的非上市普通股100万股，每股面值1元，持有期间每年的收益率为20%左右。经评估专业人员了解分析，稳健估计，预测今后若干年内收益率可以保持在16%左右，折现率为8%。若不再考虑其他因素，则该股票评估值为（　　）万元。

A.100　　B.120　　C.200　　D.250

12. 被评估企业甲拥有乙企业发行的优先股100万股，每股面值10元，股息率为10%。据了解乙企业的营业非常稳定，每年的资产收益率都在20%左右，并可持续下去。甲企业计划在评估基准日后第四年年末新上一个大型项目，到时将所持有的乙企业的优先股出让，预计出让价格为每股13元，若折现率为9%，甲企业持有的乙企业优先股的评估值最接近于（　　）万元。

A.1 159　　B.1 245　　C.1 500　　D.1 592

13. 被评估企业甲拥有乙企业发行的优先股100万股，每股面值10元，股息率为12%。根据评估人员调查，乙企业的资产收益率每年都在16%左右，并可持续下去。被评估企业甲计划在评估基准日后第五年年末新上一个大型项目，到时将所持有的乙企业的股票出让，预计出让价为每股14元，若折现率为10%，则被评估企业甲持有的乙企业股票的评估值最接近于（　　）万元。

A.1 160　　B.1 320　　C.1 570　　D.1 850

14、注册资产评估师评估某带租约的投资性房地产的公允价值，评估基准日该投资性房地产剩余租期为5年，根据租约合同，每年租金为10万元，每年年末支付。通过市场调查及分析，被评估投资性房地产每年的客观租金应为12万元。该投资性房地产剩余使用年限50年，折现率为10%（利率为10%的5年年金现值系数为3.791，45年年金现值系数为9.863）。不考虑相关税费，该投资性房地产的评估值为（　　）。

A.97.65万元　　B.111.41万元　　C.118.98万元　　D.128.98万元

15. 被评估对象为一台自制大型模具，该模具净重2吨，评估基准日该模具的材料价格为15元/千克，材料利用率为75%，模具的冷加工费为30 000元，热加工费按模具净重每千克15元，其他费用10 000元，行业平均成本利润率为10%，不考虑其他因素，则该模具的重置成本最接近于（　　）元。

A.98 000　　B.109 000　　C.110 000　　D.121 000

16. 被评估对象为一台设备，1997年12月31日购置，账面原值为28万元，评估基准日为2007年1月1日。已知1997年末的定基物价指数为106%，2002年末的定基物价指数为118%，从2003年开始，同类物价指数每年比上一年上升7%，若不考虑其他因素，该设备的重置成本最接近于（　　）万元

A.33.35　　B.37.90　　C.40.86　　D.43.72

17. 被评估对象为一台注塑机，年生产能力为 15 万件。评估人员经市场查询得知，该设备的生产厂家已停止这种设备的生产，评估基准日年生产能力为 20 万件的同类新设备市场价格为 8 万元，如果该类设备的运输安装费用为设备价格的 5%，被评估设备的成新率为 40%，该类设备的规模指数为 0.7，不考虑其他因素，该设备的评估值最接近于（　　）万元。

A.2.4　　B.2.52　　C.2.75　　D.6.3

18. 评估对象为已购置尚未正式投产使用的生产线，经专业评估人员估测，由于受产品市场结构调整的影响，该生产线投产后将在相当长的时间里难以达到满负荷工作状态，评估基准日时尚未出现同类型新型生产线。据此，评估人员在评估该条生产线价值时（　　）。

A. 应当考虑生产线的实体性贬值　　B. 应当考虑生产线的功能性贬值

C. 应当考虑生产线的经济性贬值　　D. 不用考虑贬值因素

19. 导致被评估机器设备功能性贬值的因素是（　　）。

A. 原材料、能源提价，造成生产成本提高，而售价没有相应提高

B. 市场竞争加剧，产品需求降低，设备开工不足，生产能力相对过剩

C. 国家环境保护法规强制设备报废，缩短了被评估设备的正常使用寿命

D. 新技术的发展，使得被评估设备的运营费用相对提高

20. 以下关于收益法的收益期限说法错误的是（　　）。

A. 指资产具有获利能力并产生资产净收益的持续时间

B. 通常以年为时间单位

C. 由评估人员严格依照有关法律、法规、契约、合同等加以确定

D. 收益期分为有限期和无限期（永续）

21. 下列关于更新重置成本的说法中，正确的是（　　）。

A. 价格指数法能够确定更新重置成本

B. 更新重置成本是采用与评估对象相同的材料、制造标准等，以现行价格水平重新构建与评估对象相同的全新资产所发生的费用

C. 重置核算法可以用来估算更新重置成本

D. 采用更新重置成本应扣除因超额投资成本产生的功能性贬值

22. 某厂房竣工总造价为 2 000 万元，由于使用了关联方施工，其造价比正常造价低 600 万元，该竣工造价包括了施工中因设计变更产生的拆除和设施处置损失 50 万元。该厂房在竣工时的重置成本应当为（　　）。

A.2 550 万元　　B.2 600 万元　　C.1 950 万元　　D.2 000 万元

23. 下列关于资本资产定价模型中 β 系数的说法，正确的是（　　）。

A. 如果 β=1，则说明大盘整体上涨 10%时，该只股票的报酬率保持不变

B. 如果 β=1.4，则说明大盘整体上涨 10%时，该只股票的报酬率下降 14%

C. 如果 β=0.7，则说明大盘整体上涨 10%时，该只股票的报酬率下降 7%

D. 如果 β=1.2，则说明大盘整体上涨 10%时，该只股票的报酬率也上涨 12%

24. 在采用收益法评估资产价值时，所使用的权益额应当为（　　）。

A. 现时收益额　　B. 预期收益额　　C. 历史收益额　　D. 实际收益额

二、多项选择题

1.（2021 真题）下列关于资产评估方法的说法中，错误的有（　　）。

A. 收益法是在预期收益还原思路下若干具体方法的集合

B. 价值比率法被用于评估企业价值的，一般以参照企业的具体财务指标与被评估企业的价值比率相乘估算被评估企业价值

C. 修复费用法是估算资产经济性贬值的一种方法

D. 价格指数法和重置核算法都可以被用于估算被评估资产的更新重置成本
E. 功能价值类比法既可用于市场法的因素修正，也可用于资产重置成本的估算

2. 以下属于成本法中贬值类型的是（　　）。
A. 经济性贬值　　B. 货币性贬值
C. 功能性贬值　　D. 实体性贬值
E. 需求性贬值

3. 以下属于市场法中，单项资产可比因素的有（　　）。
A. 市场条件及供求关系　　B. 交易条件
C. 资产的实体特征和质量　　D. 资产的功能
E. 新旧程度必须完全一样

4. 以下属于收益法使用局限的是（　　）。
A. 对于没有收益或收益无法用货币计量以及风险报酬率无法计算的资产，该方法将无法使用
B. 收益法计算复杂，其对评估人员的素质要求过高
C. 收益法的操作含有较大成分的主观性，从而使评估结果较难把握
D. 收益法的运用也需要一定的市场条件，否则一些数据的选取就会存在困难
E. 收益法无法计算收益期限无限的资产价值

5. 复原重置成本与更新重置成本的根本差异在于（　　）。
A. 功能不同　　B. 成本构成不同
C. 价格标准不同　　D. 材料、标准、技术等不同
E. 价格指数法不能用来计算更新重置成本

6. 造成资产经济性贬值的主要原因有（　　）
A. 该技术落后了　　B. 该项资产生产的产品需求减少了
C. 社会劳动生产率提高　　D. 自然力作用加剧
E. 政府公布淘汰该类资产的时间表

7. 以下属于成本法使用的局限的是（　　）。
A. 成本法所评估的企业价值很难直接为投资者提供价值参考
B. 成本法对历史资料的可靠性要求较高，有时候往往因为资料缺失而难以进行
C. 轻资产的企业成本法评估值与使用收益法或市场法得出的结果可能差异极大
D. 成本法涉及的三类贬值计算粗略，使得估值结果十分不准确
E. 成本法在以企业并购为目的的评估中并非完全没有意义

8. 我国资产评估法规定：评估专业人员应当恰当选择评估方法，除依据评估执业准则只能选择一种评估方法的外，应当选择两种以上评估方法，下列可以仅采用一种评估方法进行评估的有（　　）。
A. 法律法规要求导致限制只能够采用一种方法
B. 企业价值评估
C. 评估对象仅满足一种评估方法的适用条件
D. 操作条件限制而采用一种评估方法
E. 分析评估方法适用于被评估对象的便捷性，只能选择一种评估方法

9. 在使用收益法评估资产价值时，下列关于折现率的说法中，正确的有（　　）。
A. 折现率是一种投资回报率
B. 风险报酬率不考虑投资违约风险
C. 折现率由无风险报酬率和风险报酬率组成
D. 市场风险是非系统性风险
E. 无风险报酬率是任何投资者都可以投资并能够获得的

10.（2021 真题）下列因素中，属于资产评估人员选择资产评估方法时应当考虑的因素有（ ）。

A. 资产评估机构自身的执业操作条件　　B. 评估目的

C. 评估对象　　D. 评估方法的适用条件

E. 价值类型

三、综合题

综合题 1. 某 H股上市公司拟对国内某非上市公司进行收购，聘请资产评估机构对收购对象进行评估，作为确定收购价格的参考依据，被收购公司属于轻资产类型的软件公司，设立时间较短，只有两年的经营历史，营业收入较少，目前该公司处于亏损状态。

资产评估机构在对该软件公司进行评估时，考虑到成本法难以体现轻资产公司的价值，拟使用收益法和市场法进行评估，在评估说明中，资产评估师对收益法和市场法的基本评估思路描述如下：

（一）收益法的基本思想

（1）收益预测

①采用净现金流量（股权自由现金流量）作为收益额口径；

②根据该公司编制事业计划进行收益预测，因该公司事业计划的收益预测较历史数据有大幅度增长，资产评估师认为其未来收入及利润实现存在很大不确定性，因此要求该公司对所提供的盈利预测数据提供保证，并要求其承诺：如该公司不能实现预测利润，对实际利润与预测利润之间的差额由大股东补足。

（2）折现率的确定

折现率＝无风险报酬率＋风险报酬率＋企业个别风险

无风险报酬率按同期国债利率确定，取近年财政部发行的 5 年期凭证式国债的票面利率；风险报酬率参考国务院国资委制定的企业绩效评价标准值，选取相关行业净资产收益率的平均值；企业个别风险通过分析企业的财务、经营等风险加以确定。

（3）将未来收益折现得到评估值。

（二）市场法的基本思路

本次评估采用上市公司比较法，并选用市销率（P/S）和市净率（P/B）作为价值比率。

（1）由于在境内资本市场未发现可比上市公司，评估人员选取了 3 个 H股上市公司作为可比对象；

（2）计算评估对象的评估值。

①由于市销率、市净率可以从不同角度发现企业的价值特性，因此分别计算 3 家可比公司 P/S、P/B；

②分别计算 P/S、P/B的算术平均值

P/S平均值＝（$P/S1+P/S2+P/S3$）/3

P/B平均值＝（$P/B1+P/B2+P/B3$）/3

③计算出上述两个指标口径所对应的股权价值

$Vp/s=P/S$平均值 ×被评估企业销售收入

$Vp/b=P/B$平均值 ×被评估企业净资产

④计算评估值

评估值＝（$Vp/s+VP/B$）/2

【要求】（1）该项目对收益口径的选取是否合适？说明理由。该项目收益法的运用存在什么问题？

（2）该项目中市场法的运用存在什么问题？

综合题 2. 某资产评估报告，评估对象为写字楼，采用资产评估方法为市场法和成本法。从资产评估报告及相关工作底稿行到评估信息如下：

使用市场法评估时，资产评估专业人员在收集市场交易案例时发现，评估对象所在地区写字楼交易极不活跃，所收集到 3 个交易案例均为三年以前的交易案例，并且交易案例与评估对象在区位条件，个别因素方面存在较大差异。

资产评估专业人员对评估对象与交易案例之间的时间因素、区位因素和个别因素差异进行了修正，得到修正后的资产评估结果，并以 3 个修正后评估结果的算术平均数作为市场法的评估值，评估单价为 25 194 元 /m² 修正情况与评估结果如下表所示。

可比案例

房地产名称	评估对象		可比实例 A	可比实例 B	可比实例 C
时间因素 A	交易时间	2016.7	2013.7	2012.5	2011.8
	修正系数	1	1.52	1.61	1.65
区位因素 B	修正系数	1	1.3	1.45	1.5
个别因素 C	修正系数	1	1.52	1.41	1.35
总修正系数 D	D=A*B*C		3.00	3.27	3.34
交易价格			11 000	7 200	5 700
修正结果		25 194	33 000	23 544	19 038

资产评估专业人员采用成本法得到评估结果为 12 410 元 /m² 资产评估专业人员以两种评估方式的算术平均值（18 802 元 /m²）作为评写字楼单位面积价值最结结论。

评估报告未做其他披露

（1）什么是市场法？市场法的应用前提是什么？

（2）对该写字楼采用市场法评估是否恰当？说明理由

（3）分析资产评估专业人员确定最终评估结论的方式

综合题 3.【案例 1】甲评估机构对某一企业的投资性房地产 A进行评估，评估中采用了两种评估方法，其中采用工程造价成本法的评估结果为 35 万元，而采用市场法的评估结果为 55 万元。评估机构最终采用算术平均的方法，给出住宅 A的评估结论为 45 万元。

【案例 2】乙评估机构对某一拟转让的企业 B 进行评估（以企业 B 持续经营为评估前提），评估中采用了两种评估方法，其中采用资产基础法的评估结果为 4 000 万元，而采用收益法的评估结果为 3 000 万元，评估机构最终采用算术平均的方法，给出企业 B 的评估结论为 3 500 万元。

【要求】分别对上述两个案例进行评价。评价的具体内容包括：

（1）是否同意评估机构的评估结论；

（2）对案例评估结果出现较大差异形成的原因进行分析；

（3）根据分析结果，对案例评估结论提出处理意见。

综合题 4.A企业是一家矿业公司，开业设立不久，为了迅速扩大投资形成产能，决定接受其他企业的股权投资，因而需要进行企业价值评估。甲资产评估师查阅 A企业提供的资产评估申报资料，发现该企业只有一项无形资产、一项矿产资源、一项大型机器设备认为该企业资产种类相对少，采用成本法进行评估可以节约成本。由于企业价值评估确定采用成本法，因此甲评估帅认为，理所当然的企业的上述三项资产都应该采用成本法进行评估。

甲资产评估师为了节约时间，要求 A企业的董事长签字确认 A公司提供的资产评估申报资料，评估对象权属证明，反映资产状况的资料，评估对象的历史、预测、财务、审计等资料的真实完整和可信赖，如果资料有误，导致评估结论不合理，甲评估师及其评估事务所不承担责任。随后甲资产评估师就完全基于 A公司提供的三项资产的财务会计资料，对相关数据进行核对，计算成本最终得出了三种资产的评估值。

评估数据有了初步结果后，评估师认为还是应该进行现场调查，因此对A企业的财务人员进行了询问、访谈。无形资产不可见，评估师认为无法进行调查；矿产资源也深埋在地下，无法看见地下矿产的具体情况，也无法进行进一步调查，因此评估师对机器设备进行了现场勘查。勘查发现机器设备虽然是全新采购的，但是运输途中有部分部件损坏，即使更换受损部件，设备的性能也可能受到影响，严重的话可能导致设备无法正常使用，评估师提出启动运行设备以检测设备是否可以正常使用，但是A企业以设备新购入，不生产的情况下启动运行，对设备损耗大而拒绝该要求。评估师认为自己做到了应有的执业责任，无法查验该设备的性能属于现场调查受限的情形，考虑的确是新购入设备被评估但是的考虑也有道理，所以考虑了机器设备运输途中损坏的部件进行更换维修的成本，由于更换该设备能够恢复设备的功能，因此将该成本视作功能性贬值，重新计算了机器设备的评估值。

【问题】1. 甲评估师对企业价值评估方法的选择是否适当？采用成本法评估企业价值时，评估师对A公司的三项资产都采用成本法进行评估是否恰当？

2. 什么是成本法？成本法的应用前提是什么？有什么注意事项？

3. 成本法的主要因素有哪些？评估师将机器设备运输损坏更换零部件，视作设备功能的恢复，从而将维修更换成本视作功能性贬值是否正确？

同步强化训练题参考答案及解析

一、单项选择题

1.【答案】B

【解析】200×102.6%×103.5%×104.3%×105.6%×106.8%＝249.8（万元），所以选择B正确。

2.【答案】C

【解析】轻资产企业不宜选择与资产规模相关的价值乘数，应当考虑与收益口径相关的指标，所以C是正确答案。大家要注意掌握各自价值比例的分类以及适用对象。

3.【答案】A

【解析】实际已使用时间＝6×360×10＝21 600（小时），实体性贬值率＝21 600/（20×360×8）＝37.5%，所以A是正确答案。

4.【答案】D

【解析】D会导致实体性贬值。ABC导致功能性贬值。所以D正确。

5.【答案】B

【解析】本题考查对容积率修正的基准地价法的计算； $2700\times\frac{1.6}{1.8}=2400$ 。

6.【答案】C

【解析】40×[（8/12）/（7/12）]=40×（8/7）=45.7（万元）。

7.【答案】C

【解析】125 500+300−3 500×3/6+1 000×3/5=124 650（元）；本题考查市场法在设备评估中的运用。

8.【答案】B

【解析】150×（1+11.7%）×（1+17%）×（1+20.5%）×（1+6.9%）×（1+4.8%）≈265（万元）

9.【答案】A

【解析】10×（1+5%×7）/（1+8%）^{4} ≈ 99 229（元）。

10.【答案】B

【解析】本题考查到期一次性还本付息，按复利计算债权价值的评估。30×（1+5%）^{4}/（1+6%）^{3} ≈ 30.62（万元）。

11.【答案】C

【解析】本题考查固定红利永续增长模型，利用公式为P＝R/r，100×16%/8%=200（万元）。

12.【答案】B

【解析】本题属于优先股转售和股利折现的综合计算题。$100\times10\times10\%\times[(1+9\%)^{-1}+(1+9\%)^{-2}+(1+9\%)^{-3}+(1+9\%)^{-4}]+100\times13\times(1+9\%)^{-4}\approx1245$（万元）。

13.【答案】B

【解析】本题属于优先股转售和股利折现的综合计算题。$100\times10\times12\%\times[(1+10\%)^{-1}+(1+10\%)^{-2}+(1+10\%)^{-3}+(1+10\%)^{-4}+(1+10\%)^{-5}]+100\times14\times(1+10\%)^{-5}\approx1324$（万元）。

14.【答案】B

【解析】本题考查投资性房地产收益法的运用；五年之后投资性房地产的收益应该以最佳用途的客观租金确定。$10\times(P/A,10\%,5)+12\times(P/A,10\%,45)\times(P/F,10\%,5)=10\times3.791+12\times9.863\times(1+10\%)^{(-5)}=37.91+73.5=111.41$（万元）

15.【答案】D

【解析】$(2\,000\times15/75\%+30\,000+2\,000\times15+10\,000)\times1.1=121\,000$（元）。

16.【答案】C

【解析】$28\times118\%/106\%\times(1+7\%)^{4}\approx40.86$（万元）；本题考查重置成本法中物价指数调整法的运用。

17.【答案】C

【解析】$8\times(15/20)^{0.7}\times1.05\times40\%\approx2.75$（万元）；本题考查重置成本法中指数估价法的运用。

18.【答案】C

【解析】产品市场结构调整导致的贬值属于经济性贬值。

19.【答案】D

【解析】选项ABC属于经济性贬值。

20.【答案】C

【解析】本题考查收益法的知识；收益期限可以由评估人员根据被评估资产自身效能、资产未来的获利能力、资产损耗情形及相关条件以及有关法律、法规、契约、合同等加以确定。

21.【答案】C

【解析】价格指数法估算的重置成本仅考虑了价格变动因素，因而确定的是复原重置成本；而重置核算法既考虑了价格因素，也考虑了生产技术进步和劳动生产率的变化因素，因而可以用来估算更新重置成本，所以选项C正确。

22.【答案】A

【解析】$2\,000+600-50=2\,550$（万元）。自建型是把自建资产作为资产重置方式，根据重新建造资产所需的料、工、费及必要的资金成本和开发者的合理收益等分析和计算出资产的重置成本。重置成本必须扣除不合理的损失和支出。

23.【答案】D

【解析】如果β系数为1，则说明当大盘整体上涨10%时，该只股票的报酬率上涨10%；反之，则下降10%。如果β系数为1.4，则说明市场整体上涨10%时，该只股票上涨14%；如果β系数为0.7，则市场整体变动10%时，则该只股票同向变动7%。

24.【答案】B

【解析】收益法实际上是在预期收益还原思路下若干具体方法的集合。

二、多项选择题

1.【答案】BCD

【解析】价值比率法被用于评估企业价值的，一般以被评估企业的具体财务指标与参照企业的价值比率相乘估算被评估企业价值，所以B表述错误。修复费用法是估算资产实体性贬值的一种方法，所以C表述错误。价格指数法用于估算被评估资产的复原重置成本，所以D表述错误。

2.【答案】ACD

【解析】本题考查成本法的基本概念；成本法中的贬值类型包括经济性贬值、功能性贬值、实体性贬值。

3.【答案】ABCD

【解析】本题考查市场法的可比因素的内容；ABCD都属于单项资产的可比因素。E要求过于严格。

4.【答案】ACD

【解析】本题考查收益法的使用局限知识；选项BE不属于收益法的使用局限。

5.【答案】BD

【解析】二者的共同点体现在都是以现时价格来计算的。同时不论是复原还是更新重置成本，都要求与被评估资产具有同等功能。

6.【答案】BE

【解析】A和C是功能性贬值、D是实体性贬值。

7.【答案】ACE

【解析】本题考查成本法使用局限的知识；选项BD不属于成本法的使用局限。

8.【答案】ACD

【解析】当存在下列情形时，可以采用一种评估方法：(1)基于相关法律、行政法规、规章的要求或者限制而采用一种方法。(2)由于评估对象仅满足一种评估方法的适用条件而采用一种评估方法。(3)因操作条件限制而采用一种评估方法，但需要在评估报告中说明理由。

9.【答案】ACE

【解析】从本质上讲，折现率是一种投资回报率，是投资者在投资风险一定的情形下，对投资所期望的回报率。折现率就其构成而言，由无风险报酬率和风险报酬率组成。无风险报酬率，亦称安全利率，是指没有投资限制和障碍，任何投资者都可以投资并能够获得的投资报酬率。在具体实践中，无风险报酬率可以参照同期政府债券收益率。风险报酬率是对风险投资的一种补偿，在数量上是指超过无风险报酬率之上的那部分投资回报率。

10.【答案】BCDE

【解析】资产评估专业人员在选择资产评估方法时，应当充分考虑影响评估方法选择的因素：(1)评估目的和价值类型；(2)评估对象；(3)评估方法的适用条件；(4)评估方法应用所依据数据的质量和数量等。(5)影响评估方法选择的其他因素。当满足采用不同评估方法的条件时，资产评估专业人员应当选择两种以上评估方法，通过综合分析形成评估结论。

三、综合题

综合题1.【答案】(1)①该项目对收益口径的选取是合适的。

对于轻资产类型的企业价值评估，收益法通常占据极为重要的地位，所以该项目采用收益法是合理的。运用收益法要注意不同收益类型、折现率与不同企业价值类型的匹配关系。本项目评估需要评估股权价值，因此应该采用净现金流量（股权自由现金流量），折现率应该采用股权投资回报率，因此该项目对收益口径的选取是合适的。

②该项目收益法的运用存在的问题

问题1.“资产评估师认为其未来收入及利润实现存在很大不确定性，因此要求该公司对所提供的盈利预测数据提供保证，并要求其承诺：如该公司不能实现预测利润，对实际利润与预测利润之间的差额由大股东补足。”

资产评估要求评估师客观公正，认为其未来收入及利润实现存在很大不确定性，就应该在现金流量的估计中考虑该因素，而不是让股东提供保证。

问题2.折现率需要确定股权资本成本

因此最好利用资本资产定价模型确定折现率。

如果采用：折现率＝无风险报酬率＋风险报酬率＋企业个别风险。风险报酬率应该是行业净资产收益率的平均值，扣除无风险报酬。无风险报酬率理论上最好用较长期的政府债券收益率（1年或1年以上）作为基本收益率；由于评估通常涉及基于长期收益趋势的资产，因此选择长期债券利率作为无风险报酬率更为合适；实务中具体采用的政府债券收益期间，应与评估对象的预期收益期间相匹配。

（2）该项目中市场法的运用存在什么问题？

①可比公司的选择

某H股上市公司拟对国内某非上市公司进行收购。由于被收购对象在国内，因此可比公司以国内为好。由于在境内资本市场未发现可比上市公司，评估人员选取了3个H股上市公司作为可比对象。H股市场和国内资本市场差异大，如果选择H股市场，需要能够调整不同市场对价值的影响。

如果条件许可，应该考虑采用交易案例比较法，选择国内的非上市公司的交易实例作为参照对象。

②选择市净率价值比例不太合理（超出了评估基础教材）

对于固定资产较少的服务性企业和高科技企业，净资产与企业价值的关系不大，市净率就没有什么实际意义了。对于科技类且亏损的公司，资产、净资产与企业价值关系不大，应该寻找价值关联度比较大的指标（比如专业人员数量）作为价值比例。

③最后确定评估值时，选用的是P/S、P/B的算数平均数，如果参照物与被评估资产可比性都很好，评估过程中没有明显的遗漏或疏忽，评估专业人员可以采用算术平均法或加权平均法等方法将初步结果转换成最终评估结果。但是市净率不太适用于本题的评估对象，所以评估结论采用算数平均不太合理。

综合题2.【答案】（1）市场法，是指利用市场上同样或类似资产的近期交易价格，经过直接比较或类比分析以估算资产价值的各种评估技术方法的总称。

应用市场法进行资产评估需要满足两个基本的前提条件：一是评估对象的可比参照物具有公开的市场，以及活跃的交易；二是有关交易的必要信息可以获得。

（2）对该写字楼采用市场法评估不恰当，因为“评估对象所在地区写字楼交易极不活跃，所收集到3个交易案例均为三年以前的交易案例，并且交易案例与评估对象在区位条件，个别因素方面存在较大差异”，这就不符合应用市场法进行资产评估需要满足的两个基本的前提条件:一是要有一个活跃的公开市场；二是公开市场上要有可比的资产及其交易活动。

（3）当采用两种以上评估方法时对采用各种方法评估形成的初步结论进行分析比较，对所使用评估资料、数据、参数的数量和质量等进行分析，分析不同方法评估结论的合理性以及不同方法评估结论差异的原因，综合考虑评估目的、价值类型、评估对象现实状况等因素，确定出最终的评估结论。

综合题3.【答案】（1）不同意评估机构的评估结论。

（2）对案例评估结果出现较大差异形成的原因进行分析；

案例1：工程造价法下未考虑市场因素，这样会和市场法计算的结果有很大不同；需要进一步分析方法适用条件。

案例2：资产基础法下将各项要素资产的评估值简单相加得出总值，不考虑整体价值，和收益法计算的结果有不同。资产基础法下各项要素资产可能会存在无效资产的情况，这样会虚增评估值，因此需要采用收益法计算的结果。

（3）根据分析结果，对案例评估结论提出处理意见。

案例1：需要进一步分析方法适用条件，住宅在有可比价格的情况下应该采用市场法进行评估；

案例2：如果企业未来收益低于单项资产价值，投资者应该不会选择继续经营。不过本题目以企业B持续经营为评估前提，应该采用收益法进行评估。

应当采用收益法的结果，整体价值一般采用收益法，成本法＞收益法结果，是因为整体资产各单项资产可能存在无效资产，没有正常营运，对企业没有贡献作用，因此，评估时应将无效资产剔除，单独评估，结果单独列入到评估报告中，但作出说明；或者不列入评估报告中，另行处理该部分无效资产。

综合题 4.【答案】问题 1：2016 年通过的《资产评估法》规定："评估专业人员应当恰当选择评估方法，除依据评估执业准则只能选择一种评估方法的外，应当选择两种以上评估方法，经综合分析，形成评估结论，编制评估报告。"甲评估师基于 A公司资产种类少，为了节约评估成本显然是不合理的。

在采用成本法对企业价值进行评估时，可以根据不同资产的实际状态、使用方式等特殊性选用合适的评估方法进行评估。比如，对于某些二手办公设备，可采用市场法评估；对于自主研发的专利，则可以采用收益法评估，等等。因此，成本法作为企业价值评估的一种方法，更多的体现为一种加和的理念和方式，并不一定要求对其中各单项资产和负债均采用成本法进行评估。

问题 2：成本法是指按照重建或者重置被评估对象的思路，将重建或者重置成本作为确定评估对象价值的基础，扣除相关贬值，以此确定评估对象价值的评估方法的总称。

采用成本法评估资产的前提条件是：(1) 评估对象能正常使用或者在用，即评估对象处于持续使用状态或被假定处于继续使用状态。持续使用假设又分为现状续用、转用续用和移地续用假设。(2) 评估对象能够通过重置途径获得。(3) 评估对象的重置成本以及相关贬值能够合理估算。

运用成本法评估时还应注意以下事项：(1) 形成资产价值的耗费是必需的：要确定这些耗费是必需的，而且应体现社会或行业平均水平，而不应是某项资产的个别成本耗费。(2) 最佳使用和快速变现情形。

问题 3：成本法主要涉及到四项因素：重置成本、实体性贬值、功能性贬值、经济性贬值。实体性贬值是资产由于使用及自然力的作用导致的资产的物理性能的损耗或下降而引起的资产的价值损失。功能性贬值指由于技术进步引起的资产功能相对落后而造成的资产价值损失。经济性贬值指由于外部条件的变化引起的资产闲置、收益下降等造成的资产价值损失。经济性贬值主要体现为运营中的资产使用率下降，甚至闲置，并引起资产的运营收益下降。

评估师将机器设备运输损坏更换零部件的成本，显然属于实体性贬值。

第七章

资产评估报告与档案

本章考情分析

本章考客观题及综合题，分值一般在 15 分左右。本章特别容易出现综合题，综合题主要是找评估报告中存在的问题。

重要考点（★★★）：

（1）资产评估报告的基本要求。

（2）资产评估报告的基本内容。

（3）工作底稿的编制要求。

（4）资产评估档案的归集和管理。

比较重要考点（★★）：

（1）资产评估报告的分类。

（2）国有资产评估报告的特殊要求。

（3）评估档案及作用。

（4）工作底稿的分类、内容。

一般考点（★）：

（1）资产评估报告及规范要求。

（2）评估档案的保密与查阅。

2022 年本章教材变化

本章教材内容变化不大，包括：

1. 在评估报告的分类中，对按监管主体的要求划分：国有资产业务评估报告和非国有资产业务评估报告并非简单按照评估对象的产权归属是否为国有而进行划分。

2. 在评估报告的基本要求中：资产评估专业人员应当以清楚和准确的方式对资产评估报告的内容进行表述，不得存在歧义或误导性陈述不应引起报告使用人的误解。

3. 在评估报告正文，（11）特别事项说明中，对权属等主要资料不完整或者存在瑕疵的情形做了优化说明。

4. 在国有资产评估报告的评估说明要求中，对评估技术说明部分做了优化改写。

5. 在工作底稿的编制要求中，修改了标题：工作底稿应当记录清晰。

本章知识点解读与练习

【知识点 1】资产评估报告的概述（★★）

一、知识点精讲

（一）资产评估报告及规范要求（★）

概念	资产评估报告是指资产评估机构及其资产评估专业人员遵守法律、行政法规和资产评估准则，根据委托履行必要的评估程序后，由资产评估机构对评估对象在评估基准日特定目的下的价值出具的专业报告
要求	资产评估专业人员应当根据评估业务的具体情况，提供能够满足委托人和其他评估报告使用人合理需求的评估报告，并在评估报告中提供必要信息，使评估报告使用人能够正确理解和使用评估结论。 资产评估报告应当按照一定格式和内容进行编写，反映评估目的、假设、程序、标准、依据、方法、结果及适用条件等基本信息
规范	《资产评估执业准则—资产评估报告》主要是从基本遵循、报告内容、出具要求等方面对评估报告进行规范；《企业国有资产评估报告指南》和《金融企业国有资产评估报告指南》是从国有资产评估报告的基本内容与格式方面，对评估报告的标题、文号、目录、声明、摘要、正文、附件、评估明细表和评估说明，以及出具与装订等进行规范

（二）我国资产评估报告制度的发展

时间	规范	制定
1992	《国有资产评估管理办法施行细则》	国家国有资产管理局
1993	《关于资产评估报告书的规范意见》	国家国有资产管理局
1996	《资产评估操作规范意见（试行）》	中国资产评估协会
1999	《关于印发 <资产评估报告基本内容与格式的暂行规定 >的通知》	财政部
2007	《资产评估准则——评估报告》	中国资产评估协会
2008~2010	《企业国有资产评估报告指南》 《金融企业国有资产评估报告指南》	中国资产评估协会
2017	修订发布 《资产评估执业准则——资产评估报告》 《企业国有资产评估报告指南》 《金融企业国有资产评估报告指南》	中国资产评估协会
2018	修订发布《资产评估执业准则——资产评估报告》	中国资产评估协会

（三）评估报告的分类（★★）

分类标准	评估报告类别	含义
法律定位	法定评估业务报告	评估机构开展涉及国有资产或者公共利益等事项，法律、行政法规规定需要评估的法定评估业务，所出具的评估报告，比如国有资产评估报告；《公司法》规定，对作为出资的非货币财产应当评估作价。但是涉及国有资产的评估业务并不一定都是法定业务，如以服务于财务报告目的资产评估就不属于法定评估业务
	非法定评估业务评估报告	除法定评估业务评估报告以外开展的评估业务所出具的评估报告为非法定评估业务评估报告

续表

评估对象	整体资产评估报告	对整体资产(企业、单位或业务等)进行评估所出具的资产评估报告称为整体资产评估报告。 包括企业整体资产价值评估报告、企业股权价值评估报告、业务资产价值评估报告。 一般情况下，整体资产评估报告的内容不仅包括资产，也包括负债和所有者权益
	单项资产评估报告	对一项或若干项以独立形态存在、可以单独发挥作用或以个体形式进行交易的资产进行评估所出具的资产评估报告称为单项资产评估报告。单项资产评估报告一般不考虑负债。 单项资产评估报告包括房地产评估报告、机器设备评估报告、无形资产评估报告等
繁简程度	国外有将评估报告分为评估报告和限制型评估报告。 相对于评估报告，限制型评估报告提供符合披露规则要求的解决评估问题所需要的最低限度信息，需要增加显著的报告使用人和使用用途限制说明。 我国资产评估准则明确了资产评估报告的详略程度可以根据评估对象的复杂程度、委托人要求合理确定，但没有规定资产评估报告按繁简程度划分的具体类型	
评估基准日	追溯性评估报告	过去时点的追溯性评估报告。如某法院委托进行司法诉讼评估，法院要了解诉讼标的在三年前某一时点的市场价值
	现时性评估报告	现在时点的现时性评估报告
	预测性评估报告	未来时点的预测性评估报告。如某银行发放抵押贷款，银行欲了解抵押物在两年后某一时点的市场价值
监管主体要求	国有资产业务评估报告	按照国有资产监管要求出具的资产评估报告为国有资产业务评估报告。国有资产业务评估报告是根据国有资产评估管理规定从事涉及国有资产的评估业务，依据《资产评估执业准则—资产评估报告》《企业国有资产评估报告指南》或《金融企业国有资产评估报告指南》编制出具的资产评估报告。 涉及国有资产的评估业务不仅包括国有单位相关经济行为涉及的国有资产评估，还包括国有单位相关经济行为涉及的非国有资产评估。 国有资产业务评估报告和非国有资产业务评估报告并非简单按照评估对象的产权归属是否为国有而进行划分
	非国有资产业务评估报告	国有资产业务评估报告外，其他报告则为非国有资产业务评估报告。 【说明】在实际监管和实务中有些非国资业务的评估报告也采用国资业务评估报告所要求的形式编制出具

（四）评估报告的基本要求（★★★）

清晰、准确，不得有误导性的表述	资产评估专业人员应当以清楚和准确的方式对资产评估报告的内容进行表述，不得存在歧义或误导性陈述，不应引起报告使用人的误解
提供必要信息，使资产评估报告使用人能够正确理解评估结论	判定一份评估报告是否提供了必要的信息，就要看评估报告使用人（可能具有评估专业知识，也可能不懂评估专业知识）在阅读评估报告后能否对评估结论有正确的理解
详略程度可以根据评估对象的复杂程度、委托人的要求合理确定	资产评估报告的详略程度是以评估报告中提供的必要信息为前提的，应当根据评估对象的复杂程度、委托人的合理需求来确定
评估程序受限对评估报告出具的影响	1.法律法规规定、客观条件限制，无法或者不能完全履行资产评估基本程序，经采取措施弥补程序缺失，且未对评估结论产生重大影响的，可以出具资产评估报告，但应当在资产评估报告中说明资产评估程序受限情况、处理方式及其对评估结论的影响。 2.程序受限对评估结论产生重大影响或者无法判断其影响程度的，不应出具资产评估报告

续表

签字印章要求	1.应当由至少两名承办该项业务的资产评估专业人员签名并加盖资产评估机构印章。 2.法定评估业务的资产评估报告应当由至少两名承办该项业务的资产评估师签名并加盖资产评估机构印章
语言及汇率要求	1.应当使用中文撰写。需要同时出具外文资产评估报告的，以中文资产评估报告为准。 2.一般以人民币为计量币种，使用其他币种计量的，应当注明该币种在评估基准日与人民币的汇率
评估结论的使用有效期	1.现时性资产评估业务，通常只有当评估基准日与经济行为实现日相距不超过一年时，才可以使用资产评估报告。 2.有时评估基准日至经济行为发生日相距尽管不到一年，但市场条件或资产状况发生重大变化，评估报告的结论不能反映经济行为实现日价值，这时也应该重新评估。 3.超过有效期限，评估基准日的评估结论很可能不能反映经济行为发生日的评估结论

二、选编例题

【例 1 · 单选题】下列选项中，关于资产评估报告基本要求的表述，不正确的是（　　）。

A. 资产评估报告的详略程度可以根据评估对象的复杂程度、委托人的要求合理确定

B. 评估程序受限，但未对评估结论产生重大影响的，可以出具资产评估报告，但应当在资产评估报告中做相关说明

C. 法定评估业务的资产评估报告应当由至少两名承办该项业务的资产评估专业人员签名并加盖资产评估机构印章

D. 需要同时出具中外文资产评估报告的，以中文资产评估报告为准

【例 2 · 多选题】下列关于评估报告分类的有关说法正确的有（　　）。

A. 我国资产评估准则没有规定资产评估报告按繁简程度划分的具体类型

B. 单项资产评估完全不用考虑负债

C. 按照评估报告的繁简程度，评估报告可以分为完整型、简明型和限制型评估报告

D. 按照评估基准日的不同资产评估报告分为追溯性评估报告、现时性评估报告和预测性评估报告

E. 整体资产评估报告的内容只有资产

【例 3 · 单选题】（2021 真题）下列关于资产评估报告编制与出具的说法中错误的是（　　）。

A. 国有企业收购民营企业的股权所涉及的评估业务应当出具非国有资产业务评估报告

B. 国有参股企业非国有股东之间的股权转让所涉及的评估业务可以出具非国有业务资产评估报告

C. 民营企业收购国有企业的单项资产所涉及的评估业务应当出具国有资产业务评估报告

D. 国有独资企业收购另一国有参股公司的非国有股权所涉及的评估业务应当出具国有资产业务评估报告

【例 4 · 单选题】（2019 真题改）下列关于资产评估报告的说法中，正确的是（　　）。

A. 国外将资产评估报告按照繁简程度可以划分为评估报告、限制型评估报告

B. 我国资产评估专业人员可以根据评估对象的复杂程度等因素，确定评估报告的详略程度

C. 我国《资产评估执业准则——资产评估报告》规定，评估报告应当由至少两名承办该项业务的资产评估专业人员及资产评估机构的法定代表人签名，并加盖资产评估机构印章

D. 我国资产评估报告一般采用中文，也可以采用其他语言

知识点 1 选编例题答案

1.**【答案】**C

【解析】法定评估业务的资产评估报告应当由至少两名承办该项业务的资产评估师签名并加盖资产评估机构印章。因此，选项 C错误。

2.【答案】AD

【解析】单项资产评估一般不用考虑负债，所以B不正确。注意，按照最新教材，按照评估报告的繁简程度，可以分为评估报告和限制型评估报告，所以C不正确。同时注意，美国的《专业评估执业统一准则》规定企业价值或者无形资产评估书面报告包括开放型和限制型评估报告；评估报告的使用人只有委托方时，可以提供限制型评估报告，当然也可以提开放型评估报告，这并不妨碍限制型评估报告的使用者只有委托方。整体资产评估报告的内容不仅包括资产，也包括负债和所有者权益，所以E不准确。

3.【答案】A

【解析】涉及国有资产的评估业务不仅包括国有单位相关经济行为涉及的国有资产评估，还包括国有单位相关经济行为涉及的非国有资产评估。“国有企业收购民营企业的股权”涉及到国有资产，所以属于法定业务，需要出具国有资产业务评估报告。所以A不正确。

4.【答案】A

【解析】我国资产评估报告的详略程度应当根据评估对象的复杂程度、委托人的合理需求来确定。因此选项B错误。资产评估报告应当由至少两名承办该项业务的资产评估专业人员签名并加盖资产评估机构印章。因此选项C错误。应当使用中文撰写。需要同时出具外文资产评估报告的，以中文资产评估报告为准，因此选项D错误。

【知识点2】资产评估报告的基本内容（★★★）

一、知识点精讲

（一）评估报告

根据《资产评估执业准则——资产评估报告》，资产评估报告的内容包括：（1）标题及文号；（2）目录；（3）声明；（4）摘要；（5）正文；（6）附件。

1.标题及文号、目录、声明、摘要

（1）标题及文号、目录

资产评估报告定义	是指资产评估机构及其资产评估专业人员遵守法律、行政法规和资产评估准则，根据委托履行必要的资产评估程序后，由资产评估机构对评估对象在评估基准日特定目的下的价值出具的专业报告
以“评估报告”标题出具报告条件	①只有符合该定义的评估报告，才能以“评估报告”标题出具。 ②资产评估机构及其资产评估专业人员执行与估算相关的其他业务时，虽然可以参照评估报告准则出具相关报告，但此类报告并不是评估报告，不得以“评估报告”标题出具。 ③标题格式要求：企业名称+经济行为关键词+评估对象+资产评估报告
文号格式要求	包括资产评估机构特征字、种类特征字、年份、报告序号。 目录，应当包括每一部分的标题和相应页码
目录	应当包括每一部分的标题和相应页码

（2）评估报告声明

内容	说明
编制依据	依据财政部发布的资产评估基本准则和中国资产评估协会发布的资产评估执业准则和职业道德准则编制
使用范围及责任	委托人或者其他资产评估报告使用人应当按照法律、行政法规规定和资产评估报告载明的使用范围使用资产评估报告；委托人或者其他资产评估报告使用人违反前述规定使用资产评估报告的，资产评估机构及资产评估专业人员不承担责任

续表

使用对象	资产评估报告仅供委托人、资产评估委托合同中约定的其他资产评估报告使用人和法律、行政法规规定的资产评估报告使用人使用；除此之外，其他任何机构和个人不能成为资产评估报告的使用人
正确理解评估结论	资产评估报告使用人应当正确理解和使用评估结论，评估结论不等同于评估对象可实现价格，评估结论不应当被认为是对评估对象可实现价格的保证
原则及法律责任	资产评估机构及其资产评估专业人员遵守法律、行政法规和资产评估准则，坚持独立、客观和公正的原则，并对所出具的资产评估报告依法承担责任
提醒注意假设、特别说明及适用限制	资产评估报告使用人关注评估结论成立的假设前提、资产评估报告特别事项说明和使用限制
其他需要声明的内容	准则的要求仅是一般性声明内容，资产评估专业人员在执行具体评估业务时，还应根据评估项目的具体情况，调整或细化声明内容

（3）评估报告摘要

内容	《资产评估执业准则——资产评估报告》规定，资产评估报告摘要通常提供资产评估业务的主要信息及评估结论。但该准则没有对这些主要信息的披露提出具体的要求，实务中通常参考企业国有资产评估报告对“评估报告摘要”的披露要求撰写
要求	（1）资产评估专业人员还可以根据评估业务的性质、评估对象的复杂程度、委托人要求等，合理确定摘要中需要披露的其他信息 （2）摘要应当与评估报告揭示的结果一致，不得有误导性内容。

2.评估报告正文

（1）正文的总体内容

分组记忆	特征	具体内容
第一组 6 条	评估基本事项	①委托人及其他资产评估报告使用人；
第一组 6 条	评估基本事项	②评估目的；③评估对象和评估范围； ④价值类型；⑤评估基准日； ⑥评估假设
第二组 4 条	评估执行及结论	⑦评估依据；⑧评估方法； ⑨评估程序实施过程和情况；⑩评估结论
第三组 2 条	特别事项及使用限制	⑪特别事项说明；⑫评估报告使用限制说明
第四组 2 条	签章	⑬资产评估报告日；⑭资产评估专业人员签名和资产评估机构印章

（2）资产评估基本事项（第 1 组）

①评估报告使用人目的、基准日及价值类型

具体内容	具体要求
委托人及其他资产评估报告使用人	在评估报告中应当阐明委托人和其他评估报告使用人的身份，包括名称或类型
评估目的	清晰、准确地揭示评估目的是资产评估报告使用人理解资产评估专业人员界定评估对象、选择评估结论价值类型的基础。 资产评估报告载明的评估目的应当唯一，其结论是服务于评估目的的
评估基准日	资产评估报告载明的评估基准日应当与资产评估委托合同约定的评估基准日保持一致，可以是过去、现在或者未来的时点。评估基准日一般应以具体的日期（××××年 ××月 ××日）体现

续表

价值类型	资产评估报告应当说明选择价值类型的理由，并明确其定义。 价值类型的选择、定义，可以参考《资产评估价值类型指导意见》

②评估对象和评估范围

要求	资产评估报告中应当载明评估对象和评估范围，并描述评估对象的基本情况。但《资产评估执业准则—资产评估报告》并未对此要求做出进一步的说明		
评估对象分类	企业价值评估	企业整体价值	评估范围是评估对象涉及的资产及负债
		股东权益价值（全部或部分）	评估对象：股东全部权益价值或股东部分权益价值 股东全部权益或股东部分权益对应的法人资产和负债属于评估范围，本身并不是评估对象
	单项资产评估（各具体准则中均进行了规范）	金融不良资产评估	可能是债权资产，也可能是用以实现债权清偿权利的实物类资产、股权类资产和其他资产
		文化企业无形资产评估对象	文化企业无形资产的财产权益，或者特定无形资产组合的财产权益
		机器设备评估	评估对象分为单台机器设备和机器设备组合对应的全部或者部分权益
		实物期权	主要包括增长期权和退出期权等

③评估假设

资产评估报告应当披露所使用的资产评估假设。

资产评估专业人员应当在评估报告中清晰说明评估项目中采用的反映交易及市场条件、评估对象存续或使用状态、国家宏观环境条件、行业及地区环境条件、评估对象特点的各项具体评估假设的具体内容。

资产评估专业人员还应当在评估报告中明确提示如果评估报告所披露的评估假设不成立，将对评估结论产生重大影响。

（3）评估执行及结论（第 2 组）

①评估依据

资产评估报告应当说明资产评估采用的法律依据、准则依据、权属依据及取价依据等。

但《资产评估执业准则——资产评估报告》没有规范这些“依据”需要披露的具体内容，实务中通常结合评估项目的具体情况，参考企业国有资产评估报告对法律法规依据、评估准则依据、权属依据、取价依据的披露要求进行撰写。

②评估方法

选择评估方法的因素	Ⅰ评估目的、评估时的市场条件、被评估对象的具体状况，以及由此所决定的资产评估价值类型相适应。 Ⅱ各种评估方法运用所需的数据资料及主要经济技术参数的收集条件对选择评估方法的制约。 Ⅲ评估方法运用的条件和程序要求对选择评估方法的约束
披露要求	因适用性受限而选择一种评估方法的，资产评估专业人员应当在资产评估报告中披露其他基本评估方法不适用的原因;因操作条件受限而选择一种评估方法的，资产评估专业人员应当对所受的操作条件限制进行分析、说明和披露。 在披露资产评估方法的运用情况时，需要在说明总体思路和主要评估方法的基础上，按照评估对象和所涉及的资产 (负债)类型说明所选用的具体评估方法及其应用情况。 采用多种评估方法时，不仅要确保满足各种方法使用的条件要求和程序要求，还应当对各种评估方法得到的评估结果进行比较，分析可能存在的问题并做相应的调整，确定最终评估结论

③评估程序实施过程和情况

披露的一般内容	资产评估报告应当说明资产评估程序实施过程中现场调查、收集整理评估资料、评定估算等主要内容，一般包括以下内容： Ⅰ接受项目委托，确定评估目的、评估对象与评估范围、评估基准日，拟定评估计划等过程； Ⅱ指导被评估单位清查资产、准备评估资料，核实资产与验证资料等过程； Ⅲ选择评估方法、收集市场信息和估算等过程； Ⅳ评估结论汇总、评估结论分析、撰写报告和内部审核等过程
披露的详细程度	资产评估专业人员应当在遵守相关法律、法规和资产评估准则的基础上，根据委托人的要求，遵循各专业准则的具体规定，结合报告的繁简程度恰当考虑对评估程序实施过程和情况的披露的详细程度

④评估结论

<table>
<tr><td colspan="2">《资产评估执业准则——资产评估报告》规定，资产评估报告应当以文字和数字形式表述评估结论，并明确评估结论的使用有效期</td></tr>
<tr><td>评估结论通常是确定的数值</td><td>Ⅰ采用两种以上评估方法的，选择其中相对合理方法的结果作为评估结论
Ⅱ对不同方法的评估结果采用算术平均、加权平均、求取中位数等数学方法综合得出评估结论，“其他形式”的评估结论，可以体现为与以前评估意见或数量基准（如课税价值、抵押价值）的关系（如不大于、不小于）</td></tr>
<tr><td>经与委托人沟通，评估结论可以是区间值或者其他形式的专业意见</td><td>在评估准则中引入区间值或者其他形式的专业意见表达形式是为了顺应对评估业务发展的多元化服务需求</td></tr>
</table>

（4）特别事项及使用限制（第3组）

①特别事项说明

<table>
<tr><td>特别事项含义</td><td colspan="2">指在已确定评估结果的前提下，资产评估专业人员在评估过程中已发现可能影响评估结果，但非执业水平和能力所能评定估算的有关事项</td></tr>
<tr><td>披露要求</td><td colspan="2">应当对特别事项进行说明，并重点提示评估报告使用人对其予以关注</td></tr>
<tr><td rowspan="3">主要特别事项</td><td>权属等主要资料不完整或者存在瑕疵</td><td>权属等主要资料不完整或者存在瑕疵的情形，主要涉及评估对象产权资料等存在的问题。
在特别事项说明中说明法律权属瑕疵的事实、本次评估处理的方法及处理结果、此种评估处理对评估结论的合理性可能产生的影响，让评估报告使用人能够更好地了解评估报告的信息</td></tr>
<tr><td>未决事项、法律纠纷等不确定因素</td><td>应当首先说明不确定性因素本身的情况，其次说明本次评估处理的方法及处理结果，再次说明此种处理可能产生的后果，最后提出此种处理的责任。所有披露内容，不应与事实相矛盾</td></tr>
<tr><td>重要的利用专家工作及相关报告情况</td><td>应当披露重要的利用专家工作及相关报告的情况</td></tr>
<tr><td rowspan="4">主要特别事项</td><td>重大期后事项</td><td>说明评估基准日之后发生的重大期后事项；
特别提示评估基准日的期后事项对评估结论的影响</td></tr>
<tr><td colspan="2">委托人未提供的其他关键资料情况</td></tr>
<tr><td colspan="2">评估程序受限的有关情况、评估机构采取的弥补措施及对评估结论影响的情况</td></tr>
<tr><td colspan="2">其他需要说明的事项</td></tr>
</table>

②资产评估报告使用限制说明

委托人或者其他资产评估报告使用人未按照法律、行政法规规定和资产评估报告载明的使用范围使用资产评估报告的，资产评估机构及其资产评估专业人员不承担责任。

除委托人、资产评估委托合同中约定的其他资产评估报告使用人和法律、行政法规规定的资产评估报告使用人之外，其他任何机构和个人不能成为资产评估报告的使用人。

资产评估报告使用人应当正确理解评估结论。评估结论不等同于评估对象可实现价格，评估结论不应当被认为是对评估对象可实现价格的保证。

（5）签章（第4组）

资产评估报告日	①资产评估报告应当载明资产评估报告日。 ②资产评估报告日通常为评估结论形成的日期，可以不同于资产评估报告的签署日。资产评估报告日应当以具体的日期(××××年 ××月 ××日)体现
资产评估专业人员签名和资产评估机构印章	至少由两名承办该业务的资产评估专业人员签名，最后加盖资产评估机构的印章。 对于国有资产评估等法定业务资产评估报告，资产评估报告正文应当由至少两名承办该业务的资产评估师签名，并加盖资产评估机构印章

3.评估报告附件

（1）评估对象所涉及的主要权属证明资料

（2）委托人和其他相关当事人的承诺函

通常情况下，委托人和被评估单位应当承诺如下内容：

①资产评估所对应的经济行为符合国家规定；

②我方所提供的财务会计及其他资料真实、准确、完整、合规，有关重大事项如实地充分揭示；

③我方所提供的企业生产经营管理资料客观、真实、完整、合理；

④纳入资产评估范围的资产与经济行为涉及的资产范围一致，不重复、不遗漏；

⑤纳入资产评估范围的资产权属明确，出具的资产权属证明文件合法、有效；

⑥纳入资产评估范围的资产在评估基准日期后发生影响评估行为及结果的事项，对其披露及时、完整；

⑦不干预评估机构和评估专业人员独立、客观、公正地执业。

（3）资产评估机构及签名资产评估专业人员的备案文件或者资格证明文件

（4）资产评估汇总表或明细表

（5）资产账面价值与评估结论存在较大差异的说明

（二）评估明细表

《资产评估执业准则——资产评估报告》要求评估报告的附件包括“资产评估汇总表或明细表”，但并未对相关附表的编制提出具体要求，由资产评估机构通过内部业务标准自行规范。

实务中通常参考国有资产评估业务的要求提出具体的参考式样。

二、选编例题

【例1·单选题】（2019真题）某资产评估项目，评估基准日为2018年12月31日，评估现场工作完成日为2019年1月20日，评估结论形成日为2019年2月5日，评估报告签发日为2019年2月10日，评估报告提交日为2019年2月15日，该评估报告的报告日是（　　）。

A. 2019年2月15日　　B. 2019年2月10日

C. 2019年2月5日　　D. 2019年1月20日

【例2·单选题】（2021真题）下列关于资产评估报告的基本内容的说法中，错误的是（　　）。

A. 资产评估报告的标题格式要求为“委托人+评估对象+经济行为关键词+资产评估报告”

B. 资产评估结论可以是确定的数值，也可以是区间值或者与数量基准的关系等其他形式的专业意见

C. 资产评估报告摘要通常提供资产评估业务的主要信息、评估结论以及需要披露的其他信息

D. 资产评估报告的文号格式要求为“资产评估机构特征字+种类特征字+年份+报告序号”

【例3·多选题】资产评估报告应当说明所选用的评估方法名称、定义及选择理由。在披露评估

方法的选择理由时需要注意以下（　　）因素。

A. 评估方法的选择与评估目的、评估时的市场条件、被评估对象的具体状况，以及由此所决定的资产评估价值类型的适应性

B. 各种评估方法运用所需的数据资料及主要经济技术参数的收集条件对选择评估方法的制约

C. 在采用多种评估方法时，只需说明主要方法的总体思路和主要评估方法及适用原因

D. 评估方法运用的条件和程序要求对选择评估方法的约束

E. 采用多种评估方法时，应当对各种评估方法得到的评估结果进行比较，分析可能存在的问题并做相应的调整，确定最终评估结论

【例 4 · 多选题】（2021 真题）下列事项中属于资产评估准则要求应当在资产评估报告的使用限制说明部分体现的有（　　）。

A. 资产评估的使用人　　B. 资产评估报告的使用范围

C. 资产评估结论的理解和使用　　D. 重大期后事项

E. 未决事项法律纠纷的不确定性

知识点 2 选编例题答案

1.**【答案】**C

【解析】资产评估报告载明的资产评估报告日通常为评估结论形成的日期，这一日期可以不同于资产评估报告的签署日，所以评估报告的报告日为 2019 年 2 月 5 日，C选项是正确答案。

2.**【答案】**A

【解析】资产评估报告的标题格式要求为“企业名称 +评估对象 +经济行为关键词 +资产评估报告”，选项 A错误。

3.**【答案】**ABDE

【解析】采用多种评估方法时，不仅要确保满足各种方法使用的条件要求和程序要求，还应当对各种评估方法取得的价值结论进行比较，分析可能存在的问题并做相应的调整，确定最终评估结果。所以 C不正确。

4.**【答案】**ABC

【解析】选项 D、E重大期后事项和未决事项法律纠纷的不确定性属于特别事项说明中的内容。

【知识点 3】国有资产评估报告的特殊要求（★★★）

一、知识点精讲

（一）国有资产评估报告的构成

国有资产评估报告主要包括企业国有资产评估报告、金融企业国有资产评估报告、文化企业国有资产评估报告、行政事业单位国有资产评估报告等。

本书以《企业国有资产评估报告指南》为例。《企业国有资产评估报告指南》所指企业国有资产评估报告，由标题、文号、目录、声明、摘要、正文、附件、评估明细表和评估说明构成（评估报告准则里没有评估说明，评估明细表包括在附件里）。

（二）国有资产评估报告的特殊要求

1.评估报告声明

《企业国有资产评估报告指南》和《金融企业国有资产评估报告指南》规定的评估声明的主要内容基本参考资产评估报告准则的要求（教材这里 7 条内容和上一节内容一致）。

资产评估师需要注意的是，准则的要求仅是一般性声明内容，资产评估师在执行具体评估业务时，还应根据评估项目的具体情况，增加或细化声明内容。

2.评估报告摘要

与知识点 2 的区别	（1）知识点 2 说明了通常包括的 6 个内容，但是也说明合理确定披露其他信息 （2）本知识点明确说明增加了摘要包括经济行为依据、使用有效期、对评估结论产生影响的特别事项三项内容，并增加了一个提示阅读全文的声明
摘要中“特殊事项说明”要求	（1）无需将评估报告正文的“特殊事项说明”的内容全部反映在评估报告摘要中 （2）应主要反映在已经确定评估结论的前提下，所发现的可能影响评估结论但非资产评估师执业水平和能力所能评定估算的有关重大事项。 （3）在资产评估实践中，对资产评估结论影响程度较大的判断标准，可以根据事项本身的性质和事项影响评估结论的金额进行判断。资产评估师也应在摘要中提醒报告使用人注意，评估结论未反映该期后事项的影响
阅读全文声明	资产评估报告摘要应当采用下述文字提醒资产评估报告使用人阅读全文。以上内容摘自资产评估报告正文，欲了解本评估业务的详细情况和正确理解评估结论，应当阅读资产评估报告正文

3.评估报告正文

（1）知识点 2 中没有要素

①绪言

绪言的主要要素包括：评估合同双方、评估法律依据、工作原则、评估方法、程序、评估对象、评估目的、价值类型、评估基准日。

②评估依据的内容

经济行为依据	有效批复文件	包括国务院、各级人民政府、国务院国有资产监督管理机构、地方国有资产监督管理机构、中央与地方国有企业及其各级子企业等按照规定权限签发经济行为批准文件
	其他文件资料	国有企业在诉讼过程中以及民事强制执行中，由人民法院委托资产评估机构评估涉诉国有资产价值的情形，人民法院出具的委托函； 国有企业涉及经济行为决策的党组会议纪要； 国有独资公司董事会决议，国有资本控股公司、国有资本参股公司股东会、股东大会或者董事会决议； 资产转让、置换合同协议； 人民法院破产公告； 可以说明经济行为及其所涉及的评估对象与评估范围的其他文件资料
法律法规依据	包括与资产评估业务有关的法律、行政法规、部门规章和政府规范性文件	如《资产评估法》《公司法》《证券法》《拍卖法》《国有资产评估管理办法》《资产评估行业财政监督管理办法》，以及财政部、国务院国有资产监督管理委员会和地方政府国有资产监督部门发布的涉及国有资产及评估的有关规定等
评估准则依据	包括本评估业务中依据的相关资产评估准则和相关规范	实务中涉及的评估准则依据主要有财政部发布的作为我国资产评估准则体系基础的《资产评估基本准则》，以及中国资产评估协会发布的《资产评估职业道德准则》《资产评估执业准则——资产评估报告》《资产评估执业准则——资产评估程序》《资产评估执业准则——资产评估委托合同》等一系列程序性准则和《资产评估执业准则——企业价值》《资产评估执业准则——无形资产》等一系列实体性准则、指南和指导意见
权属依据	资产评估专业人员应当根据与评估项目相关的原则，在评估报告中说明执行资产评估业务所依托的评估对象的权属依据	《企业国有资产评估报告指南》和《金融企业国有资产评估报告指南》规定的权属依据通常包括： 国有资产产权登记证书、基准日股份持有证明、出资证明、信贷合同、保险合同、委托理财合同、国有土地使用证 (或者国有土地使用权出让合同)、房屋所有权证、房地产权证 (或者不动产权证书)、采矿许可证、勘查许可证、林权证、专利证书 (发明专利证书、实用新型专利证书、外观设计专利证书)、商标注册证、著作权（版权)相关权属证明、船舶所有权登记证书、船舶国籍证书、机动车行驶证、有关产权转让合同、抵债合同、抵押登记资料、其他权属证明文件等

续表

取价依据	应掌握以下原则：评估依据的表述方式应当明确、具体、方便查对。评估依据应当满足相关、合理、可靠和有效的要求，在评估基准日有效	取价依据通常包括企业提供的财务会计、经营方面的资料，国家有关部门发布的统计资料、技术标准资料和政策文件，以及评估机构收集的有关询价资料、参数资料等。企业提供的取价依据还包括被评估资产的购建、使用及管理等资料；评估机构收集的取价依据还包括与评估项目相关的市场交易、专业资讯、研究分析等资料。评估取价依据应当列示相关资料的名称、提供或发布的单位及时间等信息

（2）对知识点 2 中的要素的新要求

①评估报告使用人概况（知识点 2 中要求披露名称或者类型）

委托人和资产评估委托合同约定的其他报告使用人		包括名称、法定住所及经营场所、法定代表人、注册资本及主要经营范围等
被评估单位（或者产权持有单位）	单项资产或者资产组合评估	同上，即同“委托人和资产评估委托合同约定的其他报告使用人”
	企业价值评估	※同上外，还有注册资本、公司股东及持股比例、股权变更情况及必要的公司产权和经营管理结构、历史情况等； ※近三年资产、财务、经营状况； ※委托人和被评估单位之间的关系（如产权关系、交易关系）
委托人与被评估单位为同一企业		按对被评估单位的要求编写
交叉持股		列示交叉持股图并简述交叉持股关系及是否属于同一控制的情形
存在关联交易		说明关联方、交易方式等基本情况

②评估对象和评估范围（知识点 2 只有分类，无详细披露要求）

单项资产或者资产组合评估项目	※需要对委托评估资产的数量内容等情况进行描述 ※还应说明委托评估资产的法律权属状况、经济状况和物理状况等
企业价值评估项目	※委托评估对象和评估范围与经济行为涉及的评估对象和评估范围是否一致，不一致的应当说明原因，应该说明是否经过审计 ※企业申报的表外资产的类型、数量 ※引用其他机构出具的报告结论所涉及的资产类型、数量和账面金额（或者评估值）等具体情况
凡需经核准的资产评估项目	※在资产评估前应当向国有资产监督管理机构报告“资产评估范围的确定情况”。 ※国有资产监督管理机构应当对“资产评估范围与经济行为批准文件确定的资产范围是否一致”进行审核
委托评估对象和评估范围与经济行为涉及的评估对象和评估范围的一致性认定	※一般不应由资产评估师来确认 ※而是由委托人和相关当事人根据其经批准拟实施的经济行为确认并提供给评估机构。 ※资产评估师一般应要求委托人和相关当事人在申报表或申报材料上以签名盖章等符合法律规定的方式，确认评估对象和评估范围

③评估方法（知识点 2 有选择因素和披露说明）

企业价值的资产评估	※以持续经营为前提进行评估时，原则上要求采用两种以上方法进行评估，并在评估报告中列示 ※依据实际状况充分、全面分析后，确定其中一个评估结论作为评估报告使用结果

续表

使用两种以上评估方法	※未采用两种以上评估方法进行评估的，资产评估报告应当披露其他基本评估方法不适用的原因或所受的操作限制。 ※采用两种以上方法进行评估的，还应当说明评估结论确定的方法。 ※评估实践中，通常是在综合考虑不同评估方法和初步评估结果的合理性及所使用数据的质量和数量的基础上，确定其中一个评估结果作为评估报告的评估结论

④评估结论

【说明】知识点2只简单说明文字、数值表述，使用有效期，可以采用区间值。

注意1：披露表述

评估结论数额表述	通常是确定的数值	作为企业国有资本出资额或者股份数额的依据（经核准或备案的评估价值），都要求评估结论是一个确定的数值。因此，企业国有资产评估要求评估结论通常是确定的数值
	区间值表达的情形	※境外企业国有资产评估报告的评估结论可以用区间值表达。 ※《金融企业国有资产评估报告指南》规定"特殊情况下，在与经济行为相匹配的前提下，评估结论可以用区间值表示，同时给出确定数值评估结论的建议"。 ※应当在区间之内确定一个最大可能值，并说明确定依据
企业价值评估	资产基础法	以文字形式说明资产、负债、所有者权益（净资产）的账面价值、评估价值及其增减幅度，并同时采用评估结论汇总表反映评估结论（资产评估结论表，是国有资产评估项目备案表的主要内容之一）
	两种以上方法进行企业价值评估	除单独说明评估价值和增减变动幅度外，应当说明两种以上评估方法结果的差异及其原因和最终确定评估结论的理由
单项资产或者资产组合评估	文字形式说明账面价值、评估价值及其增减幅度	
多家被评估单位的项目	应当分别说明评估价值	

注意2：评估结论的使用

资产评估项目核准文件和资产评估项目备案表的作用	国有资产监督管理机构下达的资产评估项目核准文件和经国有资产监督管理机构或所出资企业备案的资产评估项目备案表，是企业办理产权登记、股权设置和产权转让等相关手续的必备文件
核准或备案的资产评估结论使用	企业进行与资产评估相应的经济行为时，应当以经核准或备案的资产评估结论为作价依据，当交易价格低于评估结论的90%时，应当暂停交易，在获得原经济行为批准机关同意后方可继续交易
企业改制中的评估结论使用	涉及以企业的实物、知识产权、土地使用权等非货币财产折算为国有资本出资或者股份的，应当按照规定对折价财产进行评估，以评估确认价格作为确定国有资本出资额或者股份数额的依据。不得将财产低价折股或者有其他损害出资人权益的行为

⑤特别事项说明

通常包括的内容	国有资产评估报告的特别说明
引用其他机构出具报告结论的情况，并说明承担引用不当的相关责任	国有资产评估项目通常会存在同时委托资产评估机构、土地估价机构和矿业权评估机构以同一个评估基准日分别对企业重组行为涉及的资产、土地使用权和矿业权进行评估，然后由资产评估机构汇总评估结论的实际情况。在汇总时，有的进行了必要的调整，如房地合一评估时，不汇总土地估价机构报告相应的土地评估价值；有的直接汇总，情况较为复杂。国有资产监督管理机构十分关注资产评估机构如何引用、引用中作出了哪些调整等信息

续表

权属资料不全面或者存在瑕疵的情形	《资产评估执业准则——资产评估报告》	
评估程序受到限制的情形	《资产评估执业准则——资产评估报告》	
评估资料不完整的情形	——	
评估基准日存在的法律、经济等未决事项	《资产评估执业准则——资产评估报告》	
担保、租赁及其或有负债(或有资产)等事项的性质、金额及与评估对象的关系;	担保、租赁及其或有负债(或有资产)等都有可能对企业价值以及参考企业价值确定交易价格产生影响，但该等事项在经济行为实现时、实现后的状况无法预知，也难以估计其对企业价值的影响程度，因此应当在评估报告中说明事项本身的性质、金额及与评估对象的关系，并提示评估报告使用人注意该事项可能会对评估报告的使用产生影响	
评估基准日至资产评估报告日之间可能对评估结论产生影响的事项	《资产评估执业准则——资产评估报告》	
本次资产评估对应的经济行为中，可能对评估结论产生重大影响的瑕疵情形	某些情况下，企业拟实施经济行为本身的进度和安排与评估工作的进度安排衔接不紧密，可能影响到评估工作甚至评估结论	例如，某企业重组改制评估项目，根据经济行为实施的安排，在股份公司设立前，将全部纳入改制范围的房屋土地办理产权证，但在评估报告出具时，部分房产和土地仍未办理产权证。该部分房产、土地在办理产权证后，可能会出现证载信息与评估申报不同的现象，甚至会影响评估结论
资产评估对特别事项的处理方式对评估结论的影响	对于客观存在的特殊事项，资产评估师不同的处理方式对报告使用人的决策有直接影响。 但不论进行何种处理，资产评估师都应当对事项本身以及对事项的处理方式作出说明，以使报告使用人全面了解评估信息	例如，房屋所有权所载明的面积与实际面积不一致时，实务中存在按实际面积或按证载面积处理两种不同的方式，根据单位面积估算房屋价值也会因此而不同。尽管根据资产评估处理的一般原则是根据证载面积确定评估价值，但当企业按测绘机构测量的面积重新申请确权登记时，资产评估师可以按照测绘机构测量的面积进行估算;当企业申报的面积明显比证载面积更为符合实际情况时，也可以暂按申报面积确定其评估价值

⑥评估基准日

在满足《资产评估执业准则—资产评估报告》在资产评估报告中说明评估基准日要求的基础上，国有资产评估业务还规定在评估报告中说明确定评估基准日所考虑的主要因素，披露信息包括下列主要内容:（1）本项目评估基准日是 ××××年 ××月 ××日;（2）确定评估基准日所考虑的主要因素（如经济行为的实现、会计期末、利率和汇率变化等）。

⑦资产评估师签名和资产评估机构印章

声明、摘要和评估明细表上通常不需要另行签名盖章。

4.评估报告附件的要求

（1）资产评估报告附件内容

与知识点 2 对比	国有资产评估报告附件内容
知识点 2 中的“评估报告附件”有	委托人和被评估单位产权登记证
	资产评估机构法人营业执照副本
知识点 2 中的“评估报告附件”无，但是有“委托人和其他相关当事人的承诺函”和“评估机构以及评估专业人员的备案文件或者资格证明文件”	签名资产评估师的承诺函

续表

知识点 2 中的“评估报告附件”无	资产评估委托合同
	与评估目的相对应的经济行为文件
	被评估单位的专项审计报告（见补充表）
	引用其他机构评估报告的批准（备案）文件（见补充表）
	其他重要文件

（2）国有资产评估报告附件内容中两项内容的补充

被评估单位的专项审计报告	①审计报告不仅是企业申请备案核准的必报资料之一，而且是评估工作的基础依据。 ②《企业国有资产交易监督管理办法》规定，“产权转让事项经批准后，由转让方委托会计师事务所对转让标的企业进行审计。涉及参股权转让不宜单独进行专项审计的，转让方应当取得转让标的企业最近一期年度审计报告”。【不宜专项审计则最近一期审计报告】 ③《企业国有资产评估管理暂行办法》规定，企业提出资产评估项目核准申请时，应当向国有资产监督管理机构报送与经济行为相对应的审计报告。【资产评估项目核准申请，应报送审计报告】 ④《关于加强企业国有资产评估管理工作有关问题的通知》规定，对企业进行价值评估，企业应当提供与经济行为相对应的评估基准日审计报告。同时该文件附件“国有资产评估项目备案表”、“接受非国有资产评估项目备案表”填报说明中提出，“当评估对象为企业产权（股权）时，账面价值应当为审计后账面值”。【企业进行价值评估，账面价值应当为审计后账面值】 ⑤《企业国有资产评估报告指南》规定，按照法律、行政法规规定需要进行专项审计的，应当将企业提供的与经济行为相对应的评估基准日专项审计报告（含会计报表和附注）作为资产评估报告附件。按有关规定无需进行专项审计的，应当将企业确认的与经济行为相对应的评估基准日企业财务报表作为资产评估报告附件。【专项审计财务报表作为资产评估报告附件】 ⑥《中央企业资产评估项目核准工作指引》规定：“与经济行为相对应的无保留意见审计报告。如有强调事项段，需提供企业对有关事项的书面说明及意见”。“拟上市项目或已上市公司的重大资产置换与收购项目，评估基准日在 6 月 30 日（含）之前的，需提供最近三个完整会计年度和本年度截至评估基准日的审计报告；评估基准日在 6 月 30 日之后的，需提供最近两个完整会计年度和本年度截至评估基准日的审计报告。其他经济行为需提供最近一个完整会计年度和本年度截至评估基准日的审计报告”。【评估项目核准，三个、两个或一个完整会计年度和本年度截至评估基准日的审计报告】 ⑦《企业国有资产评估项目备案工作指引》规定：“与经济行为相对应的无保留意见标准审计报告。如为非标准无保留意见的审计报告时，对其附加说明段、强调事项段或修正性用语，企业需提供对有关事项的书面说明及承诺”。“拟上市项目或已上市公司的重大资产重组项目，评估基准日在 6 月 30 日（含）之前的，需提供最近三个完整会计年度和本年度截至评估基准日的审计报告；评估基准日在 6 月 30 日之后的，需提供最近两个完整会计年度和本年度截至评估基准日的审计报告。其他经济行为需提供最近一个完整会计年度和本年度截至评估基准日的审计报告”。【评估项目备案，三个、两个或一个完整会计年度和本年度截至评估基准日的审计报告】
关于引用其他机构报告附件的要求	《企业国有资产评估报告指南》规定，“如果引用其他机构出具的报告结论，根据现行有关规定，需要经相应主管部门批准（备案）的，应当将相应主管部门的批准（备案）文件作为资产评估报告的附件。”

（三）国有资产评估报告所附评估明细表的内容及格式要求

《企业国有资产评估报告指南》对国有资产业务资产评估报告所附的评估明细表的编制提出了如下要求：

1. 评估明细表可以根据本指南的基本要求和企业会计核算所设置的会计科目，结合评估方法特点进行编制。

2. 资产、负债会计科目的评估明细表格式和内容基本要求（了解）。

3. 采用收益法中的现金流量折现法进行企业价值评估的评估明细表（了解）。

（四）国有资产评估报告的评估说明要求（知识点 2 无此项）

1.评估说明使用范围声明

应当写明评估说明使用单位或部门的范围及限制条款。

2.《企业关于进行资产评估有关事项的说明》

（1）委托人和被评估单位可以共同编写或者分别编写

（2）委托单位负责人和被评估单位负责人应当对所编写的说明签名，加盖相应单位公章并签署日期。

（3）《企业关于进行资产评估有关事项的说明》通常包括

委托人、被评估单位各自概况；经济行为的说明；评估对象与评估范围的说明；评估基准日的说明；（前四项四评估基本事项的内容）

可能影响评估工作的重大事项说明；资产负债清查情况、未来经营和收益状况预测的说明；资料清单。

3.评估对象与评估范围说明

（1）评估对象与评估范围说明应当根据企业价值评估、单项资产或者资产组合评估的不同情况确定内容的详略程度。

（2）主要内容包括

①评估对象与评估范围内容

②实物资产的分布情况及特点

③企业申报的账面记录或者未记录的无形资产情况

④企业申报的表外资产（如有申报）的类型、数量

⑤引用其他机构出具的报告的结果所涉及的资产类型、数量和账面金额（或者评估值）

4.资产核实总体情况说明

（1）资产核实人员组织、实施时间和过程

主要说明	参加资产评估工作核实的人员情况、人员专业和地域分组情况、时间进度以及核实的总体过程	
资产核实的过程	现场核实工作准备阶段	审核企业申报的明细表； 安排调整完善现场工作计划； 进入现场前的准备工作； 选择适当的进场时间
	现场核实工作阶段	评估专业人员进行的询问、函证、核对、监盘、勘查、检查等工作情况，并说明获取评估业务需要的基础资料，了解评估对象现状，关注评估对象法律权属等总体过程

（2）影响资产核实的事项及处理方法（与第 5 章第 5 节调查受限结合）

①影响资产核实的事项

一般包括资产性能的限制、存放地点的限制、诉讼保全的限制、技术性能的局限、涉及商业秘密和国家秘密；

评估基准日时正在进行的大修理、改扩建情况。

②影响资产核实事项的处理方法

应当说明原因、涉及范围及处理方法。

通常情况下，对于因资产性能的限制而影响资产核实的事项，应当说明对资产是否存在、存在状态、权属资料等三个方面采取的措施。

对资产技术状态，应说明查阅技术档案、检测报告、运行记录等历史资料情况以及是否利用专业机构的检测结果对资产技术状态作出判断。

对于因存放地点的限制（如分布十分广泛的固定资产、工艺流程中的产品等）影响资产核实的事项，应当说明对资产是否存在、存在状态、权属资料等三个方面采取的措施。如检查资产负债表日后发生的销货交易凭证、账务处理凭证、相关资产管理凭证及台账，向使用者、存放地、购货顾客或供应商函证、获取的实物照片等。

对于因诉讼保全的限制影响资产核实的事项，如查封资产，应当说明对资产是否存在、存在状态、权属资料等三个方面采取的措施。例如，向相关部门的函证、获取的实物照片等。

对于因涉及商业秘密和国家秘密而影响资产核实的事项，在符合有关保密规定的前提下说明对资产是否存在、存在状态、权属资料等三个方面核实所采取工作或替代措施，以及未能核查事项。涉及不能或豁免披露的内容应当严格遵守保密管理规定。

对于因评估基准日正在进行的大修理、改扩建而影响资产核实的事项，应当说明对资产是否存在、存在状态、权属资料等三个方面采取的措施。例如，收集证明资产的运行情况和能够为企业产生相关收益的文件，收集大修理、改扩建设计（或类似文件）的情况。

③采用抽样方法对资产进行核实

应当说明所采取的抽样方法，并说明抽样方法对作出“是否存在、存在状态”总体判断结果的可靠性。

④采取任何非现场核查方法

均应在此部分作出说明。

（3）核实结论

①资产核实结果是否与账面记录存在差异及其程度。

②权属资料不完善等权属不清晰的资产。

③企业申报的账外资产的核实结论。

④资产核实结论

5.评估技术说明（掌握各种评估方法后就容易理解）

对于评估技术说明，资产评估专业人员应当考虑不同经济行为和不同评估方法的特点，介绍评定估算的思路及过程。

6.评估结论及分析

评估结论	（1）采用两种或两种以上方法进行企业价值评估时，应当说明不同评估方法结论的差异及其原因和最终确定评估结论的理由。评估结论应含有“评估结论根据以上评估工作得出”的字样。 （2）存在多家被评估单位的情况，应当分别说明其评估价值。 （3）对于不纳入评估汇总表的评估结论，应当单独列示
评估价值与账面价值比较变动情况及说明	应当说明评估价值与账面价值比较变动情况，包括绝对变动额和相对变动率，并分析评估价值与账面价值比较变动的原因
折价或者溢价情况	（1）股东部分权益的价值并不必然等于股东全部权益价值与股权比例的乘积； （2）在适当及切实可行的情况下需要考虑由于控股权和少数股权等因素产生的折价或者溢价，以及流动性对评估价值的影响。 （3）如果考虑了控股权和少数股权等因素产生的溢价或折价，应当说明溢价与折价测算的方法，对其合理性作出判断

国有资产评估报告的制作要求

（1）资产评估报告标题及文号一般在封面上方居中位置，资产评估机构名称及资产评估报告日应当在封面下方居中位置。资产评估报告应当用A4规格纸张印刷。

（2）资产评估报告一般分册装订，各册应当具有独立的目录。

①声明、摘要、正文和附件合订成册，其目录中应当含有其他册的目录，但其他册目录的页码不予标注。

②评估说明和评估明细表一般分别独立成册。必要时附件可以独立成册。

③单独成册的，其封面格式、标题中的“企业名称+经济行为关键词+评估对象”及文号等应当与资产评估报告相关格式和内容保持一致。

④评估明细表一般按会计科目顺序装订。

（3）资产评估报告封底或者其他适当位置应当标注资产评估机构名称、地址、邮政编码、联系电话、传真、电子邮箱等。

二、选编例题

【例1·多选题】《企业国有资产评估报告指南》比《资产评估执业准则——资产评估报告》的评估报告声明的特殊要求是（　　）。

A. 委托人和其他相关当事人依法对其提供资料的真实性、完整性、合法性负责

B. 提醒注意假设、特别说明及适用限制

C. 资产评估机构及资产评估师与资产评估报告中的评估对象没有现存或者预期的利益关系

D. 与相关当事人没有现存或者预期的利益关系，对相关当事人不存在偏见

E. 已经对评估对象及其所涉及资产的法律权属状况给予必要的关注

【例2·单选题】（2020真题）下列关于国有资产评估报告特殊要求的说法中，错误的是（　　）。

A. 国有资产评估报告应当包括声明部分，其他资产评估报告无此要求

B. 国有资产评估报告要求在附件中附有资产评估委托合同，其他资产评估报告无此要求

C. 国有资产评估报告应当包括资产评估说明，其他资产评估报告无此要求

D. 国有资产评估报告要求在附件中附有被评估单位的专项审计报告，其他资产评估报无此要求

【例3·单选题】有关国有资产评估报告的评估依据的披露原则，下列选项错误的是（　　）。

A. 应当在评估基准日有效

B. 披露的表述方式应当明确且具体

C. 应当对信息收集进行质量控制，以保证可靠

D. 收集的资料能够有效反映评估基准日资产在模拟条件下可能的价格水平，以保证合理

【例4·多选题】（2021真题）以下有关普通资产评估报告与国有资产评估报告的说法错误的有（　　）。

A. 两种类型的资产评估报告均要求包括声明部分

B. 两种类型的资产评估报告在评估依据中均要求披露经济行为依据

C. 两种类型的资产评估报告对附件内容的要求相同

D. 两种类型的资产评估报告要求包括评估说明

E. 两种类型的资产评估报告在评估依据中均要求披露权属依据

知识点3选编例题答案

1.**【答案】**ACDE

【解析】B是《资产评估执业准则——资产评估报告》也需要进行声明的内容，不是《企业国有资产评估报告指南》的特殊要求。

2.**【答案】**A

【解析】国有资产评估报告和其他资产评估报告均包括声明部分，所以A表述错误。一般评估报告附件包括：评估对象所涉及的主要权属证明资料、委托人和相关当事人的承诺函、资产评估机构及签名资产评估专业人员的的备案文件或者资格证明文件、资产评估汇总表或明细表、资产账面价值与评估结论存在较大差异的说明。而国有资产评估报告附件包括：与评估目的相对应的经济行为文件、被评估单位专项审计报告、委托人和被评估单位法人营业执照副本、委托人和被评估单位产权登记证、委托人和相关当事人的承诺函、关于引用其他机构报告附件的要求、资产评估委托合同、其他重要文件。二者都包括承诺函，注意二者内容的差别。

3.**【答案】**D

【解析】对评估依据的披露应掌握以下原则：（1）表述方式应当明确、具体、方便查对；(2)应当相关、合理、可靠和有效，在评估基准日有效，因此AB项明显正确。原则中对于“可靠”的解释为经过对信息来源和收集过程的质量控制，所收集的资料具有较高的置信度，C项表述正确。原则中对于“有效”的解释为收集的资料能够有效地反映评估基准日资产在模拟条件下可能的价格水平，D项是“有效”原则的体现，因此D项错误，本题选D。“合理”原则应当体现为收集的价格信息能反映资产载体结构和市场结构特征，不能简单地用行业或社会平均的价格信息推理具有明显特殊性质的资产价值。

4.【答案】BCDE

【解析】资产评估专业人员撰写“普通资产评估报告”，应当根据与评估项目相关的原则，在评估报告中说明执行资产评估业务所采用的具体法律和准则依据，但《资产评估执业准则——资产评估报告》没有规范这些“依据”需要披露的具体内容；企业国有资产评估报告要求披露本次评估业务所对应的经济行为依据、法律法规、评估准则、权属、取价等依据，《企业国有资产评桔报告指南》不仅对需要披露的具体内容提出了要求，还规定应包括与国有资产评估有关的法律法规等针对性评估依据；所以BE不正确。普通资产评估报告的附件包括：（1）评估对象所涉及的主要权属证明资料，（2）委托人和相关当事人的承诺函，（3）资产评估机构及签名资产评估专业人员的的备案文件或者资格证明文件，（4）资产评估汇总表或明细表，（5）资产账面价值与评估结论存在较大差异的说明；企业国有资产评估报告的附件通常包括八项：（1）与评估目的相对应的经济行为文件，（2）被评估单位专项审计报告，（3）委托人和被评估单位法人营业执照副本，（6）关于引用其他机构报告附件的要求，（7）资产评估委托合同，（8）其他重要文件；显然C不正确。只有国有资产评估报告有“评估说明”，所以D不正确。

【知识点4】资产评估档案的概念与内容（★★）

一、知识点精讲

（一）资产评估档案的基本概念与工作底稿的分类

<table>
<tr><td>概念</td><td colspan="3">1.资产评估档案，是指资产评估机构开展资产评估业务形成的，反映资产评估程序实施情况、支持评估结论的工作底稿、资产评估报告及其他相关资料。纳入资产评估档案的资产评估报告应当包括初步资产评估报告和正式资产评估报告。
2.工作底稿是资产评估专业人员在执行评估业务过程中形成的，反映评估程序实施情况、支持评估结论的工作记录和相关资料</td></tr>
<tr><td>作用</td><td colspan="3">工作底稿是判断一个评估项目是否执行了这些基本程序的主要依据，应反映资产评估专业人员实施现场调查、评定估算等评估程序，支持评估结论</td></tr>
<tr><td rowspan="3">分类</td><td rowspan="2">内容</td><td>管理类工作底稿</td><td>指在执行资产评估业务过程中，为受理、计划、控制和管理资产评估业务所形成的工作记录及相关资料</td></tr>
<tr><td>操作类工作底稿</td><td>在履行现场调查、收集评估资料和评定估算程序时所形成的工作记录及相关资料</td></tr>
<tr><td>载体</td><td colspan="2">1.分为纸质文档、电子文档或者其他介质形式的文档。
2.资产评估委托合同、资产评估报告应当形成纸质文档。
3.评估明细表、评估说明可以是纸质文档、电子文档或者其他介质形式的文档。
4.同时以纸质和其他介质形式保存的文档，其内容应当相互匹配，不一致的以纸质文档为准。
5.资产评估机构及其资产评估专业人员应当根据资产评估业务具体情况和工作底稿介质的理化特性谨慎选择工作底稿的介质形式，并在评估项目归档目录中按照评估准则要求注明文档的介质形式</td></tr>
</table>

（二）工作底稿的编制要求

1.应当遵守法律、行政法规和资产评估准则		
2.应当反映资产评估程序实施情况，支持评估结论	必须如实反映和记录评估全过程（评估程序实施的各个阶段）	
	必须支持评估结论（与评估报告有关或支持评估结论的所有资料均应当形成相应的工作底稿）	
3.真实完整、重点突出、记录清晰	应当真实完整地反映评估全过程	（1）要求工作底稿反映的内容和情况应当是实际存在和实际发生的，强调评估委托事项、评估对象、评估程序实施过程的真实性。 （2）工作底稿所反映的评估内容是完整的。不仅要求工作底稿内容真实，而且要求全面反映评估程序实施过程，不能遗漏。
	应当重点突出	（1）工作底稿应当真实完整，并不是说非重点资产的现场调查、评定估算不可以简略。 （2）重点突出是指评估工作底稿应当力求反映对评估结论有重大影响的内容。 （3）重点突出是要求对工作底稿中支持评估结论的资料要突出，凡对评估结论有重大影响的文件资料和现场调查、评定估算过程，都应当形成工作底稿。
	应当记录清晰	（1）内容要清晰：使审核人员、工作底稿使用者通过查阅对评估过程的描述，对评估过程有清晰的认识。 （2）记录字迹要清晰
4.委托人和其他相关当事人提供的档案应由提供方确认	（1）确认方式包括签字、盖章或者法律允许的其他方式。 （2）这实际上是责任划分问题，提供资料的一方，原则上应当对资料的真实性、完整性、合法性负责。 （3）应当由提供方对相关资料进行确认，确认方式包括但不限于签字、盖章、法律允许的其他方式	
5.工作底稿中应当反映内部审核过程	包括对文字、数字、计算过程等内容的审核	
6.编制目录和索引号	编制工作底稿目录，建立必要的索引号，以反映工作底稿间的勾稽关系	

（三）评估工作底稿的内容（管理类和操作类）

管理类工作底稿	1.评估业务基本事项的记录； 2.评估委托合同； 3.评估计划； 4.评估业务执行过程中重大问题处理记录； 5 资产评估报告的审核意见；		
操作类工作底稿	内容	现场调查记录与相关资料	1.调查实物资产时，采用成本法与采用收益法、市场法对实物资产的调查重点是不同的。 2.一般包括以下内容 （1）委托人或者其他相关当事人提供的资料； （2）现场勘查记录、函证记录等； （3）其他相关资料
		收集的评估资料	1.市场调查及数据分析资料； 2.询价记录； 3.其他专家鉴定及专业人士报告； 4.其他相关资料
		评定估算过程记录	1.重要参数的选取和形成过程记录； 2.价值分析、计算、判断过程记录； 3.评估结论形成过程记录； 4.与委托人或者其他相关当事人的沟通记录； 5.其他相关资料

续表

操作类工作底稿	不同评估方法对操作类工作底稿的侧重点	成本法工作底稿	运用成本法（或资产基础法）对企业进行整体价值评估时，应在工作底稿中反映被评估企业拥有的有形资产、无形资产以及应当承担的负债，记录根据其具体情况分别选用市场法、收益法、成本法的现场调查、评定估算过程
		收益法工作底稿	1.对企业财务指标进行分析的过程； 2.对企业未来经营状况和收益状况进行的分析、判断和调整过程； 3.确定收益预测期以及预测期后的收益情况和相关终值的计算、收益现值的计算过程； 4.确定资本化率或折现率的过程
		市场法工作底稿	1.应在工作底稿中反映收集的参考企业、市场交易案例的资料，反映所选择的参考企业、市场交易案例与被评估企业具有可比性的资料。 2.应对被评估企业与参考企业、市场交易案例之间的相似性和差异性进行比较、分析、调整的过程，以及对所选价值乘数计算的过程编制相应的工作底稿。 3.在评估股东部分权益价值时，应在工作底稿中反映资产评估专业人员对流动性和控制权对评估对象价值影响的处理情况

二、选编例题

【例1·多选题】资产评估档案准则规定了工作底稿的编制要求，下列关于工作底稿编制要求的表述，正确的有（　　）。

A. 工作底稿应当如实反映资产评估程序实施情况，支持评估结论

B. 编制工作底稿时取得的资料以及取得途径要合法合规

C. 工作底稿应当真实完整，对评估程序中涉及的各项资产给予同等关注

D. 内部审核过程不包括在工作底稿中，应当单独报告

E. 编制工作底稿涉及的委托人和其他相关当事人提供的档案应由提供方确认。

【例2·单选题】下列资产评估底稿资料中，不属于操作类工作底稿的是（　　）。

A. 现场调查记录　　B. 评估过程中的资产评估计划调整记录

C. 评估结论形成过程记录　　D. 其他专家鉴定及专业人士报告

【例3·多选题】（2019真题）下列底稿资料中，属于操作类工作底稿的有（　　）。

A. 评估结论形成过程的记录　　B. 评估项目的风险评价记录

C. 资产评估计划的调整记录　　D. 资产评估业务基本事项的记录

E. 资产评估明细表

【例4·多选题】（2020真题）下列关于资产评估工作底稿的说法中，正确的有（　　）。

A. 评估工作完成后，归集后的工作底稿，即为资产评估档案

B. 工作底稿应当反映资产评估机构的内部审核过程

C. 将委托人和其他相关当事人提供的重要资料作为工作底稿应当由提供方进行确认

D. 工作底稿应当以纸质文档保存

E. 工作底稿应当反映资产评估程序的实施情况，并支持评估结论

知识点4选编例题答案

1.**【答案】**ABE

【解析】工作底稿的编制要求主要包括以下几方面：1、遵守法律、行政法规和资产评估准则；2、反映资产评估程序实施情况，支持评估结论；3、应当真实完整、重点突出、记录清晰；4、委托人和其他相关当事人提供的档案应由提供方确认；5、工作底稿中应当反映内部审核过程；6、编制目录和索引号。因此A、B、E项正确，D项错误。工作底稿的编制应当在真实完整的同时做到重点突出，资产评估机构及其资产评估专业人员可以根据资产评估业务具体情况，合理确定工作底稿的繁简程度，C项没有体现出重点突出的要求，因此表述错误，因此本题选ABE。

2.【答案】B

【解析】操作类工作底稿是指在履行现场调查、收集评估资料和评定估算程序时所形成的工作记录及相关资料。包括：（1）现场调查记录与相关资料。（2）收集的评估资料。（3）评定估算过程记录。B选项属于管理类工作底稿。

3.【答案】AE

【解析】操作类工作底稿是指在履行现场调查、收集评估资料和评定估算程序时所形成的工作记录及相关资料。操作类工作底稿的内容包括：①现场调查记录与相关资料；②收集的评估资料；③评定估算过程记录，所以AE是正确答案，选项BCD对应的是管理类工作底稿。

4.【答案】ABCE

【解析】按照工作底稿的载体，可以分为纸质文档、电子文档或者其他介质形式的文档，工作底稿不是必须以纸质文档保存，所以D说法错误。

【知识点5】资产评估档案的归集和管理（★★）

一、知识点精讲

资产评估档案的归集期限	1.资产评估专业人员通常应当在资产评估报告日后90日内将工作底稿、资产评估报告及其他相关资料归集形成资产评估档案，并在归档目录中注明文档介质形式。 2.重大或者特殊项目的归档时限为评估结论使用有效期届满后30日内，并由所在资产评估机构按照国家有关法律、行政法规和相关资产评估准则的规定妥善管理
资产评估档案的保管期限	1.一般评估业务的评估档案保存期限不少于15年，法定评估业务的评估档案保管期限不少于30年。评估档案的保存期限，自资产评估报告日起算。 2.资产评估机构应当在法定保存期限内妥善保存资产评估档案，以保证资产评估档案的安全和持续使用。 3.资产评估档案应当由资产评估机构集中统一管理，不得由原制作人单独分散保存。 4.资产评估机构不得对在法定保存期内的资产评估档案非法删改或者销毁
保密与查阅	1.资产评估档案涉及客户的商业秘密，评估机构、资产评估专业人员有责任为客户保密。 2.资产评估档案的管理应当严格执行保密制度。 3.除下列情形外，资产评估档案不得对外提供 （1）国家机关依法调阅的； （2）资产评估协会依法依规调阅的； （3）其他依法依规查阅的。 4.本机构评估专业人员需要查阅评估档案，应按规定办理借阅手续

二、选编例题

【例1·单选题】一项重要评估项目的评估基准日为2018年5月1日，则该项评估业务的资产评估档案的归档日期不可以是以下哪一项（　　）。

A.2018年12月30日　　B.2019年2月10日

C.2019年5月28日　　D.2019年9月14日

【例2·单选题】根据《资产评估执业准则资产评估档案》，资产评估机构对于重大或者特殊资产评估项目的归档时限为（　　）。

A. 评估结论使用有效期满后30日内　　B. 资产评估报告日后30日内

C. 资产评估报告交付后30日内　　D. 经济行为实现日后30日内

【例3·单选题】（2020真题）下列关于国有资产评估业务档案归集及保管时限要求的说法中，正确的是（　　）。

A. 资产评估档案通常应在资产评估报告日后 30 天内归集成档，保管期限不少于 30 年
B. 资产评估档案通常应在资产评估报告日后 90 天内归集成档，保管期限不少于 15 年
C. 资产评估档案通常应在资产评估报告日后 30 天内归集成档，保管期限不少于 15 年
D. 资产评估档案通常应在资产评估报告日后 90 天内归集成档，保管期限不少于 30 年

知识点 5 选编例题答案

1.【答案】D

【解析】资产评估业务完成后，资产评估专业人员应将工作底稿与评估报告等归集形成评估档案后及时向档案管理人员移交，并由所在资产评估机构按照国家有关法律、法规及评估准则的规定妥善管理，重大或者特殊项目的归档时限为评估结论使用有效期届满后 30 日内，并由所在资产评估机构按照国家有关法律、行政法规和相关资产评估准则的规定妥善管理，该项评估业务的评估结论使用有效期为评估基准日后一年以内，即自 2018 年 5 月 1 日起，截止到 2019 年 5 月 1 日，则该项目的归档期限截止到 2019 年 5 月 31 日，只有 D项超出这一时限，因此本题选 D。

2.【答案】A

【解析】资产评估专业人员通常应当在资产评估报告日后 90 日内将工作底稿、资产评估报告及其他相关资料归集形成评估档案，并在归档目录中注明文档介质形式。重大或者特殊项目的归档时限为资产评估结论有效期届满后 30 日内。

3.【答案】D

【解析】评估专业人员通常应当在资产评估报告日后 90 日内将工作底稿、资产评估报告及其他相关资料归集形成资产评估档案，并在归档目录中注明文档介质形式。根据《资产评估法》规定，一般评估业务的评估档案保存期限不少于 15 年，法定评估业务的评估档案保管期限不少于 30 年。2020 年考了与本题相似的单选题。

同步强化训练题

一、单项选择题

1.下列有关资产评估报告内容的表述，不正确的是（　　）。

A. 根据《资产评估执业准则——资产评估报告》，资产评估报告的内容包括标题及文号、目录、声明、摘要、正文。

B. 资产评估报告封面的左上方标示有“本资产评估报告依据中国资产评估准则编制”

C. 只有符合“资产评估报告”定义的评估报告，才能以“评估报告”标题出具

D. 资产评估报告载明的评估目的应当唯一

2.下列关于国有资产评估报告的特殊要求的论述，不正确的是（　　）。

A.国有资产评估报告正文、声明和摘要应当由至少两名承办该评估业务的资产评估师签名，并加盖资产评估机构印章

B.采用两种以上方法进行企业价值评估，除单独说明评估价值和增减变动幅度外，还应当说明两种以上评估方法结果的差异及其原因和最终确定评估结论的理由

C.涉及多家被评估单位的国有资产评估项目，应当分别披露评估价值

D.委托评估对象和评估范围与经济行为涉及的评估对象和评估范围是否一致，不一致的应当说明原因，并说明是否经过审计

3.下列有关工作底稿的说法中，不正确的是（　　）。

A.工作底稿的编制应遵守法律、行政法规和资产评估准则

B.工作底稿反映资产评估程序实施情况

C.工作底稿内容丰富，需要注意的是并非所有的底稿内容都支持评估结论

D.工作底稿记录内容要清晰

4.以下（　　）不属于编制资产评估工作底稿的错误做法。

A.根据具体评估业务的重要程度，简略非重要资产的现场调查的过程

B.评估委托合同不规范，要素不完整

C.企业价值评估业务缺少与相关人员的访谈记录

D.国有资产评估项目未收集评估目的对应的经济行为批准文件

5.以下有关资产评估档案的归集期限和保管期限的说法正确的是（　　）。

A.通常应当在评估结论使用有效期届满后90日内将工作底稿、资产评估报告及其他相关资料归集形成资产评估档案

B.通常应当在资产评估报告日后30日内将工作底稿、资产评估报告及其他相关资料归集形成资产评估档案

C.重大或者特殊项目的归档时限不晚于资产评估报告日后90日

D.重大或者特殊项目的归档时限不晚于评估结论使用有效期届满后30日

6.（2019真题）下列有关评估报告内容的要求中，不属于对国有资产评估报告的特殊要求的是（　　）。

A.企业价评估报告的附件中应当包括被评估单位的专项审计报告

B.评估报告应当包括经济行为依据

C.如果评估项目中存在企业交叉持股的现象，资产评估报告应当列示交叉持股图，并简述交叉持股关系是否属于同一控制情形

D.评估报告载明的评估目的应当唯一

7.（2020真题）下列资产评估底稿资料中，不属于管理类工作底稿的是（　　）。

A.资产评估项目的现场调查记录　　B.资产评估项目的风险评价记录

C.资产评估计划的调整记录　　D.资产评估委托合同

8.（2018真题）下列关于资产评估工作档案的说法中，错误的是（　　）。

A.法定资产评估业务的资产评估档案保存期限不少于15年

B.资产评估专业人员通常应当在资产评估报告日后90天内归集形成评估档案

C.资产评估工作档案包括资产评估工作底稿、资产评估报告及其他相关资料

D.特殊资产评估项目形成资产评估档案的归档时限不晚于资产评估结论使用有效期届满后30天

9.关于资产评估报告的分类，以下表述不正确的是（　　）。

A.按照评估对象划分，资产评估报告可分为整体资产评估报告和单项资产评估报告

B.资产评估报告的详略程度可以根据评估对象的复杂程度、委托人要求合理确定

C.按照国有资产监管要求出具的资产评估报告为国有资产业务评估报告，其他报告则为非国有资产业务评估报告

D.我国资产评估准则明确规定资产评估报告按繁简程度划分为评估报告和限制型评估报告

10.根据企业国有资产评估报告指南，下列不属于资产评估摘要、资产评估正文都共同涉及的内容有（　　）。

A. 评估目的　　B. 价值类型　　C. 评估依据　　D. 评估基准日

11. 根据《资产评估执业准则——资产评估报告》，下列关于资产评估正文说法正确的有（　　）。

A. 资产评估报告中可以有不同的评估目的，但是需要把每个目的说清楚

B. 需要报告评估的价值类型，只需要告诉选择的哪个价值类型即可

C. 由于签署评估合同后情况变化，所以资产评估报告载明的评估基准日可以与事先资产评估委托合同约定的评估基准日不一致

D. 资产评估专业人员还应当在评估报告中明确提示如果评估报告所披露的评估假设不成立，将

对评估结论产生重大影响。

12. 根据《资产评估执业准则——资产评估报告》，有关披露评估结论说法不正确的是（　　）。

A. 评估结论只需要用数字准确说明即可

B. 评估结论可以是区间值或者其他形式的专业意见

C. 以文字和数字形式表述评估结论

D. 明确评估结论的使用有效期。

13. 根据《资产评估执业准则——资产评估报告》，有关披露特别事项的说法不正确的是（　　）。

A. 特别事项是已确定评估结果的前提下，资产评估专业人员在评估过程中已发现可能影响评估结果，但非执业水平和能力所能评定估算的有关事项

B. 特别事项是导致评估结果难以估算的情形

C. 应该在评估报告中重点提示评估报告使用人对其予以关注

D. 应当对特别事项进行说明，以便评估报告使用人理解对评估结论可能的影响

14. 关于国有资产评估报告评估结论的使用，说法不正确的有（　　）

A. 核准或备案的资产评估结论，交易价格低于评估结论的 90%时，应当暂停交易，

B. 核准或备案的资产评估结论，交易价格不得低于评估结论的 90%

C. 核准或备案的资产评估结论，交易价格低于评估结论的 90%时，获得原经济行为批准机关同意后方可继续交易

D. 企业改制中的评估结论，以评估确认价格作为确定国有资本出资额或者股份数额的依据

15. 下列关于资产评估档案的说法，不正确的是（　　）

A.《资产评估档案准则》是为规范资产评估档案的形成及管理行为，保护资产评估当事人合法权益和公共利益而制定的

B. 制定《资产评估档案准则》有利于规范执业行为，防范法律风险，加强行业自律

C. 资产评估档案在有些时候起不到支持评估结论的作用

D. 资产评估专业人员通常应当在评估报告日 90 日内将工作底稿、资产评估报告及其他相关资料归集形成资产评估档案

16. 现场调查主要是调查了解评估对象的现状和关注评估对象的法律权属，下列有关调查受限的说法不正确的是（　　）。

A. 评估基准日时正在进行的大修理、改扩建，属于调查核实受限的情况

B. 应当说明对资产是否存在、存在状态、权属资料等三个方面采取的措施

C. 应该基于历史资料情况以及是否利用专业机构的检测结果对资产技术状态作出判断

D. 调查受限只需在评估报告中说明调查受限的事实即可

17. 根据《企业国有资产评估管理暂行办法》的有关规定，需要进行资产评估的经济行为应当以经核准或备案的资产评估结论为作价依据，未获得经济行为批准机关的同意，交易价格不得低于评估结论的（　　）。

A.85%　　B.50%　　C.75%　　D.90%

18. 某资产评估报告的基准日为 2015 年 6 月 30 日，资产评估外勤完成日为当年 7 月 10 日，资产评估报告日为当年 8 月 29 日，下列事项中，属于资产评估期后事项的是（　　）。

A. 当年 6 月 28 日中央银行调整存贷款利率政策

B. 当年 9 月 1 日被评估单位处置某一批原材料

C. 当年 7 月 19 日被评估单位仓库遭受特大洪水灾害

D. 当年 6 月 11 日所享受的所得税优惠政策发生变化

19. 下列关于资产评估报告使用人的说法中，错误的是（　　）。

A. 被评估单位应当是评估报告使用人

B. 评估委托合同约定的报告使用者均可作为评估报告使用人
C. 法律法规规定的报告使用者应当是评估报告使用人
D. 委托人不可超出评估委托合同的约定制定报告使用人
20. 下列工作底稿资料中，属于管理类工作底稿的是（　　）。
A. 资产评估委托合同　　B. 房屋产权证明文件
C. 询价记录　　D. 市场调查及数据分析资料

二、多项选择题

1. 根据《资产评估执业准则——资产评估报告》，有关资产评估报告日和签章的说法不正确的是（　　）。
A. 任何评估报告至少需要两名承办该业务的资产评估专业人员签名，最后加盖资产评估机构的印章
B. 资产评估报告日通常为评估结论形成的日期
C. 资产评估报告日必须与资产评估报告的签发日一致
D. 国有资产评估报告，资产评估报告正文应当由至少两名承办该评估业务的资产评估师签名，并加盖资产评估机构印章
E. 评估明细表上页需要另行签名盖章，以便确认明细表内容并明确评估专业人员的责任
2.（2018 真题改）下列底稿资料中，属于管理类工作底稿的有（　　）。
A. 资产评估报告的审核意见　　B. 设备询价记录
C. 资产评估计划　　D. 资产评估业务执行过程中重大问题处理记录
E. 资产评估业务基本事项的记录
3. 国有资产评估报告的正文中，涉及企业价值评估的被评估单位概况，主要包括（　　）内容。
A. 法定代表人　　B. 业务委托合同
C. 近三年资产、财务、经营状况　　D. 股权变更情况及必要的公司产权和经营管理结构
E. 委托人和被评估单位之间的交易关系
4. 根据《资产评估执业准则——资产评估报告》，评估依据包括是（　　）。
A. 权属依据　　B. 取价依据
C. 准则依据　　D. 法律依据
E. 评估方法选择依据
5. 根据《资产评估执业准则——资产评估报告》，披露评估程序实施情况和过程，应该重点关注（　　）。
A. 接受项目委托，确定评估目的、评估对象与评估范围、评估基准日，拟定评估计划等过程
B. 指导被评估单位清查资产、准备评估资料，核实资产与验证资料等过程
C. 选择评估方法、收集市场信息和估算等过程
D. 所有数据的收集或者过程，以及数据质量的分析说明
E. 评估结论汇总、评估结论分析、撰写报告和内部审核等过程
6. 根据《资产评估执业准则——资产评估报告》，主要特别事项包括（　　）。
A. 评估师难以做出准确判断，但是影响评估结论的重要事项
B. 权属等主要资料不完整或者存在瑕疵
C. 评估基准日之后出具评估报告前发生的重大事项
D. 重要的利用专家工作及相关报告情况
E. 发生评估基准日期后事项，不能直接使用评估结伦的事项
7. 根据《资产评估执业准则——资产评估报告》，关于资产评估报告使用限制说明说法正确的是（　　）。
A. 评估报告使用人员没有正确使用评估报告，资产评估机构及其资产评估专业人员不承担责任

B. 不用再说明评估报告使用范围

C. 除委托人、资产评估委托合同中约定的其他资产评估报告使用人和法律、行政法规规定的资产评估报告使用人之外，其他任何机构和个人不能成为资产评估报告的使用人

D. 委托人或者其他资产评估报告使用人，未按照法律、行政法规规定和资产评估报告载明的使用范围使用资产评估报告的，资产评估机构及其资产评估专业人员不承担责任

E. 任何人正确使用评估报告，由于评估报告的瑕疵导致的损失，都由资产评估机构及其资产评估专业人员承担责任

8.《资产评估执业准则—资产评估报告》仅仅要求在评估报告中应当阐明评估报告使用人的身份，包括名称或类型，但是《企业国有资产评估报告指南》有如下额外要求（　　）。

A. 法定住所及经营场所、法定代表人、注册资本及主要经营范围

B. 要披露近三年资产、财务、经营状况

C. 存在关联交易的，应当说明关联方、交易方式等基本情况

D. 交叉持股时，列示交叉持股图并简述交叉持股关系及是否属于同一控制的情形

E. 委托人与被评估单位为同一企业，按对被评估单位的要求编写

9. 企业国有资产价值评估，评估方法的选择与运用，下列说法正确的是（　　）。

A. 持续经营为前提的企业价值评估，原则上要求采用两种以上方法进行评估

B. 持续经营为前提的企业价值评估，采用了两种以上评估方法，但是确定其中一个评估结论作为评估报告使用结果

C. 非企业国有资产价值评估，并非必须选择两种以上的评估方法

D. 未采用两种以上评估方法进行评估的，资产评估报告应当披露其他基本评估方法不适用的原因或所受的操作限制

E. 要披露委托评估对象和评估范围与经济行为涉及的评估对象和评估范围是否一致，不一致的应当说明原因

10. 关于评估结论表述正确的有（　　）。

A. 经与委托人沟通，评估结论可以是区间值或者其他形式的专业意见

B. 境外企业国有资产评估报告的评估结论可以用区间值表达

C. 非企业国有资产价值评估，评估结论不能够采用区间值

D. 金融企业国有资产评估，特殊情况下，在与经济行为相匹配的前提下，评估结论可以用区间值表示，同时给出确定数值评估结论的建议

E. 评估结论是区间值的，应当在区间之内确定一个最大可能值，并说明确定依据

11. 国有资产评估报告需要对评估对象与评估范围做评估说明，以下说法正确的有（　　）

A. 对评估对象进行具体描述，以文字、表格的方式说明评估范围

B. 对单项资产或者资产组合评估项目，需要对委托评估资产的数量内容等情况进行描述

C. 应当说明委托评估资产的法律权属状况、经济状况和物理状况等

D. 评估对象为企业价值时，只需说明企业申报的账面记录

E. 委托评估对象和评估范围与经济行为涉及的评估对象和评估范围的一致性，是由委托人和相关当事人根据其经批准拟实施的经济行为确认并提供给评估机构

12. 以下属于操作类工作底稿的是（　　）。

A. 重要参数的选取和形成过程记录　　B. 收集的评估资料

C. 现场调查记录与相关资料　　D. 评估报告的审核记录及其他相关资料

E. 评估业务执行过程中重大问题处理记录

13. 以下有关资产评估档案的保管期限的说法正确的是（　　）。

A. 资产评估档案自资产评估档案归入档案起保存期限不少于 15 年

B. 资产评估档案自资产评估报告日起保存期限不少于 15 年

C. 属于法定资产评估业务的，资产评估档案自资产评估档案归入档案起保存期限不少于 30 年
D. 属于法定资产评估业务的，资产评估档案自资产评估报告日起保存期限不少于 30 年
E. 资产评估机构不得对在规定保存期内的资产评估档案非法删改或者销毁

14. 以下有关资产评估档案的保密与查阅的说法正确的是（　　）。
A. 评估机构有责任为客户保密资产评估档案
B. 非资产评估师的资产评估专业人员，不用为客户保密资产评估档案
C. 资产评估协会可依法依规调阅资产评估档案
D. 财政部门可依法调阅资产评估档案
E. 资产评估档案不得对外提供，所以本机构评估专业人员不得查阅评估档案

15. 下列关于《企业国有资产评估报告指南》中对资产评估报告格式及内容相关规定的说法中，正确的有（　　）。
A. 企业国有资产评估报告的组成内容应当包括评估明细表
B. 企业国有资产评估报告的组成内容应当包括评估说明
C. 报告文字应当包括评估机构特征字、种类特征字、年份、报告序号
D. 资产评估报告的正文应当采用宋体四号字体
E. 报告标题一般采用“企业名称＋经济行为关键词＋评估对象 +资产评估报告”的形式

16. 资产评估报告声明部分的内容通常包括（　　）。
A. 资产评估报告的结论
B. 正确理解资产评估结论
C. 资产评估报告的使用要求及责任
D. 资产评估报告所使用的评估方法和价值类型
E. 编制资产评估报告的准则依据

17. 以下有关资产评估档案的归集期限和管理的说法正确的是（　　）。
A. 通常应当在评估结论使用有效期届满后 90 日内将工作底稿、资产评估报告及其他相关资料归集形成资产评估档案
B. 通常应当在资产评估报告日后 90 日内将工作底稿、资产评估报告及其他相关资料归集形成资产评估档案
C. 重大或者特殊项目的归档时限不晚于资产评估报告日后 30 日
D. 重大或者特殊项目的归档时限不晚于评估结论使用有效期届满后 30 日
E. 由所在资产评估机构按照国家有关法律、行政法规和相关资产评估准则的规定妥善管理

三、综合题

1.A公司是 B公司的普通合伙人，合伙期限还剩 4 年，现 A公司拟了解其持有的 B公司股权价值，委托评估机构进行评估。B公司为一家投资管理公司，其主要资产为持有的甲、乙公司股权。某资产评估机构接受委托采用资产基础法对评估对象进行了评估，并出具了资产评估报告。

报告正文的有关内容摘录如下：

（一）序言（略）

（二）委托方、产权持有单位及其他报告使用者

本项目的委托方为 A公司，被评估企业为 B公司。

（三）评估目的

A公司拟了解其持有的 B公司股权价值。

（四）评估对象及评估范围

本次评估的对象是 A公司持有的 B公司股权价值。

本次评估的评估范围是评估基准日 B公司的全部资产和负债。

（五）价值类型

本次评估选择市场价值。

（六）评估基准日

本次评估的基准日为 2019 年 11 月 30 日。

（七）评估依据

本次评估是在遵守国家现有的有关法律、法规以及其他公允的评估依据、计价标准的前提下进行的。

1、法律、法规依据

（1）《中华人民共和国企业国有资产法》；

（2）《国有资产评估管理办法》

……

2、资产评估准则依据

（1）《资产评估准则——基本准则》；

（2）《资产评估准则——业务约定书》；

（3）《资产评估准则——评估程序》；

（4）《资产评估准则——评估报告》；

……

3、权属依据

（1）股权转让协议；

（2）其他权属证明文件。

……

（八）评估方法：资产基础法

资产基础法的基本思路是在合理评估企业各项资产和负债价值的基础上确定评估对象的价值。本次评估对审计后的各项资产和负债价值按照评估基准日的市场价值进行了评估。本次评估对被评估单位采用资产基础法评估。

（九）评估过程

1、甲股份有限公司。根据A公司与自然人（实际控制人）、N公司签署的关于甲公司投资及增资协议中约定由自然人（实际控制人）、N公司在2020年4月30日以每股3.8元价格回购A公司持有的2 024万股普通股；在2020年10月31日以每股4.2元的价格回购A公司持有的5 000万股普通股。

本次评估按照协议规定的价格，确定A公司对甲股份有限公司长期投资的价值，本次评估未考虑时间价值对评估值的影响。

2、乙公司。乙公司经营状况良好，主要从事餐饮服务，其资产主要为轻资产，采用成本法无法完全体现其股东权益价值，本次评估对其采用收益法评估。

因本次评估A公司持有乙公司13.92%的股权，乙公司未提供其以后年度的预测，本次评估根据以前年度的经营情况、净利润的增长率预测乙公司以后年度的净利润情况，并假设其净利润全部用于分配，确定股东权益资金成本（CAPM），采用永续年期折现模型，用股东权益报酬率与持股比例13.92%相乘，从而确定A公司持有乙公司股权的长期投资价值。

（十）评估假设（略）

（十一）评估结论

执行了必要的评估程序后，评估师于2020年1月15日形成了评估结论。根据资产基础法评估结果，B公司在评估基准日2019年11月30日净资产价值为1，655.40万元。A公司对B公司的股权在评估基准日2019年11月30日的评估值为267.91万元。

（十二）特别事项说明

（十三）资产评估报告使用限制说明（略）

（十四）资产评估报告日和签章（略）

请根据上述评估报告内容，回答以下问题：

（1）该项目的评估报告日为哪一天？请简要阐述评估报告日的含义。

（2）该项目的评估方法选择是否正确？可否对B公司采用收益法进行评估？并说明理由。

（3）请分析该资产评估报告中存在的错误。

2.（协会2017年机考模拟题）评估师执行某国企并购评估项目（重大和特殊项目），评估基准日是 2017 年 3 月 31 日。执行了必要的评估程序之后，2017 年 5 月 8 日评估师形成了评估结论，2017 年 5 月 12 日评估机构签发了报送国资主管部门备案的评估报告，2017 年 5 月 15 日国资部门签发了资产评估项目备案表，评估结论未发生变化。2017 年 5 月 18 日评估机构签发了其余评估报告，并于 2017 年 5 月 19 日邮寄提交客户。对工作底稿等评估档案进行整理后，于 2017 年 9 月底完成评估档案的归档工作。

请根据上述内容，回答以下问题：

（1）该项目的评估基准日应当由谁确定？

（2）什么是资产评估报告日？本项目的评估报告日为哪一天？

（3）请说明对本项目资产评估报告的签章要求。

（4）本项目的归档时间是否符合规定？为什么？

3.G 国有企业拟处置资产项目资产评估报告如下：

G国有企业拟处置资产项目资产评估报告

博云评报字【2020】第 310 号

摘要

博云资产评估公司接受 G国有企业的委托，就 G国有企业拟处置其持有的报废固定资产之经济行为，对涉及的报废固定资产在评估基准日的残余价值进行了评估。

评估对象（评估范围）为 G国有企业拟处置的报废固定资产。

评估基准日为 2020 年 7 月 31 日。

本次评估采用残余价值作为选定的价值类型。

评估依据中的经济行为依据为签订的《资产评估服务合同》。

综合考虑各种影响因素及评估方法的适用前提和满足评估目的，采用市场法和成本法两种方法对 G国有企业拟处置的报废固定资产进行评估。根据本次评估的特定目的及被评估报废固定资产的特点，根据现场收集资料情况，对于部分无法获得可收回材料重量的机器设备，采用成本法，以账面原值作为评估原值，取残值率 2% ~ 4%作为成新率，相乘后得出评估价值；对于部分可获得可回收材料重量的设备，按照拆解后可回收材料重量乘以可回收材料市场价格，采用市场法计算确定评估价值。

本次评估采用的基本计算公式为：

评估价值 =账面原值 × 残值率

评估价值 =报废设备或报废固定资产拆解得到不同的材料重量 × 可回收的不同材料市场价格

报废设备、物资评估值 =市场可回收废品价格（元 /台，元 /重量单位）× 报废设备、物资数量（质量）

经实施清查核实、实地查勘、市场调查和询证、评定估算等评估程序，得出 G国企拟处置的固定资产价值在 2020 年 8 月 3 日的评估结论。

特别提请报告使用者在使用本报告时注意报告中所载明的特殊事项。

以上内容摘自资产评估报告正文，欲了解本评估项目的详细情况和合理理解评估结论，应当阅读资产评估报告全文。

请根据以上材料，指出该资产评估报告摘要中存在的不合理内容，并阐述理由。

4. 甲公司为国有独资企业，其所属的两个全资子公司 A和 B为优势互补性企业，历史经营业绩良好，为发挥战略协同优势，甲公司将 A、B两公司合并成立了乙公司，乙公司设立后，甲公司拟引进民营企业丙以现金方式对乙公司进行增资，为确定增资后乙公司的股权比例，甲、乙、丙三公司拟共同委托一家资产评估机构对乙公司进行评估，甲、乙、丙三公司认为乙公司成立时间较短，没有连续的经营记录，也缺乏相关交易案例，因此三方同意只使用资产基础法对乙公司进行评估，并与资产评估机构在资产评估委托合同中予以约定。

【要求】（1）本项目中 A、B两公司合并成立，乙公司时是否需要进行资产评估？说明理由。

（2）甲、乙、丙共同委托一家评估机构对乙公司进行资产评估的行为是否恰当，并说明理由。

（3）委托人与资产评估机构选择资产基础法以及在资产评估委托合同中对资产评估方法的确定是都恰当，并说明理由。

同步强化训练题参考答案及解析

一、单项选择题

1.【答案】A

【解析】根据《资产评估执业准则——资产评估报告》，资产评估报告的内容包括标题及文号、目录、声明、摘要、正文、附件，因此 A 项不全面。2020 年教材新增，资产评估报告封面的左上方标示有“本资产评估报告依据中国资产评估准则编制”，B 项正确。只有符合“资产评估报告”定义的评估报告，才能以“评估报告”标题出具，资产评估机构及其资产评估专业人员执行与估算相关的其他业务时，虽然可以参照评估报告准则出具相关报告，但此类报告并不是评估报告，不得以“评估报告”标题出具，以免给委托人和报告使用人造成误解，C 项表述正确。报告载明的评估目的应当唯一，有利于评估结论有效服务于评估目的，D 项也正确，因此本题选 A。

2.【答案】A

【解析】国有资产评估报告正文应当由至少两名承办该评估业务的资产评估师签名，并加盖资产评估机构印章，声明、摘要和评估明细表上通常不需要另行签名盖章，因此 A项表述错误，本题选A。BC两项是有关国有资产评估结论披露的具体要求，表述正确。D项是有关国有资产评估的评估对象和评估范围要求的正确表述。

3.【答案】C

【解析】工作底稿的编制要求“反映资产评估程序实施情况，支持评估结论”，意味着工作底稿需要支持评估结论，C项说法错误，其余选项表述正确，本题选 C。

4.【答案】A

【解析】评估底稿的编制应当真实完整、重点突出、记录清晰，资产评估机构及其资产评估专业人员可以根据资产评估业务具体情况，合理确定工作底稿的繁简程度，A项属于编制底稿的正确做法，不符合本题要求。BC两项是管理类工作底稿编制过程中存在的问题，D项属于操作类工作底稿编制过程中存在的问题，BCD三项都属于编制资产评估工作底稿中常出现的错误做法，因此本题选 A。

5.【答案】D

【解析】通常应当在资产评估报告日后 90 日内将工作底稿、资产评估报告及其他相关资料归集形成资产评估档案，并由所在资产评估机构按照国家有关法律、行政法规和相关资产评估准则的规定妥善管理。重大或者特殊项目的归档时限不晚于评估结论使用有效期届满后 30 日。所以 A起始时间错误，应该是资产评估报告日后开始计算。B的时间应该是 90 天，时间错误。C的，起始时间应该是评估结论使用有效期届满后，时间应该是 30 天。D的说法正确。

6.【答案】D

【解析】选项 ABC都是国有资产评估报告的特殊要求，选项 D是所有评估报告的要求。要特别注意国有资产评估报告与一般的资产评估报告在内容方面的区别以及相同的地方。同时注意，评估合同容许一揽子评估目的的合同。

7.【答案】A

【解析】管理类工作底稿通常包括以下内容：①资产评估业务基本事项的记录；②资产评估委托合同；③资产评估计划；④资产评估业务执行过程中重大问题处理记录；⑤资产评估报告的审核意见，所以 A是正确答案。A属于操作类工作底稿。

8.【答案】A

【解析】根据《资产评估法》规定，一般评估业务的评估档案保存期限不少于 15 年，法定评估业务的评估档案保管期限不少于 30 年；评估档案的保存期限，自资产评估报告日起算，所以 A说法错误。资产评估专业人员通常应当在资产评估报告日后 90 日内将工作底稿、资产评估报告及其他相关资料归集形成评估档案，并在归档目录中注明文档介质形式，所以 B说法正确。重大或者特殊项目的归档时限为资产评估结论有效期届满后 30 日内，所以 C说法正确。资产评估档案是指资产评估机构开展资产评估业务形成的，反映资产评估程序实施情况、支持评估结论的工作底稿、资产评估报告及其他相关资料，所以D说法正确。

9.【答案】D

【解析】我国资产评估准则明确规定资产评估报告的详略程度可以根据评估对象的复杂程度、委托人的合理要求确定，但没有规定资产评估报告按繁简程度划分的具体类型。因此，选项D错误。

10.【答案】C

【解析】资产评估报告摘要应当简明扼要地反映经济行为、评估目的、评估对象和评估范围、价值类型、评估基准日、评估方法、评估结论及其使用有效期、对评估结论产生影响的特别事项等关键内容。

资产评估报告正文包括：绪言，报告使用人，评估依据，评估对象和评估范围，评估基准日，评估结论，特别事项说明，资产评估师签名和资产评估机构印章。因此，选项C正确。

11.【答案】D

【解析】资产评估报告载明的评估目的应当唯一，其结论是服务于评估目的的，所以A不正确；资产评估报告应当说明选择价值类型的理由，一并明确其定义，所以B不正确；资产评估报告载明的评估基准日应当与资产评估委托合同约定的评估基准日保持一致，所以C不正确；资产评估专业人员还应当在评估报告中明确提示如果评估报告所披露的评估假设不成立，将对评估结论产生重大影响。所以D正确。

12.【答案】A

【解析】披露评估结论：应当（1）以文字和数字形式表述评估结论，并（2）明确评估结论的使用有效期。评估结论通常是确定的数值。经与委托人沟通，评估结论可以是区间值或者其他形式的专业意见。其中，引入区间值或者其他形式的表达形式是考虑到评估行业不断发展的业务多元化需求。所以A不正确。

13.【答案】B

【解析】如果评估结果难以估算确定，不应该出具评估报告，所以B不正确。

14.【答案】B

【解析】企业进行与资产评估相应的经济行为时，应当以经核准或备案的资产评估结论为作价依据，当交易价格低于评估结论的90%时，应当暂停交易，在获得原经济行为批准机关同意后方可继续交易。所以AC说法正确，B说法不正确。涉及以企业的实物、知识产权、土地使用权等非货币财产折算为国有资本出资或者股份的，应当按照规定对折价财产进行评估，以评估确认价格作为确定国有资本出资额或者股份数额的依据。不得将财产低价折股或者有其他损害出资人权益的行为。所以D说法正确。

15.【答案】C

【解析】是为规范资产评估档案的形成及管理行为，保护资产评估当事人合法权益和公共利益，制定了《资产评估档案准则》，A项正确；制定《资产评估档案准则》，对内有着规范执业行为，防范法律风险，加强行业自律、规范执业秩序的意义，B项正确；根据定义，资产评估档案，是指资产评估机构开展资产评估业务形成的，反映资产评估程序实施情况、支持评估结论的工作底稿、资产评估报告及其他相关资料，因此C项表述错误；资产评估专业人员通常应当在评估报告日90日内将工作底稿、资产评估报告及其他相关资料归集形成资产评估档案，并由所在资产评估机构按照国家有关法律、行政法规和准则规定妥善管理。D项表述正确。本题应选C。

16.【答案】D

【解析】ABC说法正确，所以不能够仅仅在评估报告中说明评估调查受限的事实，所以D说法不正确。另外采取任何非现场核查方法，均应在"评估说明中的资产核实总体情况说明"作出说明。

17.【答案】D

【解析】《企业国有资产评估管理暂行办法》（国资委第12号令）规定，"企业进行与资产评估相应的经济行为时，应当以经核准或备案的资产评估结论为作价依据，当交易价格低于评估结论的90%时，应当暂停交易，在获得原经济行为批准机关同意后方可继续交易"。

18.【答案】C

【解析】资产评估中的期后事项，通常是指评估基准日至评估报告日之间发生的、可能对评估结论产生影响的事项。

19.【答案】A

【解析】资产评估报告仅供委托人、资产评估委托合同中约定的其他资产评估报告使用人和法律、行政法规规定的资产评估报告使用人使用；除此之外，其他任何机构和个人不能因得到资产评估报告而成为资产评估报告的使用人。

20.【答案】A

【解析】管理类工作底稿是指在执行资产评估业务过程中，为受理、计划、控制和管理资产评估业务所形成的工作记录及相关资料。管理类工作底稿通常包括以下内容：（1）评估业务基本事项的记录；（2）评估委托合同；（3）评估计划；（4）评估业务执行过程中重大问题处理记录；（5）评估报告的审核记录及其他相关资料。

二、多项选择题

1.【答案】CE

【解析】资产评估报告日通常为评估结论形成的日期，可以不同于资产评估报告的签发日，所以C不正确。声明、摘要和评估明细表上通常不需要另行签名盖章，所以E不正确。

2.【答案】ACDE

【解析】管理类工作底稿通常包括以下内容：①资产评估业务基本事项的记录；②资产评估委托合同；③资产评估计划；④资产评估业务执行过程中重大问题处理记录；⑤资产评估报告的审核意见，所以ACDE是正确答案。

3.【答案】ACDE

【解析】国有资产评估报告企业价值评估的被评估单位概况主要包括（1）名称、法定住所及经营场所、法定代表人、主要经营范围、注册资本、公司股东及持股比例、股权变更情况及必要的公司产权和经营管理结构、历史情况等；（2）近三年资产、财务、经营状况；（3）委托人和被评估单位之间的关系（如产权关系、交易关系），B项不属于此概况，因此本题选ACDE。

4.【答案】ABCD

【解析】评估依据包括法律、准则依据、权属依据和取价依据。所以E不正确。

5.【答案】ABCE

【解析】披露评估程序实施情况和过程，应该重点关注（1）接受项目委托，确定评估目的、评估对象与评估范围、评估基准日，拟定评估计划等过程；（2）指导被评估单位清查资产、准备评估资料，核实资产与验证资料等过程；（3）选择评估方法、收集市场信息和估算等过程；（4）评估结论汇总、评估结论分析、撰写报告和内部审核等过程。

6.【答案】BCDE

【解析】A选项不合符特别事项的定义，所以不正确。权属等主要资料不完整或者存在瑕疵、未决事项、法律纠纷等不确定因素、重要的利用专家工作及相关报告情况、重大期后事项。

7.【答案】CD

【解析】资产评估报告的使用限制说明应当载明：（1）使用范围；（2）委托人或者其他资产评估报告使用人未按照法律、行政法规规定和资产评估报告载明的使用范围使用资产评估报告的，资产评估机构及其资产评估专业人员不承担责任；（3）除委托人、资产评估委托合同中约定的其他资产评估报告使用人和法律、行政法规规定的资产评估报告使用人之外，其他任何机构和个人不能成为资产评估报告的使用人；（4）资产评估报告使用人应当正确理解评估结论。评估结论不等同于评估对象可实现价格，评估结论不应当被认为是对评估对象可实现价格的保证。

评估报告使用人，是法律、合同或者协议认可的使用人，其他人不成为评估报告使用人，评估报告使用人没有正确使用评估报告，资产评估机构及其评估专业人员不承担任何责任，所以A说法本身正确，但是A选项不是资产评估报告使用限制说明里的内容，所以A不是本题的正确答案。非评估报告使用人，当然也可以看和使用评估报告，比如上市公司公开发布的评估报告，普通股民和研究机构都可以看和研究，但是这些人使用产生的任何后果，资产评估机构及其评估专业人员不承担任何责任，所以E不正确。

8.【答案】ACDE

【解析】只有企业价值评估，需要披露近三年资产、财务、经营状况，并不是所有国有资产评估都需要披露这些内容。所以B说法不够严谨，所以不正确。C的说法，最好也加个前提："存在关联交易"，不过不加问题不大。

9.【答案】ABD

【解析】资产评估法规定，除评估准则只能选择一种方法评估的外，应当选择两种以上的评估方法所以C不正确。E选项与评估方法选择与运用无关，所以E不是正确选项。

10.【答案】ABDE

【解析】经与委托人沟通，评估结论可以是区间值或者其他形式的专业意见。所以C不正确。同时关注BDE的说法。

11.【答案】ABCE

【解析】评估对象为企业价值时，需要说明企业申报的账面记录或者未记录的无形资产情况，所以D不正确。同时注意企业实际存在的、账面未记录的专利或非专利技术等无形资产，应介绍其基准日基本情况及形成过程。

12.【答案】ABC

【解析】操作类工作底稿包括：现场调查记录与相关资料，收集的评估资料，评定估算过程记录，重要参数的选取和形成过程记录属于评定估算过程记录，所以ABC正确。DE属于管理类工作底稿。

13.【答案】BDE

【解析】(1) 资产评估档案自资产评估报告日起保存期限不少于15年。(2) 属于法定资产评估业务的，资产评估档案自资产评估报告日起保存期限不少于30年。(3) 对电子或者其他介质形式的资产评估档案，资产评估机构应当在法定保存期限内妥善保存。(4) 资产评估机构不得对在规定保存期内的资产评估档案非法删改或者销毁。所以BDE正确。

14.【答案】ACD

【解析】(1) 资产评估档案涉及客户的商业秘密，评估机构、资产评估专业人员有责任为客户保密。(2) 资产评估档案的管理应当严格执行保密制度。(3) 除下列情形外，资产评估档案不得对外提供：①财政部门依法调阅的；②资产评估协会依法依规调阅的；③其他依法依规查阅的。(4) 本机构评估专业人员需要查阅评估档案，应按规定办理借阅手续。所以ACD说法正确。

15.【答案】ABCE

【解析】企业国有资产评估报告指南所指企业国有资产评估报告，由标题、文号、目录、声明、摘要、正文、附件、评估明细表和评估说明构成。资产评估报告标题应当简明清晰，一般采用"企业名称+经济行为关键词+评估对象+资产评估报告"的形式。资产评估报告文号包括评估机构特征字、种类特征字、年份、报告序号。

16.【答案】BCE

【解析】资产评估报告声明包括：(1) 本资产评估报告依据财政部发布的资产评估基本准则和中国资产评估协会发布的资产评估执业准则和职业道德准则编制。(2) 委托人或者其他资产评估报告使用人应当按照法律、行政法规规定和资产评估报告载明的使用范围使用资产评估报告；委托人或者其他资产评估报告使用人违反前述规定使用资产评估报告的，资产评估机构及资产评估专业人员不承担责任。(3) 资产评估报告仅供委托人、资产评估委托合同中约定的其他资产评估报告使用人和法律、行政法规规定的资产评估报告使用人使用；除此之外，其他任何机构和个人不能因得到资产评估报告而成为资产评估报告的使用人。(4) 资产评估机构及资产评估专业人员提示资产评估报告使用人应当正确理解评估结论，评估结论不等同于评估对象可实现价格，评估结论不应当被认为是对评估对象可实现价格的保证。(5) 资产评估机构及资产评估专业人员遵循独立、客观和公正的原则，遵守法律、行政法规和资产评估准则，并对所出具的资产评估报告依法承担责任。(6) 提醒资产评估报告使用人关注评估结论成立的假设前提、资产评估报告特别事项说明和使用限制。(7) 其他需要声明的内容。

17.【答案】BDE

【解析】通常应当在资产评估报告日后90日内将工作底稿、资产评估报告及其他相关资料归集形成资产评估档案，并由所在资产评估机构按照国家有关法律、行政法规和相关资产评估准则的规定妥善管理。重大或者特殊项目的归档时限不晚于评估结论使用有效期届满后30日。所以BDE正确。

三、综合题

1.【答案】(1)评估报告日为2020年1月15日。资产评估报告日通常为评估结论形成的日期，因此本项目的评估报告日为2020年1月15日，资产评估报告日可以不同于资产评估报告的签署日，报告日应当以具体的日期（XXXX年XX月XX日）体现。

(2)该项目选择资产基础法进行评估是正确的，报告中提到，本次评估对审计后的各项资产和负债价值按照评估基准日的市场价值进行了评估。

不应当对B公司采用收益法进行评估，因为应用收益法需满足两个条件：一是被评估资产是能用货币衡量其未来期望收益的单项或整体资产；二是资产所有者承担的风险是可用货币衡量的。B公司为一家投资管理公司，近几年几乎没有主营业务收入，经营利润可能呈现亏损状态，因此不适宜采用收益法评估。

(3)①对持有的甲股份有限责任公司股权的价值，采用投资及增资协议约定的回购时间和回购价格确定评估值，第一次回购时间距评估基准日5个月，第二次回购时间距评估基准日11个月，然而未能考虑时间因素对估值的影响，缺乏必要的谨慎。

②对持有的乙公司13.92%的股权采用收益法评估，直接预测净利润，对净利润采用CAPM折现率折现，乘以持股比例得出此笔长期股权投资的评估值，净利润的预测缺少支持依据分析，且折现率与预期收益口径不一致。

被评估单位为有限合伙企业，委托方为被评估单位的普通合伙人，且合伙期限只剩4年，评估长期投资单位乙公司股权价值时，采用永续年期折现模型，没有考虑合伙期限的影响，也没有在评估报告中披露。

2.【答案】(1)评估基准日的选择应该是委托人的责任，评估人员可以提供相关专业建议。

(2)按照资产评估报告准则的规定，资产评估报告日通常为评估结论形成的日期。

本项目2017年5月8日评估师形成了评估结论，因此评估报告日为2017年5月8日。

(3)本项目是国企并购评估项目（重大和特殊项目），属于法定评估业务，因此评估报告应当由至少两名承办该项业务的资产评估师签名并加盖资产评估机构印章。

(4)符合规定。

资产评估专业人员通常应当在资产评估报告日后90日内将工作底稿与资产评估报告等归集形成评估档案，并由所在资产评估机构按照国家有关法律、行政法规和相关资产评估准则的规定妥善管理。重大或者特殊项目的归档时限不晚于资产评估结论有效期届满后30日。本题是重大特殊项目，因此2017年9月归档符合规定。

3.【答案】

(1)标题格式不正确。根据《资产评估执业准则——资产评估报告》，资产评估报告的标题格式要求为“企业名称＋经济行为关键词＋评估对象＋资产评估报告”，即“G国有企业拟处置其持有的报废固定资产价值项目资产评估报告”。

(2)未取得国有资产管理部门相关批文。本评估报告为国企拟处置报废固定资产，应取得国有资产管理部门的批文。《企业国有资产评估报告指南》规定“评估报告应当说明本次资产评估的目的及其所对应的经济行为，并说明该经济行为获得批准的相关情况或者其他经济行为依据”。而本报告评估依据中无国有资产管理部门处置批文，处置国有资产仅仅以评估业务约定书作为经济行为文件。

(3)评估结论表述不正确。因评估基准日为2020年7月31日，故评估结论应表述为“G国企拟处置的固定资产价值在2020年7月31日的评估结论”。

(4)价值类型选择不恰当。《企业国有资产评估报告指南》中规定，选择市场价值以外的价值类型，应当说明选择理由及其定义。首先本报告没有国有资产管理部门相关处置批文，故无法根据批文的处置方式确定价值类型，其次本报告评估范围和特别事项说明中均未见实物资产物理状态描述，最后评估方法中选择非市场价值也未说明选择理由，没有充分描述设备是否能继续使用，就选用了残余价值，而且即使报废，市场价值类型同样适用。

(5)采用成本法计算残余价值不恰当。首先，本报告中成本法计算公式为：评估价值=账面原值×残值率，即把重置成本等同于账面原值，该公式的合理性值得讨论。其次，残余价值是指资产在不能继续正常使用的情况下，机器设备及其零部件拆零变现或可回收利用金属的回收价值，成本法计算结果与所选价值类型不符。

4.【答案】(1)和(2)答案参见第三章的综合题

（3）①确定资产基础法是不恰当的

根据资产评估法以及国有资产评估的相关法规，涉及企业价值评估的项目，以持续经营为前提进行评估时，原则上要求采用两种以上方法进行评估，并在评估报告中列示，依据实际状况充分、全面分析后，确定其中一个评估结论作为评估报告使用结果。

其次从评估方法的选择角度，虽然乙公司成立时间较短，没有连续的经营记录，但是“全资子公司 A和 B为优势互补性企业，历史经营业绩良好，为发挥战略协同优势，两公司合并成立了乙公司”，很显然新的乙公司将继续持续经营原有 A和 B企业的业务，从而新合并成立的乙公司的经营收益，完全可以基于原有 A和 B的经营收益，同时考虑二者合并后的战略协同优势，预测其收益，因此收益法是适用的

虽然乙公司也缺乏相关交易案例，但是可以采用企业价值评估的市场法中的上市公司比较法，运用市场法评估乙公司的价值。

②在资产评估委托合同中对资产评估方法的确定是不恰当的

资产评估委托合同中不包括评估方法的确定。资产评估专业人员应当根据评估目的、评估对象、价值类型、资料收集情况恰当选择评估方法。签订评估合同时，无法确保计划的评估方法所需要的资料能够收集到，所以评估合同中不能够确定评估方法。

第八章
资产评估职业道德与法律责任

本章考情分析

本章考客观题，也可以考综合题，分值 5~15 分之间。

重要考点（★★★）：：

（1）我国职业道德准则规范的主要内容（九个方面的内容全面掌握，尤其是基本要求、签署评估报告的禁止性要求等内容）；

（2）资产评估行政责任的相关法律规定（行政责任的种类、处罚原则、追究时效以及相关法律规定）；

（3）资产评估民事责任的相关法律规定（民事责任含义、种类、构成要件以及相关法律规定）；

（4）资产评估刑事责任的相关法律规定（掌握刑事责任种类、追诉时效以及相关法律规定）。

比较重要考点（★★）：

（1）行政处罚的追究时效；

（2）民事责任的诉讼时效；

（3）刑事责任的追诉时效；

（4）法律责任的免除。

2022 年本章教材变化

第二节 资产评估的法律责任

“二、民事责任”（二）民事责任的相关法律规定“4.《证券法》的相关规定”，根据 2022 年最新法规新增“过错”情形的解释。“5.《最高人民法院关于审理证券市场虚假陈述侵权民事赔偿案件的若干规定》的相关规定”全部内容按照“法释〔2022〕2 号”改写。

其次民事责任的案例修改了公司名称（无实质性影响）。

本章知识点解读与练习

本章共涉及 6 个知识点。

【知识点1】概述、基本要求与胜任能力要求（★★★）

一、知识点精讲

（一）概述

资产评估专业人员职业道德素质主要是由其职业理想、职业态度、职业责任、职业胜任能力、职业良知、职业荣誉和职业纪律等要素综合反映出来的道德品质。

资产评估职业道德准则对资产评估专业人员职业道德方面的基本要求、专业胜任能力、资产评估专业人员与委托方和相关当事方的关系、资产评估专业人员与其他资产评估专业人员的关系等进行了规范。

（二）资产评估职业道德的基本要求

1.诚实守信、勤勉尽责、谨慎从业要求

诚实守信、勤勉尽责	重要性	（1）资产评估行业得以存在和被认可的关键因素，也是取得委托人和社会公众信任的重要支撑。 （2）资产评估机构及其资产评估专业人员在开展资产评估业务中应当将诚实守信放在首位
	具体要求	（1）在执业过程中必须严格执行资产评估准则，不得随意背离； （2）必须以确信评估结论的客观性、公正性为工作目标，来检查自己的执业行为（根据评估项目的具体情况进行必要的专业判断）； （3）资产评估专业人员不可以使用以下敷衍的手段，规避应尽的努力： ①在报告中滥用免责声明； ②不当利用第三方的工作，或相关当事人的保证书、承诺函等； ③使用不合理的假设； ④滥用职业判断
谨慎从业	含义	谨慎从业，需要资产评估机构及其资产评估专业人员在提供资产评估专业服务时，应当保持必要的职业谨慎态度和专业怀疑精神，重视风险辨识及防范，审慎作出专业判断，预防和减小因评估执业过失引致的质量风险
	具体要求	（1）在洽谈资产评估业务前 资产评估机构及其资产评估专业人员应对自身专业能力进行评价，对客户的诚信和财务状况、评估业务的风险水平进行判断； （2）在受理资产评估业务后 针对评估目的和风险控制要求制定评估计划； （3）在业务实施环节 认真履行现场调查、资料收集及检查验证等评估程序实施要求；在信息 （4）在信息披露方面 充分提示和披露可能影响评估报告理解和使用的风险等

2.独立、客观、公正要求

（1）独立性（保证，核心原则）

独立性要求	①资产评估机构应当是依法设立的独立法人； ②资产评估机构及评估人员应当严格按照国家有关法律、法规、资产评估准则； ③资产评估机构、资产评估人员、外聘专家从事资产评估活动不受任何部门、社会团体、企业、个人等对资产评估行为和评估结论的非法干预； ④发表评估意见时不受所在资产评估机构的非法干预； ⑤应与资产评估的委托方、被评估对象产权持有者及其他当事方无利害关系

续表

可能影响独立性的情形	资产评估机构、资产评估专业人员或者其亲属与委托方或者相关当事方之间存在经济利益关联、人员关联或者业务关联。 ①《资产评估职业道德准则》规定，亲属是指配偶、父母、子女及其配偶（比民法典对亲属规定的范围小，根据《民法典》规定，亲属包括配偶、血亲和姻亲）。 ②经济利益关联是指资产评估机构及其资产评估专业人员或者其亲属拥有委托人或者其他相关当事人的股权、债权、有价证券、债务，或者存在担保等可能影响独立性的经济利 ③人员关联是指资产评估专业人员或者其亲属在委托人或者其他相关当事人担任董事、监事、高级管理人员或者其他可能对评估结论施加重大影响的特定职务。 ④业务关联是指资产评估机构从事的不同业务之间可能存在利益输送或者利益冲突关系
消除不利影响的措施	人员回避、业务回避、消除关联关系、第三方审核、充分披露等。
其他规定	①如果评估机构、资产评估人员及外聘专家认为其独立性受到损害，则可以拒绝进行评估活动、拒绝发表评估意见，或在资产评估报告中予以声明； ②评估机构应当在承接评估业务之前：就评估机构和资产评估专业人员的经济利益关联、人员关联、业务关联情况进行独立性调查。 ③委托人有权要求与相关当事人及评估对象有利害关系的评估专业人员回避； ④评估机构不得分别接受利益冲突双方的委托，对同一评估对象进行评估

（2）客观性（基础）

含义	要求资产评估机构及资产评估专业人员，应当以事实为依据，客观地发表评估意见
具体要求	①公正无私，摒除偏见； ②坚持科学的方法和态度，实事求是； ③完整、客观地收集信息、数据；保证信息的完整性、客观性、有效性、合法性； ④对于实物性资产进行必要的现场勘查，通过有效的方法确定资产的客观存在，并取得评估所必需的客观信息。如因各种原因，必须通过其他第三方取得评估所需信息，应当采取必要措施关注这些信息的客观性和合理性，并予以必要披露。 ⑤对非实物性资产，资产评估专业人员必须通过有效的方法确定资产的客观存在； ⑥核查所获得信息的客观性，对于从其他第二方获得的信息，应当关注其客观性； ⑦应当尽量避免专业判断过程中的主观因素，不得以主观经验代替科学分析； ⑧通过合理履行资产评估程序客观作出评估结论、发表专业意见； ⑨对于资产评估机构及其资产评估专业人员无法胜任的业务，应当放弃承接或通过寻求有效支持手段满足胜任要求； ⑩对机构内部或不同评估机构所持有的不同评估观点不应抱有任何偏见； ⑪资产评估报告应当客观完整、描述适当，不得使用夸大或容易引起异议或歧义的文字语言

（3）公正性（目的）

保持应有的职业中立态度，公平地对待有关利益各方，公正地发表资产评估意见，不得损害委托人、其他当事人的合法权益和公共利益。

资产评估机构及其资产评估专业人员不应当故意以牺牲一方的利益使另外的当事方受益，包括偏袒、迁就委托人的不当诉求，故意出具对其他当事人，甚至社会公众不利的评估报告。

（三）专业能力要求

基本准则的规定	1.应当具备相应的评估专业知识和实践经验，能够胜任所执行的评估业务；应当完成规定的继续教育，保持和提高专业胜任能力。 2.资产评估机构及其资产评估专业人员执行某项特定业务缺乏特定的专业知识和经验时，应当采取恰当的弥补措施，包括利用专家工作及相关报告等

续表

<table>
<tr><td>应当具备相应的专业知识和经验</td><td colspan="2">1.资产评估专业人员除了应具备一定的专业知识、专业技能，也应具备一定的专业经验。
2.我国法律要求取得资产评估师职业资格，需要通过全国性资产评估行业协会按照国家规定组织实施的资产评估师资格全国统一考试。
3.能够承办非法定资产评估业务的其他资产评估专业人员，也必须具有评估专业知识和实践经验</td></tr>
<tr><td>资产评估专业人员必须具有胜任所执行评估业务的能力</td><td>签署委托合同要求</td><td>1.必须充分了解评估项目所必备的专业知识、专业技能及经验，并对自己的能力作出客观判断。
2.资产评估机构、资产评估专业人员对所承接的资产评估项目，必须确信具有相应的专业知识和经验，能够胜任该项业务，不得接受其能力无法完成的资产评估项目，除非采取其他有效措施保证能够有效地完成该项评估业务</td></tr>
<tr><td rowspan="2">资产评估专业人员必须具有胜任所执行评估业务的能力</td><td>弥补能力不足措施</td><td>1.与具有相关专业知识和经验的资产评估机构或资产评估专业人员联合进行评估；
2.聘用具有所需专业知识或经验的专业人士；
3.资产评估专业人员通过学习达到要求等</td></tr>
<tr><td>真实披露能力信息</td><td>1.即使评估机构和资产评估专业人员可以采取有效的措施确保评估业务的完成，在接受评估业务前也必须向客户披露自己缺乏与该业务相关的专业知识、经验之事实，说明将采取的所有必要措施，承诺通过上述措施可以确保圆满完成评估业务。
2.评估机构和资产评估专业人员也必须在评估报告中披露专业知识、经验的缺乏，并披露所有为完成评估业务所采取的措施</td></tr>
<tr><td>应当保持和提高专业能力</td><td colspan="2">通过职业资格统一考试，取得资产评估师职业资格，只说明具备了从事资产评估工作的基本能。资产评估专业人员要在执业生涯中保持并提高自己的执业能力，不断地接受必要的继续教育培训是切实可行的必要措施</td></tr>
</table>

二、选编例题

【例 1 · 单选题】资产评估机构及其资产评估专业人员可以利用第三方的工作，但在利用专家工作时（　　）。

A. 资产评估师应该充分信任专家

B. 完全听从专家的建议

C. 保持必要的执业谨慎，不可以丧失独立性

D. 在报告中声明，不对专家的工作承担风险

【例 2 · 多选题】资产评估职业道德的基本要求包括（　　）。

A. 坚持独立、客观、公正的原则

B. 评估有亲属关系的评估业务时，务必要保持独立性，不能够因亲属关系而丧失独立性

C. 尊重同行，不诋毁同行

D. 诚实守信、勤勉尽责、谨慎从业

E. 保守客户的秘密

【例 3 · 单选题】（2018 真题）下列关于资产评估机构接受委托的说法中，正确的是（　　）。

A. 资产评估机构不得分别接受利益冲突方的委托对同一评估对象进行评估

B. 资产评估机构在分别接受利益冲突委托人委托对同一评估对象进行评估时，需要征得冲突方的同意

C. 资产评估机构可以分别接受利益冲突委托人的委托对同一评估对象进行评估

D. 资产评估机构在分别接受利益冲突委托人委托对同一评估对象进行评估时，应履行告知义务，分别通知委托双方

知识点 1 选编例题答案

1.**【答案】**C

【解析】本题考察诚实守信、勤勉尽责、谨慎从业要求。但在利用专家工作时必须保持必要的职业谨慎，不可以丧失独立性。

2.【答案】AD

【解析】诚实守信、勤勉尽责，谨慎从业，坚持独立、客观、公正的原则是对资产评估机构及其资产评估专业人员职业道德的基本要求。所以正确答案是AD。

3.【答案】A

【解析】评估机构不得分别接受利益冲突双方的委托，对同一评估对象进行评估，所以A表述正确。

【知识点2】与他方关系要求（★★★）

一、知识点精讲

（一）与委托方和其他相关当事方的关系要求

资产评估专业人员与委托人、其他相关当事人和评估对象有利害关系的，应当回避	利害关系（包括利益一致和对立两个方面）的情形： 1.持有客户的股票、债券或与客户有其他经济利益关系的； 2.与客户的负责人或委托事项的当事人有利害关系的； 3.其他可能直接或间接影响执业的情况
应当履行评估委托合同中规定的义务	——
不得向委托人或其他相关当事人索取约定服务费之外的不正当利益	服务费用以外的不正当利益，主要是指约定服务费用以外的其他酬金，如佣金、回扣、好处费、介绍费等。严格意义上讲，不正当利益包括各种不正当的经济利益和不正当的非经济利益。资产评估机构、资产评估专业人员不得向委托方或相关当事方索取约定服务费之外的不正当利益

（二）与其他资产评估机构及资产评估专业人员关系的要求

与其他资产评估专业人员保持良好的工作关系	“其他资产评估专业人员”通常指符合以下条件之一的资产评估专业人员： 1.与资产评估专业人员在同一资产评估机构执业的其他资产评估专业人员； 2.与资产评估专业人员不在同一资产评估机构，但一起执行联合评估业务的其他资产评估专业人员； 3.资产评估专业人员不在同一家评估机构执业，但由于知识结构、专业技能、职业资格、所在区域等不同，在执业过程中可以提供或接受技术支持的其他资产评估专业人员； 4.对资产评估专业人员所执行评估业务中的评估对象在不同时间发表过专业意见的其他资产评估专业人员； 5.曾经或正在执行与资产评估专业人员所执行评估业务相关的评估业务的其他资产评估专业人员； 资产评估专业人员应当在职业道德框架内配合“其他资产评估专业人员”的工作
不得贬损或诋毁其他资产评估机构及评估专业人员	资产评估专业人员不得以任何理由、任何方式对其他资产评估专业人员进行公开或非公开的贬损或诋毁。评估行业应提倡同行相睦，反对同行相轻。 这里的“其他资产评估机构及评估专业人员”还包括资产评估专业人员在拓展业务过程中潜在的竞争对手

二、选编例题

【例1·多选题】以下属于与委托方和相关当事方存在利害关系情况的有（　　）。

A. 曾在委托单位任职，离任后未满二年的　B. 持有客户的股票

C. 持有客户的债券　D. 与客户的负责人有利害关系

E. 与委托事项的当事人有利害关系

【例2·多选题】在“与其他资产评估专业人员保持良好的工作关系”的道德要求中，“其他资产评估专业人员”是指（　　）。

A. 与资产评估专业人员在同一资产评估机构执业的其他资产评估专业人员

B. 与资产评估专业人员不在同一资产评估机构，但一起执行联合评估业务的其他资产评估专业人员

C. 资产评估专业人员不在同一家评估机构执业，但由于知识结构、专业技能、职业资格、所在区域等不同，在执业过程中可以提供或接受技术支持的其他资产评估专业人员

D. 对资产评估专业人员所执行评估业务中的评估对象在不同时间发表过专业意见的其他资产评估专业人员

E. 企业改制过程中与评估工作同时执行审计工作的注册会计师。

知识点2选编例题答案

1.【答案】BCDE

【解析】在评估中，资产评估专业人员与委托人或其他相关当事人之间存在以下利害关系时，应当向其所在评估机构提出声明，并实行回避：（1）持有客户的股票、债券或与客户有其他经济利益关系的；（2）与客户的负责人或委托事项的当事人有利害关系的；（3）其他可能直接或间接影响执业的情况。2018年的教材包括了A所说的情形，但是2019年删除了这条，所以A不正确，BCDE正确。

2.【答案】ABCD

【解析】本题考查"与其他资产评估专业人员保持良好的工作关系"的道德要求；选项ABCD都属于"其他资产评估专业人员"的范围。注意："曾经或正在执行与资产评估专业人员所执行评估业务相关的其他资产评估专业人员"也是"其他资产评估专业人员"。E的说法不正确，因为"注册会计师从事审计工作，不是评估工作。"

【知识点3】保密原则与禁止性要求（★★★）

一、知识点精讲

（一）保密原则

保密的重要性	保密要求是资产评估专业人员独立、客观、公正从事业务的必然要求，也是遵守国家保密法、反不正当竞争法等的必然要求。资产评估法也将此作为资产评估专业人员应当履行的义务进行了规范
保密的要求	1.资产评估机构应当制定业务保密制度，承担国家涉密业务的还应具备规定的组织、人员和设施条件，加强对从业人员的保密教育和保密事项的监督管理，不得泄露国家秘密和商业秘密。 2.资产评估专业人员在评估机构及外勤工作时不得在规定的工作场所之外谈论客户的业务情况单位名称、评估目的等可能涉及客户的机密情况； 3.资产评估专业人员除本人不得泄露客户商业秘密外，还应约束协助工作的助理人员保守秘密； 4.除委托人具体授权，或经过法律程序正式授权的执法机构以及为了配合评估监管之外，资产评估专业人员不得将所知悉的客户商业秘密和业务资料或为委托人编制的评估报告披露给任何其他人

（二）禁止不正当竞争、对签署报告的禁止性要求

不正竞争	欺诈	1.超越自身职业胜任能力范围招揽业务； 2.编造与客户的上级主管部门或利害相关单位有密切关系，可以帮助客户解决难题招揽业务； 3.编造自己从未完成过的评估项目的工作经验，骗取业务等； 4.采取虚假和引人误解的宣传骗取客户信任、招揽业务
	利诱	1.承诺提供满足客户预期结果的评估结果，引诱客户，招揽业务； 2.以答应帮助客户解决具体困难为条件，招揽业务等； 3.以帮助客户获取权势、名位等诱惑客户，招揽业务； 4.采取给客户赠送礼物，支付回扣等手段招揽业务

续表

	胁迫	1.借助行政、司法力量，通过行业垄断、地区垄断等形式强行抢拉业务。 2.动用各种关系施压，强行抢拉业务。 3.利用客户的弱点威胁强迫，抢拉业务等
	恶性压价	1.确定服务费收取标准时的因素 （1）执行评估业务所需的技能和知识； （2）需配备的评估人员的水平和经验； （3）完成评估业务所需要的时间； （4）评估业务的风险和需承担的责任。 2.不考虑评估业务性质、专业胜任能力、服务质量，仅仅通过降低服务费收取标准获取业务，属恶意降低服务费。 3.长期业务关系中，单项业务服务费的收取应当合理。以某一单项业务服务费弥补另一单项业务服务费不足的做法，应当禁止
谋取不当利益		资产评估专业人员不得利用执业之便为自己或他人谋取不正当的利益
对签署报告的禁止性要求		1.资产评估专业人员不得签署本人未参与项目的评估报告，不得允许他人以本人名义签署评估报告。资产评估机构和资产评估专业人员也不得允许他人以自身名义开展业务，不得冒用他人名义从事业务； 2.资产评估机构及其专业人员不得签署虚假评估报告或者有重大遗漏的评估报告

二、选编例题

【例·多选题】以下有关资产评估保密的要求，说法正确的有（　　）。

A. 资产评估专业人员为了更好评估，可以和同事在评估机构谈论客户的业务情况、评估目的等可能涉及客户的机密情况

B. 资产评估专业人员本人不得泄露客户商业机密

C. 资产评估专业人员应确保协助工作的助理人员及所在评估机构保守秘密

D. 资产评估专业人员在外勤工作的任何地点不得谈论客户的业务情况、评估目的等可能涉及客户的机密情况

E. 除委托人具体授权，或经过法律程序正式授权的执法机构以及为了配合评估监管之外，资产评估专业人员不得将所知悉的客户商业秘密和业务资料或为委托人编制的评估报告披露给任何其他人

知识点3选编例题答案

【答案】ABCE

【解析】本题考查资产评估专业人员的保密原则。资产评估专业人员在评估机构及外勤工作时不得在规定的工作场所之外谈论客户的业务情况单位名称、评估目的等可能涉及客户的机密情况。D选项过于严苛，和这个要求相悖。所以D不正确。A选项说可以在评估机构讨论，虽然没有限定场所，但是并不算错误。

一、知识点精讲

（一）行政责任的概念、行政处罚原则及追究时效

1.行政责任的概念

行政责任是行政法律责任的简称，是指存在违反有关行政管理的法律、法规规定，但尚未构成犯罪的行为依法所应承担的法律后果。承担行政责任的制裁形式包括行政处分和行政处罚。

	适用对象	种类
行政处分	国家工作人员及由国家机关委派到企业事业单位任职的人员	警告、记过、记大过、降级、撤职、开除等

续表

	适用对象	种类
行政处罚	违反法律、法规规定，尚不构成犯罪的公民、法人及其他组织	警告；罚款；没收违法所得、没收非法财物；责令停产停业；暂扣或者吊销许可证、暂扣或者吊销执照；行政拘留；法律、行政法规规定的其他行政处罚

2.行政处罚原则

处罚法定原则	是行政合法性原则在行政处罚行为的集中体现，要求行政处罚的依据、实施主体、职权行使和实施程序都应于法有据，依法而行
公正公开原则	要求行政处罚的依据、过程和结果应公开，程序上应公正，处罚裁定应依法公平
一事不再罚原则	（1）当行政主体对行为人的第一个处理尚未失去效力时，不能基于同一事实和理由给予第二次处理，除非第二个处理是对第一个处理的补充、更正或者补正； （2）除法律有明确规定或者依基本法理和法律规则合理推定之外，行政主体应严格遵循一个行为一次处罚的原则； （3）对于行为人的同一个违法行为，行政主体不能给予两个以上相同种类的处罚； （4）对于行为人的同一个违法行为，无论触犯几个法律条文，构成几个处罚理由以及由几个行政主体实施处罚，只能给予一次罚款
处罚与教育相结合原则	行政处罚虽然是对违法行为的惩戒，但其目的仍在于通过处罚违法行为，警醒和教育违法对象、其他组织和个人能够引以为鉴、遵守法律
保障权利原则	相对方对行政主体给予的行政处罚依法享有陈述权、申辩权；对行政处罚决定不服的，有权申请复议或者提起行政诉讼。如果因违法行政处罚受到损害，被处罚的相对方有权依法提出赔偿要求

3.行政处罚的追究时效

法律规定	（1）违法行为在二年内未被发现的，不再给予行政处罚。法律另有规定的除外。 （2）追究时效的期限，从违法行为发生之日起计算；违法行为有连续或者继续状态的，从行为终了之日起计算
关键要点	（1）“发现时间”是指行政机关的立案时间，不是行政机关作出行政处罚的时间。 （2）行政处罚追究时效的期限是违法行为发生之日起计算。 ①“违法行为发生之日”，是指违法行为完成或者停止日。 如托运违禁物品，在运输途中花了20天时间，应当从最后一天将违禁物品运送到目的地起开始计算。 ②对于违法行为有连续或者继续状态的，从违法行为终了之日起计算。 如某人非法占有他人财物，其行为的行政处罚追究时效应当从某人交还他人财物，停止非法占有之日起计算。 （3）行政机关在行政处罚追究时效期限内发现违法行为，但最后做出行政处罚决定时超过行政处罚追究期限的，对这种情况法院不以超出行政处罚追究时效处理

（二）资产评估行政责任的相关法律规定

1.资产评估法的相关规定

（1）对资产评估机构、资产评估专业人员的责任规定。

签署、出具虚假评估报告	①针对评估专业人员处罚： 责令其停止从业两年以上五年以下； 情节严重的，责令其停止从业五年以上十年以下； 有违法所得的，没收违法所得； 构成犯罪的，依法追究刑事责任，终身不得从事评估业务 ②针对评估机构处罚： 责令其停业六个月以上一年以下； 情节严重的，由工商行政管理部门吊销其营业执照； 有违法所得的，没收违法所得，并处违法所得一倍以上五倍以下罚款； 构成犯罪的，依法追究其刑事责任
未经工商登记从业	责令其停止违法活动； 有违法所得的，没收违法所得，并处违法所得一倍以上五倍以下罚款

续表

评估专业人员违反其他禁止性规定	①违法行为 评估人员存在《资产评估法》第十四条（除签署虚假评估报告之外）所列举的以下违法行为： ※私自接受委托从事业务、收取费用的； ※同时在两个以上评估机构从事业务的； ※采用欺骗、利诱、胁迫，或者贬损、诋毁其他评估专业人员等不正当手段招揽业务的； ※允许他人以本人名义从事业务，或者冒用他人名义从事业务的； ※签署本人未承办业务的评估报告或者有重大遗漏的评估报告的； ※索要、收受或者变相索要、收受合同约定以外的酬金、财物，或者谋取其他不正当利益的。 ②行政责任 ※予以警告，可以责令停止从业六个月以上一年以下； ※情节严重的，责令停止从业一年以上五年以下； ※有违法所得的，没收违法所得； ※构成犯罪的，依法追究刑事责任
评估机构违反其他规定	①违法行为（具体报告9条内容） 存在《资产评估法》第二十条（除出具虚假评估报告之外）所列举的违法行为以及违反该法第十七条和第二十九条的规定 ②处罚规定 ※予以警告，可以责令其停业一个月以上六个月以下； ※情节严重的，由工商行政管理部门吊销其营业执照； ※有违法所得的，没收违法所得，并处违法所得一倍以上五倍以下罚款； ※构成犯罪的，依法追究其刑事责任 **【说明】**对于评估机构未按《资产评估法》第十六条的要求备案或者不符合第十五条规定的设立条件，该条规定由有关评估行政管理部门责令改正；拒不改正的，责令停业，可以并处一万元以上五万元以下罚款
屡次违法	评估机构、评估专业人员在一年内累计三次因违反本法规定受到责令停业、责令停止从业以外处罚的，有关评估行政管理部门可以责令其停业或者停止从业一年以上五年以下

（2）对资产评估委托人（或法定业务委托责任人）的责任规定

	违规情形	处罚措施
未依法履行资产评估委托义务	应当委托评估机构进行法定评估而未委托	①责令改正； ②拒不改正的，处十万元以上五十万元以下罚款； ③情节严重的，对直接负责的主管人员和其他直接责任人员依法给予处分； ④造成损失的，依法承担赔偿责任；构成犯罪的，依法追究其刑事责任
资产评估委托人的违法责任	未依法选择评估机构的； 索要、收受或者变相索要、收受回扣的； 串通、唆使评估机构或者评估师出具虚假评估报告； 不如实向评估机构提供权属证明、财务会计信息和其他资料的； 未按照法律规定和评估报告载明的使用范围使用评估报告的	①在法定评估中 ※责令改正； ※拒不改正的，处十万元以上五十万元以下罚款； ※有违法所得的，没收违法所得（法定评估委托人未依法选择评估机构，无此条处罚内容）； ※情节严重的，对直接负责的主管人员和其他直接责任人员依法给予处分； ※造成损失的，依法承担赔偿责任；构成犯罪的，依法追究其刑事责任 ②非在法定评估中 给他人造成损失的，依法承担赔偿责任

（3）对资产评估行业协会及其工作人员、国家机关工作人员的责任规定（评估行政管理部门执法）

违法情形	处罚措施
有关行政管理部门、评估行业协会工作人员违反资产评估法，滥用职权、玩忽职守或者徇私舞弊	依法给予处分；构成犯罪的，依法追究刑事责任
评估行业协会违反资产评估法	由有关评估行政管理部门给予警告，责令改正；拒不改正的，可以通报登记管理机关，由其依法给予处罚

2.企业国有资产法涉及资产评估的相关规定

	违规情形	处罚措施
国资企业董监高的相关法律责任	（1）利用职权收受贿赂或者取得其他非法收入和不当利益的； （2）侵占、挪用企业资产的； （3）在企业改制、财产转让等过程中，违反法律、行政法规和公平交易规则，将企业财产低价转让、低价折股的； （4）违反本法规定与本企业进行交易的； （5）不如实向资产评估机构、会计师事务所提供有关情况和资料，或者与资产评估机构、会计师事务所串通出具虚假资产评估报告、审计报告的； （6）违反法律、行政法规和企业章程规定的决策程序，决定企业重大事项的； （7）有其他违反法律、行政法规和企业章程执行职务行为的	（1）上述违法行为取得的收入，该条要求依法予以追缴或者归国家出资企业所有； （2）造成国有资产损失的，依法承担赔偿责任；属于国家工作人员的，并依法给予处分； （3）履行出资人职责的机构任命或者建议任命的董事、监事、高级管理人员出现上述任何一项违法行为，造成国有资产重大损失的，则由履行出资人职责的机构依法予以免职或者提出免职建议
资产评估机构、会计师事务所出具虚假报告	——	出具虚假的资产评估报告或者审计报告的，依照有关法律、行政法规的规定追究法律责任

3.公司法的相关规定

违法情形	处罚措施
承担资产评估、验资或者验证的机构提供虚假材料的	由公司登记机关没收违法所得，处以违法所得一倍以上五倍以下的罚款，并可以由有关主管部门依法责令该机构停业、吊销直接责任人员的资格证书，吊销营业执照
承担资产评估、验资或者验证的机构因过失提供有重大遗漏报告	由公司登记机关责令改正，情节较重的，处以所得收入一倍以上五倍以下的罚款，并可以由有关主管部门依法责令该机构停业、吊销直接责任人员的资格证书，吊销营业执照

4.证券法的相关规定

（1）对擅自从事证券服务业务的责任规定

责任人	会计师事务所、律师事务所以及从事资产评估、资信评级、财务顾问、信息技术系统服务的机构
违法行为	违反本法从事证券服务业务未报备案的
处罚	责令改正，可以处二十万元以下的罚款

（2）对违规买卖股票、违规使用或泄露内幕信息的责任规定

证券服务机构和人员	1088 条	责任人	为证券发行出具审计报告或者法律意见书等文件的证券服务机构和人员
		限制规定	承销期内和期满后六个月内，不得买卖该证券

续表

<table>
<tr><td rowspan="3">证券服务机构和人员</td><td rowspan="2">四二条</td><td>责任人</td><td>为发行人及其控股股东、实际控制人，或者收购人、重大资产交易方出具审计报告或者法律意见书等文件的证券服务机构和人员</td></tr>
<tr><td>限制规定</td><td>①自接受委托之日起至上述文件公开后五日内，不得买卖该证券
②实际开展上述有关工作之日早于接受委托之日的，自实际开展上述有关工作之日起至上述文件公开后五日内，不得买卖该证券</td></tr>
<tr><td>处罚</td><td colspan="2">责令依法处理非法持的证券，没收违法所得并处以买卖证券等值以下的罚款</td></tr>
<tr><td rowspan="5">内幕消息交易</td><td rowspan="2">五三条</td><td>责任人</td><td>资产评估机构及其相关人员，在执行证券业务资产评估时有机会接触、获得证券发行人的经营、财务或者对发行人证券的市场价格有重大影响的尚未公开的内幕信息对其作为内幕信息知情人</td></tr>
<tr><td>限制规定</td><td>证券交易内幕信息的知情人和非法获取内幕信息的人，在内幕信息公开前，不得买卖该公司的证券，或者泄露该信息，或者建议他人买卖该证券。</td></tr>
<tr><td rowspan="2">五四条</td><td>责任人</td><td>证券交易场所、证券公司、证券登记结算机构、证券服务机构和其他金融机构的从业人员、有关监管部门或者行业协会的工作人员</td></tr>
<tr><td>限制规定</td><td>禁止利用因职务便利获取的内幕信息以外的其他未公开的信息，违反规定从事与该信息相关的证券交易活动，或者明示、暗示他人从事相关交易活动</td></tr>
<tr><td>处罚</td><td colspan="2">①责令依法处理非法持有的证券，没收违法所得，并处以违法所得一倍以上十倍以下的罚款；
②没有违法所得或者违法所得不足五十万元的，处以五十万元以上五百万元以下的罚款。
③单位从事内幕交易的，还应当对直接负责的主管人员和其他直接责任人员给予警告，并处以二十万元以上二百万元以下的罚款。
④国务院证券监督管理机构工作人员从事内幕交易的，从重处罚</td></tr>
</table>

（3）对信息披露存在虚假、误导或重大遗漏的责任规定

责任人及行为	证券服务机构为证券的发行、上市、交易等证券业务活动制作、出具审计报告及其他鉴证报告、资产评估报告、财务顾问报告、资信评级报告或者法律意见书等文件
要求	应当勤勉尽责，对所依据的文件资料内容的真实性、准确性、完整性进行核查和验证
处罚	①证券服务机构未勤勉尽责，所制作、出具的文件有虚假记载、误导性陈述或者重大遗漏的，责令改正，没收业务收入，并处以业务收入一倍以上十倍以下的罚款，没有业务收入或者业务收入不足五十万元的，处以五十万元以上五百万元以下的罚款； ②情节严重的，并处暂停或者禁止从事证券服务业务。 ③对直接负责的主管人员和其他直接责任人员给予警告，并处以二十万元以上二百万元以下的罚款

（4）违反对有关文件和资料要求的责任规定

责任人及行为	①服务机构应当妥善保存客户委托文件、核查和验证资料、工作底稿以及与质量控制、内部管理、业务经营有关的信息和资料，任何人不得泄露、隐匿、伪造、篡改或者毁损。 ②上述信息和资料的保存期限不得少于十年，自业务委托结束之日起算
处罚	①发行人、证券登记结算机构、证券公司、证券服务机构未按照规定保存有关文件和资料的，责令改正，给予警告，并处以十万元以上一百万元以下的罚款； ②泄露、隐匿、伪造、篡改或者毁损有关文件和资料的、给予警告、并处以二十万元以上二百万元以下的罚款； ③情节严重的，处以五十万元以上五百万元以下的罚款，并处暂停、撤销相关业务许可或者禁止从事相关业务； ④对接负责的主管人员和其他直接责任人员给予警告，并处以十万元以上一百万元以下的罚款

（5）有关证券市场禁入处罚的规定

①“证券市场禁入”是对严重违法的相关个人所设立的严厉的“资格罚”措施。

②违反法律、行政法规或者国务院证券监督管理机构的有关规定，情节严重的，国务院证券监督管理机构可以对有关责任人员采取证券市场禁入的措施。

③证券市场禁入，是指在一定期限内直至终身不得从事证券业务、证券服务业务，不得担任证券发行人的董事、监事、高级管理人员，或者一定期限内不得在证券交易所、国务院批准的其他全国性证券交易场所交易证券的制度。

5.《资产评估行业财政监督管理办法》的相关规定

违法情形	处罚措施
（1）同时在两个以上资产评估机构从事业务的； （2）签署本人未承办业务的资产评估报告或者有重大遗漏的	省级财政部门予以警告，可以责令停止从业六个月以上一年以下； 有违法所得的，没收违法所得；情节严重的，责令停止从业一年以上五年以下； 构成犯罪的，移送司法机关处理
（1）未取得资产评估师资格签署报告的； （2）评估师人数不符合法律规定的； （3）与其合伙人或者股东存在利害关系业务的	对其备案的省级财政部门对资产评估机构予以警告，可以责令停业一个月以上六个月以下； 有违法所得，没收违法所得，并处违法所得一倍以上五倍以下罚款； 情节严重的，通知工商行政管理部门依法处理； 构成犯罪的，移送司法机关处理
分支机构越权从事资产评估业务的	分支机构所在地的省级财政部门责令改正，对资产评估机构及其法定代表人或执行合伙事务的合伙人分别予以警告； 没有违法所得的，可并处资产评估机构一万元以下罚款； 有违法所得，可并处违法所得一倍以上三倍以下、最高不超过三万元的罚款；同时通知资产评估机构所在地省级财政部门
未按规定备案的	由资产评估机构所在地省级财政部门责令改正； 拒不改正的，责令停业，可以并处一万元以上五万元以下罚款，并通报工商行政管理部门
资产评估机构未按规定办理分支机构备案的	由其分支机构所在地的省级财政部门责令改正，并对资产评估机构及其法定代表人或者执行合伙事务的合伙人分别予以警告，同时通知资产评估机构所在地的省级财政部门
（1）未建立健全质量控制制度和内部管理制度； （2）未指定一名取得资产评估师资格的本机构合伙人或者股东专门负责执业质量控制； （3）未建立职业风险基金或者购买职业责任保险； （4）集团化的资产评估机构未对分支机构在质量控制、内部管理、客户服务、企业形象、信息化等方面实行统一管理； （5）机构名称、执行合伙事务的合伙人或者法定代表人、合伙人或者股东、分支机构的名称或者负责人发生变更以及发生机构分立、合并、转制、撤销等重大事项未按规定向有关财政、工商等部门办理变更手续的； （6）机构跨省级行政区划迁移经营场所未按规定书面告知迁出地省级财政部门以及未按规定向迁入地省级财政部门办理迁入备案手续	由资产评估机构所在地省级财政部门责令改正，并予以警告

二、选编例题

【例 1 · 单选题】关于行政处罚的一事不再罚原则，下列说法错误的是（　　）。

A. 当行政主体对行为人的第一个处理尚未失去效力时，即使第二个处理是对第一个处理的补充、更正或者补正，也不能基于同一事实和理由给予第二次处理

B. 除法律有明确规定或者依基本法理和法律规则合理推定之外，行政主体应严格遵循一个行为一次处罚的原则

C. 对于行为人的同一个违法行为，行政主体不能给予两个以上相同种类的处罚

D. 对于行为人的同一个违法行为，无论触犯几个法律条文，构成几个处罚理由以及由几个行政主体实施处罚，只能给予一次罚款

【例 2 · 单选题】下列关于资产评估师执业的表述正确的是（　　）。

A. 不能同时在四家以上的资产评估机构执业

B. 不能同时在五家以上的资产评估机构执业

C. 不能同时在三家以上的资产评估机构执业

D. 不能同时在两家以上的资产评估机构执业

知识点 4 选编例题答案

1.【答案】A

【解析】本题考查行政处罚的一事不再罚原则的概念；当行政主体对行为人的第一个处理尚未失去效力时，不能基于同一事实和理由给予第二次处理，除非第二个处理是对第一个处理的补充、更正或者补正。

2.【答案】D

【解析】本题考查《资产评估行业财政监督管理办法》的相关规定。

【知识点 5】民事责任（★★★）

一、知识点精讲

（一）相关法律知识

1.民事责任的概念

民事责任	是对民事法律责任的简称，指民事主体在民事活动中，因违反民事义务或者侵犯他人的民事权利所应承担的民事法律后果 民事义务包括法定义务和约定义务，也包括积极义务和消极义务、作为义务和不作为义务。 《民法典》规定，行为人因过错侵害他人民事权益造成损害的，应当承担侵权责任。民事主体的人身权利、财产权利以及其他合法权益受法律保护，任何组织或者个人不得侵犯。财产权利包括物权和债权。物包括不动产和动产。物权包括所有权、用益物权和担保物权。
责任承担方式	停止侵害；排除妨碍；消除危险； 返还财产；恢复原状；修理、重作、更换；继续履行； 赔偿损失；支付违约金； 消除影响、恢复名誉；赔礼道歉； 法律规定惩罚性赔偿的，依照其规定； 【说明】以上承担民事责任的方式，可以单独适用，也可以合并适用。

2.民事责任的种类

<table>
<tr><th>分类依据</th><th>类别</th><th colspan="2">含义</th></tr>
<tr><td rowspan="3">责任发生的根据</td><td>合同责任</td><td colspan="2">违反合同约定的义务、合同附随义务或违反《民法典》规定的义务而产生的责任</td></tr>
<tr><td>侵权责任</td><td colspan="2">侵犯他人的财产权益与人身权益而产生的责任</td></tr>
<tr><td>其他责任</td><td colspan="2">除合同与侵权之外的原因（如不当得利、无因管理等）所产生的民事责任</td></tr>
<tr><td rowspan="2">是否具有财产内容</td><td>财产责任</td><td colspan="2">民事违法行为人承担财产上的不利后果，使受害人得到财产上补偿的民事责任，如损害赔偿责任</td></tr>
<tr><td>非财产责任</td><td colspan="2">采取防止或消除损害后果（如消除影响、赔礼道歉等）措施，使受损害的非财产权利得到恢复的民事责任</td></tr>
<tr><td rowspan="2">承担民事责任的财产范围</td><td>无限责任</td><td colspan="2">责任人以自己的全部财产承担的责任</td></tr>
<tr><td>有限责任</td><td colspan="2">债务人以一定范围或一定数额的财产为限所承担的民事责任。
有限责任公司股东以其对公司认缴的出资额为限对公司的债务承担有限责任。
特殊的普通合伙企业的合伙人，对其他合伙人在执业活动中因故意或重大过失造成的合伙企业债务，以其在合伙企业中的财产份额为限承担责任等</td></tr>
<tr><td rowspan="2">民事责任由单方或相互承担</td><td>单方责任</td><td colspan="2">只有一方当事人对另一方所承担的责任，如合同履约方对违约方，侵权方对被侵权方等</td></tr>
<tr><td>双方责任</td><td colspan="2">法律关系双方当事人之间相互承担责任的形态</td></tr>
<tr><td rowspan="2">承担民事责任主体的数量</td><td>单独责任</td><td colspan="2">由一个民事主体独立承担的民事责任</td></tr>
<tr><td>共同责任</td><td colspan="2">两个以上的人共同实施违法行为并且都有过错，从而共同对损害的发生承担的责任</td></tr>
<tr><td rowspan="5">共同责任进一步分类</td><td>按份责任</td><td colspan="2">多数当事人按照法律规定或者合同约定，各自承担一定份额的民事责任</td></tr>
<tr><td rowspan="3">连带责任</td><td colspan="2">多数当事人因合同关系、代理行为或上下级关系，按照法律规定或者合同约定，连带地向权利人承担责任。
主要有合伙、共同侵权、代理关系、担保行为的连带责任等</td></tr>
<tr><td>一般连带责任</td><td>各债务人之间不分主次，对整个债务无条件地承担连带责任，债权人可以不分顺序地要求任何一个债务人清偿全部债务。如合伙人对合伙债务的连带责任</td></tr>
<tr><td>补充连带责任</td><td>须以连带责任中其他人（主要是主债务人）不履行或不能完全履行为前提，补充连带责任人只在第二顺序上承担连带责任。如保证人的连带责任</td></tr>
<tr><td>不真正连带责任</td><td colspan="2">各债务人基于不同的发生原因而对于同一债权人负有以同一给付为标的的数个债务，因一个债务人的履行而使全体债务均归于消灭。
如：甲乘坐的出租车与货车发生交通事故，导致甲受伤</td></tr>
<tr><td rowspan="3">承担责任是否以当事人具有过错为条件</td><td>过错责任</td><td colspan="2">（1）我国一般侵权行为责任采取过错责任的归责原则，过错推定责任是过错责任的特殊形式。
（2）过错责任是行为人违反民事义务并致他人损害时，应以过错作为责任的要件和确定责任范围的依据
过错责任对行为人的主观过错，根据“谁主张，谁举证”原则，应由受害人负责举证
（3）过错推定责任是侵害人对其行为所造成的损害不能证明自己主观无过错时就推定其主观有过错并承担民事责任
过错推定责任原则的特殊之处在于举证责任倒置</td></tr>
<tr><td>无过错责任</td><td colspan="2">行为人只要给他人造成损失，不问其主观上是否有过错而都应承担的责任
我国《民法典》中的违约责任与侵权法中的特别侵权责任的归责原则是无过错责任原则。违约方或特别侵权方只有符合法定或特约的免责条件才能免除其相应责任。</td></tr>
<tr><td>公平责任</td><td colspan="2">双方当事人对损害的发生均无过错，法律又无特别规定适用无过错责任原则时，法院根据公平原则，在考虑当事人双方的财产状况及其他情况的基础上，确定由当事人公平合理分担的责任</td></tr>
</table>

3.民事责任的构成要件

一般民事责任构成要件是指适用过错责任的责任行为的构成要件：

要件	说明
存在民事违法行为（必要条件）	包括作为的违法行为和不作为的违法行为，前者是指实施了法律禁止的行为，后者是指没有履行法律所要求实施的行为（即没有履行法律所规定的义务）
存在损害事实	民事违法行为必须引起损害后果，权利人才能够请求法律救济。 损害（财产或非财产方面）使被损害主体的民事权利遭受某种不利影响
损害事实与民事违法行为存在因果关系	损害事实与民事违法行为之间应存在前因后果的必然关系
行为人应有过错	首先应是指行为人的一种主观心理状态，即是否存在故意或过失。但在推定过失状态时，又是以是否尽一个通常人注意义务作为客观判断标准的

4.民事主体承担多种法律责任

《民法典》规定：民事主体因同一行为应当承担行政责任、民事责任和刑事责任的，承担行政责任或者刑事责任不影响承担民事责任；民事主体的财产不足以支付的，优先用于承担民事责任。

5.民事责任的诉讼时效

（1）依据时间的长短和适用范围分为一般诉讼时效和特殊诉讼时效。

一般诉讼时效（一般情况普遍适用）	向人民法院请求保护民事权利的诉讼时效期间为三年，法律另有规定的，依照其规定。 诉讼时效期间自权利人知道或者应当知道权利受到损害以及义务人之日起计算，法律另有规定的，依照其规定
特殊诉讼时效（特定民事法律关系）（优于普通时效）	①针对某些特定的民事法律关系而制定的诉讼时效。包括短于普通时效的短期诉讼时效和长于普通时效的长期诉讼时效。 比如《民法典》规定的涉外买卖合同和技术进出口合同的诉讼时效为四年，《中华人民共和国产品质量法》规定的因产品缺陷造成损害的请求权最长保护期为十年。 ②自权利受到损害之日起超过二十年的，人民法院不予保护。有特殊情况的，人民法院可以根据权利人的申请决定延长
不适用诉讼时效的请求权	①请求停止侵害、排除妨碍、消除危险； ②不动产物权和登记的动产物权的权利人请求返还财产； ③请求支付抚养费、赡养费或者扶养费； ④依法不适用诉讼时效的其他请求权

（2）我国民法总则对诉讼时效约定、抗辩及主动适用的规定

诉讼时效遵从法定	诉讼时效的期间、计算方法以及中止、中断的事由由法律规定，当事人约定无效。该条同时规定，当事人对诉讼时效利益的预先放弃无效。
当事人的抗辩权	诉讼时效期间届满的，义务人可以提出不履行义务的抗辩。诉讼时效期间届满后，义务人同意履行的，不得以诉讼时效期间届满为由抗辩；义务人已自愿履行的，不得请求返还。
法院不得主动适用诉讼时效的规定	体现了民法的意思自治和自由处分原则，也符合法院居中裁判的中立地位

（二）资产评估民事责任的相关法律规定

资产评估法	了解即可

续表

企业国有资产法	国家出资企业的董事、监事、高级管理人员出现该法规定的违法行为造成国有资产损失的，“依法承担赔偿责任”
公司法	承担资产评估、验资或者验证的机构因其出具的评估结果、验资或者验证证明不实，给公司债权人造成损失的，除能够证明自己没有过错的外，在其评估或者证明不实的金额范围内承担赔偿责任。
证券法	1.涉及证券内幕交易的规定。 内幕交易行为给投资者造成损失的，行为人应当依法承担赔偿责任。 利用未公开信息进行交易给投资者造成损失的，应当依法承担赔偿责任。 2.涉及证券服务机构制作、出具有虚假记载、误导性陈述或者重大遗漏文件的规定。 证券服务机构“制作、出具的文件有虚假记载、误导性陈述或者重大遗漏，给他人造成损失的，应当与委托人承担连带赔偿责任，但是能够证明自己没有过错的除外”。 关于此处的“过错”，最高人民法院法释〔2022〕2 号第三条规定了两种情形： （1）行为人故意制作、出具存在虚假陈述的信息披露文件，或者明知信息披露文件存在虚假陈述而不予指明、予以发布； （2）行为人严重违反注意义务，对信息披露文件中虚假陈述的形成或者发布存在过失

证券市场因虚假陈述引发的民事赔偿

《最高人民法院关于审理证券市场因虚假陈述引发的民事赔偿案件的若干规定》的相关规定

虚假陈述的定义	信息披露义务人违反法律、行政法规、监管部门制定的规章和规范性文件关于信息披露的规定，在披露的信息中存在①虚假记载、②误导性陈述或者③重大遗漏的，人民法院应当认定为虚假陈述。 ①虚假记载，是指信息披露义务人披露的信息中对相关财务数据进行重大不实记载，或者对其他重要信息作出与真实情况不符的描述。 ②误导性陈述，是指信息披露义务人披露的信息隐瞒了与之相关的部分重要事实，或者未及时披露相关更正、确认信息，致使已经披露的信息因不完整、不准确而具有误导性。 ③重大遗漏，是指信息披露义务人违反关于信息披露的规定，对重大事件或者重要事项等应当披露的信息未予披露
虚假陈述的内容具有“重大性”的判断（应存在下列情形之一）	1.虚假陈述的内容属于证券法第八十条第二款（了解）、第八十一条第二款（了解）规定的重大事件； 2.虚假陈述的内容属于监管部门制定的规章和规范性文件中要求披露的重大事件或者重要事项； 3.虚假陈述的实施、揭露或者更正导致相关证券的交易价格或者交易量产生明显的变化。如果被告提交证据足以证明①②所涉及的虚假陈述并未导致相关证券爰易价格或者交易量明显变化的，人民法院应当认定虚假陈述的内容不具有重大性。 被告能够证明虚假陈述不具有重大性，并以此抗辩不应当承担民事责任的，人民法院应当予以支持
虚假陈述时的“过错”认定	会计师事务所、律师事务所、资信评级机构、资产评估机构、财务顾问等证券服务机构制作、出具的文件存在虚假陈述时的“过错”认定问题。 1.“过错”认定问题步骤 首先，要求人民法院应当按照法律、行政法规、监管部门制定的规章和规范性文件，参考行业执业规范规定的工作范围和程序要求等内容，结合其核查、验证工作底稿等相关证据，认定其是否存在过错。 其次，规定证券服务机构的责任限于其工作范围和专业领域。 证券服务机构依赖保荐机构或者其他证券服务机构的基础工作或者专业意见致使其出具的专业意见存在虚假陈述，能够证明其对所依赖的基础工作或者专业意见经过审慎核查和必要的调查、复核，排除了职业怀疑并形成合理信赖的，人民法院应当认定其没有过错。 2.人民法院认定会计师事务所没有过错的以下情形 （1）按照执业准则、规则确定的工作程序和核查手段并保持必要的职业谨慎，仍未发现被审计的会计资料存在错误的； （2）审计业务必须依赖的金融机构、发行人的供应商、客户等相关单位提供不实证明文件，会计师事务所保持了必要的职业谨慎仍未发现的； （3）已对发行人的舞弊迹象提出警告并在审计业务报告中发表了审慎审计意见的； （4）能够证明没有过错的其他情形

（三）对专业中介活动民事侵权纠纷的司法理解

目前我国尚未出台处理资产评估民事侵权案件的司法规定。2007 年 6 月 11 日我国最高人民法院发布了《最高人民法院关于审理涉及会计师事务所在审计业务活动中民事侵权赔偿案件的若干规定》表明了我国司法部门对专业中介活动民事侵权案件相关责任认定的意见、倾向。

推定过错	会计师事务所因在审计业务活动中对外出具不实报告给利害关系人造成损失的，应当承担侵权赔偿责任，但其能够证明自己没有过错的除外
故意侵权责任认定	注册会计师在审计业务活动中存在下列情形之一，出具不实报告并给利害关系人造成损失的，应当认定会计师事务所与被审计单位承担连带赔偿责任： 1.与被审计单位恶意串通； 2.明知被审计单位对重要事项的财务会计处理与国家有关规定相抵触，而不予指明； 3.明知被审计单位的财务会计处理会直接损害利害关系人的利益，而予以隐瞒或者作不实报告； 4.明知被审计单位的财务会计处理会导致利害关系人产生重大误解，而不予指明； 5.明知被审计单位的会计报表的重要事项有不实的内容，而不予指明； 6.被审计单位示意其作不实报告，而不予拒绝
因过侵权责任认定	中介机构及其从业人员，在执行业务中未能严格遵循法律法规、执业准则的规定，低于行业正常水准执业，缺乏专业胜任能力又不采取必要补救措施，未能合理关注项目重大事项，存在明显的工作疏漏或程序缺陷等，会被司法部门认定存在过失
不承担民事赔偿责任的情形	会计师事务所能够证明存在以下情形之一的，不承担民事赔偿责任： 1.已经遵守执业准则、规则确定的工作程序并保持必要的职业谨慎，但仍未能发现被审计的会计资料错误； 2.审计业务所必须依赖的金融机构等单位提供虚假或者不实的证明文件，会计师事务所在保持必要的职业谨慎下仍未能发现其虚假或者不实； 3.已对被审计单位的舞弊迹象提出警告并在审计业务报告中予以指明； 4.已经遵照验资程序进行审核并出具报告，但被验资单位在注册登记后抽逃资金； 5.为登记时未出资或者未足额出资的出资人出具不实报告，但出资人在登记后已补足出资

二、选编例题

【例 1·单选题】（2021 真题）某国有企业以非货币资产出资设立有限责任公司，其聘请的资产评估机构因过失出具了有重大遗漏的资产评估报告，导致出资不实，公司债权人因此遭受经济损失，追究资产评估机构的民事责任，可以依据的法律法规的是（　　）。

A.《公司法》　　B.《资产评估行业财政监督管理办法》

C.《证券法》　　D.《企业国有资产法》

【例 2·单选题】以下关于民事责任的分类说法不正确的是（　　）。

A. 根据责任发生的根据，可以分为财产责任、非财产责任

B. 根据承担民事责任的财产范围，可以分为无限责任、有限责任

C. 根据民事责任由单方或相互承担，可以分为单方责任、双方责任

D. 根据承担民事责任主体的数量，可以分为单独责任、共同责任

【例 3·多选题】民事责任的构成要件包括（　　）。

A. 存在民事违法行为　　B. 存在损害事实

C. 损害事实与民事违法行为存在因果关系　　D. 行为人应有过错

E. 存在财产损失

知识点 5 选编例题答案

1.【答案】A

【解析】《公司法》规定，承担资产评估、验资或者验证的机构因其出具的评估结果、验资或者验证证明不实，给公司债权人造成损失的，除能够证明自己没有过错的外，在其评估或者证明不实的金额范围内承担赔偿责任。

2.【答案】A

【解析】本题考查民事责任分类的知识；根据责任发生的根据，可以分为合同责任、侵权责任、其他责任。

3.【答案】ABCD

【解析】本题考查民事责任构成要件的知识；选项E不是民事责任的构成要件。

【知识点6】刑事责任（★★★）

一、知识点精讲

（一）相关法律知识

1.刑事责任的概念及种类

刑罚分类及相关说明	具体内容
主刑	管制、拘役、有期徒刑、无期徒刑和死刑
附加刑	罚金、剥夺政治权利、没收财产；附加刑可以独立或附加适用
犯罪情节轻微，可免予刑事处罚	但是可以根据案件的不同情况，予以训诫或者责令具结悔过、赔礼道歉、赔偿损失，或者由主管部门予以行政处罚或者行政处分
利用职业便利实施犯罪，或实施违背职业要求的特定义务的犯罪被判处刑罚	据犯罪情况和预防再犯罪的需要，禁止其自刑罚执行完毕之日或者假释之日起从事相关职业，期限为三年至五年
罪刑法定和罪责刑相适应的原则	（1）法律明文规定为犯罪行为的，依照法律定罪处刑； （2）法律没有明文规定为犯罪行为的，不得定罪处刑； （3）刑罚的轻重，应当与犯罪分子所犯罪行和承担的刑事责任相适应

2.刑事责任的追诉时效

犯罪经过下列期限不再追诉	（1）法定最高刑为不满五年有期徒刑的，经过五年； （2）法定最高刑为五年以上不满十年有期徒刑的，经过十年； （3）法定最高刑为十年以上有期徒刑的，经过十五年； （4）法定最高刑为无期徒刑、死刑的，经过二十年。如果二十年以后认为必须追诉的，须报请最高人民检察院核准
追诉期限的延长	（1）在人民检察院、公安机关、国家安全机关立案侦查或者在人民法院受理案件以后，逃避侦查或者审判的，不受追诉期限的限制。 （2）被害人在追诉期限内提出控告，人民法院、人民检察院、公安机关应当立案而不予立案的，不受追诉期限的限制
追诉期限的计算与中断	追诉期限从犯罪之日起计算；犯罪行为有连续或者继续状态的，从犯罪行为终了之日起计算。在追诉期限以内又犯罪的，前罪追诉的期限从犯后罪之日起计算
与资产评估相关的追诉时效	（1）提供虚假证明文件罪、出具证明文件重大失实罪的追诉时效一般为五年； （2）犯提供虚假证明文件罪的人员索取他人财物或者非法收受他人财物的追诉时效为十年

（二）资产评估刑事责任的相关法律规定

1.提供虚假证明文件罪、出具证明文件重大失实罪

（1）对于提供虚假证明文件罪、出具证明文件重大失实罪应承担的刑事责任（第229条）

违法主体	罪名	违法行为与处罚
承担资产评估、验资、验证、会计、审计、法律服务、保荐、安全评价、环境影响评价、环境监测等职责的中介组织的人员	故意提供虚假证明文件	情节严重的处五年以下有期徒刑或者拘役，并处罚金
		有下列情形之一的：①提供与证券发行相关的虚假的资产评估、会计、审计、法律服务、保荐等证明文件，情节特别严重的；②提供与重大资产交易相关的虚假的资产评估、会计、审计等证明文件，情节特别严重的；③在涉及公共安全的重大工程、项目中提供虚假的安全评价、环境影响评价等证明文件，致使公共财产、国家和人民利益遭受特别重大损失的。 处五年以上十年以下有期徒刑，并处罚金
		有前款行为，同时索取他人财物或者非法收受他人财物构成犯罪的，依照处罚较重的规定定罪处罚
	出具证明文件重大失实	严重不负责任，出具的证明文件有重大失实，造成严重后果的处三年以下有期徒刑或者拘役，并处或者单处罚金

（2）构成特征

构成要件	说明
特定的主体	①中介机构的人员：中介机构是指承办相关业务的资产评估、会计、审计、保荐、法律、验证、安全评价、环境影响评价和环境监测等事项专业服务的法人或非法人组织 ②还包括上述中介机构及其直接负责的主管人员和其他直接责任人员。所不同的是对中介机构本身的处罚适用第 231 条
行为人实施了故意提供虚假证明文件的行为	①虚假证明文件主要是承接资产评估、验资、验证、会计、审计、法律服务等业务出具的证明文件。虚假证明文件既包括伪造的证明文件，也包括内容虚假的证明文件。 ②犯罪行为人提供虚假证明文件必须属于主观故意行为，即明知所提供的证明文件存在虚假仍决定提供
情节严重	①情节严重是就违法犯罪行为及过程的性质、影响的范围与后果、造成的危害程度而言的。 ②承担资产评估、验资、验证、会计、审计、法律服务等职责的中介组织的人员故意提供虚假证明文件，涉嫌下列情形之一的，应予立案追诉： ※给国家、公众或者其他投资者造成直接经济损失数额在五十万元以上的； ※违法所得数额在十万元以上的； ※虚假证明文件虚构数额在一百万元且占实际数额百分之三十以上的； ※虽未达到上述数额标准，但具有下列情形之一的：在提供虚假证明文件过程中索取或者非法接受他人财物的；两年内因提供虚假证明文件，受过行政处罚二次以上，又提供虚假证明文件的。 ※其他情节严重的情形。 ③《刑法修正案》还规定，对出现下列情形之一的犯罪行为应当适用更高一档的刑期： ※提供与证券发行相关的虚假的资产评估、会计、审计、法律服务、保荐等证明文件，情节特别严重的； ※提供与重大资产交易相关的虚假的资产评估、会计、审计等证明文件，情节特别严重的； ※在涉及公共安全的重大工程、项目中提供虚假的安全评价、环境影响评价等证明文件，致使公共财产、国家和人民利益遭受特别重大损失的。判处五年以上十年以下有期徒刑，并处罚金
侵犯的客体	国家对中介组织的监督管理制度和市场中介组织的正常活动。 提供虚假证明文件的行为本身，就是在破坏市场秩序，就是在损害其他市场主体对中介组织公正性的信赖。本罪的本质危害是损害了市场条件下人们对中介组织及其人员的基本信赖

（3）“出具证明文件重大失实罪”的构成特征。

构成要件	说明
特定的主体	与“提供虚假证明罪”相同
行为人提供的证明文件存在重大失实	所指的证明文件也与“提供虚假证明罪”相同。 “重大失实”指的是出具的证明文件存在重大的不符合实际的内容
行为人严重不负责任	这是本罪与“提供虚假证明罪”的主要区别。 “提供虚假证明罪”是行为人存在犯罪的故意，本罪的行为人主观不存在犯罪故意，但存在严重不负责任的过失。 这种过失或者表现为该为的不为，或者表现为不认真而为
造成严重后果	①提供的重大失实证明文件的后果是，给国家或相关当事人造成严重损失或者产生了特别恶劣的影响等。 ②承担资产评估、验资、验证、会计、审计、法律服务等职责的中介组织的人员严重不负责任，涉嫌下列情形之一的，应予立案追诉： ※给国家、公众或者其他投资者造成直接经济损失数额在一百万元以上的； ※其他造成严重后果的情形。
侵犯的客体	本罪侵犯的客体也与“提供虚假证明罪”相同

2. 单位犯扰乱市场秩序罪

对于单位犯扰乱市场秩序罪应承担的刑事责任（刑法 231）：单位犯本节第二百二十一条至第二百三十条规定之罪的，对单位判处罚金，并对其直接负责的主管人员和其他直接责任人员，依照本节各条的规定处罚。

本罪所指的单位：指公司、企业、事业单位、机关、团体。

本罪包括：损害商业信誉、商品声誉，虚假广告，串通投标，合同诈骗，组织、领导传销活动，非法经营，强迫交易，伪造、倒卖伪造的有价票证，倒卖车票、船票，非法转让、倒卖土地使用权，提供虚假证明文件，出具证明文件重大失实，逃避商检罪。

单位犯罪规定了双罚制，既依法对单位处以罚金，又规定按照相应条款的规定依法处罚导致单位犯罪的单位直接负责的主管人员和其他直接责任人员。

（三）法律责任的免除（免责条件）

不可抗力、正当防卫和紧急避险等是法律所认可的免责条件。除此之外的免责情形还包括：

时效免责	依照法律规定，在违法行为发生一定期限后超过规定的诉讼或者追诉时效，违法行为人不再承担强制性、惩罚性的法律责任
不诉及协议免责	如果受害人或有关当事人不向法院起诉要求追究行为人的法律责任，行为人的法律责任就实际上被免除，或者受害人与加害人在法律允许的范围内协商同意的免责
自首、立功免责	犯罪者在犯罪后有自首、立功表现的，可以减轻或免除处罚。这是一种将功抵过的免责形式
人道主义免责	在财产责任中，责任人确实没有能力履行或没有能力全部履行的情况下，有关的国家机关免除或部分免除其责任
有效补救免责	在国家机关归责之前对于实施违法行为所造成的损害，采取及时补救措施，得以免除其部分或全部责任

二、选编例题

【例 1・多选题】以下属于扰乱市场秩序罪的情形有（　　）。

A. 损害商业信誉　　B. 合同诈骗

C. 小偷偷盗抢劫商户财物　　D. 伪造、倒卖伪造的有价票证

E. 提供虚假证明文件

【例 2 · 多选题】 除了不可抗力、正当防卫和紧急避险等法律所认可的免责条件之外，免责情形还包括（　　）。

A. 时效免责　　B. 不诉及协议免责

C. 自首、立功免责　　D. 人道主义免责

E. 社会公众舆论普遍支持

【例 3 · 单选题】（2018 真题）下列资产评估专业人员的违法情形中，构成“出具证明文件重大失实罪”的是（　　）。

A为满足委托人的要求，故意调整评估值，导致资产评估结论严重失实，由于报告所对应的经济行为尚未实施，未给国家或其他相关当事人造成经济损失

B. 因计算疏失导致评估结论出现严重错误，由于报告所对应的经济行为尚未实施，未给国家或相关当事人造成经济损失

C. 因工作疏忽未全面履行现场调查程序，导致资产评估报告结论出现严重偏差，给国家或相关当事人造成了严重损失

D. 为满足委托人的要求，故意调整评估值，导致资产评估结论严重失实，给国家或其他相关当事人造成严重经济损失

知识点 6 选编例题答案

1. **【答案】** ABDE

【解析】 本题考查扰乱市场秩序罪的概念；扰乱市场秩序罪包括：损害商业信誉、商品声誉，虚假广告，串通投标，合同诈骗，组织、领导传销活动，非法经营，强迫交易，伪造、倒卖伪造的有价票证，倒卖车票、船票，非法转让、倒卖土地使用权，提供虚假证明文件，出具证明文件重大失实，逃避商检罪。C的主体不符合“扰乱市场秩序罪”，该罪的主体是单位而非个人。

2. **【答案】** ABCD

【解析】 本题考查我国法律规定的免责条件；除了不可抗力、正当防卫和紧急避险等法律所认可的免责条件之外，免责情形还包括：时效免责、不诉及协议免责、自首立功免责、人道主义免责、有效补救免责。

3. **【答案】** C

【解析】“出具证明文件重大失实罪”的构成特征包括：与“提供虚假证明罪”相同的主体和侵犯的客体、行为人提供的证明文件存在重大失实、行为人严重不负责任、造成严重后果。AD选项里“故意调整评估值”，属于故意，并非主管不存在犯罪的故意，所以A不属于“出具证明文件重大失实罪”。AB未给国家或相关当事人造成经济损失，所以AB不属于“出具证明文件重大失实罪”。选项C满足“出具证明文件重大失实罪”的构成特征，所以本题正确答案是C。

同步强化训练题

一、单项选择题

1.（2021 真题）下列关于资产评估职业道德的说法中，错误的是（　　）。

A. 资产评估专业人员可以独立承接资产评估业务、开展资产评估活动以及发表资产评估意见

B. 资产评估专业人员可以基于已经掌握的知识和事实，通过使用评估假设来明确资产评估的边界条件

C. 资产评估专业人员应当使用科学的方法作为评估手段，在此基础上可以依据知识和专业经验

作出独立判断

D. 资产评估机构及其资产评估专业人员应当勤勉尽责，对于特殊事项可以在报告中适当进行免责声明

2.（2018 真题）下列关于某资产评估机构因出具虚假评估报告可能承担法律责任的说法中，错误的是（　　）。

A. 不同的行政主体可以根据不同的法律规定对同一违法行为分别给予罚款的处罚

B. 如果该机构的违法行为构成犯罪的应当依法追究刑事责任

C. 如果该机构的违法行为给委托人或其他相关当事人造成损失的可以依法追究其赔偿责任

D对该机构的行政及刑事处罚不影响追究该机构的民事责任

3.（2018 真题）某国有企业以非货币性资产出资设立 A有限责任公司时，其聘请的资产评估机构所出具的评估结果不实，A公司债权人因此遭受经济损失，追究资产评估机构的民事责任，可以依据的法律法规的是（　　）。

A.《证券法》　　B.《企业国有资产法》

C.《资产评估行业财政监督管理办法》　　D.《公司法》

4.（2020 真题）下列处罚形式中，资产评估机构及个人因承担行政责任可能受到的处罚是（　　）。

A. 返还财产　　B. 赔偿损失　　C. 没收违法所得　　D. 没收财产

5.“对于实物性资产进行必要的现场勘查，资产评估专业人员应当采取必要措施关注通过其他第三方取得信息的客观性和合理性，并进行必要披露”描述的是资产评估师的（　　）要求。

A. 谨慎性　　B. 独立性　　C. 客观性　　D. 公正性

6. 以下不属于“其他资产评估专业人员”范围的有（　　）。

A. 与资产评估专业人员在同一资产评估机构执业的评估人员

B. 与资产评估专业人员不在同一资产评估机构，但一起执行联合评估业务的评估人员

C. 资产评估专业人员不在同一家评估机构执业，但由于知识结构、专业技能、职业资格、所在区域等不同，在执业过程中可以提供或接受技术支持的评估人员

D. 与资产评估专业人员计划在未来的项目进行合作的评估人员

7. 以下属于不正当竞争行为中“引诱”行为的是（　　）。

A. 超越自身职业胜任能力范围招揽业务

B. 以答应帮助客户解决具体困难为条件，招揽业务

C. 利用客户的弱点威胁强迫，抢拉业务

D. 不考虑评估业务性质、专业胜任能力、服务质量，仅仅通过降低服务费收取标准获取业务

8. 以下属于行政处罚的是（　　）。

A. 降级　　B. 记大过

C. 暂扣或者吊销执照　　D. 撤职

9. 以下有关证券法规定的说法正确的有（　　）。

A. 资产评估机构从事证券服务业务未报备案属于违法行为

B. 证券服务机构和人员自接受委托之日起至上述文件公开后六个月内，不得买卖该证券

C. 未经批准，从事证券服务业务属于违法行为

D. 证券交易场所的工作人员利用因职务便利获取的内幕信息以外的其他未公开的信息从事相关交易活动是合法的，因为并没有使用内幕消息

10. 向人民法院请求保护民事权利的一般诉讼时效期间为（　　），法律另有规定的，依照其规定。

A.1 年　　B.2 年　　C.3 年　　D.5 年

11. 以下关于诉讼时效抗辩权的说法错误的是（　　）。

A. 诉讼时效期间届满的，义务人可以提出不履行义务的抗辩

B. 诉讼时效期间届满的，义务人可以选择不履行义务

C. 诉讼时效期间届满后，义务人同意履行的，不得以诉讼时效期间届满为由抗辩

D. 义务人已自愿履行的，不得请求返还

12. 以下一定会影响资产评估机构、资产评估专业人员独立性的说法正确的有（　　）。

A. 委托人是评估专业人员的舅舅

B. 评估专业人员的儿媳是委托方的管理人员

C. 资产评估机构与委托人的单位存在利益冲突

D. 资产评估专业人员准备购买被评估单位的股票

二、多项选择题

1.（2021 真题）以下有关资产评估刑事责任的说法中，正确的有（　　）。

A. 资产评估机构触犯"单位犯扰乱市场秩序罪"，承担刑事责任适用双罚制

B. 行为人严重不负责任并造成严重后果是"提供虚假证明文件罪"的构成要件

C."提供虚假证明文件罪"的犯罪主体包括中介机构的人员、委托人及相关当事人

D."出具证明重大失实罪"的侵犯的客体是国家对中介组织的监督管理制度和市场中介组织的正常活动

E. 特定的主体是"提供虚假证明文件罪"的构成要件，也是"出具证明重大失实罪"的构成要件

2.（2020 真题）下列关于资产评估职业道德的说法中，错误的有（　　）。

A. 资产评估专业人员可以要求资产评估相关当事人提供承诺函或保证书的方式替代必要的评估程序

B. 资产评估机构及资产评估专业人员不得收取委托人给予的额外奖励，但资产评估委托合同中另有约定的除外

C. 资产评估专业人员利用不合理的资产评估假设可能涉嫌规避其应履行的勤勉尽责义务

D. 资产评估机构与委托人可以约定以开始现场调查、提供评估报告征求意见稿、提交正式评估报告、经济行为约束等为节点分期支付评估服务费

E. 经卖方认可，资产评估机构可以分别与买卖双方订立资产评估委托合同对同一对象进行评估

3. 以下属于《中华人民共和国企业国有资产法》民事责任主体的有（　　）。

A. 履行出资人职责的机构及其直接负责的主管人员和其他直接责任人员、工作人员

B. 履行出资人职责的机构委派的股东代表

C. 国家出资企业的董事、监事

D. 资产评估机构

E. 国家出资企业的高级管理人员

4. 以下属于行政处罚原则的有（　　）。

A. 处罚法定原则　　B. 公正公开原则

C. 一事不再罚原则　　D. 处罚与教育相结合原则

E. 存在损害事实

5. 根据资产评估行政责任的相关法律规定，针对评估机构签署、出具虚假评估报告的，资产评估法可以对其进行（　　）。

A. 责令其停业三个月以上一年以下　　B. 由工商行政管理部门吊销其营业执照

C. 没收违法所得　　D. 处违法所得一倍以上五倍以下罚款

E. 构成犯罪的，依法追究其刑事责任

6. 根据资产评估行政责任的相关法律规定，针对资产评估委托人（或法定业务委托责任人）应当委托评估机构进行法定评估而未委托的，资产评估法可以对其进行（　　）。

A. 责令改正

B. 处十万元以上三十万元以下罚款

C. 情节严重的，对直接负责的主管人员和其他直接责任人员依法给予处分

D. 造成损失的，依法承担赔偿责任

E. 构成犯罪的，依法追究其刑事责任

7. 评估服务费实行市场调节价，由评估机构和委托人协商确定，需要考虑的因素有（　　）。

A. 资产规模和资产分布情况

B. 评估机构拟投入的人力资源、耗费的工作时间以及不同人力资源的综合成本

C. 评估机构和评估专业人员可能承担的风险和责任

D. 执行评估业务所需的技能和知识

E. 评估专业人员与被评估机构是否存在人员关联

8. 资产评估职业道德要求评估机构及资产评估专业人员，必须以确信评估结论的客观性、公正性为工作目标，来检查自己的执业行为，做到勤勉尽责，对所依据的文件资料内容的真实性、准确性、完整性进行核查和验证。《证券法》对信息披露存在虚假、误导或重大遗漏，规定的处罚有（　　）。

A. 责令改正，没收业务收入，并处以业务收入一倍以上十倍以下的罚款

B. 没有业务收入或者业务收入不足五十万元的，处以五十万元以上五百万元以下的罚款

C. 情节严重的，并处暂停或者禁止从事证券服务业务

D. 对直接负责的主管人员和其他直接责任人员给予警告，并处以二十万元以上二百万元以下的罚款

E. 责令改正，没收业务收入，暂停证券服务业务，并处以业务收入一倍以上五倍以下的罚款。对直接负责的主管人员和其他直接责任人员给予警告，并处以三万元以上十万元以下的罚款

9. 存在影响资产评估机构、资产评估专业人员独立性事项时，消除不利影响的措施有（　　）。

A. 第三方审核　　B. 人员回避

C. 业务回避　　D. 消除关联关系

E. 加强员工的执业道德教育，要求资产评估师保持独立客观公正

三、综合题

1.S公司为A股上市公司，拟通过定向增发的方式收购T公司全部股权。S公司及T公司的股东共同授权T公司委托Z资产评估机构进行资产评估。资产评估委托合同中就评估方法使用，盈利预测责任和评估付费等事项作出如下约定：

（1）资产评估机构应采用收益法对委托资产进行评估；

（2）委托方应向资产评估机构提供企业未来盈利预测资料，并对资料的真实性与可实现性负责；因盈利预测的可实现性和真实性对评估结果产生的影响，由委托方负责；

（3）资产评估开始现场工作后7日内支付评估服务费合同款总额的30%，完成现场评估工作后7日内支付40%，提交正式报告后7日内支付30%。项目满足委托方的要求，实现委托方的预期目标后另行奖励20万元。

在项目执行过程中，资产评估专业人员直接使用委托方提供的盈利预测数据，认为盈利预测数据的真实性与可实现性应由委托方负责而未履行任何核查验证过程序。后有关部门发现该项目盈利预测造假，导致大幅度虚增评估值，并决定对该项目进行立案调查。

【要求】

（1）委托合同汇总对评估方法的约定是否恰当？说明理由。

（2）该项目的资产评估专业人员使用企业所提供的盈利预测资料的行为是否恰当？说明理由。

（3）委托合同中付款是否存在问题？说明理由。

2.A评估事务所接受委托评估B公司的价值，以借壳上市，评估基准日是2015年12月31日。

对于B公司2013年、2014年的业绩，评估人员依据会计机构出具的审计报告确定；对于2015年的业绩，参与了部分B公司客户、供应商的走访，但底稿中未对其参与走访情况形成书面统计分析材料。在已发现被评估企业存在重大财务舞弊风险的情况下，项目组未对B公司历史业绩的真实性适当关注并实施有效的评估程序，导致形成未来收益预测的评估假设明显不合理，如假设B公司2016年营业收入较2015年经审计的增长28.30%，进而导致评估值高估。

2015年初，项目评估人员根据B公司提供的经营资料初步测算B公司100%股权估值为160亿至170亿元。后来随着借壳对象的变化，在企业经营情况无实质性变化的情况下，B公司于2015年5月提出的期望估值为260亿至270亿元，于2015年9月底B公司提出的期望估值变为370亿元。

评估师预测B公司2017年至2020年各年收入的增长率分别是35.02%、20.09%、12.28%、4.35%，但评估工作底稿中未记录该增长率的确定依据。用于盈利预测的“评估报告中表”材料是评估师代被评估单位倒编形成，评估工作底稿中无B公司提供的必要的盈利预测资料。

B公司股权价值的评估结果为3,701,900.82万元，与B公司的期望评估结果基本吻合，A评估公司对此没有合理解释。

【要求】根据本案例，（1）说明A评估公司的违规行为，并说明理由（说明4处即可）。

（2）违反了哪些法规？应该受到《证券法》哪些处罚（说明2处即可）。

3.A公司是国有控股企业，2001年1月在深交所上市。2017年12月，为了保证原材料供应渠道，计划收购B公司，B公司是私营企业。为了节约评估成本，A委托甲评估有限公司，完成评估业务后。出具了评估报告。

由于A公司是国有控股企业，评估报告最终采用了执行《企业国有资产评估报告指南》撰写。评估报告的部分信息如下：

（1）评估报告的正文内容包括：评估依据、评估程序实施过程和情况、委托人及其他资产评估报告使用人、评估目的、评估对象和评估范围、价值类型、评估基准日、评估假设、评估方法、评估结论、特别事项说明、资产评估报告使用限制说明、资产评估报告日、资产评估专业人员签名和资产评估机构印章。

（2）评估方法的主要内容如下：简单说明总体思路，并选择了收益法作为评估方法，说明评估方法的适用原因。

（3）评估结论的主要内容如下：该评估评估结论有效期一年，从评估基准日计算。B公式的全部股权的价值为10.5–11亿美元之间，最大可能值是10.8亿美元。

【问题】（1）评估报告的正文内容构成要素是否正确？还缺少什么内容

（2）评估报告中有关评估方法的说明是否正确？并说明理由

（3）评估报告中有关评估结论的说明是否正确？并说明理由

同步强化训练题参考答案及解析

一、单项选择题

1.【答案】A

【解析】评估专业人员必须加入评估机构才能开展业务，评估专业人员不能脱离所在评估机构去承揽业务。所以A不正确。

2.【答案】A

【解析】对于行为人的同一个违法行为，无论触犯几个法律条文，构成几个处罚理由以及由几个行政主体实施处罚，只能给予一次罚款；所以A表述不正确。

3.【答案】D

【解析】本题国有企业没有说明属于上市公司或者公开发行债券，因此不属于《证券法》监管范围，所以A不是正确选项。《企业国有资产法》针对造成国有资产损失规定了处罚，与本题没有关系，所以B不是正确选项。民事责任不属于《资产评估行业财政监督管理办法》规范的内容，《资产评估行业财政监督管理办法》只涉及行政处罚，所以C不是正确选项。《公司法》第二百零七条规定，承担资产评估、验资或者验证的机构因其出具的评估结果、验资或者验证证明不实，给公司债权人造成损失的，除能够证明自己没有过错的外，在其评估或者证明不实的金额范围内承担赔偿责任。所以D是正确答案。

4.【答案】C

【解析】要注意掌握行政责任的制裁形式、承担民事责任的方式以及刑事责任的种类。选项AB属于民事责任；选项D属于刑事责任中的附加刑。

5.【答案】C

【解析】本题考查资产评估职业道德的基本要求；资产评估职业道德的基本要求包括公正性、客观性、独立性、勤勉尽责、诚实守信，题干所描述的内容属于客观性的要求。

6.【答案】D

【解析】本题考查"其他资产评估专业人员"的范围；选项D不属于此范围。

7.【答案】B

【解析】本题考查不正当竞争行为的基本类型；选项ACD分别属于欺诈、强迫和恶意降低服务费的行径。

8.【答案】C

【解析】本题考查行政处分和行政处罚的区别；行政处分包括警告、记过、记大过、降级、撤职、开除等；行政处罚包括警告；罚款；没收违法所得、没收非法财物；责令停产停业；暂扣或者吊销许可证、暂扣或者吊销执照；行政拘留；法律、行政法规规定的其他行政处罚。

9.【答案】A

【解析】2019年修改后的证券法关于A的说法正确，C在证券法修改之前正确，当前是错误的。证券服务机构和人员自接受委托之日起至上述文件公开后五日内，不得买卖该证券，所以B不正确。证券交易场所、证券公司、证券登记结算机构、证券服务机构和其他金融机构的从业人员、有关监管部门或者行业协会的工作人员，禁止利用因职务便利获取的内幕信息以外的其他未公开的信息，违反规定从事与该信息相关的证券交易活动，或者明示、暗示他人从事相关交易活动，所以D不正确。

10.【答案】C

【解析】本题考查一般诉讼时效的知识；一般诉讼时效为向人民法院请求保护民事权利的3年期间，法律另有规定的，依照其规定。

11.【答案】B

【解析】本题考查诉讼时效抗辩权的知识；诉讼时效期间届满的，义务人可以提出不履行义务的抗辩，而不能直接选择不履行义务。

12.【答案】C

【解析】亲属是指配偶、父母、子女及其配偶；人员关联是指资产评估专业人员或者其亲属在委托人或者相关当事方担任董事、监事、高级管理人员或者其他可能对评估结论施加重大影响的特定职务；所以AB不正确。业务关联是指资产评估机构从事的业务之间可能存在利益输送或者利益冲突关系，所以C正确。D不正确，只是准备购买，并没有真正购买。

二、多项选择题

1.【答案】ADE

【解析】单位犯扰乱市场秩序罪规定了双罚制，既依法对单位处以罚金，又规定按照相应条款的规定依法处罚导致单位犯罪的单位直接负责的主管人员和其他直接责任人员；所以A正确。行为人严重不负责任并造成严重后果是“出具证明重大失实罪”的构成要件，所以B不正确。“提供虚假证明文件罪”的犯罪主体包括承担资产评估、验资、验证、会计、审计、法律服务、保荐、安全评价、环境影响评价、环境监测等职责的中介组织的人员；所以C不正确。“提供虚假证明文件罪”和“出具证明重大失实罪”的侵犯的客体是国家对中介组织的监督管理制度和市场中介组织的正常活动，而且的特定犯罪主体也相同；所以D、E正确。

2.【答案】ABDE

【解析】资产评估机构及其资产评估专业人员可以要求相关当事人提供保证书或承诺函等文件，但在利用时必须保持必要的职业谨慎，不可以丧失独立性，因此不可以用资产评估相关当事人提供的承诺函或者保证书替代必要的评估程序，所以选项A错误。资产评估机构及其资产评估专业人员不得向委托人或其他相关当事人索取约定服务费之外的不正当利益，委托合同中约定的额外奖励也属于不正当利益，所以选项B错误。使用的评估假设，应当是基于已经掌握的知识和事实，对资产评估中需要依托的前提和未被确切认识的事物作出合乎情理的推断和设定，不可以滥用不合理假设，规避勤勉尽责义务，所以选项C表述正确。基于投入成本的进度考虑，评估机构可以要求委托人按照评估服务进度，采用分期付款的方式支付评估费。比如可以约定在评估专业人员开始现场调查、提供评估报告征求意见稿、提交正式评估报告等节点，委托人按照一定比例支付评估服务费；评估服务费的支付不应当与委托人经济行为是否完成相联系，所以选项D表述错误。买卖双方为利益冲突方，评估机构不得分别接受利益冲突双方的委托，所以选项E表述错误。

3.【答案】CE

【解析】本题考查相关法律规定的民事责任主体；国家出资企业的董事、监事、高级管理人员出现该法规定的违法行为造成国有资产损失的，“依法承担赔偿责任”。所以正确答案是CE。 如果履行出资人职责的机构任命或者建议任命的董事、监事、高级管理人员出现上述任何一项违法行为，造成国有资产重大损失的，则由履行出资人职责的机构依法予以免职或者提出免职建议。这属于行政责任。

4.【答案】ABCD

【解析】本题考查行政处罚原则的基本知识；行政处罚的原则包括：处罚法定原则、公正公开原则、一事不再罚原则、处罚与教育相结合原则保障权利原则，所以ABCD正确。E是民事责任构成要件。

5.【答案】BCDE

【解析】处罚措施包括：责令其停业六个月以上一年以下；情节严重的，由工商行政管理部门吊销其营业执照；有违法所得的，没收违法所得，并处违法所得一倍以上五倍以下罚款；构成犯罪的，依法追究其刑事责任。所以BCDE正确。

6.【答案】ACDE

【解析】处罚措施包括：责令改正；拒不改正的，处十万元以上五十万元以下罚款；

情节严重的，对直接负责的主管人员和其他直接责任人员依法给予处分；造成损失的，依法承担赔偿责任；构成犯罪的，依法追究其刑事责任。所以正确答案是ACDE。

6.【答案】ABCD

【解析】关于评估收费影响因素，教材第5和8章都有涉及，部分内容是重复的只是分析角度不同，建议大家综合掌握。E是影响独立性的因素，直接决定了是否可以承接评估业务，不应该是评估收费的考虑因素。

8.【答案】ABCD

【解析】ABCD是最新的说法，E是旧的证券法的规定。

9.【答案】ABCD

【解析】E不正确，并没有真正消除影响独立性的事项。

三、综合题

1.【答案】(1) W委托合同中对评估方法的约定不恰当。

因为根据评估程序准则，订立业务委托合同时，通常包括的内容并不包括评估方法，评估方法只有在现场调查、收集整理评估资料后才能够确定，否则可能会因为评估资料不足以支撑特定评估方法。委托合同中对评估方法的约定不恰当，在签署合同阶段是很难确定评估方法。

2016年通过的《资产评估法》规定："评估专业人员应当恰当选择评估方法，除依据评估执业准则只能选择一种评估方法的外，应当选择两种以上评估方法，经综合分析，形成评估结论，编制评估报告"。本合同约定一种评估方法也不恰当。(2) 不恰当。这种做法违背了客观性要求。

在资产评估过程中，资产评估专业人员应当完整、客观地收集信息、数据；必须保证赖以形成评估结论信息的完整性、客观性、有效性、合法性；不得使用缺乏依据的信息、数据。资产评估专业人员有责任核查所获得信息的客观性，对于从其他第三方获得的信息，也应当关注其客观性。资产评估专业人员，应当依据所收集的信息、数据，遵守法律法规、资产评估准则等相关规定，通过合理履行资产评估程序客观作出评估结论、发表专业意见。

(3) 存在问题。

"实现委托方的预期目标后另行奖励20万元"，属于不正当利益。

资产评估机构、资产评估专业人员不得向委托方或相关当事方索取约定服务费之外的不正当利益。

2.【答案】(1) 说明A评估公司的违规行为，并说明理由(说明4处即可)。

① A评估公司对B公司全部股权项目进行资产评估时，未勤勉尽责，不应该直接采用会计机构出具的审计报告作为收入预测依据；没有详细说明收入的确认依据，违反了《资产评估执业准则——资产评估档案》对评估底稿的要求。

②以上行为不符合《资产评估准则——企业价值》第二十五条的规定"资产评估专业人员应当知晓企业经营达到相对稳定前的时间区间是确定预测期的主要因素。资产评估专业人员应当在对企业收入结构、成本结构、资本结构、资本性支出、投资收益和风险水平等综合分析的基础上，结合宏观政策、行业周期及其他影响企业进入稳定期的因素合理确定预测期"。

③违反了《资产评估职业道德准则》的要求，没有做到独立客观公正，而是按照客户要求，随着借壳对象的变化，而使得最终评估结果和委托方的希望评估值接近。

④委托方需要提供评估资料，而不能够由评估师代为编撰，本例中应由被评估单位提供用于盈利预测的"评估报告中表"材料是评估师代被评估单位倒编形成，评估工作底稿中无B公司提供的必要的盈利预测资料

(2) 违反了哪些法规？应该受到《证券法》哪些处罚(说明2处即可)。

答案：A评估公司对B公司全部股权项目进行资产评估时，《资产评估准则基本准则》《资产评估准则工作底稿》《资产评估准则企业价值》《资产评估准则评估程序》《资产评估准则评估报告》的相关规定，导致出具的评估报告存在虚假记载和重大遗漏，根据《证券法》对信息披露存在虚假、误导或重大遗漏的责任规定：证券服务机构为证券的发行、上市、交易等证券业务活动制作、出具审计报告及其他鉴证报告、资产评估报告、财务顾问报告、资信评级报告或者法律意见书等文件，应当勤勉尽责，对所依据的文件资料内容的真实性、准确性、完整性进行核查和验证。应该受到的处罚包括：

①证券服务机构未勤勉尽责，所制作、出具的文件有虚假记载、误导性陈述或者重大遗漏的，责令改正，没收业务收入，并处以业务收入一倍以上十倍以下的罚款，没有业务收入或者业务收入不足五十万元的，处以五十万元以上五百万元以下的罚款；

②情节严重的，并处暂停或者禁止从事证券服务业务。

③对直接负责的主管人员和其他直接责任人员给予警告，并处以二十万元以上二百万元以下的罚款。

3.【答案】（1）正文构成要求不正确。《企业国有资产评估报告指南》要求国有资产评估报告在执行《资产评估执业准则——资产评估报告》的同时，增加了“序言”的内容，所以该评估报告还缺少序言的内容。

（2）不合理。资产评估报告应当说明所选用的评估方法名称、定义及选择理由。需要在说明总体思路和主要评估方法的基础上，按评估对象和所涉及的资产（负债）类型逐项说明所选用的具体评估方法。采用收益法的，需要介绍技术思路，主要测算方法、模型或计算公式，明确预测收益的类型以及预测方法与过程、折现率的选择和确定等。因操作条件受限而选择一种评估方法的，应当对所受的操作条件限制进行分析、说明和披露。因适用性受限而选择一种评估方法的，应当在资产评估报告中披露其他基本评估方法不适用的原因。（3）不合理。资产评估报告应当以文字和数字形式表述评估结论，并明确评估结论的使用有效期。评估结论通常是确定的数值。经与委托人沟通，评估结论可以是区间值或者其他形式的专业意见。资产评估报告一般以人民币为计量币种，使用其他币种计量的，应当注明该币种在评估基准日与人民币的汇率。《企业国有资产评估报告指南》规定，境外企业国有资产评估报告的评估结论可以用区间值表达，要求应当在区间之内确定一个最大可能值，并说明确定依据。

第九章

国际和国外评估准则

本章考情分析

本章考客观题，分值一般在 3 分以内，不过从 2021 年教材变化看，可能本章分值会上升到 5 分以上。

比较重要考点（★★）：

（1）《国际评估准则》的体系、术语及框架。

（2）国际评估准则的《基本准则》。

（3）国际评估准则的《资产准则》。

一般性考点（★）：

（1）美国《专业评估执业统一准则》关于评估报告的内容要求。

2022 年本章教材变化

第一节 国际评估准则

改写国际评估准则 2020 的变化、新增国际评估准则 2022 的变化。

新增“国际评估准则体系”内容介绍；国际评估准则术语由 18 个增加为 33 个名词，而且有 4 个词及内容做了优化；优化了“三、国际评估准则框架”中的“（三）评估师、(五）专业胜任能力、（六）背离”的内容。

“国际评估准则 104——价值类型”新增“14. 价值分配”及相关内容；“国际评估准则 105——评估基本方法和具体方法”的“5. 收益法的具体方法 –折现现金流量法”（1）现金流类型，新增“④货币⑤预测中包含的现金流类型”及相关解释资产准则由七项改为八项，增加“国际评估准则 230——存货”，改写了“国际评估准则 200——企业及企业权益”“国际评估准则 220——非金融负债”的引言，“国际评估准则 220——非金融负债”的“（1）逆向法”改为“（1）自上而下法”，新增“4. 特殊考虑”。

第二节 国外评估准则

“三、英国评估准则”新增“2021 年 11 月发布了最新版本的红皮书”，“本部分完整引用了《国际评估准则》最新版”改为“本部分对《国际评估准则 2022》的主要变化进行说明”。

本章知识点解读与练习

【知识点1】国际评估准则体系、术语表及框架（★★）

一、知识点精讲

（一）国际评估准则的体系

<table>
<tr><td>产生的背景</td><td colspan="2">1981年，国际资产评估准则委员会（TheInternationalAssetsValuationStandardsCommittee，即TIAVSC）成立，总部设在英国伦敦。该委员会于1985年制定了第一版《国际评估准则》（InternationalValuationStandards，IVS）</td></tr>
<tr><td>发展历程</td><td colspan="2">最新版本为《国际评估准则2022》</td></tr>
<tr><td rowspan="3">国际评估准则体系</td><td>国际评估准则框架</td><td>国际评估准则框架是国际评估准则的导言部分。
包括评估师遵循国际评估准则关于客观性、判断力、胜任能力和可接受偏离的基本原则</td></tr>
<tr><td>基本准则</td><td>1.基本准则阐明了执行所有评估业务的要求，它们适用于所有资产类型和任一评估目的的评估
2.包括五个基本准则
国际评估准则101——工作范围；
国际评估准则102——调查和遵循；
国际评估准则103——报告；
国际评估准则104——价值类型；
国际评估准则105——评估基本方法和具体方法</td></tr>
<tr><td>资产准则</td><td>1.包括对特定类型资产的相关要求，当评估特定类型的资产时，必须同时遵循 基本准则和资产准则的要求。资产准则包括对价值有影响的各类资产特征的某些背景信息，也包括使用通用评估途径和方法时，与特定资产相关的附加要求。
2.包括七项
国际评估准则200——企业及企业权益；
国际评估准则210——无形资产；
国际评估准则220——非金融负债；
国际评估准则230—存货；
国际评估准则300——厂房和设备；
国际评估准则400——不动产权益；
国际评估准则410——开发性不动产；
国际评估准则500——金融工具</td></tr>
</table>

（二）国际评估准则术语表

1.术语表概览

术语表明确了国际评估准则中使用的特定术语的定义。术语表不定义评估、会计或金融行业中的基本术语，因为在此处假定评估师已经理解了这些基本术语。

2.国际评估准则定义的术语

（1）委托人、评估目的、对象及相关人员（10项）

目的	一项评估的原因（或多个原因），又称为“评估目的或评估的目的”
预期用途	根据评估师与客户的沟通确定的评估师出具的评估报告或评估复核报告结论的用途
资产或资产组	通常指评估业务中的评估对象，除非准则中有特定说明，它等同于“资产、资产组、负债、负债组合或者资产或负债的组合”
评估师	拥有必要的资质、能力和经验的个人、小组或公司，且能以客观、公正的态度执行评估业务。在某些司法管辖权范围内，以评估师身份执业前需要得到许可

续表

评估复核人	一个对其他评估师的工作进行复核的专业评估师。作为评估复核的一部分，该专业评估师可能要实施某些评估程序和/或提供价值意见
司法管辖权	实施评估业务的法律和监管环境。通常包括由政府（如国家、州和城市）制定的法律和法规和由某些监管机构（如银行业当局和证券监管机构）基于某个目的而制定的规则

（2）评估、价格、价值类型（12项）

包括价值、价格、价值类型、公平价值、公允市场价值、市场价值、公允价值、投资价值、物有所值协同价值、清算价值、参与者。我们对部分术语在下表中做详细说明：

价值	遵循IVS的评估过程所产生的意见。它是对一项资产中的权益最可能的货币对价或对持有一项资产中的权益的经济利益在既定价值类型上的一种估计
价格	为一项资产要求、提供或支付的货币或其他对价，可能与价值不同
公平价值	在已确定的、知情的和自愿的各方之间，转让资产或负债的估计价格，反映了各方利益
公允市场价值	（1）经济合作与发展组织对“公允市场价值”的定义是，在公开市场的交易中，自愿买方将支付给自愿卖方的价格。 （2）就美国税收而言，美国国税局条例 § 20.2031-1 规定：“公允市场价值是指在自愿的买方和自愿的卖方之间，没有任何强迫购买或出售的情况，并且双方都合理地了解相关事实情况下的交易价格。”
市场价值	自愿的买方和自愿的卖方在公平交易中，经过适当的营销，并且各方都在知情、理性和不受强迫的情况下，在评估基准日正常交换的资产或负债的估计金额
公允价值	国际财务报告准则定义公允价值为，在计量日市场参与者正常交易时，出售一项资产收到的或转移一项负债支付的价格
投资价值(物有所值)	在个人投资或运营目标下，资产对所有者或潜在所有者的价值（也可称为“物有所值”）
参与者	是依据在评估业务中使用的价值类型（见“IVS104价值类型”）而确定的相关参与者。不同的价值类型要求评估师考虑不同角度，如“市场参与者”角度（如市场价值、国际财务报告准则（IFRS）中的公允价值），或者一个特殊拥有者或者预期购买者（如投资价值）的角度

（3）程序、方法及结论（9项）

包括评估、评估途径、评估方法、成本、折现率、可能/可以、显著的和/或重要的、权重、加权（赋权重）。我们对部分术语在下表中做详细说明：

评估途径	一般是指采用一种或多种具体的评估方法估计价值的方式（见IVS 105评估途径和方法）
评估方法	在评估途径中估计价值的某种具体方法
可能/可以	评估师有责任考虑的相关行为及程序。评估师需要对该词描述的事项予以关注和理解。 在与本准则目标一致情况下，评估师在评估业务中如何和是否处理这些事项，都将取决于评估师的专业判断
显著的和/或重要的	（1）评价显著性和重要性需要专业判断。 （2）在下列情形中应该作出判断：如果一个评估业务的各类要素（包括参数、假设、特殊假设和所应用的方法）的运用和/或对评估的影响，可以合理预测出其对经济或其他评估结论使用者的决策所产生的影响，则认为这些要素是显著的/重要性的。 （3）重要性的判断需要根据评估业务的整体情况做出，并且受到标的资产的规模或性质的影响。在这些准则的应用过程中，“重大的/重要性”一词指的是对评估业务的重要性，这可能不同于其他目的下所认为的重要性，例如财务报表及其审计认定的重要性

（4）评估责任及要求（2项）

应该	①预设性的强制责任。评估师必须遵循这类要求，除非该评估师阐明，在特定情形下执行的变通行为能够充分实现准则的目标。 ②只有在极少数情况下评估师相信其他方式也能实现准则的目标，评估师必须形成书面文件，以说明为什么（准则）指示的方式不是必要的和/或恰当的。 ③如果某准则指出评估师“应该”考虑某种行为或程序，对该行为或程序予以考虑就是预设的强制性要求，而不是该行为或程序是强制性的
必须	一项无条件的责任。当该词修饰的要求适用的所有情形出现时，评估师必须承担全部这类责任

（三）国际评估准则框架

1.遵循准则

作出一项评估将要或已经遵循IVS的声明，意味着该评估准备遵循IVSC发布的所有相关准则。

2.资产和负债

国际评估准则既可应用于资产的评估，也可应用于负债的评估。前述定义的资产或资产组术语，包括负债或负债组、资产组合、债组的组合，除非另有明确说明或者文内已经清晰表明排除了负债（组合）。

3.评估师

评估师定义为“拥有必要的资质、能力和经验，且能客观公正地胜任评估业务的个人、小组或公司，无论其是受雇（内部）还是受聘（签订合同/外部）。在某些司法管辖权范围内，以评估师身份执业前需要得到许可”。

因为评估复核人必须也是评估师，为使得准则简便易读，术语评估师包括评估复核人，除非另有明确说明或者文内已经清晰表明评估复核人被排除在外。

4.客观性

评估过程要求评估师能够根据参数和假设的可靠性作出公正判断。

要使评估结果可信，重要的是在评估过程中，采用能增加透明度和最小化任何主观因素影响的方式作出上述判断。评估中判断必须客观，避免有偏见的分析、意见或结论。

当运用这些准则时，最基本的目标是在评估过程中保证必要的客观性程度，使用恰当的控制及程序，以使评估结果远离偏见。

IVSC制定的专业评估师道德准则为评估师提供了专业行为恰当框架的参考示例。

5.专业胜任能力

评估工作必须由具有必要资质、能力和经验，且能客观、公正、正直地胜任评估业务的个人、小组或实体内的个人来执行。这些人无论受雇(内部)还是受聘(签订合同/外部人员)，都应具备适当技术技能和经验，了解评估标的资产、所在交易市场和评估目的。

如果评估师不具备全面开展评估业务所需的技术技能经验和专业知识，则该评估师可以在整个业务的某些方面寻求专家帮助，但要在工作范围内和评估报告中披露该事项。

评估师必须具备理解、栓释和利用任何专家工作的技术技能、经验和知识。

6.偏离

偏离是指评估执业过程中，必须遵守的特定立法、监管或其他权威机构的要求与IVS的相关要求不一致的情形。不允许出现立法、监管或其他行政部门之外对IVS要求的偏离。

这种背离是强制性的偏离，但评估师仍然可以声明评估执业是遵循IVS的。

特定立法、监管或其他权威机构的那些背离IVS的要求优先于IVS的所有其他要求。任何偏离的性质都必须予以识别（例如评估执业遵循IVS和当地税收法规）。

如果一项偏离显著地影响到所实施的程序、使用的输入和假设和/或评估结论的性质，则评估师也必须披露这些特定立法、监管或其他权威机构的要求，以及与IVS要求显著不一致的方面（例如，在某一情形下，相关的司法管辖权要求仅能使用市场途径，而IVS建议应该运用收益途径）。

二、选编例题

【例1·单选题】（2021真题）下列关于《国际评估准则》偏离情形的说法中，错误的是（　　）。

A. 偏离是指在评估执业中，必须遵守的特定立法、监管或其他权威机构的要求与《国际评估准则》的相关要求不一致的情形

B.《国际评估准则》不允许出现立法、监管或其他权威机构之外对其要求的偏离

C. 如果在评估执业中出现了任何对《国际评估准则》要求的偏离，评估师不得再声明其评估执业遵循了《国际评估准则》

D. 特定立法、监管或其他权威机构对《国际评估准则》的偏离要求优先于《国际评估准则》的所有其他要求

【例2·单选题】目前最具影响力的国际性评估专业准则是（　　）。

A. 国际评估准则委员会制定的《国际评估准则》

B. 美国评估促进会制定的《专业评估执业统一准则》

C. 欧洲评估师联合会制定的《欧洲评估准则》

D. 英国皇家特许测量师学会制定的《评估指南》

【例3·多选题】属于国际评估准则的基本准则是（　　）。

A. 国际评估准则101——工作范围

B. 国际评估准则103——报告

C. 国际评估准则210——无形资产

D. 国际评估准则105——评估基本方法和具体方法

E. 国际评估准则400——不动产权益

【例4·多选题】《国际评估准则2022》的主要内容，即国际评估准则体系包括（　　）。

A. 术语表

B. 资产准则

C. 国际评估准则框架

D. 会计报表

E. 基本准则

【例5·单选题】下列有关国际评估准则定义的术语表述正确的有（　　）。

A. 国际评估准则的目的只能够一个原因

B. 资产或资产组就是标的或标的资产，通常指评估业务中的评估对象

C. 与我国非资产评估师不能够执行国有资产评估业务，国际评估准则的评估师不需要任何许可

D. 国际评估准则里评估师一般包括复核评估师

知识点1选编例题答案

1.【答案】C

【解析】偏离是指评估执业过程中，必须遵守的特定立法、监管或其他权威机构的要求与IVS的相关要求不一致的情形。不允许出现立法、监管或其他权威机构之外对IVS要求的背离。这种背离是强制性的背离，但评估师仍然可以声明评估执业是遵循IVS的。特定立法、监管或其他权威机构的那些背离IVS的要求优先于IVS的所有其他要求。任何背离的性质都必须予以识别（例如评估执业遵循IVS和当地税收法规）。

2.【答案】A

【解析】国际评估准则委员会目前在国际评估界发挥着主导作用，其制定和努力推广的《国际评估准则》是目前最具影响力的国际性评估专业准则。

3.【答案】ABD

【解析】（1）基本准则包括：国际评估准则101——工作范围；国际评估准则102——调查和遵循；国际评估准则103——报告；国际评估准则104——价值类型；国际评估准则105——评估基本方

法和具体方法。(2)资产准则包括：国际评估准则 200——企业及企业权益；国际评估准则 210——无形资产；国际评估准则 220——非金融负债；国际评估准则 300——厂房和设备；国际评估准则 400—不动产权益；国际评估准则 410——开发性不动产；国际评估准则 510——金融工具。

4.【答案】BCE

【解析】国际评估准则主要内容（即国际评估准则体系）包括国际评估准则框架、国际评估准则基本准则和国际评估准则资产准则。所以BCE是正确答案。

5.【答案】D

【解析】目的是指一项评估的原因（或多个原因），所以A表述不正确。资产或资产组通常指评估业务中的评估对象，除非准则中有特定说明，它等同于“资产、资产组、负债、负债组合或者资产或负债的组合”，但是“标的或标的资产”指的是在特定的评估业务中所评估的资产（组），所以B表述不正确。国际评估准则规定，在某些司法管辖权范围内，以评估师身份执业前需要得到许可，所以C表述不正确。术语评估师包括复核评估师，除非另有明确说明或者文内已经清晰表明复核评估师被排除在外。所以D说法正确。

【知识点2】国际评估准则的基本准则（★★★）

一、知识点精讲

（一）国际评估准则 101——工作范围

引言	（1）明确了工作范围的定义 （2）明确了国际评估准则的适用范围 评估师为其雇主进行的内部评估；评估师为非雇主的客户进行的第三方评估；以及评估复核
一般要求	（1）评估师所有的评估意见和在准备过程中所做的工作，必须与预期目的相适合。 （2）评估师应当在开始工作之前，与客户就工作范围进行交流并达成一致，同时指出书面表达工作范围可能不是必需的，但是，因为评估师有责任与客户就评估范围进行沟通，所以应该准备书面的工作范围文档。 （3）一般要求中还明确了工作范围的具体内容
工作范围的变动	工作范围可以发生变动，但须在业务完成和报告呈递之前和客户协商

（二）国际评估准则 102——调查和遵循

1.一般要求

必须遵循IVS对于评估目的、工作范围的条款和条件的所有适用的原则。

2.调查（核心内容）

（1）基本要求

评估执业中的调查必须与约定的评估目的和价值类型相适应。确保评估结论有合理的支持。确定评估依据的必要性时需要进行专业判断，确保取得的信息充分考虑到评估目的。

（2）评估师调查程序可能会受到一些限制

这类限制必须记录在“工作范围”中。但是，要求评估师进行充分的分析，评价所有的参数和假设对评估目的的适应性。如果调查的限制实质性影响评估师对于参数和假设的充分评价，该评估业务不能声明遵循了IVS。

（3）评估业务依赖于评估师之外的第三方的信息支持

应该分析该信息是否可信，依赖该信息是否会在其他方面影响评估结论的可信性。提供给评估师的重要信息（例如由管理层、所有者提供的），可能需要思考、调查和验证。如果对获取的信息的可信性或可靠性没有支持，该信息不应该被评估师采用。

（4）考虑获取的信息的可信性和可靠性时

评估师应该考虑评估目的、信息对于评估结论的重要性、信息源对相关事项的专业程度、信息源对于标的资产和/或评估结果使用者的独立性。

3.评估记录

评估过程中产生的支持评估结论的工作记录，必须在业务完成后保存合理的期限。评估记录可能包括：关键参数、所有计算过程、与最终结论有关的调查和分析，以及提供给客户的所有报告草稿或终稿的备份。

4.对其他准则的遵循

当法律、法规、监管或其他官方的要求与IVS某些方面不同时，评估师必须遵循法律、法规、监管或其他官方的要求（称为“背离”），这种评估仍然总体上遵循IVS。

其他评估专业组织、专业团体，或公司内部政策和程序提出的大部分要求一般和IVS不冲突，只是增加了对评估师的要求。只要IVS的所有要求得以满足，可以遵循这些标准且不认为是对IVS的背离。

（三）国际评估准则103——报告（规定应该包含的内容）

1.引言

（1）IVS对评估报告的基本要求

传递恰当理解评估或评估复核结论的必要信息，报告必须使期望使用人清晰地理解评估结论。

（2）报告必须清晰地、准确地描述

约定的工作范围、评估目的及预期用途（包括使用的限制），披露所有的假设、特殊假设、重大不确定事项或直接影响评估结论的限制条件。

2.一般要求

评估目的、被评估资产的复杂性以及使用者的要求决定了评估报告的详细程度。报告的形式应该在设定工作范围时和所有相关方达成一致。

遵循国际评估准则并不要求报告格式或特定形式，但报告必须向期望使用人充分传递评估业务的范围、业务执行情形和得出的结论。

报告还应该由有适当经验的、未在前期参与评估项目的评估专业人员充分地复核，并理解评估报告和评估复核报告中要求传递的事项。

3.评估报告

报告是对评估业务中资产或资产组评估的结果，报告必须至少传递如下事项：

（1）工作执行的范围；（2）预期用途；（3）预期使用者；（4）目的；（5）采用的评估途径（组）；（6）应用的方法（组）；（7）使用的关键输入；（8）作出的假设；（9）价值结论和得出结论的最重要原因；（10）报告的日期（可以和评估基准日不同）。

部分上述要求可以明确包含在报告中，或通过引用其他文件（业务约定书、工作范围文件、内部政策和程序等）附到报告中。

4.评估复核报告

当报告是评估复核的结果时，报告必须至少传递如下事项：

（1）复核执行的范围。

（2）被复核的报告和评估基于的参数和假设。

（3）复核人根据复核工作得出的结论，包括支持的理由。

（4）报告的日期（可以和评估基准日不同）。

部分上述要求可以明确包括在报告中，或通过参考其他文件（业务约定书、工作范围文件、内部政策和程序等）附到报告中。

（四）国际评估准则104——价值类型

1.主要规定

国际评估准则定义的价值类型和其他准则定义的价值类型，包括引言、价值类型、使用假设和其他确认价值类型时需要考虑的因素。

该准则要求评估师选择适合的一项（或多项）价值类型，并执行所有适用的与该价值类型相关的要求，无论这些要求是IVS定义的价值类型或非IVS定义的价值类型。

2.引言

（1）价值类型选择依据

价值类型描述了报告的价值基于的基础假设。根据评估业务约定的评估目的选择适当价值类型（或多项价值类型）是非常重要的，价值类型可能影响或支配评估师对于方法、参数和假设的选择，最终影响评估结论。评估师可以根据法规、监管规则、合同或其他文件要求选择价值类型。

（2）大多数价值类型的共同要素

一项假设交易、一个假设的交易日期和假设的交易方法。

（3）根据价值类型的不同，假设的交易形式

①一项虚拟的交易。

②一项真实的交易。

③一项购买（进入）交易。

④一项出售（退出）交易。

⑤在具有特性的一个特别或虚拟市场上的一项交易。

2.价值类型

评估师必须根据业务约定的评估目的和定义选择相关的价值类型（或多个价值类型）。评估师选择价值类型（或多个价值类型）应该考虑可以从客户和/或其他代表人收集的资料。但是，尽管收集到了相关资料，评估师也不应该使用与预期评估目的不相适应的价值类型（或多个价值类型）。根据“IVS10I工作范围”，价值类型必须与评估目的相适应，使用的任何价值类型定义必须引用出处或者解释。

3. IVS定义的价值类型——市场价值

（1）市场价值定义

自愿买方和自愿卖方在评估基准日进行正常市场营销后达成的非关联交易中，某项资产或负债交换价值的估计数额，当事方各自精明、理性行事且未受强迫。

（2）应用市场价值的概念框架

①自愿买方

是指一个有动机而非被迫的买方，这个买方既不是过度渴望要买，也不是任何价位都要买。这个买方还要根据当前市场现实和当前市场预期去购买，而不是根据不可描绘的或不能预期退出的想象中的或虚拟的市场。假设的买方不会高于市场要求去支付。 当前资产拥有者包含在构成“市场”的参与者当中。

②自愿卖方

既不过度渴望也未被强迫以任何价格出售，也不是准备坚持当前市场认为不合理价格的卖方。自愿卖方有动机在适当市场营销后，以市场条款按可得到的最佳价格出售资产，不论该价格结果如何。实际资产拥有者的真实情形不是这里要考虑的，因为这个自愿卖方是一个假设的拥有者。

③正常的市场营销

该项资产以最适当的方式在市场上展示且能合理取得最佳价格。其销售方法被认为是卖方所在市场上得到最佳价格的最适当的方法。市场上展示的时间长度不是一个固定期间，而会因资产类型和市场条件的不同而发生变化。唯一的标准是，必须有充分的时间去吸引足够多的市场参与者关注该资产。展示期间发生在评估基准日之前。

④非关联交易

指交易方之间没有特定的或特殊的关系，如：母子公司，或出租方与承租方，这些特殊关系可能使价格水平反映非典型的市场特征，或者由于特殊价值因素被抬高。以市场价值的交易假设是不相关

联的双方的独立行为。

⑤估计的数额

资产在公平市场交易以应付货币表示的价格，而不是事先确定的金额或实际销售的价格

市场价值是评估基准日市场上能够合理地取得的符合市场价值定义的最可能价格。

既是卖方能够合理获取的最好售价，也是买方能够合理取得的最有利价格。

该估计特别扣除了被特殊条款或情形抬高或降低的估计价格，例如：非典型融资、售后租回安排、相关销售人员给予的特殊考虑或折扣，或仅对特殊所有人或买方可行的价值因素。

估计金额是满足评估基准日市场价值定义的所有要素的一个交易价格。

⑥当事方各自精明、理性行事

假设自愿买方与自愿卖方能够合理地知晓评估基准日时该项资产的性质和特征、真实的和潜在的使用状况，以及市场状况。还进一步假设各方会使用掌握的知识，理性地寻求对自身交易地位最有利的价格。理性行事是根据评估基准日的市场状况衡量的，而不是其后某时点事后的利益评定。例如：在一个价格下跌的市场，卖方以低于之前市场价格水平的价格出售资产未必是不理性的。在这种情形下，像市场中改变价格的其他交易方一样，理性的买方或卖方将根据当时可得的最佳市场信息去行事。

⑦不受任何强迫

指各方都有动机去从事该项交易，任何一方都不是被迫地或被过分强制地完成该项交易。

⑧资产的市场价值将反映其最高最佳使用

最高最佳使用是指资产潜力的最大化的使用，该使用技术上可能、法律上许可、财务上可行。最高最佳使用可能是资产现有用途的延续或一些改变的使用，它是市场参与者在确定报价意向价格时可能考虑的资产用途决定的。

⑨评估参数的性质和来源必须与价值类型一致，进而必须与评估目的一致

例如，通过使用市场衍生数据，可以用多种方法得出一个价值结论。根据定义，市场法采用市场衍生参数；收益法应该使用市场参与者采用的参数和假设去测算市场价值；采用成本法测算市场价值，同样用途的一项资产的成本和适当的贬值，应该通过对基于市场的成本和贬值分析来确定。

4.IVS定义价值类型——-市场租金

（1）市场租金定义

在非关联方交易时，自愿出租方和自愿承租方在评估基准日，应当在正常营销后市场中通过适当租约达成的不动产租金的估计数额，当事方应当各自精明、理性行事且未受强迫。

（2）市场租金可以作为评估租约或租约权益时的价值类型，这时需要考虑合同租金和市场租金的异同。

（3）在计算市场租金时，评估师必须考虑如下因素

①在市场租金受限于已有租约时

除非租约条款和条件非法或与上位法律相矛盾，已有租约的条款和条件就是适当的。

②在市场租金不受制于已有租约时

设定的条款和条件是理论租约的条款，即市场中同类不动产在评估基准日由市场参与者达成的典型租约条款。

5. IVS定义价值类型——公平价值

（1）公平价值定义

是在已确认的了解情形，并有自愿交易的愿望的交易双方中转移一项资产或负债时估计的价格，相关方的利益分别得到体现。公平价值需要根据特定交易方各自从交易中获取的优势和劣势后，评价交易价格对交易双方的公允性。与市场价值对比，市场价值一般是不考虑一般市场参与者自身有利或不利因素对交易价格的影响的。

（2）公平价值是比市场价值更宽泛的概念

尽管在许多情形，双方达成的公允价格等于市场上可获取的价格，但也存在公平价值评估中考虑了估算市场价值中应剔除的事项，如由于权益合并带来的协同价值的因素。

（3）采用公平价值的例子包括

①一个股权交易价格可能在股东之间交易对特定双方可能是公平的，但这个交易价格可能不同于市场上可获取的交易报价。

②确定出租方和承租方在永久转让出租资产或取消租约之间的价格是公平的，但是这个价格不一定是市场价格。

6.IVS定义价值类型——投资价值

投资价值是一项资产对于特定所有者或预期的所有者针对个人投资或运营目标的价值。

它是一个针对特定实体的价值标准。

投资价值体现了评估时，实体面对的环境和财务目标，通常用于计量投资效果。

7.IVS定义价值类型——协同价值

协同价值是两项或多项资产或利益，其合并的价值超过单独价值之和的结果。

如果协同仅对特定的买方可行，则协同价值将不同于市场价值，因为协同价值反映该资产对一个特定买方的特别贡献。

上述单独价值整合后增加的价值通常被称为“结合价值”。

8.IVS定义价值类型——清算价值

清算价值是一项资产或一组资产按件为基础出售时实现的数值。

清算价值应该考虑使资产达到可出售条件的成本，以及处置活动的成本。

清算价值可以在两种不同的使用假设下确定：

在典型的营销期后的正常交易；

在缩短的营销期后的强制交易国际评估准则要求评估师必须披露假设的使用假设。

9.使用假设（描述资产或负债使用的环境）

（1）不同的价值类型可能要求一个特定的使用假设或允许考虑多种使用假设。

（2）最高最佳使用（最常用于非金融资产）

最高最佳使用是从参与者角度，资产可以产生最高价值的使用。

最高最佳使用必须是物理上可能（当适用时）、财务可行、法律上允许，并产生最高价值。如果和现状用途不同，转换资产至其最高最佳使用的成本应该冲抵价值。

当资产是最优使用时，其最高最佳用途可以是其现有或现状用途。但是，最高最佳用途可以不同于现有用途，甚至可能是有序清算（情形）。

一项资产单独的最高最佳使用价值可能与它作为资产组一部分使用的最高最佳价值不同，后者中必须考虑其对于资产组整体价值的贡献。

最高最佳使用的确定包含下列事项：

①确定该使用是否是物理上可能，必须从参与者的角度理性的分析；

②反映法律上许可的要求，需要考虑各种对资产使用的法律限制以及这些限制将来的变化，如城镇规划、分区标识；

③分析使用在财务上可行，应该考虑是否有一种物理上可能、法律许可的替代使用，在考虑转换替代使用的成本后，对一个典型的参与者将产生有效的回报，高于和超出现有使用的回报。

（2）现状使用/现有使用

现状使用是一项资产、负债、资产组和/或负债组现有方式的使用，现状使用可以是，但并不必须是最高最佳使用。

（3）有序清算

有序清算描述一组资产清算出售可能实现的价值，该销售需要在一定的时间内去寻找一个或多个购买者，卖方被要求按现状、在现地点出售。

（4）强制出售

①强制出售含义

经常用于卖方被迫出售的情形，是缺少适当的营销时间，买方可能没有进行充分的尽职调查的结果。这种状况下可能得到的价格将依赖于卖方承受压力的性质和不能进行适当营销的原因，也可能是卖方未能在可行时间内出售的结果。

②除非约束卖方的性质和原因已知，强制出售得到的价格不可能被真正的估算。

卖方在强制出售中接受的价格，反映了特定环境状况而非市场价值定义中假设的自愿卖方接受的价格。“强制出售”是交换发生状况的描述，不是一种特定的价值类型。

③如果需要获得强制出售状况下的价格测算结果

应当辨识制约卖方的原因，包括在设定适当假设后，特定时间段内出售失败的后果。如果这些环境状况在评估日不存在，必须清晰地确定为特殊假设。

④强制出售反映了在所有下列条件下，特定财产带来的最可能价格：

Ⅰ.短期内完成出售；

Ⅱ.资产受制于评估日普遍的市场条件或假设的交易需要完成时间表；

Ⅲ.买方和卖方都是谨慎和知情的作为；

Ⅳ.卖方在极端强制下出售；

Ⅴ.买方是出于通常动机；

Ⅵ.双方行为考虑各自最大利益；

Ⅶ.由于短暂的营销时间不可能进行正常的营销努力；

Ⅷ.现金支付。

⑤不活跃市场或衰落市场的出售不能自动归于“强制出售”

因为如果条件改善，卖方会寻求更好的价格。除非卖方被限期强迫出售而无法适当营销，卖方将是市场价值定义的自愿卖方。

10.实体特定因素

对于多数价值类型，要求排除针对一般市场参与者不可行、仅对特定买方或卖方实体的因素。实体特定因素对于市场参与者不可行的例子如下：

（1）类似资产的组合衍生的附加价值或价值减损。

（2）标的资产和实体拥有资产间的特有协同。

（3）实体特有的法律权利或限制。

（4）实体特有税收优惠或负担。

（5）实体特有开发一项资产的能力。

这些因素是实体特有还是对市场中其他人适用，通常要一事一议为基础确定。

例如，一项资产通常不能单独出售，只能作为资产组的一部分。任何与该资产相关的协同将随资产组的转移转给市场参与者，因此该项因素不是实特有的。

11.协同

协同与合并资产的收益相关。当存在协同时，一组资产和负债的价值大于这些资产和负债单独价值之和。

典型的协同与成本降低和 /或收益提高和 /或风险降低相关。

评估中是否应该协同考虑取决于价值类型。多数价值类型下，只考虑对其他市场参与者都可行的协同。

协同对其他市场参与者是否可行的判断可以基于协同的量而非获取协同的特定方式。

12.假设和特殊假设

除了说明价值类型外，通常还要做出一项或多项假设，明确假设交易中资产的状况或假设交易资产所处环境。这些假设对于价值有重要影响。

这些假设通常分为两类：

（1）假设事实与或可能与评估基准日状况一致；

（2）假设事实与评估基准日状况不一致。

13.交易成本

多数价值类型表示的是估算的资产交换价格，不考虑卖方的销售成本或买方的购买成本，不对双方由于交易直接产生的应付税款进行价值调整。

14. 价值分配

价值分配是以单独或组成部分为基础对一项资产的价值进行单独的价值分摊。在分摊 价值时，分配方法必须与整体评估前提 /基础相一致，评估师必须：

（1）遵循任何适用的法律或监管要求；

（2）对分配的目的和预期用途作出明确和准确的描述；

（3）考虑事实和情况，如被分配的（或多个）项目的相关（或多个）特征；

（4）视情况采取适当的方法（或多个方法）。

（五）国际评估准则 105——评估基本和具体方法

1.主要规定

在国际评估准则中，基本的评估方法包括市场法、收益法、成本法。

无论评估资产的市场价值还是市场价值以外的价值，评估师都必须仔细考虑选用相关且恰当的评估方法。

国际评估准则不要求评估师使用超过一种的评估方法，但应该考虑并可以使用多种途径或方法。

2.引言

（1）执行评估业务必须仔细考虑选用相关且最恰当的评估方法

（2）选择时应该考虑

①评估业务约定的评估目的和条款决定的恰当的价值类型和使用假设；

②可行的评估方法的优劣势；

③结合资产的性质和相关市场的参与者使用的评估方法判断的每种方法的适用性；

④应用方法所依靠的数据是否可获得。

（3）评估师应该考虑使用多种评估方法

①前提条件

评估师在对资产进行评估的过程中不要求使用超过一种的评估方法，特别是当评估师根据评估业务的实际情形和环境，对某种方法的可靠性和准确性有着强烈的信心时。

然而，评估师应该考虑使用多种评估方法。为了得到一个价值估算结果，多种方法应该被考虑并可能被使用，尤其是在缺少充分事实或可观察的参数情况下，单一方法不能得出可信赖评估结论时。

②运用要求

当采用一种以上甚至多种评估方法时，基于多种评估方法得出的评估结论应该是合理的，对形成结论使用的不同价值进行的非简单平均的分析和调整程序，评估师也应该在报告中描述。

当不同方法得出的价值测算结果有很大分歧时，评估师应当执行程序以便于理解为什么价值测算的结果会有区别，因为通常不适宜将两个有分歧的价值测算结果简单地进行加权。在这种情形下，评估师应该重新考虑其中一种方法是否能提供一个更好或更可靠的价值测算结果。

（4）评估师应该在三种方法中最大限度地使用相关的、可观测的市场数据

不管评估使用的假设和参数来源如何，评估师必须执行恰当的分析，评价这些参数和假设及他们对评估目的的适用性。

3.市场法

（1）在以下情形市场法应该被运用并赋予重要权重

①标的资产近期在一项被认为在特定价值类型下合理的交易中被出售；

②标的资产或实质类似的资产有活跃的公开交易；

③实质类似的资产有频繁的/近期被观测到的交易。

（2）当上面的标准不满足时

当市场法应用在下述情形时，评估师应该考虑是否有其他方法可以采用和加权以佐证市场法的价值测算结果。

①考虑到市场的活跃度和变动程度，标的资产或实质类似的资产涉及的交易时间并不足够近；

②资产或实质类似的资产是公开交易的，但是并不活跃；

③市场交易的信息可获取，但是可比资产与标的资产有着显著的区别，可能需要进行主观调整；

④近期交易的信息是不可靠的（即：传闻、有遗漏的信息、协同性购买、关联交易、廉价急售等）；

⑤影响资产价值的主要因素是可在市场获得的价格而不是重置成本或它的收入获取能力。

（3）市场法中的具体方法

方法1. 交易案例比较法

①含义及分类

定义	利用与标的资产相同或类似的上市公司的可比信息，以测算价值	
分类	先前交易法	当可比交易案例中涉及标的资产时
	可比挂牌法	（1）如果近期很少有交易发生，评估师则可以考虑相同或相似资产近期的挂牌价格或卖方报价，前提是相关信息是清晰明确且经认真分析并有文字记录。 （2）这通常被称作可比挂牌法且不应该被用作唯一的测算结果，但能适合于与其他方法一起进行考虑。
		（3）当考虑挂牌或买方卖方情形时，应该考虑价格的内在可靠级别、挂牌价/卖价在市场上的报价时间，以得出挂牌价/卖价的权重。 例如，一项代表一个在给定价格买卖资产的有约束力的承诺的报价，比一个没有这种有约束力的承诺的报价可以被给予更多的权重
比较单元	含义	可以使用各种不同的对比依据，也被称作比较单元，它们组成了比较的基础。 参与者使用的比较单元根据资产类别、行业和地域而有所区别
	不动产权益	常用比较单元包括每平方英尺（或每平方米）价格、每平方英尺（或每平方米）租金和资本化率
	企业价值评估	比较单元包括EBITDA（税息折旧及摊销前利润）乘数、收入乘数、利润乘数和净资产乘数。
	金融工具评估	比较单元包括投资收益和利润率波动等乘数

②评估师应当遵从下列条件选择比较交易案例

Ⅰ. 通常选择多个交易依据比单一交易依据更好；

Ⅱ. 非常相似资产（最理想的情况是相同的）的交易依据比需要对交易价格进行重大调整的交易依据更好；

Ⅲ. 距离评估基准日近的交易比旧的/过时的交易更能代表市场，特别是在不稳定的市场中；

Ⅳ. 对于大部分价值类型，交易应该是非关联方之间的正常交易；

Ⅴ. 应该能从交易中取得充足的信息，使得评估师可以对可比资产形成一个合理的理解并得到价值乘数及可比性的依据；

Ⅵ. 可比交易案例的信息应该来源于一个可靠和可信的渠道；⑦真实的交易比交易意向提供更好的佐证。

方法2. 上市公司比较法

定义	利用与标的资产相同或类似的上市公司的可比信息，以测算价值
公开交易与可比案例的差异	①在评估基准日的价值乘数/可比性依据是可获得的； ②可比案例的详细信息是公开披露并可以获取的； ③公开披露中的信息是依据被广泛了解的会计准则准备的。 【说明】只有当标的资产和上市可比案例充分相似以允许作出有意义的比较时才应该被应用
选择上市公司比较案例的条件	①通常选择多个上市公司比较案例，比单一比较案例更好； ②类似上市公司比较案例（例如类似的细分市场、地理区域、收入和/或资产规模、增长率、毛利、杠杆、流动性和多样性）的交易依据，比需要进行重大调整的比较案例要更好； ③交易活跃的证券，比交易不活跃的证券更有意义的依据

（4）市场法的其他考虑（常见的调整是折扣和溢价）

缺乏流动性折扣	①当认为可比案例比标的资产具有更强的流通性时，应该使用缺乏流动性折扣（DLOM）。当比较其他方面相同的资产时，一项具有流通性的资产应该比一项需要较长营销时间或者受限制出售的资产具有更高的价值。 ②许多价值类型允许考虑标的资产固有的流通性限制，但是禁止考虑只对特定拥有者的流通性限制。 ③缺乏流动性折扣可以使用任何合理的方法量化，但通常使用期权定价模型计算，对同一个公司流通股和限售股的价值进行比较研究，或对一个公司IPO前后的股份价值进行比较研究
控制权溢价	①控制权溢价（有时也被称作市场参与者并购溢价或MPAPs）和缺乏控制权折价（ DLOC ）用于反映可比案例和标的资产作出决策，和运用控制权可以作出改变的能力的差异。 ②在所有其他条件相同时，参与者通常倾向于拥有对标的资产的控制权。 ③参与者对控制权溢价或缺乏控制权折价的支付意愿，通常取决于是否行使控制权的能力能够强化标的资产拥有者的经济效益这个因素。 ④控制权溢价和缺乏控制权折价可以使用任何合理的方法量化，但是通常基于对增加特定现金流，或减少与控制权相关风险的分析，或通过对比观察公开交易证券对控制权变化支付的价格与交易公告前价格的差异
大宗交易折扣	①标的资产代表一个公开交易的证券中的大宗股票份额时，有时使用大宗交易折扣，因为不对公开交易价格产生负面影响，这类拥有者不能快速在公开市场上进行大宗出售。 ②可以使用任何合理的方法量化大宗交易折价，但是通常使用的模型是考虑参与者能够卖出标的股份，且不对公开交易价格产生负面影响（即每天在日常交易中卖出相对少量的证券）的时间长度。 ③在某些价值类型中，特别是财务报告目的下的公允价值中，大宗交易折扣是被禁止的

【例9-1】上市公司股权通常没有能力做出影响公司经营的决定（它们缺乏控制权）。同样地，当应用上市公司比较法评估具有控制权的标的资产时，控制权溢价可能适用。

【例9-2】交易案例法中的交易案例通常反映控制性权益的交易。当使用这种方法评估反映少数股东权益的标的资产时，缺乏控制权折价可能适用。

4.收益法

（1）收益法的基本原理

投资者预期他们的投资将收到回报，且这种回报应该反映投资的可感知程度的风险。通常，投资者只能预期得到对系统性风险的补偿（也被称作“市场风险”或“不可分散风险”）。

（2）形应该运用收益法并赋予重要权重的情形

①资产的收益产生能力是影响参与者观察到的价值的关键因素；

②标的资产未来的收益从时间和数量上能够合理预期，且市场相关可比案例如果存在也很少。

（3）上述标准没有达到时

当收益法在下述情形被应用时，评估师应该考虑是否可以应用其他的方法和加权以佐证收益法的测算结果。

①标的资产的收益产生能力只是参与者观察到的影响价值的因素之一；

②标的资产未来相关收益在数量和时间上有重大的不确定性；

③无法完全获得标的资产的相关信息（例如少数股东权益者可能只能获取历史财务数据而不能获得预测 /预算数据）；

④标的资产还没开始产生收益，只是预期会产生。

（4）收益法的具体方法—折现现金流（DCF）法

①现金流类型

基本要求	Ⅰ.折现率和其他参数必须与选定的现金流类型一致 Ⅱ. 选择的现金流类型应该与参与者的观点一致。例如，不动产的现金流和折现率通常使用基于税前的，而企业的现金流和折现率通常使用基于税后的
整体还是部分权益	通常使用整体资金现金流。然而有时其他层级的收益也可能被用到，如权益（支付债务的本金和利息后）或分红（只分配给权益所有者的现金流）现金流
税前或税后	如果应用基于税后的现金流，采用的税率应该与价值类型一致，并且在许多情形中应该是参与者的税率而不是特定拥有者的税率
名义还是实际	实际现金流不考虑通货膨胀而名义现金流包括预期的通胀。如果预期现金流包含着预期通货膨胀率，折现率应该包含同样的通货膨胀率
货币	使用货币的选择可能会对与通胀和风险相关的假设产生影响，对新兴市场或高通货膨胀率的货币，这种情况尤其明显。 编制预测所用的货币和相关风险是区分开的，并且不同于与资产所在地或经营地相关的风险
现金流类型	例如，现金流预测可能代表预期现金流（即概率加权情景法）、最可能的现金流、合同现金流等

②明确预测期

选择标准	Ⅰ.主要依赖于评估目的、资产的性质、可获取的信息和要求的价值类型。 Ⅱ.在某些情况中，特别是当资产在评估基准日以稳定的增长和利润水平经营时，可以不考虑明确预测期，终值可以作为价值的唯一基础（有些时候被称为收益资本化法）。 Ⅲ.投资者打算持有的时间不应该作为选取明确预测期的唯一考虑，且不应该对资产的价值产生影响。然而，如果评估目的是确定资产的投资价值，则在确定预测期时需要考虑资产可能被持有的时间
明确预测期的选取	应该考虑下面的因素： Ⅰ.资产的寿命； Ⅱ.可以取得基于预测的可靠数据的一段合理时期； Ⅲ.应该足够使资产达到稳定增长和稳定利润的最短的明确预测期，在此之后，可以使用终值； Ⅳ.在评估周期性资产时，在可能的情形下，明确预测期通常应该包含整个周期； Ⅴ.对于生命有限的资产（如大部分金融工具），通常预测将覆盖资产全部生命期的现金流

③现金流预测

方法	通过预测未来财务信息（PFI）（预测收益 /现金流入和费用 /现金流出）来实现
考虑因素	必须对 PFI，PFI的假设及对评估目的的恰当性进行评价，PFI及其依据的假设的适用性是由评估目的和价值类型确定的。 例如，决定市场价值的现金流应该反映一般市场参与者预期的 PFI；相对应地，投资价值则基于特定投资者观测到的合理预测，得出的现金流来预测
时期间隔	时期间隔（如每周、月度、季度或年度）的选择依据是资产的特性、现金流的模式、数据的可获取性和预测期的长度
预测现金流应该反映	Ⅰ.契约或承诺的现金流； Ⅱ.单一最可能实现的现金流； Ⅲ.概率加权预期现金流； Ⅳ.未来可能的多种情景现金流

④终值

适用情形	当预期资产在明确预测期后是持续运营时，评估师必须估计预测期终止时的资产价值。
折现率	终值被折现回评估基准日时，通常与预期现金流使用相同的折现率。
终值考虑因素	Ⅰ.资产的性质是否会恶化/有限寿命还是无限寿命的； Ⅱ.资产在明确预测期后是否还具有未来增长潜力； Ⅲ.在明确预测期后是否会收回一个预先决定的固定的资本量； Ⅳ.资产在计算终值时的预期风险水平； Ⅴ.对于周期性资产，终值应该考虑资产的周期性特性，不应该假设现金流永远在“高峰”或“低谷”水平； Ⅵ.明确预测期末资产固有的税务属性，这些税务属性预期是否永续
最常用方法	评估师可以应用任何合理的方法计算终值，最常用三种方法： Ⅰ.戈登（Gordon）增长模型/固定增长模型（只适用于无限寿命期的资产） Ⅱ.市场法/退出价值法（同时适用于恶化/有限寿命资产和无限寿命资产） 包括应用基于资本化因素的市场依据或市场乘数。评估师应该考虑在明确预测期终点预期的市场状况并作出恰当的调整。 Ⅲ.残值/清理成本（只适用于恶化/有限寿命资产）

⑤折现率

第一、估算折现率考虑因素

必须	Ⅰ.详细记录用于估算折现率的方法，并提供使用该方法的依据； Ⅱ.为折现率的来源提供证据，包括重要参数的确定以及支持这些参数的来源资料。 评估师必须考虑到所准备的预测的目的，以及预测采用的假设与使用的价值类型是否一致，如果预测采用的假设与使用的价值类型不一致，可能有必要对预测或折现率进行调整。 评估师在估算折现率时，必须考虑到资产的预测现金流实现的风险，具体地说，必须估计到折现率中是否涵盖了预测现金流假设隐含的风险
应当	Ⅰ.被评估资产的类型，例如估算债权折现率与估算不动产或企业的折现率不同； Ⅱ.可比市场交易案例隐含的比率水平； Ⅲ.资产的地理位置以及将交易该资产的市场的位置； Ⅳ.资产寿命/期限以及到期情况与参数的一致性，例如无风险利率的到期日将取决于具体情况，但一种常见的方法是将无风险利率的到期日与所考虑的现金流的时间范围相匹配； Ⅴ.应用的价值类型； Ⅵ.预计现金流的货币面额
其他	Ⅰ.考虑资产的会计核算单元对非系统性风险以及整体折现率的推导的影响可能是合适的。例如，评估师应考虑市场参与者是否会以一个独立的基准估算资产的折现率，或者市场参与者是否会在更广泛的投资组合中评估资产，从而考虑非系统风险的潜在变化。 Ⅱ.评估师应考虑跨公司安排和转让定价对折现率的影响。 例如，在跨公司安排中，大型企业内的一部分经营部门或实体规定了固定的或者有保证的回报，这将降低实体的预测现金流的风险，并降低了合适的折现率。然而，企业内的其他经营部门或实体被视为剩余收益者，被划拨了超额收益和风险，从而增加了实体预测现金流的风险和适当的折现率

第二、方法与步骤

常见方法	评估师可以使用任何合理的方法来估算折现率。 有许多估算或者确定合理的折现率的方法，不限于以下内容： Ⅰ.资本资产定价模型（CAPM）；Ⅱ.加权平均资本成本（WACC）； Ⅲ.观测或推论出的比率/收益率；Ⅳ.累加法

续表

估算风险步骤	Ⅰ.识别预测现金流的关键组成部分，并将其与资产的历史经营情况和财务情况、可比资产的历史和预测情况、行业的历史和预测情况、资产经营所在国家或地区近期或远期的预测增长率进行比较； Ⅱ.确认预测现金流是否代表了资产的预期现金流（即概率加权情况）； Ⅲ.如果使用预期现金流，考虑用于推导预测现金流的潜在结果的相对分散性（例如，较高的分散性可能表明需要调整折现率）； Ⅳ.将先前对资产的预测与实际结果进行比较，以衡量管理层估计的准确性和可靠性； Ⅴ.考虑定性因素； Ⅵ.考虑来自于诸如市场法的价值指

第三、合理性验证与调整

折现率合理性验证	可以采用的方式包括：Ⅰ.内部收益率（IRR）；Ⅱ.加权平均资产收益率（WRAR）；Ⅲ.通过其他方法，如市场法，或者通过市盈率或交易价格倍数等参考了收益法的比较倍数得到的测算结果
某些风险尚未包含	Ⅰ.在调整预测现金流时，评估师应当详细记录必须调整的原因，采用定量程序支持调整，并对调整的性质与额度进行记录； Ⅱ.在调整折现率时，评估师应当详细记录不适合或不可能调整预测现金流的原因，提供未在折现率中涵盖此类风险，采取定量和定性程序来支持调整，并记录调整的性质和额度的理由。采用定量程序不必对折现率调整进行定量推导。评估师不需要执行详细的量化过程，但应考虑所有合理可用的信息

5.成本法

（1）在以下情形下成本法应当被运用并赋予重要权重

①参与者能够在不受监管或法律限制的情形下，重新创造与标的资产具有相似效用的资产，而且这项资产可以被足够快速地重制，参与者不愿意为能够立刻使用标的资产而付出大量额外费用；

②资产不能直接产生收益且资产的独特性质使得收益法和市场法不可行；

③使用的价值类型从根本上基于重置成本，如重置价值。

（2）当上面的标准没有达到时

当成本法在下述情形被应用时，评估师应当考虑是否有别的方法可以被应用和加权，以佐证成本法的价值测算结果：

①参与者可能会考虑重置相似效用的资产，但是存在潜在的法律或监管障碍，或重置资产需要大量时间；

②当成本法用于检查其他方法合理性而使用时（例如，使用成本法确认是否企业持续经营可能会比基于清算评估更有价值）；

③资产近期才被创建，以至于成本法运用的假设具有很高的可靠性。

（3）成本法中的具体方法

更新重置成本法	更新重置成本是参与者重新复制一个在功能上可以替代标的资产所需要支付的相关成本，对资产的复制基于效用，而非资产准确的物理特性
复原重置成本法	复原重置成本适用于下列场合： ①当代等效资产的成本大于标的资产的重新复制成本； ②标的资产提供的效用只能由复制品而不能由当代等效资产提供
加总法	也称为底层资产法，通常被用于投资公司或其他形式的资产或实体，它们的价值主要来源于投资持有的财产的价值。将各组件资产加和得出标的资产的价值

（4）成本考虑

基本原则	应该包含典型参与者可能发生的所有成本。 应该包括评估基准日更新/复原重置资产需要的直接和间接成本

第三方购入的资产	第三方购入的资产不仅可以大体反映创造这个资产相关的成本，也可以在一定形式上反映为投资提供回报的利润率。 然而，财务费用可能已经反映了参与者对资本投资的回报要求，所以评估师应该谨慎同时包括财务费用和利润率的处理方式
在建资产	通常反映截止这个日期，建造资产所支出的成本（以及这些成本是否对价值有贡献），和市场参与者对于该资产完成时，对其价值的预期，但是要考虑完成资产需要继续支付的成本和时间并根据利润和风险因素对继续支付的成本进行恰当的修正

（5）折旧 /贬值

含义	“折旧”是对建造一个同等效用资产的估算成本作出的调整，以反映影响标的资产的价值的任何贬值
区别	与财务报告或税法通常反映的根据时间系统性费用化资本性支出的方法的含义不同
种类	包括实体性、功能性、外部或经济性贬值三种
考虑	应该考虑资产的物理和经济寿命
衡量	①除某些种类的经济性或外部贬值外，大多数种类的贬值可以通过比较标的资产和基于预计复原重置或更新重置成本的假设资产来衡量。 ②实体性贬值衡量方法：可恢复的实体性贬值，即贬值的修理 /恢复成本；考虑资产的使用年限产生的实体性贬值 ③功能性贬值两种主要形式：超额投资成本和超额运营成本
注意	①对于不动产来说，经济性贬值的例子包括： 由资产产生的产品或服务的需求的不利改变；资产所在市场的过量供应；人力或原材料供应方面的破坏或损失；企业使用的资产虽然仍能产生一个市场回报率，但是不足以支付资产的市场租金。 ②现金或现金等价物不会产生贬值且不需要被调整。 ③可流通的资产不需要作出低于由市场法确定的市场价值的调整

实体性贬值能够通过两种不同的方法衡量：

①可恢复的实体性贬值，即贬值的修理 /恢复成本；

②考虑资产的使用年限产生的实体性贬值，用预期总寿命和剩余寿命对实体性贬值进行估算，等同于预期总寿命消耗的百分比率。

功能性贬值主要有两种形式：

①超额投资成本，由设计、建筑材料、技术或制造工艺变化，导致当代等效资产可获取的资本成本低于标的资产的资本成本；

②，由设计改进或超额生产能力导致的当代等效资产可实现的营运成本低于标的资产的营运成本。

当有外部因素对企业中个别资产或所有资产产生影响时，可能会出现经济性贬值，并应当在考虑了实体性贬值和功能性贬值后被扣除。对于不动产来说，经济性贬值的例子包括：

①由资产产生的产品或服务的需求的不利改变；

②资产所在市场的过量供应；

③人力或原材料供应方面的破坏或损失；

④企业使用的资产虽然仍能产生一个市场回报率，但是不足以支付资产的市场租金。

现金或现金等价物不会产生贬值且不需要被调整。可流通的资产不需要作出低于由市场法确定的市场价值的调整。

6. 评估模型（与我国差不多）

二、选编例题

【例 1 · 单选题】下列有关《国际评估准则 101——工作范围》的说法正确的有（ ）。

A. 评估师应当在评估数据调查过程中，与客户就工作范围进行交流并达成一致

B. 评估师应当与客户就工作范围达成一致并书面约定

C. 评估师应该准备书面的工作范围文档

D. 评估过程中，工作范围不可以变动

【例 2 · 单选题】下列有关国际评估准则说法不正确的有（ ）。

A. 国际评估准则也要求评估师尽可能使用超过一种的评估方法

B. 基本的评估方法包括市场法、收益法、成本法

C. 采用多种评估方法时，应当分析、调整运用多种评估方法得出的评估结论

D. 成本法包括更新重置成本法、复原重置成本法和资产加和法

【例 3 · 单选题】《国际评估准则 105——评估基本方法和具体方法》中，市场法包括的两种方法是（ ）。

A. 交易案例比较法和上市公司比较法　　B. 直接比较法和间接比较法

C. 价值比率法和加和法　　D. 现行市价法和市价折扣法

【例 4 · 多选题】在国际评估准则的《国际评估准则 104——价值类型》，价值类型包括（ ）。

A. 市场租金　　B. 重置价值

C. 投资价值　　D. 市场价值

E. 协同价值

知识点 2 选编例题答案

1.【答案】C

【解析】评估师应当在开始工作之前，与客户就工作范围进行交流并达成一致，所以 A 不正确。书面表达工作范围可能不是必需的，但是，因为评估师有责任与客户就评估范围进行沟通，所以应该准备书面的工作范围文档，所以 B 不正确，C 表达正确。工作范围可以发生变动，但须在业务完成和报告呈递之前和客户协商，所以 D 不正确。

2.【答案】A

【解析】国际评估准则不要求评估师使用超过一种的评估方法，但应该考虑并可以使用多种途径或方法，所以 A 不正确。在国际评估准则中，基本的评估方法包括市场法、收益法、成本法，所以 B 正确。在选择评估方法时，评估师应当考虑三种基本评估方法在具体项目中的适用性，采用多种评估方法时，应当分析、调整运用多种评估方法得出的评估结论，确定最终评估结果，所以 C 正确。成本法包括更新重置成本法、复原重置成本法和资产加和法，所以 D 正确。

3.【答案】A

【解析】市场法包括交易案例比较法和上市公司比较法。

4.【答案】ACDE

【解析】国际评估准则定义的价值类型包括市场价值、市场租金、公平价值、投资价值、协同价值、清算价值。本题在 2020 年考了一个与本题类似的题目，参见本章同步强化训练题。

【知识点 3】国际评估准则资产准则（★★）

一、知识点精讲

【说明】资产准则主要从引言、价值类型、评估基本方法和具体方法、特殊考量四方面介绍

（一）国际评估准则 200——企业及企业权益

引言	主要包含了应用于企业和企业权益评估的附加要求，评估师应当明确企业的构成商誉，同时规定如果单项无形资产或无形资产组合产生的经济活动与单项资产本身产生的产出不同，那么对这些资产的评估也需要遵守本准则。另外，评估师必须确定被评估企业价值表达的不同层次，如企业价值、投入资本价值、经营价值和权益价值
价值类型	评估师在执行企业及企业权益评估业务时、应选择一种或多种恰当的价值类型。通常，可以选择国际评估准则定义的价值类型，也可以选择依据法律法规或其他规定定义的价值类型
评估方法	基于 IVS105“评估基本方法和具体方法”，根据评估对象的特点，对市场法、收益法、成本法进行细化。在应用评估方法时不仅要满足本准则的要求，同时也应满足“国际评估准则 105—评估基本方法和具体方法”的要求
特殊考量	包括但不限于：所有权、业务信息、经济和行业考量、经营性和非经营性资产、资本结构考量

（二）国际评估准则 210——无形资产

引言	（1）引言说明了无形资产评估中无形资产主要类型和评估目的。 （2）无形资产分为可确指无形资产和不可确指无形资产（主要指商誉）。 （3）可确指无形资产主要分为五类：营销相关类、客户相关类、艺术相关类、合同相关类和技术相关类
价值类型	应当遵循“国际评估准则 104—价值类型”，选择适当的价值类型
评估方法	（1）在市场法下，准则提到很难在市场上找到与评估对象类似的资产的交易信息。 （2）收益法是最常用的评估无形资产的方法，包括超额收益法、许可费节省法、增量收益法或有无对比法、绿地法和分销商法。 （3）成本法主要应用在自创无形资产评估中或无法确定未来现金流量的情况下。在重置成本的计算中，可以考虑市场类似资产的价格信息。采用成本法的无形资产评估应包括自创软件、网站、人力资源价值等。
特殊考量	包括但不限于：无形资产回报率（折现率）、无形资产的经济寿命以及税收摊销收益

（三）国际评估准则 220——非金融负债

<table>
<tr><td>引言</td><td colspan="3">（1）基本准则中的原则适用于非金融负债评估。本准则只是附加要求，评估基本方法和具体方法准则中的规定与本准则冲突时，适用本准则的规定。
（2）本准则中所指非金融负债，包括应交税费、合同义务、担保义务、环境负债、资产退废负债、或有对价义务、会员计划、购电协议、诉讼准备金、其他或有事项等</td></tr>
<tr><td>价值类型</td><td colspan="3">通常，非金融负债评估采用的价值类型由国际评估准则理事会以外的实体、组织定义，评估师必须了解和遵从评估基准日与这些价值类型相关的规定、案例法和其他解释性指引</td></tr>
<tr><td rowspan="3">评估基本方法和具体方法</td><td rowspan="3">基本评估方法</td><td>成本法</td><td>在非金融负债的评估中通常具有很大局限性</td></tr>
<tr><td>收益法</td><td>①在运用收益法时，评估师应当考虑是否需要确定附加的市场风险报酬率。
②考虑折现率时，应当考虑货币的时间价值和非经营风险。
③估师应当使用税前现金流量数据。
④预测现金流量时应当运用适当的假设，包括：第三方可能承担的履约成本，第三方确定交易价格时考虑的其他因素，不同情景中成本的变化幅度，第三方因不确定事项而要求的价格</td></tr>
<tr><td>运用市场证据</td><td>评估师应当考虑实体完成交易非金融负债的能力，以及是否需要进行调整以反映交易能力限制</td></tr>
</table>

续表

评估基本方法和具体方法	新评估途径	自上而下法	自上而下法的步骤包括：明确非金融负债的市场价格。明确已经发生的成本。明确合理的成本利润率。从市场价格中扣除成本和利润
		自下而上法	自下而上法的步骤包括：明确履行义务所需的成本。明确履行义务所需的合理加成。明确履约时间和折现率。如果履约成本是根据预期后入的比例确定的，评估师应当考虑履约成本是否已经包含在折现率中
特殊考虑	在考虑折现率时，应当考虑货币的时间价值和非违约风险。预测现金流量时应当运用适当的假设，包括：第三方可能承担的履约成本，第三方确定交易价格时考虑的其他因素，不同情景中成本的变化幅度，第三方因不确定事项而要求的价格。 在运用市场证据时，评估师应当考虑实体完成交易非金融负债的能力，以及是否需要进行调整以反映交易能力限制。在运用收益法时，评估师应当考虑是否需要确定附加的市场风险报酬率。 评估师应当使用税前现金流量数据口径		

（四）国际评估准则 230—存货

引言	基本准则中的原则适用于存货的评估和存货成分的评估。本准则包含对存货评估的具体要求。本准则侧重于非不动产的实物存货的评估
价值类型	评估师在评估存货时，应当遵循“国际评估准则 104——价值类型”，选择适当的价值类型。 通常，存货评估采用的价值类型由国际评估准则理事会以外的实体 /组织定义，评估师必须了解和遵从评估基准日与这些价值类型相关的规定、案例法和其他解释性指引
评估方法	市场法，在存货评估方面只有狭义的直接应用。这种应用通常包括：商品化产品的存货，或在生产过程的一个过渡阶段存在市场的存货。使用收益法对存货进行评估，需要将评估前的利润（价值）与评估后的利润（价值）进行分摊。 存货评估的主要方法是重置成本法。原材料库存通常采用现行更新重置成本法进行评估
特殊考虑	对存货评估的特殊考虑主要是增值过程的确认和无形资产的回报。 存货的评估涉及在基准日前后赚取的利润之间的分配。评估师通常不应简单地按照处置和制造成本的比例分配利润，应该区分增值成本和非增值成本，确定技术、商标和客户关系在多大程度上支持制造和分销过程，以及回报是否适用于整个收入基础等

（五）国际评估准则 300——厂房和设备

引言	（1）主要说明了机器设备评估所需考虑的因素和无形资产的关系； （2）需要考虑一系列与资产本身、环境和潜在经济价值有关的因素（重点）
价值类型	可以选择国际评估准则定义的价值类型，也可以选择依据法律法规或其他规定定义的价值类型
评估方法	（1）市场法适用于通用设备的评估，例如机动车辆； （2）收益法适用于能确定该项机器设备所带来的现金流量的情况，但由于某些机器设备与无形资产的贡献难以分开，所以收益法不适用于该类单项设备评估； （3）成本法在机器设备评估中运用比较广泛，特别是单项设备评估
特殊考量	主要是融资安排，通常来说机器设备的价值与资金来源无关，但在某些情况下，机器设备评估应当考虑融资方式和融资的稳定性，比如经营租赁项目

（六）国际评估准则 400——不动产权益

引言	不动产权益存在三种基本类型 （1）特定区域土地的最高权益，该权益的所有者拥有土地和地上附着物的全部权利； （2）次级权益，即在一定时期内拥有特定区域土地和地上附着物排他控制权的权益，例如通过租赁合同获得的权益； （3）拥有特定土地和地上附着物使用权，但不拥有排他使用权或控制权

续表

价值类型	在大多数情况下，评估师应当考虑不动产的最高最佳利用可能会不同于其当前的利用，这对于可以改变利用方式或者具有开发潜能的不动产权益十分重要	
评估方法	市场法	市场法评估需要找到近期可比交易案例
	收益法	对于折现率的选择，（1）如果评估结果是针对特定所有者或潜在所有者的，那么折现率应该反映其所要求的收益率或者加权资本成本； （2）如果评估结果是市场价值，那么折现率应该参考市场中不动产权益的收益率。
	成本法	适用于既没有交易价格也不产生现金流的情况，在某些情况下，如果存在交易价格或可识别的现金流，也可以作为次要或确认的方法
特殊考量	（1）不动产权益评估特殊考量主要考虑权益等级和租金。 （2）在评估基于租约的不动产权益时，评估师需要考虑合同租金以及合同租金与市场租金之间的差别	

（七）国际评估准则 410——开发性不动产

引言	开发性不动产是指以最高最佳使用原则重新开发或在评估基准日准备改善的一项权益；通常包括在以前未开发的土地上兴建建筑物、在以前未开发的土地上建设基础设施、重建已开发土地、改建现有建筑物或构筑物、在法定计划中用于开发的土地、在法定计划中用于更高价值使用或更高密度使用的土地
价值类型	开发性不动产评估过程会根据建筑物完成的条件和状态做大量假设和特殊假设
评估方法	开发性不动产的估值主要使用两种主要方法：市场法和剩余法
特殊考量	主要是对剩余法、拟议项目、担保贷款、财务报告的特殊考虑

（八）国际评估准则 500——金融工具

引言	引言部分对金融工具的含义、特性以及金融工具评估涉及的评估目的等进行了规定	
价值类型	金融工具价值评估可以选择国际评估准则定义的价值类型，也可以选择依据法律法规或其他规定定义的价值类型	
评估方法	市场法	对于具有相同金融工具交易近期的交易价格，通常是不需要作任何调整的；如果不能满足上述条件的话，则需要对交易价格进行调整
	收益法	金融工具的现金流可能是固定的也可能是变化的，合约的具体内容决定了现金流的形式，一般包括以下内容：现金流取得的时间、预期现金流量的大小、合约关于现金流时间和条件的期权、工具对于某一方的保护权利
	成本法	需要遵守“国际评估准则 105—评估基本方法和具体方法”的相关要求
特殊考量	主要考虑：评估输入、信用风险、流动性和市场活动以及控制环境	

二、选编例题

【例 1 · 单选题】（2022 真题）在《国际评估准则》体系中，"国际评估准则 105——评估基本方法和具体方法"所归属的准则或相关部分是（　　）。

A. 评估应用　　B. 准则说明　　C. 基本准则　　D. 资产准则

【例 2 · 多选题】（2018 改编）根据《国际评估准则》的《国际评估准则 210——无形资产》，可确指无形资产的类别包括（　　）。

A. 艺术相关类　　B. 客户相关类

C. 营销相关类　　D. 合同相关类

E. 商标相关类

【例 3 · 多选题】《国际评估准则 220—非金融负债》有关评估方法的说法，正确的有（　　）。

A. 成本法在在非金融负债的评估中通常具有很大局限性

B. 收益法评估非金融负债，应当使用税前现金流量数据

C. 收益法评估非金融负债，应当使用税后现金流量数据

D. 采用自上而下法，从市场价格中扣除成本和利润

E. 自下而上法，基于履行业务所需的成本，合理加成，并考虑履约时间和折现率

知识点 3 选编例题答案

1.【答案】C

【解析】《国际评估准则》基本准则包括《国际评估准则 101—工作范围》《国际评估准则 102—调查和遵循》《国际评估准则 103 报告》《国际评估准则 104—价值类型》《国际评估准则 105—评估基本和具体方法》。

2.【答案】ABCD

【解析】无形资产分为可确指无形资产和不可确指无形资产（主要指商誉）。可确指无形资产主要分为五类：营销相关类、客户相关类、艺术相关类、合同相关类和技术相关类。

3.【答案】ABDE

【解析】自下而上法的步骤包括：明确履行义务所需的成本。明确履行义务所需的合理加成。明确履约时间和折现率。如果履约成本是根据预期收入的比例确定的，评估师应当考虑履约成本是否已经包含在折现率中。所以 E正确。同时注意 ABD的正确说法。

【知识点 4】国外评估准则（★）

一、知识点精讲

（一）国外资产评估准则概述

目前除国际评估准则外，在业界具有较大影响的评估准则主要有美国评估促进会（AF）制定的《专业评估执业统一准则》（USPAP）和英国皇家特许测量师学会（RICS）制定的《评估准则》。

（二）美国《专业评估执业统一准则》关于评估报告的内容要求

《专业评估执业统一准则》（USPAP）（2020——2021）的结构体系	1.定义。介绍了美国评估准则中相关的主要术语的含义、注释和说明。 2.引言。介绍了美国评估准则的宗旨、目的、意义、作用、要求以及准则和评估准则说明之间的关系。 3.职业规则。包括职业道德、专业胜任能力、工作范围、档案保管和管辖除外规则。 4.准则。是 USPAP的主要构成部分，10 个准则确定了评估、评估复核与评估咨询服务的要求及其各项结果表达的方式。准则 1 不动产评估、准则 2 不动产评估报告；准则 3 评估复核、准则 4 评估复核报告；准则 5 批量评估、准则 6 批量评估报告；准则 7 动产评估、准则 8 动产评估报告；准则 9 企业价值评估、准则 10 企业价值评估报告。 5.评估准则说明。是经美国评估促进会的规定程序审定的，专门用于对 USPAP内容的澄清、阐释和说明
报告类型	《专业评估执业统一准则》规定企业价值或无形资产评估书面报告都应当根据开放型评估报告、限制型评估报告中的一种类型进行编制，并且必须在评估报告中明确所采用的报告类型
质量要求	规定每份书面或口头企业价值或无形资产评估报告必须做到 1.清晰、反映评估事项，不得误导； 2.包含足够的信息，使评估报告预期使用者能够正解评估报告； 3.清晰、明确地披露评估项目所采用的所有假设、特定假设、逆向假设与限定条件

续表

报告内容	评估报告的内容应当符合评估结果的预定用途的需要，并至少包括以下内容（了解） 1.以名称或者类型明确委托方和预期使用者的身份； 限制型评估报告还需说明委托方对报告使用的明显的用途限制；并应提示在没有阅读评估师工作底稿中的补充资料时，评估报告中评估师的意见与结论可能受到限制。 2.明确说明评估结果的预期用途； 3.明确并用充分的信息资料描述被评估的企业权益或无形资产； 4.列示所评估权益所具备的控股条件的状况，包括决定控股的依据； 5.列示所评估权益缺乏市场性/流动性的状况及其依据； 6.价值类型； 7.明确说明评估基准日和报告日； 8.明确描述评估的工作范畴的信息； 9.简要说明为支持分析、意见和结论所收集的信息、执行的程序以及相关分析过程； 10.明确说明所有特定假设和逆向假设，并阐述其使用后可能对评估项目结果的影响； 11.包含经签署的誓言

（三）英国评估准则（RICS评估准则）

英国评估准则的特点		1.1975 年正式向英国皇家特许测量师学会（RICS）理事会提交讨论，这也是世界范围内最早的评估准则——RICS红皮书。 2.资产评估指南从第四版就尽可能采用《国际评估准则》
2022 版 RICS 评估准则的结构体系		RICS评估准则包括简介、术语表、职业规范、评估技术和操作准则、评估应用指南、国际评估准则
评估应用指南关于评估报告的内容要求	评估报告的基本要求	1.评估报告必须明确、准确地说明评估的结论，估价结论不得含糊或误导，不得产生错误印象。 2.报告应清晰表述估价师的意见，并且报告中的措辞应当清晰易懂，以便对目标资产预先并不了解的人员阅读和理解。 3.报告的格式和细节将由评估师与客户在聘用条款中约定，报告描述不符合规定条款的，必须明确解决这些问题，以便根据专业标准与评估实务声明的规定进行评估
	评估报告的内容	一共包括 16 条，这里列出需要注意的内容 1.评估师的身份和地位 若有必要，应在评估报告中声明评估师的地位。评估是个人成员的责任，RICS不允许以所在“评估机构”的名义来发表评估意见。 2.根据 IVS规定执行业务的确认书 评估报告中必须声明遵守了 IVS。在必须的情况下，应当说明该项评估业务遵循了RICS的标准，同时也符合 IVS的要求。 3 一项或多项评估的金额 在评估报告中，评估意见要求既要有文字又要有数字。 评估值包括了一定数量的不同类别的资产，将其相加形成了一个总的整体价值的做法通常是不恰当的，尽管这需要考虑评估目的的需要

二、选编例题

【例 1 · 多选题】目前在业界具有较大影响的评估准则主要有（　　）。

A. 国际评估准则

B. 日本评估协会编制的准则

C. 美国评估促进会的《专业评估执业统一准则》

D. 澳大利亚国家资产评估准则

E. 英国皇家特许测量师学会（RICS）制定的《评估准则》

【例 2 · 单选题】美国《专业评估执业统一准则》关于评估报告的内容要求规定企业价值或无形资产评估书面报告都应当（　　）。

A. 只能按照开放型评估报告这一种类型进行编制

B. 只能按照限制型评估报告这一种类型进行编制

C. 根据开放型评估报告、限制型评估报告这两种类型分别进行编制

D. 根据开放型评估报告、限制型评估报告中的一种类型进行编制

知识点 3 选编例题答案

1.**【答案】**ACE

【解析】本题考查国外资产评估准则的基本概念。

2.**【答案】**D

【解析】本题考查美国《专业评估执业统一准则》关于评估报告的内容要求。《专业评估执业统一准则》规定企业价值或无形资产评估书面报告都应当根据开放型评估报告、限制型评估报告中的一种类型进行编制，并且必须在评估报告中明确所采用的报告类型。

同步强化训练题

一、单项选择题

1.《国际评估准则 103—报告》的有关说法，不正确的是（　　）。

A. 遵循国际评估准则并不要求报告格式或特定形式

B. 报告必须向期望使用人充分传递评估业务的范围、业务执行情形和得出的结论

C. 评估目的、被评估资产的复杂性以及使用者的要求决定了评估报告的详细程度

D. 报告的形式应该由评估师根据评估业务的复杂程度来确定

2.（2020 真题）在《国际评估准则》中，《国际评估准则 400——不动产权益》属于（　　）。

A. 准则说明　　　　B. 基本准则

C. 评估应用　　　　D. 资产准则

3.（2020 真题）下列关于《国际评估准则》的说法中，错误的是（　　）。

A.《国际评估准则》规定成本方法包括更新重置成本法、复原重置成本法和加总法

B.《国际评估准则》适用于评估师编制评估报告和评估复核报告

C.《国际评估准则》在《国际评估准则 101——工作范围》中对评估业务约定的基本条款进行了规范

D.《国际评估准则》要求评估师应当使用超过一种的评估方法

4. 以下有关国际评估准则定义的术语“可以、应该以及必须”的说法不正确的有（　　）。

A.“可以”是指评估师有责任考虑的相关行为及程序。评估师需要对该词描述的事项予以关注和理解。

B.“应该”是预设性的强制责任，评估师必须遵循这类要求，除非该评估师阐明，在特定情形下执行的变通行为能够充分实现准则的目标。

C.“必须”一项无条件的责任，评估师必须承担全部这类责任

D. 评估师“应该”考虑某种行为或程序，则该行为或程序是强制性的

5. 下列有关国际评估准则的术语、框架的表述正确的有（　　）。

A. 作出一项评估将要或已经遵循 IVS的声明，意味着该评估准备遵循该评估业务中涉及到的

IVSC发布的相关准则

B. 资产或资产组术语，除非另有明确说明或者文内已经清晰表明包括了负债（组合），否则不包括负债

C. 评估师必须具备理解、诊释和利用任何专家工作的技术技能、经验和知识

D. 偏离是强制性的偏离，评估师不可以声明评估执业是遵循 IVS

6.《国际评估准则 103——报告》的有关说法，不正确的是（　　）。

A. 遵循国际评估准则并不要求报告格式或特定形式

B. 报告必须向期望使用人充分传递评估业务的范围、业务执行情形和得出的结论

C. 评估目的、被评估资产的复杂性以及使用者的要求决定了评估报告的详细程度

D. 报告的形式应该由评估师根据评估业务的复杂程度来确定

7. 按照《国际评估准则 104——价值类型》，不属于大多数价值类型的共同要素是（　　）。

A. 实体特定因素　　B. 一项假设交易

C. 一个假设的交易日期　　D. 假设的交易方法

8. 根据美国《专业评估执业统一准则》的规定，对于企业价值的评估书面报告，必须采用（　　）中的一种。

A. 开放型评估报告、简明型评估报告　　B. 完整型评估报告、简明型评估报告

C. 简明型评估报告、咨询型评估报告　　D. 开放型评估报告、限制型评估报告

9. 英国皇家特许测量师学会于（　　）年开始制定第一部《评估与估价准则》，这也是世界范围内最早的评估准则。

A.1980　　B.2000　　C.1975　　D.1990

10.《专业评估执业统一准则》是（　　）制定的。

A. 美国评估促进会　　B. 国际评估准则委员会

C. 英国皇家特许测量师学会　　D. 评估师资格委员会

11.（2018 真题）关于《专业评估执业统一准则》（USPAPUI最新版）结构体系的说法中。正确的是（　　）。

A.《专业评估执业统一准则》结构体系包括简介、术语表、职业规范、评估技术和操作准则，评估应用指南和评估准则

B.《专业评估执业统一准则》结构体系包括定义、引言、职业规则、准则和评估准则说明

C.《专业评估执业统一准则》结构体系包括简介、术语表、准则框架、基本准则、资产准则和索引

D.《专业评估执业统一准则》结构体系包括适用范围、评估师、客观性和独立性、专业胜任能力和背离

二、多项选择题

1.（2021 真题）根据“国际评估准则 105——评估基本方法和具体方法”，评估师在确认折现率的合理性时应当进行验证性，验证方式包括（　　）。

A. 加权平均资产收益率　　B. 内部收益率

C. 市场法　　D. 加权平均资本成本

E. 资本资产定价模型

2.（2020 真题）根据“国际评估准则 104——价值类型”，下列价值类型中属于《国际评估准则》定义的价值类型的有（　　）。

A. 在用价值　　B. 市场租金

C. 清算价值　　D. 市场公允价值

E. 协同价值

3. 以下有关国际评估准则定义的术语“参与者”的说法不正确的有（　　）。

A. 参与者是依据在评估业务中使用的国际评估准则规定的价值类型而确定的相关参与者

B. 参与者等同于我国评估准则规定的相关当事人

C. 参与者包括客户、评估师、复核评估师以及期望使用人

D. 参与者包括客户和资产评估机构

E. 参与者包括有司法管辖权的政府及监管机构

4. 以下有关国际评估准则定义的术语“重大的/重要的”的说法不正确的有（　　）。

A. 评价重大性和重要性需要专业判断

B. 重要性的判断需要根据评估业务的整体情况作出，并且受到目标资产的规模或性质的影响

C.“重大的/重要性”一词指的是对评估业务的重要性，与财务报表及其审计认定的重要性是一致的

D. 如果一个评估业务的各类要素的运用和/或对评估的影响，可以合理预测出其对经济或其他评估结论使用者的决策所产生的影响，则认为这些要素是重大的/重要性的

E. 如果一个评估业务的各类要素的运用和/或对评估的影响，可以合理预测出其对经济或其他评估结论使用者的决策所产生的重大影响，则认为这些要素是重大的/重要性的

5.《国际评估准则 102——调查和遵循》的有关说法，正确的有（　　）。

A. 评估师调查程序受限，要求评估师进行充分的分析，评价所有的参数和假设对评估目的的适应性

B. 评估师调查程序受限，实质性影响评估师对于参数和假设的充分评价，应该拒绝承接该业务

C. 当法律、法规、监管或其他官方的要求与IVS某些方面不同时，评估师必须遵循法律、法规、监管或其他官方的要求，这种评估不能认为遵循IVS

D. 其他评估专业组织、专业团体，或公司内部政策和程序提出的大部分要求一般和IVS不冲突，只是增加了对评估师的要求。只要IVS的所有要求得以满足，可以遵循这些标准且不认为是对IVS的背离。

E. 评估师调查程序受限，实质性影响评估师对于参数和假设的充分评价，该评估业务不能声明遵循了IVS

6. 以下属于国际评估准则的基本准则的有（　　）。

A. 国际评估准则 101——工作范围　　B. 国际评估准则 102——调查和遵循

C. 国际评估准则 103——报告　　D. 国际评估准则 104——价值类型

E. 国际评估准则 400——不动产权益

7. 下列评估报告类型中，属于美国《专业评估执业统一准则》规定的无形资产评估报告可以采用的评估报告类型有（　　）。

A. 开放型评估报告　　B. 简明型评估报告

C. 整体资产评估报告　　D. 单项资产评估报告

E. 限制型评估报告

8. 以下关于英国《RICS估价——专业标准》的内容说法正确的有（　　）。

A. 是世界范围内最早的评估准则

B. 从第四版就尽可能采用《国际评估准则》

C. 最新版的《RICS估价——专业标准》于 2013 年发布

D. 最新版的《RICS估价——专业标准》于 2019 年发布

E. 第九版以后的《RICS估价——专业标准》完整引用了《国际评估准则》

9. 关于国际评估准则的说法正确的有（　　）。

A. 国际评估准则也包括基本准则和具体准则

B. 国际评估准则不包括专门的职业道德准则

C. 国际评估准则 210——无形资产，是对基本准则要求的细化或者扩充，并说明了基本准则中的

规定如何应用到特定资产以及在评估时应特殊考虑的事项。

D. 国际评估准则 105——评估途径和方法，适用于所有的资产类型和评估目的

E. 国际评估准则 400——不动产权益，是对具体资产评估的准则，与基本准则关系不大。

10. 国际评估准则定义的价值类型包括（　　）。

A. 公平价值　　B. 非市场价值

C. 清算价值　　D. 最高最佳使用价值

E. 协同价值

11. 国际评估准则 210——无形资产指出可确指无形资产主要包括（　　）。

A. 专利权　　B. 商标权

C. 营销相关类　　D. 艺术相关类

E. 技术相关类

12. 根据美国《专业评估执业统一准则》规定，规定每份书面或口头无形资产评估书面报告必须（　　）。

A. 清晰准确地反映评估，不得误导

B. 包括足够的信息，使报告使用者正确理解评估报告

C. 清晰准确地披露评估项目所采用的假设

D. 清晰说明评估报告使用的有效期

E. 阐明评估收费

同步强化训练题参考答案及解析

一、单项选择题

1.【答案】D

【解析】报告的形式应该在设定工作范围时和所有相关方达成一致。所以 D 不正确，同时注意掌握 ABC 的说法。

2.【答案】D

【解析】国际评估准则的资产准则包括:《国际评估准则 200——企业及企业权益》《国际评估准则 210——无形资产》《国际评估准则 220——非金融负债》《国际评估准则 300——厂房和设备》《国际评估准则 400——不动产权益》《国际评估准则 410——开发性不动产》《国际评估准则 500——金融工具》。

3.【答案】D

【解析】国际评估准则不要求评估师使用超过一种的评估方法，但应该考虑并可以使用多种方法。所以选项 D表述不正确，同时大家注意 ABC的说法。

4.【答案】D

【解析】评估师“应该”考虑某种行为或程序，对该行为或程序予以考虑就是预设的强制性要求，而不是该行为或程序是强制性的。所以 D说法不正确。同时注意 ABC的表述都是正确的。

5.【答案】C

【解析】作出一项评估将要或已经遵循 IVS的声明，意味着该评估准备遵循 IVSC发布的所有相关准则，所以 A表述错误。国际评估准则既可应用于资产的评估，也可应用于负债的评估。资产或资产组术语，除非另有明确说明或者文内已经清晰表明排除了负债（组合），所以 B表述错误。背离是强制性的背离，但评估师仍然可以声明评估执业是遵循 IVS，所以 D表述错误。

6.【答案】D

【解析】报告的形式应该在设定工作范围时和所有相关方达成一致。所以 D不正确，同时注意掌握 ABC的说法。

7.【答案】A

【解析】按照《国际评估准则104——价值类型》，不属于大多数价值类型的共同要素包括一项假设交易、一个假设的交易日期和假设的交易方法。所以选项是A。

8.【答案】D

【解析】本题考查《专业评估执业统一准则》的报告要求；《专业评估执业统一准则》规定企业价值或无形资产评估书面报告都应当根据开放型评估报告、限制型评估报告中的一种类型进行编制，并且必须在评估报告中明确所采用的报告类型。

9.【答案】C

【解析】本题考查具体准则的概念；资产评估具体准则（包括5个程序性准则和6个实体性准则）。程序性准则主要包括资产评估程序、资产评估委托合同、资产评估报告、资产评估档案、利用专家工作及相关报告。实体性准则主要包括企业价值评估准则、无形资产评估准则、不动产评估准则、机器设备评估准则、珠宝首饰评估准则、森林资源资产评估准则。

10.【答案】A

【解析】《专业评估执业统一准则》是美国评估促进会制定的。

11.【答案】B

【解析】最新版《专业评估执业统一准则》的结构体系：定义、引言、职业规划、准则和评估准则说明。

二、多项选择题

1.【答案】BCD

【解析】折现率合理性验证可以采用的方式包括：（1）内部收益率（IRR）；（2）加权平均资产收益率；（3）通过其他方法，如市场法，或者通过市盈率或交易价格倍数等参考了收益法的比较倍数得到的测算结果

2.【答案】BCE

【解析】国际评估准则定义的价值类型包括市场价值、市场租金、公平价值、投资价值、协同价值和清算价值。

3.【答案】BCDE

【解析】依据在评估业务中使用的价值类型（见“IVS104价值类型”）而确定的相关参与者。不同的价值类型要求评估师考虑不同角度，如“市场参与者”角度（例如市场价值、国际财务报告准则（IFRS ）中的公允价值），或者一个特殊拥有者或者预期购买者（例如投资价值）的角度。所以A的说法表述正确，答案是BCDE。

4.【答案】CE

【解析】评价重大性和重要性需要专业判断，对所谓重要性的判断需要根据评估业务的整体情况作出，并且受到目标资产的规模或性质的影响。所以A、B的表述正确。在准则的应用过程中，“重大的/重要性”一词指的是对评估业务的重要性，这可能不同于其他目的下所认为的重要性，例如财务报表及其审计认定的重要性。所以C的表述不正确。如果一个评估业务的各类要素（包括参数、假设、特殊假设和所应用的方法）的运用和/或对评估的影响，可以合理预测出其对经济或其他评估结论使用者的决策所产生的影响，则认为这些要素是重大的/重要性的。所以D说法正确，E不正确。最终正确答案是CE。

5.【答案】ADE

【解析】当法律、法规、监管或其他官方的要求与IVS某些方面不同时，评估师必须遵循法律、法规、监管或其他官方的要求，这种评估仍然总体上遵循IVS，所以C的说法是错误的。注意E说法正确，所以B不正确，这和我国评估准则的规定不同。

6.【答案】ABCD

【解析】本题考查国际评估准则的基本准则的内容。

7.【答案】AE

【解析】本题考查美国《专业评估执业统一准则》的报告要求;《专业评估执业统一准则》规定企业价值或无形资产评估书面报告都应当根据开放型评估报告、限制型评估报告中的一种类型进行编制，并且必须在评估报告中明确所采用的报告类型。

8.【答案】ABDE

【解析】注意掌握ABDE的说法，每个选项可以单独出选择题。

9.【答案】BCD

【解析】国际评估准则包括基本准则和资产准则，所以A不正确。国际评估准则包括5个基本准则和6项资产准则，没有专门的职业道德准则，所以B正确。国际评估准则105——评估途径和方法，是基本准则，基本准则适用于所有的资产类型和评估目的，所以D正确。国际评估准则210——无形资产和国际评估准则400—不动产权益，属于资产准则，资产准则对具体资产的评估提供指导。是对基本准则要求的细化或者扩充，并说明了基本准则中的规定如何应用到特定资产以及在评估时应特殊考虑的事项。所以C正确，E不正确。

10.【答案】ACE

【解析】国际评估准则定义的价值类型包括市场价值、市场租金、公平价值、投资价值、协同价值和清算价值。常见的价值前提包括最高最佳使用、现在用途、现状用途、有序清算和强制出售。所以正确答案是ACE。

11.【答案】CDE

【解析】可确指无形资产主要分为五类:营销相关类、客户相关类、艺术相关类、合同相关类和技术相关类。所以CDE正确。

12.【答案】ABC

【解析】本题考查《专业评估执业统一准则》的评估报告要求。规定每份书面或口头企业价值或无形资产评估报告必须做到:(1)清晰、反映评估事项，不得误导;(2)包含足够的信息，使评估报告预期使用者能够正解评估报告;(3)清晰、明确地披露评估项目所采用的所有假设、特定假设、逆向假设与限定条件。